KLEINER DEUTSCHER MÜNZKATALOG

VON 1871 BIS HEUTE

mit Österreich, Schweiz und Liechtenstein

Begründet von
Günter Schön

Neu bearbeitet und erweitert von
Gerhard Schön

31. revidierte und erweiterte Auflage

2001

BATTENBERG

Der Kleine deutsche Münzkatalog ab 1871 erscheint bereits in der 31. revidierten und erweiterten Auflage und enthält zusätzlich die Münzen der Länder Österreich (ab 1892), Schweiz (ab 1850) und Liechtenstein (ab 1862).

Als Vorteil erweist sich die Doppelnumerierung, die mit dem Nummernsystem des WELTMÜNZKATALOGES 2001 übereinstimmt und zugleich die Nummern der JAEGER-Kataloge »Die deutschen Münzen seit 1871« und »Fürstentum Liechtenstein und Großherzogtum Luxemburg« sowie des JAECKEL-Kataloges »Die Münzprägungen des Hauses Habsburg 1780–1918 und der Republik Österreich seit 1918« beinhaltet. Für die Prägungen der Schweiz werden YEOMAN-Nummern in Klammern angegeben.

Besonderer Dank für ihre wertvolle Mitarbeit gebührt:

Ernst Balke	Reinhold Jordan	Theodor Rieger
Kurt Berger	Willy Kisskalt	Jörg Sachse
Uwe Busch	Vladimír Konečný	Hans Schlumberger
Hans Czymoch	Herbert Krell	Hartmut Schoenawa
Holger Dombrowski	Wolfgang J. Mehlhausen	Lothar Schoenawa
Siegfried Ewert	Erich Modes	Dr. Gregor Schwirtz
Dieter Faßbender	Joachim Nietsch	Harald Siewert
Guy M. Y. Ph. Franquinet	Erich Paproth	Theo Wilke
Hermann Häberling	Klaus Priese	Martin Winter

Bundesministerium der Finanzen, Berlin; Deutsche Bundesbank, Frankfurt am Main; Kreditanstalt für Wiederaufbau, Niederlassung Berlin (Staatsbank Berlin); Deutsche Handelsbank, Berlin; Münze Berlin; Bayerisches Hauptmünzamt, München; Staatliche Münze Stuttgart; Staatliche Münze Karlsruhe; Hamburgische Münze; Eidgenössische Münzstätte, Bern; Münze Österreich AG, Wien; Staatliche Münzsammlung, München; Staatliche Museen zu Berlin, Münzkabinett; Kunsthistorisches Museum, Wien; Privatbankiers Hauck & Aufhäuser KGaA, München; Münzhandlung Dr. Busso Peus Nachf., Frankfurt am Main.

1. Auflage Mai 1971	11. Auflage Juli 1981	21. Auflage Juli 1991
2. Auflage Oktober 1971	12. Auflage Juli 1982	22. Auflage Juni 1992
3. Auflage August 1973	13. Auflage Juli 1983	23. Auflage Juni 1993
4. Auflage Juli 1974	14. Auflage Juli 1984	24. Auflage Juni 1994
5. Auflage Juli 1975	15. Auflage Juli 1985	25. Auflage Juni 1995
6. Auflage Oktober 1976	16. Auflage Juli 1986	26. Auflage Juni 1996
7. Auflage Oktober 1977	17. Auflage Juli 1987	27. Auflage Mai 1997
8. Auflage Juni 1978	18. Auflage Juli 1988	28. Auflage Juni 1998
9. Auflage Juni 1979	19. Auflage Juli 1989	29. Auflage Juni 1999
10. Auflage Juli 1980	20. Auflage Juli 1990	30. Auflage März 2000

31. revidierte und erweiterte Auflage März 2001
BATTENBERG VERLAG, MÜNCHEN
© Weltbild Ratgeber Verlage GmbH & Co. KG, München
Gesamtherstellung: Presse-Druck Augsburg
Umschlaggestaltung: S/L-Kommunikation
ISBN 3-89441-500-2

Die Deutsche Bibliothek – CIP-Einheitsaufnahme

Kleiner deutscher Münzkatalog von 1871 bis heute; mit Österreich, Schweiz und Liechtenstein/Günter Schön/Gerhard Schön – 31., rev. und erw. Aufl. – München : Battenberg, 2001
ISBN 3-89441-500-2

Inhalt

Deutschland	10	Vereinigtes Wirtschaftsgebiet	125
Anhalt	12	Bundesrepublik Deutschland	127
Baden	14	Deutsche Demokratische	
Bayern	21	Republik	196
Braunschweig	28	Danzig	292
Bremen	29	Saarland	299
Hamburg	30	Deutsch Neuguinea	300
Hessen	34	Deutsch Ostafrika	302
Lippe	40	Kiautschou	310
Lübeck	40	Deutsche Besatzungs-	
Mecklenburg-Schwerin	42	ausgaben in den besetzten	
Mecklenburg-Strelitz	45	Gebieten 1914/1918	310
Oldenburg	47	Belgien	310
Preußen	48	Stadt Gent	312
Reuß älterer Linie	58	Gebiet des Ober-	
Reuß jüngerer Linie	59	befehlshabers Ost	314
Sachsen	60	Deutsche Besatzungs-	
Sachsen-Altenburg	69	ausgaben in den besetzten	
Sachsen-Coburg und Gotha	71	Gebieten 1939/1945	314
Sachsen-Meiningen	72	Allgemeine Ausgaben	314
Sachsen-Weimar	75	Protektorat Böhmen und	
Schaumburg-Lippe	78	Mähren	316
Schwarzburg-Rudolstadt	80	Generalgouvernement	317
Schwarzburg-Sondershausen	80	Getto Litzmannstadt	
Waldeck und Pyrmont	81	(Łódź)	318
Württemberg	82	Staatliche Notmünzen	
Deutsches Reich		1918–1923	320
(Kleinmünzen)	88		
Kaiserreich	88	**Liechtenstein**	329
Republik	98	**Österreich**	336
Drittes Reich	116		
Alliierte Besatzung	123	**Schweiz**	455

Einführung in den Schön-Katalog

Gliederung des Kataloges

Unter Deutschland sind, nach Zeitabschnitten gegliedert, alle Gebiete aufgeführt, die seit der Reichsgründung am 18. Januar 1871 mit eigenen Geprägen hervorgetreten sind. Der Katalog ist chronologisch-systematisch gegliedert, das heißt in der Reihenfolge der Ausgabe werden Münzen der gleichen Serie vom niedrigsten zum höchsten Nennwert aufgeführt.

Das Nummernsystem von Deutschland, Österreich, der Schweiz und von Liechtenstein entspricht dem WELTMÜNZKATALOG 20. Jahrhundert (32. Auflage 2001).

Abbildungen

Die einzelnen Münzen sind in Originalgröße abgebildet. Es muß darauf aufmerksam gemacht werden, daß Katalogbilder wohl zur Bestimmung dienen können, aber nie als Vergleichsmaterial zu Prüfungszwecken.

Münzstätten

Sehr wichtig für die Seltenheit und damit den Wert einer Münze ist die Münzstätte bzw. ihr Münzbuchstabe. Bei Prägungen in Deutschland steht:

A	= für Berlin	E	= für Muldenhütten
B	= für Hannover, bis 1878		1887–1953
B	= für Wien 1938–1944	F	= für Stuttgart
C	= für Frankfurt a. M., bis 1879	G	= für Karlsruhe
D	= für München	H	= für Darmstadt, bis 1882
E	= für Dresden, bis 1886	J	= für Hamburg

Münzwerkstoffe

(Al) = Aluminium, lat. Alumen, teilweise mit Kupfer 0,05–2,5%, Zink 0–8%, Magnesium um 1–5% oder Mangan legiert; *Al, Al-Cu, Al-Zn-Cu, Al-Mg(-Mn)*

(Al-Bro) = Aluminium-Bronze: Kupfer 90–95%, Aluminium 5–10%, teilweise noch Mangan in Spuren; *Cu-Al(-Mn)*

(Al-N-Bro) = Aluminium-Nickelbronze: Kupfer 92%, Nickel 6%, Aluminium 2%; *Cu-Al-Ni, Cu-Ni-Al*

(Bro) = Bronze:
(1) Kupfer 94–98%, Zink 0–5%, Zinn 0–5%, in der Regel folgende Legierungen *»Münzbronze 1«*: Kupfer 97%, Zink 2,5%, Zinn 0,5%; *»Münzbronze 4«*: Kupfer 95%, Zinn 4%, Zink 1%; *»Münzbronze 2«*: Kupfer 95%, Zink 3%, Zinn 2%; *Cu-Sn(-Zn)*
(2) Kupfer 97%, Zink 2,5%, Nickel 0,5%; Kupfer 97%, Nickel 2,5%, Zink 0,5%; *Cu-Zn-Ni*

(E) = (ungehärtetes Eisen), lat. ferrum; *Fe*

(G)	= Gold, lat. aurum, in Legierungen mit Kupfer (Rotgold), Silber (Grüngold), Kupfer und Silber (Gelbgold), Nickel, Neusilber oder Palladium (Weißgold); *Au, Au-Cu, Au-Ag, Au-Ag-Cu, Au-Ni, Au-Cu-Ni-Zn, Au-Pd*
(K)	= Kupfer, lat. cuprum; *Cu*
(K-N)	= Kupfernickel: Kupfer 75–84%, Nickel 16–25%, in der Regel: Kupfer 75%, Nickel 25%; *Cu-Ni*
(K-N-Zk)	= Neusilber, Alpaka, Argentan, German Silver, Nickel Silver: Kupfer 50–70%, Nickel 10–26%, Zink 15–40%, teilweise noch Blei oder Mangan (auch als Kupfer 61%, Zink 20%, Nickel 19%); *Cu-Ni-Zn*
(Me)	= Messing: Kupfer 60–95%, Zink 5–40%; *Cu-Zn*
(Mg)	= Magnesium; *Mg*
(N)	= Nickel; *Ni*
(N-Bro)	= Nickelbronze: (1) Kupfer 90–95%, Nickel 5–10%; *Cu-Ni* (2) Kupfer 95%, Zinn 4%, Nickel 1%; *Cu-Sn-Ni*
(N-Me)	= Nickelmessing: Kupfer 79%, Zink 20%, Nickel 1% (auch als Kupfer 75%, Zink 21%, Nickel 4%; Kupfer 81%, Zink 10%, Nickel 9%; Kupfer 65%, Zink 34%, Nickel 1%); *Cu-Zn-Ni*
(Pt)	= Platin; *Pt*
(S)	= Silber, lat. argentum, in Legierungen mit Kupfer, seltener auch mit Nickel und Zink oder Gold, bei geringerem Feingehalt in der Regel mit Feinsilberoberfläche durch Weißsieden; *Ag, Ag-Cu, Ag-Ni, Ag-Cu-Ni(-Zn), Ag-Au(-Cu)*
(St)	= ferritischer (rostfreier) Stahl (wird von jedem handelsüblichen Magneten deutlich angezogen) (zum Beispiel Eisen 81,75%, Chrom 18,25%); *Fe-Cr(-Si)*
(St austenitisch)	= austenitischer (rostfreier) Stahl (wird allenfalls von Sintermagneten und auch dann nur sehr schwach angezogen); *Fe-Ni-Cr* Als Kernmaterial für Mehrschichtenwerkstoffe wird ferritischer oder austenitischer Stahl ohne Chromanteil verwendet; *Fe*
(Zink)	= Zink; *Zn*
(Zinn)	= lat. stannum (bisweilen mit Kupfer 10% legiert); *Sn, Sn-Cu*
(a, b)	= Münze kommt sowohl in Metall a als auch in Metall b vor (Legierungsvarianten)
(a, b plattiert)	= Dreischichtenwerkstoff: Kern aus Metall a mit beidseitig aufgewalzten Schichten aus Metall b
(a, b galvanisiert)	= Kern aus Metall a mit elektrolytisch aufgebrachter Umhüllung aus Metall b (seit etwa 1990 in der Regel mit vorher aufgewalzten Schichten aus Metall b)
(a, b plattiert, c galvanisiert)	= Kern aus Metall a mit aufgewalzten Schichten aus Metall b und anschließender Umhüllung aus Metall c
(a, b eingelegt)	= Münze aus Metall a mit Inlay aus Metall b
(a/b)	= Bimetall (Duplex): Ring aus Metall a, Zentrum aus Metall b
(a/b/c)	= Trimetall (Triplex): Außenring aus Metall a, Innenring aus Metall b, Zentrum aus Metall c

Abkürzungen im Katalogtext

A	= altes Prägewerkzeug (siehe Seite 128)
Anm.	= Anmerkung
Ex.	= Exemplare (Prägezahl, Auflagenhöhe)
g	= Gramm (Rauhgewicht, wenn nicht anders angegeben)
Jh.	= Jahrhundert
mm	= Millimeter
Mmz.	= Münzmeisterzeichen
Msz.	= Münzstättenzeichen
Mzst.	= Münzstätte
Mzz.	= Münzzeichen (allgemein)
N	= neues Prägewerkzeug (siehe Seite 128)
n. H.	= nach Hidschra-Zeitrechnung (Deutsch Ostafrika)
n. l.	= nach links (vom Betrachter aus gesehen)
n. r.	= nach rechts (vom Betrachter aus gesehen)
Nr., Nrn.	= Nummer(n)
o. J.	= ohne Jahreszahl (undatiert)
PP	= Spiegelglanz (Herstellungsart)
Rs.	= Rückseite (Revers)
S	= schön (Erhaltungsgrad)
SS	= sehr schön (Erhaltungsgrad)
ST	= prägefrisch (Erhaltungsgrad) oder Stempelglanz (Herstellungsart)
ST/E	= Erstabschlag oder Exportqualität
ST/H	= Stempelglanz (Herstellungsart), handgehoben
ST/N	= Normalprägung (in prägefrischer Erhaltung)
Var.	= Variante(n)
Vs.	= Vorderseite (Avers)
VZ	= vorzüglich (Erhaltungsgrad)
⌀	= Durchmesser

Abkürzungen in den Bewertungsspalten

MW	= Metallwert (mit Angabe des Aufschlages) bei Bankware
NW	= Nennwert
—,—	= in letzter Zeit kein Marktvorkommen feststellbar
—	= nur Stempel bekannt (allenfalls Abschläge, Abgüsse oder Abdrücke in anderen Materialien)

Erhaltungsgrade

Gering erhalten = very good (engl.) = très bien conservé (franz.) = discreto (ital.) = zeer goed (niederl.) = bien conservada (span.): Eine durch den jahrelangen Umlauf stark abgenutzte Münze mit Kratzern und kleinen Beschädigungen. Gehört nicht in eine gepflegte Sammlung moderner Münzen.

S Schön = fine (engl.) = beau (franz.) = bello (ital.) = fraai (niederl.) = bien conservada (span.): Eine durch längeren Umlauf beträchtlich abgenutzte Kursmünze mit erkennbaren Reliefkonturen. Unterste Grenze einer sammelwürdigen Münze des 20. Jahrhunderts.

SS Sehr schön = very fine (engl.) = très beau (franz.) = bellissimo (ital.) = zeer fraai (niederl.) = muy bien conservada (span.): Nicht übermäßige Spuren des Umlaufs und normale Abnützungserscheinungen an den höchsten Stellen des Reliefs und der Legenden.

VZ Vorzüglich = extremely fine (engl.) = superbe (franz.) = splendido (ital.) = prachtig (niederl.) = extraordinariamente bien conservada (span.): Geringe Abnützungsspuren an den höchsten Stellen des Reliefs.

Kostenlose illustrierte Münzpreisliste

Anfordern durch Karte, Anruf oder Fax bei

Münzversand Franz J. Zylka

Postfach 21 0730 J

42357 Wuppertal

Tel + Fax 0202 46 55 77
internet www.muenz-zylka.de
e-mail muenz-zylka@wtal.de

Angefangen von den Münzen nach Jahrgängen und Buchstaben kann ich Ihnen (fast) **ALLE** deutschen Münzen ab Reichsgründung bis 1970 anbieten; auch Seltenheiten. Großes Angebot an Reichsgold Ebenfalls für Danzig und Kolonien

Keine Listen ins Ausland!

MünzenRevue

Die Visitenkarte

für den anspruchsvollen Münzensammler

für Münzen-, Banknoten- und Wertpapier-Sammler

Daten – Trends – Berichte

Börsen- und Auktionstermine

Neuheitendienst und Marktstudien

Aktuelle Bewertungskataloge für Deutschland, Österreich und die Schweiz

kostenlose Kleinanzeigen

H. Gietl Verlag & Publikationsservice GmbH

Postfach 166
93122 Regenstauf
Tel. (0 94 02) 93 37-0
Fax (0 94 02) 93 37-24

Probe-Abo anfordern:
3 bereits erschienene Hefte für DM 15.–
(Ausland 20.–); keine Aboverpflichtung

ST Prägefrisch = uncirculated (engl.) = fleur de coin (franz.) = fior di conio (ital.) = sin circular (span.): Ohne jegliche Umlaufspuren. Es ist aber zu bedenken, daß bei den heutigen Automatenprägungen, bedingt durch Ausstoß der Münzen nach der Prägung in bereitstehende Behälter und durch gemeinsamen Transport in Säcken, geringfügige Kratzer und Schleifstellen entstehen können. Zur Unterscheidung von der Sammleranfertigung »Stempelglanz« (siehe unten) wird die Normalprägung für den Zahlungsverkehr in prägefrischer Erhaltung auch mit **ST/N** bezeichnet.

Herstellungsarten
der speziell für Sammler geprägten Münzen

ST Stempelglanz = brilliant uncirculated (engl.) = fleur de coin (franz.) = fior di conio (ital.) = flor de cuño (span.): Einfache Prägung mit glänzender oder auch matter Oberfläche in Verpackungen für Sammler, in Österreich auch als »handgehoben« **ST/H** bezeichnet.

PP Spiegelglanz = proof (engl.) = flan bruni (franz.) = fondo specchio (ital.) = proefslag (niederl.) = acabado espejo (span.): Diese Münzen werden meist im Gegensatz zu ihrer Bezeichnung »Polierte Platte« lediglich mit polierten Stempeln, allerdings auf speziell ausgesuchten und makellosen Ronden, geprägt. Die Stücke werden auf besonderen Maschinen und in der Regel mit zwei bis vier Hüben geprägt. Werden einzelne Teile des Münzbildes auf dem Stempel mit Sandstrahl bearbeitet, ergibt sich auf der Münze ein mattiertes Relief mit spiegelndem Feld. Ein Bereiben von Spiegelglanzmünzen (wie hier auf der Wertseite im Bild gezeigt) ist mit empfindlichen Preisabschlägen verbunden und sollte daher unbedingt vermieden werden!

Katalogpreise in DM

Der Preis einer Münze wird von der Beliebtheit, Seltenheit, Erhaltung und teilweise vom Edelmetallpreis bestimmt. Die Bewertungen im vorliegenden Katalog geben die *durchschnittlichen Verkaufspreise* des Münzhandels in DM an. Bei einem möglichen Verkauf von Sammlungsstücken an Händler muß eine gewisse Handelsspanne in Abzug gebracht werden, deren Höhe sich nach dem angebotenen Objekt und nach dem Bedarf des einzelnen Händlers richtet.

Grundsätzlich haben sich bei allen qualitativen Münzen Wertsteigerungen ergeben, die hinter keiner vergleichbaren Kapitalanlage zurückstehen. Münzen sollten nicht als Spekulationsware betrachtet werden, sondern als künstlerisch, technisch, geschichtlich und geld- wie wirtschaftsgeschichtlich interessante Zeitdokumente und Sammlungsstücke von hohem Kultur- und Freizeitwert.

Notierungen, die im Katalog in Kursivschrift angegeben sind, unterliegen besonders starken Marktbewegungen, in der Regel aufgrund von Spekulationen.

Alle Angaben in diesem Katalog wurden mit größter Sorgfalt erstellt. Selbstverständlich kann aber ein Obligo irgendwelcher Art nicht übernommen werden.

Für Hinweise zur Verbesserung des Kataloges und für Abbildungsvorlagen ist der Autor stets dankbar. Zuschriften sind erbeten an:

Gerhard Schön
Postfach 71 09 08
D-81459 München

Mehrwertsteuerfreie Goldmünzen im Kalenderjahr 2001

Gemäß Amtsblatt der Europäischen Gemeinschaften vom 10. November 2000, C 321/02, wird bei den nachfolgend genannten Münzen davon ausgegangen, daß die Kriterien für die Behandlung als Anlagegold und damit die Befreiung von der Mehrwertsteuer für das ganze Kalenderjahr 2001 erfüllt sind:

DEUTSCHLAND	10, 20 Mark
LIECHTENSTEIN	10, 20 Kronen
	10, 20, 25, 100 Franken
ÖSTERREICH	1, 4 Dukaten
	4 Gulden (10 Francs), 8 Gulden (20 Francs)
	10, 20, 100 Kronen
	25, 100 Schilling
	Babenberger 1000 Schillling
	Philharmoniker 200, 500, 1000, 2000 Schilling
	Christi Geburt 500 Schillling
SCHWEIZ	10, 20, 100 Franken

Weitere Goldmünzen können im Einzelfall von der Mehrwertsteuer befreit werden, wenn nachgewiesen wird, daß sie einen Feingehalt von mindestens 900‰ aufweisen, nach dem Jahr 1800 geprägt wurden, in ihrem Ursprungsland gesetzliches Zahlungsmittel sind oder waren und üblicherweise zu einem Preis verkauft werden, der maximal 80% über dem Offenmarktwert ihres Goldgehaltes liegt.

Germany   Deutschland   Allemagne

Die Vielfalt der seit der Reichsgründung am 18. Januar 1871 erschienenen deutschen Münzen ist ein beredtes Spiegelbild der jüngsten deutschen Geschichte. Den Kleinmünzen des Kaiserreiches vorangestellt sind die Gepräge der Länder und Städte, und zwar in alphabetischer Reihenfolge mit jeweils eigener Numerierung. Die Münzen der deutschen Fürstentümer, Herzogtümer, Großherzogtümer und Königreiche sowie die der Freien und Hansestädte Bremen, Hamburg und Lübeck weisen sich durch die Darstellung des Reichsadlers und durch die Inschrift DEUTSCHES REICH eindeutig als Reichsmünzen aus. Den Kleinmünzen des Kaiserreiches folgen in chronologisch-systematischer Reihenfolge die Emissionen der Weimarer Republik, die Gepräge des Dritten Reiches, die der Alliierten Besetzung, der Bank deutscher Länder und der Bundesrepublik Deutschland, lediglich durch entsprechende Überschriften unterteilt.

Unter gesondertem Nummernsystem sind die DDR-Münzen erfaßt. Es wird deutlich, daß Danzig und auch das Saarland vorübergehend Eigenständigkeit besaßen. Deutsch Neuguinea, Deutsch Ostafrika und Kiautschou erinnern an die kurze deutsche Kolonial-Epoche. Die Besatzungsausgaben des Ersten und Zweiten Weltkrieges und die Staatlichen Notmünzen 1918–1923 bilden den Abschluß des Deutschlandteils.

    100 Pfennig = 1 Mark (Reichsmark, Rentenmark, Deutsche Mark);
    seit 1. Januar 1999: 100 Eurocent (Cent) = 1 Euro

Für die Münzen waren folgende Bezeichnungen üblich: Sechser (5 Pfennig), Groschen (10 Pfennig), Taler (3 Mark), Krone (Gold 10 Mark).

In Bayern waren auch nach Einführung der Reichswährung die dort vormals geprägten Heller bis 1909 als ½ Pfennig gesetzliches Zahlungsmittel.

Deutsches Reich

1 Pfennig	1873–1940	Cu 95/Sn 04/Zn 01	2.000 g	⌀ 17.5 mm
2 Pfennig	1873–1940	Cu 95/Sn 04/Zn 01	3.333 g	⌀ 20 mm
5 Pfennig	1874–1915	Cu 75/Ni 25	2.500 g	⌀ 18 mm
10 Pfennig	1873–1915	Cu 75/Ni 25	4.000 g	⌀ 21 mm
20 Pfennig	1873–1877	Ag 900/Cu 100	1.111 g	⌀ 16 mm
20 Pfennig	1887–1892	Cu 75/Ni 25	6.250 g	⌀ 23 mm
25 Pfennig	1909–1912	Ni	4.000 g	⌀ 23 mm
50 Pfennig	1875–1903	Ag 900/Cu 100	2.778 g	⌀ 20 mm
½ Mark	1905–1919	Ag 900/Cu 100	2.778 g	⌀ 20 mm
1 Mark	1873–1916	Ag 900/Cu 100	5.556 g	⌀ 24 mm

2 Mark	1876–1915	Ag 900/Cu 100	11.111 g	⌀ 28 mm
3 Mark	1908–1918	Ag 900/Cu 100	16.667 g	⌀ 33 mm
5 Mark	1874–1915	Ag 900/Cu 100	27.778 g	⌀ 38 mm
5 Mark	1877–1878	Au 900/Cu 100	1.991 g	⌀ 17 mm
10 Mark	1872–1914	Au 900/Cu 100	3.982 g	⌀ 19.5 mm
20 Mark	1871–1915	Au 900/Cu 100	7.965 g	⌀ 22.5 mm
1 Pfennig	1916–1918	Al 99/Cu 01	0.775 g	⌀ 15 mm
5 Pfennig	1915–1922	Fe verzinkt	2.500 g	⌀ 17.5 mm
10 Pfennig	1916–1922	Fe verzinkt	3.600 g	⌀ 21 mm
10 Pfennig	1917–1922	Zn	3.200 g	⌀ 21 mm
50 Pfennig	1919–1922	Al 99/Cu 01	1.667 g	⌀ 23 mm
3 Mark	1922–1923	Al 99/Cu 01	2.000 g	⌀ 28 mm
200 Mark	1923	Al 99/Cu 01	1.000 g	⌀ 23 mm
500 Mark	1923	Al 99/Cu 01	1.667 g	⌀ 27 mm
4 Pfennig	1932	Cu 95/Sn 04/Zn 01	5.000 g	⌀ 24 mm
5 Pfennig	1923–1939	Cu 915/Al 085	2.500 g	⌀ 18 mm
10 Pfennig	1923–1939	Cu 915/Al 085	4.000 g	⌀ 21 mm
50 Pfennig	1923–1925	Cu 915/Al 085	5.000 g	⌀ 24 mm
50 Pfennig	1927–1939	Ni	3.500 g	⌀ 20 mm
1 Mark	1933–1939	Ni	4.800 g	⌀ 23 mm
1 Mark	1924–1927	Ag 500/Cu 500	5.000 g	⌀ 22.6 mm
2 Mark	1925–1931	Ag 500/Cu 500	10.000 g	⌀ 26 mm
2 Mark	1933–1939	Ag 625/Cu 375	8.000 g	⌀ 25 mm
3 Mark	1924–1933	Ag 500/Cu 500	15.000 g	⌀ 30 mm
5 Mark	1925–1933	Ag 500/Cu 500	25.000 g	⌀ 36 mm
5 Mark	1933–1939	Ag 900/Cu 100	13.889 g	⌀ 29 mm
1 Pfennig	1940–1946	Zn	1.800 g	⌀ 17 mm
5 Pfennig	1940–1948	Zn	2.500 g	⌀ 19 mm
10 Pfennig	1940–1948	Zn	3.500 g	⌀ 21 mm
50 Pfennig	1935–1944	Al	1.333 g	⌀ 22.5 mm

Bundesrepublik Deutschland

1 Pfennig	1948–2001	Fe, Cu plattiert	2.000 g	⌀ 16.5 mm
2 Pfennig	1950–1968	Cu 95/Sn 04/Zn 01	3.250 g	⌀ 19.25 mm
2 Pfennig	1967–2001	Fe, Cu plattiert	2.900 g	⌀ 19.25 mm
5 Pfennig	1949–2001	Fe, Cu 72/Zn 28 plattiert	3.000 g	⌀ 18.5 mm
10 Pfennig	1949–2001	Fe, Cu 72/Zn 28 plattiert	4.000 g	⌀ 21.5 mm
50 Pfennig	1949–2001	Cu 75/Ni 25	3.500 g	⌀ 20 mm
1 Mark	1950–2001	Cu 75/Ni 25	5.500 g	⌀ 23.5 mm
2 Mark	1951	Cu 75/Ni 25	7.000 g	⌀ 25.5 mm
2 Mark	1957–1971	Cu 75/Ni 25	7.000 g	⌀ 26.75 mm
2 Mark	1969–2001	Magnimat®	7.000 g	⌀ 26.75 mm
5 Mark	1975–2001	Magnimat®	10.000 g	⌀ 29 mm
5 Mark	1951–1979	Ag 625/Cu 375	11.200 g	⌀ 29 mm
10 Mark	1972–1997	Ag 625/Cu 375	15.500 g	⌀ 32.5 mm
10 Mark	1998–2001	Ag 925/Cu 075	15.500 g	⌀ 32.5 mm

Anhalt (Herzogtum)
Münzstätte A = Berlin

FRIEDRICH I. 1871–1904

			S	SS	VZ
1	[19]	2 Mark (S) 1876 A. Friedrich I. (1831–1904), Kopfbild nach rechts. Rs. Reichsadler, Modell 1871–1889 (200 000 Ex.)	200,—	550,—	3000,—

| 2 | [179] | 20 Mark (G) 1875 A. Typ wie Nr. 1 (25 000 Ex.) | 700,— | 1800,— | 3200,— |

Pol. Platte 6500,—

25. REGIERUNGSJUBILÄUM AM 22. 5. 1896 (4)

| 3 | [20] | 2 Mark (S) 1896 A. Friedrich I., Kopfbild nach rechts. Rs. Reichsadler, Modell 1889–1918 (50 000 Ex.) | 300,— | 500,— | 1100,— |

Pol. Platte 2000,—
Anm.: Probe zum 70. Geburtstag, 1901, vorkommend.

| 4 | [21] | 5 Mark (S) 1896 A. Typ wie Nr. 3 (10 000 Ex.) | 800,— | 1550,— | 3200,— |

Pol. Platte 5000,—

			S	**SS**	**VZ**
5	[180]	10 Mark (G) 1896 A. Typ wie Nr. 3 (20 000 Ex.)	700,—	1300,—	3000,—
		Pol. Platte (200 Ex.) *4000,—*			
6	[181]	20 Mark (G) 1896 A. Typ wie Nr. 3 (15 000 Ex.)	700,—	1400,—	2800,—
		Pol. Platte (200 Ex.) *5000,—*			

70. GEBURTSTAG DES HERZOGS AM 29. APRIL 1901 (2)

7	[180]	10 Mark (G) 1901 A. Typ wie Nr. 5 (20 000 Ex.)	700,—	1300,—	3000,—
		Pol. Platte (200 Ex.) *4000,—*			
8	[181]	20 Mark (G) 1901 A. Typ wie Nr. 6 (15 000 Ex.)	700,—	1400,—	2800,—
		Pol. Platte (200 Ex.) *5000,—*			

FRIEDRICH II. 1904–1918

9	[22]	2 Mark (S) 1904 A. Friedrich II. (1856–1918), Kopfbild n. l. Rs. Reichsadler (50 000 Ex.)	350,—	650,—	1100,—
		Pol. Platte (150 Ex.) *2400,—*			
10	[23]	3 Mark (S) 1909, 1911. Typ wie Nr. 9:			
		1909 A (100 000 Ex.)	130,—	195,—	300,—
		1911 A (100 000 Ex.)	140,—	200,—	320,—
		Pol. Platte, 1911: *700,—*			
11	[182]	20 Mark (G) 1904. Typ wie Nr. 9 (25 000 Ex.)	700,—	1300,—	2600,—
		Pol. Platte (200 Ex.) 5000,—			

ZUR SILBERHOCHZEIT DES HERZOGLICHEN PAARES (2)

				SS	VZ	ST
12	[24]	3	Mark (S) 1914. Friedrich II. und Marie, Herzogin von Anhalt, geb. Prinzessin von Baden (200 000 Ex.) Pol. Platte (1000 Ex.) *500,—*	80,—	150,—	240,—
13	[25]	5	Mark (S) 1914. Typ wie Nr. 12 (30 000 Ex.) Pol. Platte (1000 Ex.) *900,—*	190,—	350,—	650,—

Baden (Großherzogtum)
Münzstätte G = Karlsruhe

FRIEDRICH I. 1852–1907

				S	SS	VZ
1	[183]	10	Mark (G) 1872, 1873. Friedrich I. (1826 bis 1907), Kopfbild nach links. Rs. Reichsadler, Modell 1871–1889:			
			1872 G (273 367 Ex.)	185,—	320,—	570,—
			1873 G (466 464 Ex.)	185,—	300,—	550,—

2 [184] 20 Mark (G) 1872, 1873. Typ wie Nr. 1:   **S**   **SS**   **VZ**

			S	SS	VZ
	1872 G	(397 988 Ex.)	220,—	360,—	600,—
	1873 G	(517 177 Ex.)	220,—	360,—	600,—

3 [26] 2 Mark (S) 1876~1888. Typ ähnlich wie Nr. 1:

1876 G	(1 739 038 Ex.)	95,—	200,—	2500,—
1877 G	(763 927 Ex.)	110,—	250,—	2500,—
1880 G	(74 000 Ex.)	200,—	460,—	2700,—
1883 G	(45 493 Ex.)	200,—	450,—	2400,—
1888 G	(75 279 Ex.)	165,—	350,—	2600,—

4 [27] 5 Mark (S) 1874~1888. Typ wie Nr. 3:

1874 G	(wenige Ex.)			—,—
1875 G	(314 186 Ex.)	90,—	185,—	2500,—
1875 G, BΛDEN (A ohne Querstrich)		90,—	200,—	3400,—
1876 G	(472 806 Ex.)	90,—	160,—	2000,—
1876 G, BΛDEN (A ohne Querstrich)		90,—	150,—	3200,—
1888 G	(30 111 Ex.)	1000,—	2200,—	6000,—
1888 G, BΛDEN (A ohne Querstrich)		150,—	280,—	3600,—

Deutschland/Baden **15**

				S	**SS**	**VZ**

5 [185]   5 Mark (G) 1877 G. Typ wie Nr. 3
(345 089 Ex.)   180,—   400,—   900,—
Pol. Platte 3000,—
Ungültig ab 1. 10. 1900.

6 [186]   10 Mark (G) 1875 ~ 1888. Typ wie Nr. 3:
1875 G (338 679 Ex.) 150,—	220,—	400,—
1876 G (1 395 760 Ex.) 150,—	220,—	400,—
1877 G (159 333 Ex.) 150,—	280,—	450,—
1878 G (235 799 Ex.) 150,—	280,—	450,—
1879 G (98 000 Ex.) 160,—	400,—	700,—
1880 G (1 169 Ex.)		*75 000,—*
1881 G (195 851 Ex.) 150,—	300,—	500,—
1888 G (122 036 Ex.) 150,—	300,—	500,—

Jahrgänge 1878 und 1881 auch mit kopfstehender 8 vorkommend.

7 [187]   20 Mark (G) 1874 G. Typ wie Nr. 3
(154 903 Ex.)   300,—   700,—   1300,—

8 [28]   2 Mark (S) 1892 ~ 1902. Rs. Reichsadler, Modell 1889–1918:
1892 G (106 750 Ex.)   100,—   180,—   750,—
1894 G (106 750 Ex.)   100,—   180,—   750,—

		S	**SS**	**VZ**
1896 G	(213 520 Ex.)	100,—	180,—	750,—
1898 G	(87 442 Ex.)	150,—	250,—	950,—
1899 G	(327 061 Ex.)	100,—	190,—	700,—
1900 G	(222 219 Ex.)	100,—	170,—	700,—
1901 G	(451 322 Ex.)	90,—	160,—	600,—
1902 G	(5 368 Ex.)	950,—	1750,—	3500,—

9 [29] 5 Mark (S) 1891 ~ 1902. Typ wie Nr. 8:

1891 G	(42 700 Ex.)	100,—	280,—	1500,—
1891 G, BΛDEN (A ohne Querstrich)		850,—	1250,—	6500,—
1893 G	(42 700 Ex.)	100,—	220,—	1500,—
1894 G	(60 915 Ex.)	100,—	180,—	1100,—
1895 G	(73 418 Ex.)	100,—	165,—	1000,—
1898 G	(131 341 Ex.)	100,—	150,—	800,—
1899 G	(61 073 Ex.)	100,—	160,—	850,—
1900 G	(128 352 Ex.)	100,—	150,—	950,—
1901 G	(128 131 Ex.)	100,—	150,—	800,—
1902 G	(42 708 Ex.)	110,—	200,—	1000,—

10 [188] 10 Mark (G) 1890 ~ 1901. Typ wie Nr. 8:

1890 G	(73 000 Ex.)	160,—	400,	700,—
1801 G	(110 003 Ex.)	150,—	350,—	600,—
1893 G	(183 157 Ex.)	150,—	350,—	600,—
1896 G	(51 720 Ex.)	175,—	650,—	900,—
1897 G	(69 904 Ex.)	150,—	400,—	680,—
1898 G	(256 063 Ex.)	150,—	300,—	600,—
1900 G	(30 598 Ex.)	165,—	600,—	1100,—
1901 G	(91 248 Ex.)	150,—	300,—	560,—

Pol. Platte 1898 G, 1901 G: 2200,—

			S	**SS**	**VZ**
11	[189]	20 Mark (G) 1894, 1895. Typ wie Nr. 8:			
		1894 G (400000 Ex.)	220,—	360,—	550,—
		1895 G (101058 Ex.)	250,—	400,—	650,—

50. REGIERUNGSJUBILÄUM (2)

			SS	**VZ**	**ST**
12	[30]	2 Mark (S) 1902. Kopfbild nach rechts, Lorbeerzweig, Jubiläumszahlen (375018 Ex.)	40,—	65,—	120,—
13	[31]	5 Mark (S) 1902. Typ wie Nr. 12 (50024 Ex.)	160,—	320,—	500,—

			S	**SS**	**VZ**
14	[32]	2 Mark (S) 1902–1907. Typ ähnlich wie Nr. 12:			
		1902 G (198250 Ex.)	75,—	140,—	385,—
		1903 G (493989 Ex.)	50,—	100,—	265,—
		1904 G (1121754 Ex.)	50,—	100,—	200,—
		1905 G (609835 Ex.)	50,—	100,—	240,—
		1906 G (107549 Ex.)	125,—	240,—	550,—
		1907 G (913024 Ex.)	50,—	100,—	250,—
		Pol. Platte, 1906 G (10–30 Ex.)			

15	[33]	5 Mark (S) 1902~1907. Typ wie Nr. 14:	**S**	**SS**	**VZ**
		1902 G (128 100 Ex.)	70,—	120,—	450,—
		1903 G (439 105 Ex.)	60,—	100,—	380,—
		1904 G (237 914 Ex.)	60,—	110,—	400,—
		1907 G (243 821 Ex.)	60,—	110,—	400,—

16	[190]	10 Mark (G) 1902–1907. Typ wie Nr. 14:			
		1902 G (30 409 Ex.)	250,—	550,—	1100,—
		1903 G (109 450 Ex.)	185,—	400,—	600,—
		1904 G (149 240 Ex.)	185,—	350,—	550,—
		1905 G (95 932 Ex.)	185,—	400,—	700,—
		1906 G (120 902 Ex.)	185,—	320,—	600,—
		1907 G (121 902 Ex.)	185,—	320,—	600,—

ZUR GOLDENEN HOCHZEIT (2)

17	[34]	2 Mark (S) 1906. Großherzog Friedrich und Großherzogin Luise, geb. Prinzessin von Preußen; beider Porträtbüsten n. r. (350 000 Ex.)	**SS**	**VZ**	**ST**
			30,—	75,—	130,—
18	[35]	5 Mark (S) 1906. Typ wie Nr. 17 (60 000 Ex.)	150,—	300,—	500,—

ZUM TODE DES GROSSHERZOGS (2)

			SS	**VZ**	**ST**
19	[36]	2 Mark (S) 1907. Kopfbild, Lebensdaten (350 002 Ex.)	65,—	130,—	200,—
20	[37]	5 Mark (S) 1907. Typ wie Nr. 19 (60 000 Ex.)	180,—	380,—	550,—

FRIEDRICH II. 1907–1918

			S	**SS**	**VZ**
21	[38]	2 Mark (S) 1911, 1913. Friedrich II. (1857 bis 1928), Kopfbild nach links:			
		1911 G (77 000 Ex.)	300,—	600,—	1100,—
		1913 G (289 690 Ex.)	250,—	480,—	950,—
22	[39]	3 Mark (S) 1908 ~ 1915. Typ wie Nr. 21:			
		1908 G (304 927 Ex.)	30,—	55,—	120,—
		1909 G (760 716 Ex.)	25,—	45,—	90,—
		1910 G (674 649 Ex.)	25,—	45,—	90,—
		1911 G (382 039 Ex.)	25,—	45,—	90,—
		1912 G (866 911 Ex.)	25,—	40,—	90,—
		1914 G (412 804 Ex.)	25,—	45,—	90,—
		1915 G (62 205 Ex.)	70,—	130,—	220,—
23	[40]	5 Mark (S) 1908 ~ 1913. Typ wie Nr. 21:			
		1908 G (281 568 Ex.)	80,—	150,—	420,—
		1913 G (244 000 Ex.)	70,—	140,—	380,—

24	[191]	10 Mark (G) 1909–1913. Typ wie Nr. 21:			
		1909 G (86 000 Ex.)	380,—	800,—	1500,—
		1910 G (60 649 Ex.)	400,—	850,—	1500,—
		1911 G (29 488 Ex.)	2000,—	4500,—	11 000,—
		1912 G (25 975 Ex.)	1200,—	1850,—	3200,—
		1913 G (41 567 Ex.)	800,—	1200,—	2200,—

25 [192] 20 Mark (G) 1911–1914. Typ wie Nr. 21:   **S**   **SS**   **VZ**

	S	SS	VZ
1911 G (190 836 Ex.)	240,—	350,—	550,—
1912 G (311 063 Ex.)	240,—	350,—	550,—
1913 G (85 374 Ex.)	240,—	360,—	600,—
1914 G (280 520 Ex.)	240,—	340,—	550,—

Bayern (Königreich)
Münzstätte D = München

LUDWIG II. 1864–1886

1 [193] 10 Mark (G) 1872, 1873. Ludwig II. (1845 bis 1886), Kopfbild nach rechts. Rs. Reichsadler, Modell 1871–1889:

1872 D (625 708 Ex.)	150,—	300,—	580,—
1873 D (1 198 125 Ex.)	150,—	285,—	500,—

2 [194] 20 Mark (G) 1872, 1873. Typ wie Nr. 1:

1872 D (1 555 832 Ex.)	220,—	350,—	700,—
1873 D (2 770 067 Ex.)	220,—	340,—	650,—

3 [41] 2 Mark (S) 1876~1883. Typ ähnlich wie Nr. 1:

	S	**SS**	**VZ**
1876 D (5 370 139 Ex.)	75,—	180,—	700,—
1877 D (1 511 500 Ex.)	85,—	200,—	850,—
1880 D (168 974 Ex.)	180,—	500,—	1800,—
1883 D (104 217 Ex.)	200,—	400,—	1300,—

4 [42] 5 Mark (S) 1874–1876. Typ wie Nr. 3:

1874 D (84 960 Ex.)	110,—	200,—	800,—
1875 D (656 751 Ex.)	110,—	180,—	700,—
1876 D (1 129 555 Ex.)	100,—	150,—	550,—

5 [195] 5 Mark (G) 1877, 1878. Typ wie Nr. 3:

1877 D (635 020 Ex.)	200,—	500,—	900,—
1878 D (127 853 Ex.)	600,—	1200,—	2000,—

Pol. Platte, 1877 D: 2500,—

Ungültig ab 1. 10. 1900.

6 [196] 10 Mark (G) 1874–1881. Typ wie Nr. 3:

1874 D (406 610 Ex.)	160,—	300,—	600,—
1875 D (815 858 Ex.)	160,—	260,—	550,—
1876 D (684 451 Ex.)	160,—	260,—	500,—

		S	SS	VZ
1877 D	(282 900 Ex.)	160,—	280,—	550,—
1878 D	(637 876 Ex.)	160,—	260,—	500,—
1879 D	(223 606 Ex.)	160,—	300,—	700,—
1880 D	(299 200 Ex.)	160,—	300,—	600,—
1881 D	(156 693 Ex.)	160,—	300,—	700,—

7 [197] 20 Mark (G) 1874 ~ 1878. Typ wie Nr. 3:

1874 D	(615 335 Ex.)	240,—	350,—	650,—
1875 D 1876 D	}(453 335 Ex.)	1000,— 240,—	2000,— 360,—	5000,— 650,—
1878 D	(50 490 Ex.)	650,—	1200,—	2400,—

OTTO 1886–1913, REGENTSCHAFT:
PRINZREGENT LUITPOLD

8 [43] 2 Mark (S) 1888 D. Otto (1848–1916), Kopfbild nach links. Rs. Reichsadler, Modell 1871–1889 (172 368 Ex.)   550,—   850,—   2000,—

9 [44] 5 Mark (S) 1888 D. Typ wie Nr. 8 (68 947 Ex.)   380,—   750,—   2400,—

10 [198] 10 Mark (G) 1888 D. Typ wie Nr. 8 (281 259 Ex.)   240,—   500,—   950,—
Pol. Platte 3500,—

				S	**SS**	**VZ**
11	[45]	2 Mark (S) 1891 ~ 1913. Rs. Reichsadler, Modell 1889–1918:				
		1891 D	(246050 Ex.)	40,—	100,—	320,—
		1893 D	(246050 Ex.)	40,—	110,—	260,—
		1896 D	(492131 Ex.)	40,—	80,—	180,—
		1898 D	(201476 Ex.)	100,—	240,—	650,—
		1899 D	(753396 Ex.)	35,—	80,—	150,—
		1900 D	(722482 Ex.)	35,—	80,—	150,—
		1901 D	(809064 Ex.)	35,—	70,—	200,—
		1902 D	(1320781 Ex.)	35,—	65,—	150,—
		1903 D	(1406067 Ex.)	35,—	65,—	150,—
		1904 D	(2320238 Ex.)	30,—	65,—	130,—
		1905 D	(1406100 Ex.)	30,—	65,—	150,—
		1906 D	(1054500 Ex.)	30,—	55,—	130,—
		1907 D	(2106712 Ex.)	30,—	55,—	110,—
		1908 D	(632700 Ex.)	30,—	60,—	120,—
		1912 D	(213652 Ex.)	30,—	75,—	160,—
		1913 D	(97698 Ex.)	80,—	160,—	400,—

12	[47]	3 Mark (S) 1908–1913. Typ wie Nr. 11:				
		1908 D	(680529 Ex.)	25,—	55,—	100,—
		1909 D	(1827460 Ex.)	25,—	55,—	90,—
		1910 D	(1496091 Ex.)	25,—	55,—	90,—
		1911 D	(843437 Ex.)	25,—	55,—	90,—
		1912 D	(1013650 Ex.)	25,—	55,—	90,—
		1913 D	(731275 Ex.)	25,—	55,—	100,—

13 [46] 5 Mark (S) 1891~1913. Typ wie Nr. 11:   **S**   **SS**   **VZ**

1891 D	(98 420 Ex.)	45,—	100,—	250,—
1893 D	(98 420 Ex.)	45,—	100,—	300,—
1894 D	(140 562 Ex.)	45,—	90,—	380,—
1895 D	(140 639 Ex.)	45,—	90,—	300,—
1896 D	(28 120 Ex.)	250,—	400,—	2000,—
1898 D	(303 040 Ex.)	40,—	70,—	260,—
1899 D	(140 640 Ex.)	40,—	70,—	300,—
1900 D	(295 245 Ex.)	40,—	70,—	240,—
1901 D	(275 371 Ex.)	40,—	70,—	240,—
1902 D	(486 049 Ex.)	40,—	70,—	180,—
1903 D	(1 012 097 Ex.)	40,—	65,—	180,—
1904 D	(548 340 Ex.)	40,—	70,—	170,—
1906 D	(70 249 Ex.)	90,—	240,—	600,—
1907 D	(752 658 Ex.)	40,—	65,—	180,—
1908 D	(536 579 Ex.)	40,—	65,—	200,—
1913 D	(420 000 Ex.)	40,—	65,—	150,—

14 [199] 10 Mark (G) 1890~1900. Typ wie Nr. 11:

1890 D	(419 965 Ex.)	160,—	250,—	450,—
1893 D	(421 912 Ex.)	160,—	250,—	450,—
1896 D	(281 476 Ex.)	160,—	260,—	480,—
1898 D	(588 724 Ex.)	160,—	250,—	480,—
1900 D	(140 798 Ex.*)	185,—	300,—	600,—

*Anm.: Prägezahl zusammen mit Nr. 16.
Pol. Platte 2500,—

15 [200] 20 Mark (G) 1895~1913. Typ wie Nr. 11:

1895 D	(501 095 Ex.)	240,—	300,—	450,—
1900 D	(501 217 Ex.)	240,—	300,—	450,—
1905 D	(500 365 Ex.)	240,—	300,—	500,—
1913 D	(310 778 Ex.)			*45 000,—*

Der Jahrgang 1913 kam größtenteils in den Juliusturm, Spandau.

16	[201]	10 Mark (G) 1900~1912. Typ ähnlich wie Nr. 11:	**S**	**SS**	**VZ**
		1900 D (140 798 Ex.*)	150,—	285,—	500,—
		1901 D (140 639 Ex.)	150,—	275,—	450,—
		1902 D (68 308 Ex.)	185,—	400,—	650,—
		1903 D (534 426 Ex.)	150,—	275,—	500,—
		1904 D (210 912 Ex.)	150,—	285,—	450,—
		1905 D (281 231 Ex.)	150,—	285,—	450,—
		1906 D (140 512 Ex.)	150,—	380,—	500,—
		1907 D (211 211 Ex.)	150,—	250,—	400,—
		1909 D (208 970 Ex.)	150,—	275,—	450,—
		1910 D (140 755 Ex.)	150,—	285,—	500,—
		1911 D (71 616 Ex.)	175,—	400,—	650,—
		1912 D (140 874 Ex.)	150,—	275,—	450,—

*Anm.: Prägezahl zusammen mit Nr. 14.

90. GEBURTSTAG DES PRINZREGENTEN LUITPOLD (3)

17	[48]	2 Mark (S) 1911 D. Prinzregent Luitpold (1821 bis 1912), Kopfbild nach rechts. Rs. Reichsadler (640 000 Ex.)	**SS**	**VZ**	**ST**
			50,—	80,—	125,—

| 18 | [49] | 3 Mark (S) 1911 D. Typ wie Nr. 17 (639 721 Ex.) | 60,— | 85,— | 130,— |

26 Deutschland/Bayern

			SS	**VZ**	**ST**
19	[50]	5 Mark (S) 1911 D. Typ wie Nr. 17 (160 000 Ex.)	125,—	220,—	380,—

LUDWIG III. 1913–1918

			S	**SS**	**VZ**
20	[51]	2 Mark (S) 1914 D. Ludwig III. (1845–1921), Kopfbild nach links. Rs. Reichsadler (573 533 Ex.)	70,—	150,—	260,—
21	[52]	3 Mark (S) 1914 D. Typ wie Nr. 20 (717 460 Ex.) Pol. Platte 450,—	50,—	75,—	140,—

22	[53]	5 Mark (S) 1914 D. Typ wie Nr. 20 (142 400 Ex.) Pol. Platte 1300,—	130,—	300,—	550,—

Deutschland/Bayern 27

| 23 | [202] | 20 Mark (G) 1914 D. Typ wie Nr. 20 (532851 Ex.) | **S** 1400,— | **SS** 3000,— | **VZ** 5000,— |

Anm.: Nr. 23 auch mit großem Kopf (Probe) 12000,—

Ein großer Teil von Nr. 23 ist nicht mehr ausgegeben worden und kam in den Juliusturm, Spandau.

ZUR GOLDENEN HOCHZEIT DES KÖNIGSPAARES

| 24 | [54] | 3 Mark (S) 1918 D. Doppelporträt: Ludwig III. und Marie Therese von Bayern (ca. 130 Ex.) | **VZ** 40000,— | **ST** 60000,— |

Pol. Platte (10 Ex. wurden für den König geprägt) —,—

Von Nr. 24 sind auch Galvanos im Handel.

Braunschweig (Herzogtum)
Münzstätte A = Berlin

WILHELM 1831–1884

| 1 | [203] | 20 Mark (G) 1875 A. Wilhelm (1806–1884), Kopfbild nach links. Rs. Reichsadler, Modell 1871–1889 (100000 Ex.) | **S** 600,— | **SS** 1200,— | **VZ** 2400,— |

Anm.: Jahrgang 1876 nur als spätere Fantasieprägung (Fälschung) vorkommend.

ERNST AUGUST 1913–1918
ZUM REGIERUNGSANTRITT UND ZUR VERMÄHLUNG DES HERZOGS (4)

			SS	VZ	ST
2	[55]	3 Mark (S) 1915 A. Doppelporträt: Ernst August (1887–1953), und Viktoria Luise. Rs. Reichsadler, Modell 1889–1918 (1700 Ex.)	1500,—	2000,—	4000,—
		Pol. Platte 5000,—			
3	[56]	5 Mark (S) 1915 A. Typ wie Nr. 2 (1400 Ex.)	1500,—	3000,—	5500,—
		Pol. Platte 7000,—			

4	[57]	3 Mark (S) 1915 A. Typ wie Nr. 2, jedoch zusätzliche Umschrift: U. LÜNEB. (31 634 Ex.)	180,—	380,—	550,—
5	[58]	5 Mark (S) 1915 A. Typ wie Nr. 4 (8600 Ex.)	550,—	900,—	1800,—

Bremen (Freie Hansestadt)
Münzstätte J = Hamburg

				S	**SS**	**VZ**
1	[59]	2	Mark (S) 1904 J. Stadtwappen. Rs. Reichsadler (100 000 Ex.)	90,—	130,—	240,—
2	[60]	5	Mark (S) 1906 J. Typ wie Nr. 1 (40 846 Ex.)	220,—	450,—	700,—

Pol. Platte 1000,—

Anm. zu Nr. 2: Die Jahrgänge 1904 und 1905 ohne Perlkreis sind offiziell nicht verausgabt worden (ca. 20 Exemplare bekannt).

| 3 | [204] | 10 | Mark (G) 1907 J. Typ wie Nr. 1 (20 006 Ex.) | 600,— | 1400,— | 2000,— |

Pol. Platte 4000,—

| 4 | [205] | 20 | Mark (G) 1906 J. Typ wie Nr. 1 (20 122 Ex.) | 850,— | 1500,— | 2400,— |

Pol. Platte 4500,—

Hamburg (Freie und Hansestadt)

Münzstätten B = Hannover, J = Hamburg

| 1 | [206] | 10 | Mark (G) 1873 B. Behelmtes Wappen. Rs. Reichsadler, Modell 1871–1889 (25 200 Ex.) | 900,— | 1800,— | 3000,— |

Pol. Platte 10 000,—

2 [207] 10 Mark (G) 1874 B. Typ ähnlich wie Nr. 1   **S**   **SS**   **VZ**
(50 200 Ex.)   750,—   1500,—   2800,—

3 [61] 2 Mark (S) 1876 ~ 1888. Großes Stadtwappen:

1876 J	(3 961 933 Ex.)	60,—	150,—	650,—
1877 J	(499 631 Ex.)	65,—	170,—	800,—
1878 J	(349 578 Ex.)	65,—	170,—	800,—
1880 J	(98 936 Ex.)	150,—	450,—	1400,—
1883 J	(60 446 Ex.)	150,—	400,—	1100,—
1888 J	(99 820 Ex.)	85,—	250,—	800,—

4 [62] 5 Mark (S) 1875 ~ 1888. Typ wie Nr. 3:

1875 J	(285 661 Ex.)	65,—	150,—	1000,—
1876 J	(930 000 Ex.)	60,—	120,—	950,—
1888 J	(40 363 Ex.)	110,—	320,—	1800,—

5 [208] 5 Mark (G) 1877 J. Typ wie Nr. 3
(440 820 Ex.)   200,—   500,—   900,—
Pol. Platte 2500,—
Ungültig ab 1. 10. 1900.

6 [209] 10 Mark (G) 1875 ~ 1888. Typ wie Nr. 3:

1875 J	(608 367 Ex.)	160,—	280,—	500,—
1876 J	(6 321 Ex.)	850,—	1500,—	3500,—
1877 J	(221 182 Ex.)	160,—	260,—	450,—

	S	SS	VZ
1878 J (316 110 Ex.)	160,—	260,—	450,—
1879 J (255 482 Ex.)	160,—	260,—	450,—
1880 J (139 230 Ex.)	160,—	350,—	500,—
1888 J (162 864 Ex.)	160,—	285,—	500,—

7 [210] 20 Mark (G) 1875 ~ 1889. Typ wie Nr. 3:

	S	SS	VZ
1875 J (312 891 Ex.)	240,—	350,—	550,—
1876 J (1 723 391 Ex.)	240,—	300,—	420,—
1877 J (1 324 286 Ex.)	240,—	300,—	420,—
1878 J (2 007 960 Ex.)	240,—	300,—	420,—
1879 J (104 126 Ex.)	400,—	800,—	2400,—
1880 J (119 910 Ex.)	240,—	550,—	1000,—
1881 J (500 Ex.)			—,—
1883 J (124 636 Ex.)	240,—	320,—	500,—
1884 J (638 867 Ex.)	240,—	300,—	500,—
1887 J (250 595 Ex.)	240,—	300,—	500,—
1889 J (14 429 Ex.)	700,—	1800,—	3400,—

8 [63] 2 Mark (S) 1892 ~ 1914. Typ wie Nr. 3, jedoch neuer Reichsadler (Modell 1889–1918):

	S	SS	VZ
1892 J (140 975 Ex.)	45,—	120,—	350,—
1893 J (145 800 Ex.)	45,—	120,—	320,—
1896 J (286 434 Ex.)	45,—	90,—	280,—
1898 J (117 843 Ex.)	100,—	200,—	500,—
1899 J (286 360 Ex.)	45,—	90,—	200,—
1900 J (576 669 Ex.)	45,—	85,—	180,—
1901 J (482 408 Ex.)	45,—	90,—	185,—
1902 J (778 880 Ex.)	45,—	85,—	140,—
1903 J (817 215 Ex.)	45,—	80,—	150,—
1904 J (1 247 905 Ex.)	45,—	80,—	140,—
1905 J (204 465 Ex.)	90,—	185,—	380,—

		S	**SS**	**VZ**
1906 J	(1 224 910 Ex.)	45,—	80,—	150,—
1907 J	(1 225 503 Ex.)	45,—	80,—	150,—
1908 J	(367 750 Ex.)	45,—	85,—	140,—
1911 J	(204 250 Ex.)	45,—	85,—	200,—
1912 J	(78 500 Ex.)	65,—	150,—	280,—
1913 J	(105 325 Ex.)	45,—	85,—	160,—
1914 J	(327 758 Ex.)	45,—	80,—	150,—

9 [64] 3 Mark (S) 1908–1914. Typ wie Nr. 8:

1908 J	(408 475 Ex.)	35,—	55,—	85,—
1909 J	(1 388 892 Ex.)	35,—	45,—	80,—
1910 J	(525 500 Ex.)	35,—	50,—	80,—
1911 J	(922 000 Ex.)	35,—	50,—	80,—
1912 J	(491 088 Ex.)	35,—	50,—	90,—
1913 J	(343 900 Ex.)	35,—	50,—	75,—
1914 J	(575 111 Ex.)	35,—	50,—	90,—

10 [65] 5 Mark (S) 1891~1913. Typ wie Nr. 8:

1891 J	(59 409 Ex.)	60,—	125,—	380,—
1893 J	(54 660 Ex.)	60,—	115,—	300,—
1894 J	(81 700 Ex.)	60,—	120,—	320,—
1895 J	(81 700 Ex.)	60,—	120,—	360,—
1896 J	(16 340 Ex.)	280,—	500,—	1600,—
1898 J	(175 976 Ex.)	60,—	90,—	350,—
1899 J	(81 700 Ex.)	60,—	90,—	380,—
1900 J	(171 859 Ex.)	60,—	90,—	250,—
1901 J	(171 603 Ex.)	60,—	90,—	220,—
1902 J	(294 034 Ex.)	60,—	85,—	200,—
1903 J	(588 335 Ex.)	60,—	80,—	200,—
1904 J	(318 640 Ex.)	60,—	85,—	200,—
1907 J	(325 534 Ex.)	60,—	85,—	200,—
1908 J	(457 794 Ex.)	60,—	85,—	200,—
1913 J	(326 800 Ex.)	60,—	100,—	200,—

11 [211] 10 Mark (G) 1890~1913. Typ wie Nr. 8:

		S	**SS**	**VZ**
1890 J	(244 738 Ex.)	150,—	250,—	450,—
1893 J	(245 564 Ex.)	150,—	250,—	400,—
1896 J	(163 510 Ex.)	150,—	250,—	420,—
1898 J	(344 101 Ex.)	150,—	280,—	400,—
1900 J	(81 654 Ex.)	150,—	300,—	550,—
1901 J	(81 891 Ex.)	150,—	300,—	550,—
1902 J	(40 763 Ex.)	200,—	450,—	900,—
1903 J	(310 168 Ex.)	150,—	280,—	400,—
1905 J	(164 000 Ex.)	150,—	280,—	450,—
1906 J	(163 547 Ex.)	150,—	280,—	420,—
1907 J	(111 373 Ex.)	150,—	280,—	450,—
1908 J	(31 665 Ex.)	225,—	600,—	1200,—
1909 J	(122 245 Ex.)	150,—	260,—	460,—
1910 J	(40 598 Ex.)	175,—	500,—	900,—
1911 J	(75 000 Ex.)	150,—	300,—	500,—
1912 J	(47 775 Ex.)	200,—	450,—	900,—
1913 J	(40 937 Ex.)	185,—	450,—	950,—

12 [212] 20 Mark (G) 1893~1913. Typ wie Nr. 8:

1893 J	(814 644 Ex.)	200,—	280,—	360,—
1894 J	(500 635 Ex.)	200,—	280,—	360,—
1895 J	(501 114 Ex.)	200,—	280,—	360,—
1897 J	(500 234 Ex.)	200,—	280,—	360,—
1899 J	(1 001 572 Ex.)	200,—	280,—	380,—
1900 J	(501 367 Ex.)	200,—	280,—	360,—
1908 J	(14 Ex.)			—,—

Der Jahrgang 1908 J wurde den Mitgliedern des Reichsbank-Direktoriums überreicht.

| 1913 J | (491 133 Ex.) | 200,— | 280,— | 370,— |

Prägungen im Typ der Nr. 12 mit Jahreszahlen 1892, 1896, 1898, 1901, 1904–1906, 1909–1912 sind moderne Fantasieprägungen (Fälschungen).

Doppelkronen der Freien und Hansestadt Hamburg im kaiserlichen Typ (aufgrund des Allerhöchsten Erlasses von 1904) siehe Preußen Nr. 20.

Hessen (Großherzogtum)
Münzstätten A = Berlin, H = Darmstadt

LUDWIG III. 1848–1877

				S	**SS**	**VZ**
1	[213]	10	Mark (G) 1872, 1873. Ludwig III. (1806 bis 1877), Kopfbild nach rechts. Rs. Reichsadler, Modell 1871–1889:			
			1872 H (29 800 Ex.)	230,—	400,—	1000,—
			1873 H (432 020 Ex.)	220,—	350,—	900,—

2	[214]	20	Mark (G) 1872, 1873. Typ wie Nr. 1:			
			1872 H (183 352 Ex.)	250,—	500,—	1300,—
			1873 H (520 775 Ex.)	250,—	480,—	1100,—
3	[66]	2	Mark (S) 1876, 1877. Typ ähnlich wie Nr. 1:			
			1876 H (202 108 Ex.)	280,—	500,—	5500,—
			1877 H (338 000 Ex.)	280,—	800,—	5000,—
4	[67]	5	Mark (S) 1875, 1876. Typ wie Nr. 3:			
			1875 H (148 035 Ex.)	165,—	500,—	4600,—
			1876 H (290 450 Ex.)	165,—	450,—	4500,—

5	[215]	5	Mark (G) 1877 H. Typ wie Nr. 3 (102 682 Ex.)	450,—	1000,—	2200,—

Ungültig ab 1. 10. 1900.

6	[216]	10	Mark (G) 1875–1877. Typ wie Nr. 3:			
			1875 H (190 992 Ex.)	250,—	450,—	750,—
			1876 H (513 081 Ex.)	250,—	400,—	700,—
			1877 H (93 800 Ex.)	260,—	480,—	1000,—

			S	**SS**	**VZ**
7	[217]	20 Mark (G) 1874 H. Typ wie Nr. 3 (134 192 Ex.)	365,—	850,—	1500,—

LUDWIG IV. 1877–1892

8	[68]	2 Mark (S) 1888 A. Ludwig IV. (1837–1892), Kopfbild nach rechts. Rs. Reichsadler, Modell 1871–1889 (22 350 Ex.) Pol. Platte (500 Ex.)	1500,—	2600,—	4500,—
9	[69]	5 Mark (S) 1888 A. Typ wie Nr. 8 (8940 Ex.) Pol. Platte (400 Ex.)	1750,—	3000,—	6500,—

10	[218]	5 Mark (G) 1877 H. Typ wie Nr. 8 (78 776 Ex.) Ungültig ab 1. 10. 1900.	650,—	1300,—	2300,—
11	[219]	10 Mark (G) 1878–1888. Typ wie Nr. 8:			
		1878 H (132 341 Ex.)	280,—	500,—	1400,—
		1879 H (55 598 Ex.)	320,—	800,—	2000,—
		1880 H (109 132 Ex.)	300,—	600,—	1500,—
		1888 A (35 764 Ex.)	550,—	1400,—	2400,—

				S	**SS**	**VZ**
12	[70]	2	Mark (S) 1891 A. Rs. Reichsadler, Modell 1898–1918 (62 650 Ex.)	900,—	1400,—	2500,—
13	[71]	5	Mark (S) 1891 A. Typ wie Nr. 12 (25 060 Ex.)	950,—	1400,—	4000,—

14	[220]	10	Mark (G) 1890 A. Typ wie Nr. 12 (53 621 Ex.)	500,—	1200,—	2200,—
15	[221]	20	Mark (G) 1892 A. Typ wie Nr. 12 (25 000 Ex.)	700,—	2000,—	3600,—

ERNST LUDWIG 1892–1918

16 [222] 10 Mark (G) 1893 A. Ernst Ludwig (1866–1937), Kopfbild nach links. Rs. Reichsadler (53 621 Ex.)   500,—   1300,—   2500,—
Pol. Platte (450 Ex.) 4500,—

17 [223] 20 Mark (G) 1893 A. Typ wie Nr. 16 (25 000 Ex.)   550,—   1500,—   2700,—
Pol. Platte: 5500,—

Deutschland/Hessen

				S	**SS**	**VZ**
18	[72]	2	Mark (S) 1895~1900. Kopfbild des Großherzogs nach links:			
			1895 A (53 700 Ex.)	350,—	680,—	1600,—
			1896 A (8 950 Ex.)	850,—	1500,—	2800,—
			1898 A (33 950 Ex.)	360,—	800,—	1800,—
			1899 A (53 700 Ex.)	300,—	650,—	1500,—
			1900 A (8 950 Ex.)	650,—	900,—	2500,—

Pol. Platte 1895 A: 2500,—
Pol. Platte 1896 A (200 Ex.)
Pol. Platte 1898 A: (360 Ex.) 2000,—
Pol. Platte 1899 A (128 Ex.)
Pol. Platte 1900 A (200 Ex.)

19	[73]	5	Mark (S) 1895~1900. Typ wie Nr. 18:			
			1895 A (39 380 Ex.)	225,—	450,—	2000,—
			1898 A (37 480 Ex.)	225,—	450,—	2000,—
			1899 A (17 900 Ex.)	350,—	600,—	2000,—
			1900 A (17 900 Ex.)	350,—	640,—	2400,—

Pol. Platte 1895 A (200 Ex.)
Pol. Platte 1898 A (240 Ex.)
Pol. Platte 1899 A (176 Ex.)
Pol. Platte 1900 A (150 Ex.)

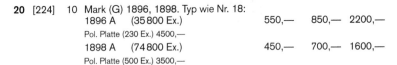

20	[224]	10	Mark (G) 1896, 1898. Typ wie Nr. 18:			
			1896 A (35 800 Ex.)	550,—	850,—	2200,—

Pol. Platte (230 Ex.) 4500,—

| | | | 1898 A (74 800 Ex.) | 450,— | 700,— | 1600,— |

Pol. Platte (500 Ex.) 3500,—

21	[225]	20	Mark (G) 1896~1903. Typ wie Nr. 18:			
			1896 A (15 000 Ex.)	450,—	1300,—	2500,—
			1897 A (45 000 Ex.)	285,—	550,—	1100,—
			1898 A (70 000 Ex.)	250,—	500,—	900,—
			1899 A (40 000 Ex.)	250,—	550,—	1200,—
			1900 A (40 000 Ex.)	250,—	550,—	900,—
			1901 A (80 000 Ex.)	250,—	500,—	1000,—
			1903 A (40 000 Ex.)	250,—	500,—	1000,—

Pol. Platte 1903 A (100 Ex.)

22 [226] 20 Mark (G) 1905~1911. Typ wie Nr. 21; nunmehr Schreibweise GROSSHERZOG:

	S	**SS**	**VZ**
1905 A (45 000 Ex.)	280,—	500,—	900,—
1906 A (85 000 Ex.)	280,—	500,—	900,—
1908 A (40 000 Ex.)	280,—	500,—	900,—
1911 A (150 000 Ex.)	280,—	500,—	800,—

Pol. Platte 1905 A (200 Ex.)
Pol. Platte 1906 A (199 Ex.)

400. GEBURTSTAG
PHILIPPS I., DES GROSSMÜTIGEN (1504–1567) (2)

			SS	**VZ**	**ST**
23	[74]	2 Mark (S) 1904. Doppelporträt: Philipp, Landgraf von Hessen, und Ernst Ludwig (100 000 Ex.)	60,—	150,—	220,—
24	[75]	5 Mark (S) 1904. Typ wie Nr. 23 (40 000 Ex.)	140,—	350,—	550,—

25 [76] 3 Mark (S) 1910 A. Älteres Kopfbild des Großherzogs (200 000 Ex.)   140,—   240,—   400,—

Pol. Platte (ca. 500 Ex.) 750,—

25. REGIERUNGSJUBILÄUM

26	[77]	3 Mark (S) 1917 A. Kopfbild des Großherzogs nach links, am Halsabschnitt Lorbeerzweig (1333 Ex., nur pol. Platte)		**PP** 10 000,—

Lippe (Fürstentum)
Münzstätte A = Berlin

LEOPOLD IV. 1905–1918

			S	**SS**	**VZ**
1	[78]	2 Mark (S) 1906 A. Kopfbild des Fürsten nach links (20 000 Ex.)	350,—	450,—	850,—
		Pol. Platte (1100 Ex.) 1200,—			
2	[79]	3 Mark (S) 1913 A. Typ wie Nr. 1 (15 000 Ex.)	400,—	500,—	950,—
		Pol. Platte (100 Ex.) 1600,—			

Lübeck (Freie und Hansestadt)
Münzstätte A = Berlin

			S	**SS**	**VZ**
1	[80]	2 Mark (S) 1901 A. Stadtwappen, Doppeladler mit getrennten Hälsen (25 000 Ex.)	220,—	385,—	700,—
		Pol. Platte (250 Ex.)			

2 [81] 2 Mark (S) 1904~1912. Doppeladler mit zusammenhängenden Hälsen:

	1904 A	(25 000 Ex.)	100,—	200,—	320,—
	1905 A	(25 000 Ex.)	100,—	200,—	340,—
	1906 A	(25 000 Ex.)	100,—	200,—	350,—
	1907 A	(25 000 Ex.)	100,—	200,—	320,—
	1911 A	(25 000 Ex.)	100,—	200,—	300,—
	1912 A	(25 000 Ex.)	100,—	200,—	300,—

3 [82] 3 Mark (S) 1908–1914. Typ wie Nr. 2:

1908 A	(33 334 Ex.)	100,—	180,—	280,—
1909 A	(33 334 Ex.)	100,—	180,—	280,—
1910 A	(33 334 Ex.)	100,—	180,—	280,—
1911 A	(33 334 Ex.)	100,—	180,—	280,—
1912 A	(34 000 Ex.)	100,—	180,—	280,—
1913 A	(30 000 Ex.)	100,—	180,	350,—
1914 A	(10 000 Ex.)	100,—	210,—	400,—

Pol. Platte, 1912: 550,—

4 [83] 5 Mark (S) 1904~1913. Typ wie Nr. 2:

1904 A	(10 000 Ex.)	300,—	650,—	1100,—
1907 A	(10 000 Ex.)	300,—	650,—	1100,—
1908 A	(10 000 Ex.)	300,—	650,—	1100,—
1913 A	(6 000 Ex.)	300,—	750,—	1250,—

Pol. Platte 1904 A (200 Ex.)

			S	**SS**	**VZ**
5 [227]	10	Mark (G) 1901, 1904. Typ wie Nr. 1:			
		1901 A (10000 Ex.)	600,—	1100,—	2200,—
		1904 A (10000 Ex.)	600,—	1100,—	2200,—
		Pol. Platte 1901 A (200 Ex.)			
		Pol. Platte 1904 A (130 Ex.)			

6 [228] 10 Mark (G) 1905~1910. Typ wie Nr. 5, jedoch Doppeladler mit zusammenhängenden Hälsen:

1905 A (10000 Ex.)	600,—	1100,— 2200,—
1906 A (10000 Ex.)	600,—	1100,— 2200,—
1909 A (10000 Ex.)	600,—	1100,— 2200,—
1910 A (10000 Ex.)	600,—	1100,— 2200,—

Pol. Platte 1905 A (247 Ex.)
Pol. Platte 1906 A (216 Ex.)

Mecklenburg-Schwerin (Großherzogtum)
Münzstätte A = Berlin

FRIEDRICH FRANZ II. 1842–1883

1 [229] 10 Mark (G) 1872 A. Friedrich Franz II. (1823–1883), Kopfbild nach rechts. Rs. Reichsadler, Modell 1871–1889 (15600 Ex.) 1200,— 2400,— 6000,—
Pol. Platte (100 Ex.)

2 [230] 20 Mark (G) 1872 A. Typ wie Nr. 1 (68925 Ex.) 900,— 1800,— 3000,—
Pol. Platte (ca. 200 Ex.) 7000,—

				S	**SS**	**VZ**
3	[84]	2 Mark (S) 1876 A. Typ wie Nr. 1 (300 000 Ex.)		350,—	600,—	2200,—

4 [231] 10 Mark (G) 1878 A. Typ wie Nr. 1
(50 000 Ex.)   850,—   1600,—   2500,—
Pol. Platte 4500,—

FRIEDRICH FRANZ III. 1883–1897

5 [232] 10 Mark (G) 1890 A. Friedrich Franz III.
(1851–1897), Kopfbild nach rechts.
Rs. Reichsadler, Modell 1889–1918
(100 000 Ex.)   380,—   800,—   1700,—
Pol. Platte 3800,—

FRIEDRICH FRANZ IV. 1897–1918
VOLLJÄHRIGKEIT DES GROSSHERZOGS AM 9. APRIL 1901 (3)

6 [85] 2 Mark (S) 1901 A. Franz IV. (1882–
1945), Kopfbild nach rechts (50 000
Ex.)   380,—   680,—   1100,—
Pol. Platte (1000 Ex.)

				S	**SS**	**VZ**
7	[233]	10	Mark (G) 1901 A (10000 Ex.)	1000,—	2500,—	3800,—
			Pol. Platte (200 Ex.) 7000,—			
8	[234]	20	Mark (G) 1901 A (5000 Ex.)	1600,—	3600,—	6000,—
			Pol. Platte (200 Ex.) 9000,—			

HOCHZEIT DES GROSSHERZOGS AM 7. JUNI 1904 (2)

				SS	**VZ**	**ST**
9	[86]	2	Mark (S) 1904 A. Friedrich Franz IV. und Alexandra (100000 Ex.)	85,—	150,—	240,—
			Pol. Platte (6000 Ex.) 300,—			
10	[87]	5	Mark (S) 1904 A. Typ wie Nr. 9 (40000 Ex.)	180,—	300,—	500,—
			Pol. Platte (2500 Ex.)			

JAHRHUNDERTFEIER DES GROSSHERZOGTUMS
UND ANNAHME DES TITELS GROSSHERZOG
DURCH FRIEDRICH FRANZ I. AM 9. JUNI 1815 (2)

				SS	VZ	ST
11	[88]	3	Mark (S) 1915 A. Friedrich Franz I. (1765 bis 1837) und Friedrich Franz IV., beider Brustbilder in Uniform nach links (33 334 Ex.)	135,—	280,—	500,—
12	[89]	5	Mark (S) 1915 A. Typ wie Nr. 11 (10 000 Ex.)	400,—	700,—	1550,—

Mecklenburg-Strelitz (Großherzogtum)
Münzstätte A = Berlin

FRIEDRICH WILHELM 1860–1904

1 [235] 10 Mark (G) 1873 A. Friedrich Wilhelm (1819–1904), Kopfbild nach links. Rs. Reichsadler, Modell 1871–1889 (1500 Ex.) 7000,— 12 000,— 18 000,—

Pol. Platte 45 000,—

2 [236] 20 Mark (G) 1873 A. Typ wie Nr. 1 (6750 Ex.) 2600,— 7000,— 12 000,—

3 [90]   2 Mark (S) 1877 A. Typ ähnlich wie Nr. 1 (100 000 Ex.) 380,— 700,— 4000,—
4 [237] 10 Mark (G) 1874, 1880. Typ wie Nr. 3:
    1874 A (3000 Ex.) 2500,— 6000,— 12 500,—
    1880 A (4000 Ex.) 2800,— 8000,— 12 000,—

				SS	**VZ**	**ST**
5	[238]	20	Mark (G) 1874 A. Typ wie Nr. 3 (6000 Ex.)	2500,—	7000,—	11000,—

ADOLF FRIEDRICH V. 1904–1914

6 [91] 2 Mark (S) 1905 A. Kopfbild des Großherzogs (1848–1914) nach links. Reichsadler, Modell 1889–1918 (10000 Ex.)   500,—   700,—   1400,—

Pol. Platte (2500 Ex.) 2300,—

				S	**SS**	**VZ**
7	[92]	3	Mark (S) 1913 A. Typ wie Nr. 6 (7000 Ex.)	750,—	1100,—	2300,—

8 [239] 10 Mark (G) 1905 A. Typ wie Nr. 6 (1000 Ex.)   2500,—   5000,—   8000,—

Pol. Platte (150 Ex.) 10000,—

9 [240] 20 Mark (G) 1905 A. Typ wie Nr. 6 (1000 Ex.)   4500,—   9000,—   14000,—

Pol. Platte (160 Ex.) 15000,—

Oldenburg (Großherzogtum)
Münzstätte A = Berlin, B = Hannover

NICOLAUS FRIEDRICH PETER 1853–1900

				S	**SS**	**VZ**
1	[241]	10 Mark (G) 1874 B. Nicolaus Friedrich Peter (1827–1900), Kopfbild nach links. Rs. Reichsadler, Modell 1871–1889 (15 000 Ex.)		2000,—	5500,—	9000,—

Pol. Platte 16 000,—

2 [93] 2 Mark (S) 1891 A. Nicolaus Friedrich Peter, Kopfbild nach rechts. Rs. Reichsadler, Modell 1889–1918 (100 000 Ex.)   280,—   540,—   1000,—

FRIEDRICH AUGUST 1900–1918

3 [94] 2 Mark (S) 1900, 1901. Kopfbild des Großherzogs nach links:
1900 A (100 000 Ex.)   260,—   460,—   1200,—
1901 A (75 000 Ex.)   280,—   500,—   1300,—

Pol. Platte, 1901 (260 Ex.) 3000,—

				S	**SS**	**VZ**
4	[95]	5 Mark (S) 1900, 1901. Typ wie Nr. 3:				
		1900 A (20 000 Ex.)		700,—	1100,—	3700,—
		1901 A (10 000 Ex.)		850,—	1300,—	3000,—

Pol. Platte, 1901 (170 Ex.) 7500,—

Preußen (Königreich)

Münzstätten: A = Berlin, B (bis 1878) = Hannover
C (bis 1879) = Frankfurt a. M., J = Hamburg

WILHELM I. 1861–1888

1	[242]	10 Mark (G) 1872–1873. Wilhelm I. (1797 bis 1888), Kopfbild nach rechts. Rs. Reichsadler, Modell 1871–1889:				
		1872 A (3 922 722 Ex.)		150,—	200,—	340,—
		1872 B (1 392 582 Ex.)		150,—	200,—	350,—
		1872 C (1 747 280 Ex.)		150,—	200,—	350,—
		1873 A (3 014 967 Ex.)		150,—	200,—	350,—
		1873 B (2 247 663 Ex.)		150,—	200,—	350,—
		1873 C (2 294 599 Ex.)		150,—	200,—	350,—
2	[243]	20 Mark (G) 1871–1873. Typ wie Nr. 1:				
		1871 A (502 462 Ex.)		240,—	350,—	600,—
		1872 A (7 717 323 Ex.)		220,—	280,—	400,—
		1872 B (1 917 993 Ex.)		220,—	280,—	400,—
		1872 C (3 056 432 Ex.)		220,—	280,—	400,—
		1873 A (9 062 648 Ex.)		220,—	280,—	400,—
		1873 B (3 441 178 Ex.)		220,—	280,—	480,—
		1873 C (5 227 636 Ex.)		220,—	280,—	450,—

Pol. Platte 1872 A (2491 Ex.)

3	[96]	2 Mark (S) 1876 ~ 1884. Typ wie Nr. 1:				
		1876 A (13 367 896 Ex.)		45,—	100,—	775,—
		1876 B (3 985 110 Ex.)		45,—	100,—	700,—

				S	**SS**	**VZ**
		1876 C	(5 233 403 Ex.)	45,—	100,—	750,—
		1877 A	(3 633 572 Ex.)	45,—	90,—	800,—
		1877 B	(1 301 471 Ex.)	50,—	125,—	1000,—
		1877 C	(1 306 501 Ex.)	50,—	125,—	1100,—
		1879 A	(29 260 Ex.)	275,—	600,—	2800,—
		1880 A	(664 715 Ex.)	120,—	200,—	1400,—
		1883 A	(164 472 Ex.)	100,—	250,—	1000,—
		1884 A	(140 168 Ex.)	170,—	350,—	1000,—
4	[97]	5 Mark (S) 1874–1876. Typ wie Nr. 1:				
		1874 A	(837 546 Ex.)	45,—	85,—	800,—
		1875 A	(852 836 Ex.)	50,—	120,—	1400,—
		1875 B	(919 482 Ex.)	50,—	100,—	1000,—
		1876 A	(2 041 407 Ex.)	45,—	85,—	900,—
		1876 B	(2 098 368 Ex.)	45,—	90,—	880,—
		1876 C	(812 361 Ex.)	70,—	175,—	1400,—

5	[244]	5 Mark (G) 1877, 1878. Typ wie Nr. 1:				
		1877 A	(1 216 782 Ex.)	180,—	350,—	650,—
		1877 B	(516 600 Ex.)	180,—	350,—	650,—
		1877 C	(688 400 Ex.)	180,—	350,—	650,—
		1878 A	(502 138 Ex.)	180,—	375,—	650,—
		Ungültig ab 1. 10. 1900.				
6	[245]	10 Mark (G) 1874 ~ 1888. Typ wie Nr. 1:				
		1874 A	(832 876 Ex.)	160,—	200,—	400,—
		1874 B	(1 078 520 Ex.)	160,—	200,—	420,—
		1874 C	(321 374 Ex.)	160,—	200,—	420,—
		1875 A	(2 430 057 Ex.)	160,—	200,—	400,—
		1875 B	(455 763 Ex.)	160,—	200,—	500,—
		1875 C	(1 532 469 Ex.)	160,—	200,—	420,—
		1876 B	(2 800 Ex.)	1500,—	3800,—	7000,—
		1876 C	(27 418 Ex.)	1200,—	2000,—	4500,—
		1877 A	(851 185 Ex.)	160,—	200,—	380,—
		1877 B	(246 694 Ex.)	160,—	200,—	450,—
		1877 C	(328 911 Ex.)	100,—	200,—	420,—
		1878 A	(1 126 313 Ex.)	160,—	200,—	400,—
		1878 B	(14 588 Ex.)			*180 000,—*
		1878 C	(516 471 Ex.)	160,—	200,—	400,—
		1879 A	(1 011 923 Ex.)	160,—	200,—	400,—
		1879 C	(281 579 Ex.)	170,—	265,—	450,—
		1880 A	(1 761 673 Ex.)	160,—	200,—	400,—
		1882 A	(8 382 Ex.)	2200,—	7000,—	15 000,—
		1883 A	(13 213 Ex.)	1600,—	3500,—	7000,—

	S	SS	VZ
1886 A (14 498 Ex.)	2000,—	5000,—	8000,—
1888 A (189 125 Ex.)	170,—	250,—	500,—

Prägungen im Typ der Nr. 6 mit Jahreszahl 1887 A sind Fantasieprägungen (Fälschungen) aus der Zeit um 1970.

7 [246] 20 Mark (G) 1874–1888. Typ wie Nr. 1:

	S	SS	VZ
1874 A (763 832 Ex.)	200,—	250,—	400,—
1874 B (824 336 Ex.)	200,—	275,—	700,—
1874 C (88 205 Ex.)	220,—	320,—	850,—
1875 A (4 203 301 Ex.)	200,—	250,—	400,—
1875 B	400,—	800,—	2000,—
1876 A (2 672 895 Ex.)	200,—	250,—	400,—
1876 C (423 088 Ex.)	270,—	700,—	1600,—
1877 A (1 250 306 Ex.)	200,—	250,—	400,—
1877 B (501 159 Ex.)	250,—	500,—	1000,—
1877 C	2400,—	5500,—	10 000,—
1878 A (2 174 688 Ex.)	200,—	250,—	400,—
1878 C (82 430 Ex.)	260,—	850,—	1500,—
1879 A (1 023 136 Ex.)	200,—	250,—	400,—
1881 A (427 556 Ex.)	200,—	250,—	400,—
1882 A (655 102 Ex.)	200,—	265,—	500,—
1883 A (4 283 131 Ex.)	200,—	250,—	400,—
1884 A (2 244 220 Ex.)	200,—	250,—	400,—
1885 A (407 446 Ex.)	210,—	280,—	450,—
1886 A (1 759 770 Ex.)	200,—	250,—	400,—
1887 A (5 645 176 Ex.)	200,—	250,—	400,—
1888 A (533 854 Ex.)	220,—	300,—	500,—

Die sogenannten Juliusturmstücke Nrn. 1 (1872 A, 1872 B), 6 (1874 A) und 31 (1915) waren nie im Umlauf und kamen nach der Prägung in den Juliusturm. Nach dem 1. Weltkrieg mußten die im Juliusturm verbliebenen Bestände an die Siegermächte abgeliefert werden (siehe auch Bayern Nrn. 15 [1913 D] und 23 [1914 D]).

FRIEDRICH 1888

				S	SS	VZ
8	[98]	2 Mark (S) 1888 A. Friedrich (1831–1888), Kopfbild nach rechts. Rs. Reichsadler (500 000 Ex.)		50,—	100,—	185,—
9	[99]	5 Mark (S) 1888 A. Typ wie Nr. 8 (200 000 Ex.)		100,—	180,—	350,—
10	[247]	10 Mark (G) 1888 A. Typ wie Nr. 8 (876 224 Ex.)		165,—	240,—	350,—

11	[248]	20 Mark (G) 1888 A. Typ wie Nr. 8 (5 363 501 Ex.)		220,—	260,—	350,—

WILHELM II. 1888–1918

12	[100]	2 Mark (S) 1888 A. Wilhelm II. (1859–1941), Kopfbild nach rechts. Rs. Reichsadler (140 512 Ex.)		400,—	600,—	1100,—
13	[101]	5 Mark (S) 1888 A. Typ wie Nr. 12 (56 204 Ex.)		650,—	800,—	2200,—
14	[249]	10 Mark (G) 1889 A. Typ wie Nr. 12 (23 942 Ex.)		1800,—	5000,—	7000,—

15	[250]	20 Mark (G) 1888, 1889. Typ wie Nr. 12: 1888 A (755 512 Ex.)		230,—	300,—	450,—
		1889 A (9 641 868 Ex.)		220,—	275,—	400,—

Deutschland/Preußen 51

			S	SS	VZ
16	[102]	2 Mark (S) 1891~1912. Rs. Reichsadler, Modell 1889–1918:			
		1891 A (543 962 Ex.)	30,—	55,—	180,—
		1892 A (181 713 Ex.)	200,—	400,—	1100,—
		1893 A (948 325 Ex.)	25,—	50,—	180,—
		1896 A (1 771 853 Ex.)	25,—	40,—	180,—
		1898 A (1 045 187 Ex.)	40,—	80,—	300,—
		1899 A (2 350 920 Ex.)	35,—	45,—	180,—
		1900 A (2 581 537 Ex.)	35,—	40,—	150,—
		1901 A (398 486 Ex.)	160,—	300,—	600,—
		1902 A (3 948 323 Ex.)	18,—	35,—	120,—
		1903 A (4 078 709 Ex.)	18,—	35,—	120,—
		1904 A (9 981 031 Ex.)	18,—	35,—	90,—
		1905 A (6 493 135 Ex.)	18,—	35,—	100,—
		1906 A (4 019 250 Ex.)	18,—	35,—	90,—
		1907 A (8 110 264 Ex.)	18,—	35,—	80,—
		1908 A (2 388 550 Ex.)	18,—	35,—	90,—
		1911 A (1 181 475 Ex.)	18,—	35,—	100,—
		1912 A (732 813 Ex.)	25,—	65,—	160,—

Pol. Platte 1905 A (620 Ex.)
Pol. Platte 1906 A (85 Ex.)

17	[103]	3 Mark (S) 1908–1912. Typ wie Nr. 16:			
		1908 A (2 858 666 Ex.)	22,—	35,—	80,—
		1909 A (6 343 745 Ex.)	22,—	25,—	70,—
		1910 A (5 790 624 Ex.)	22,—	25,—	60,—
		1911 A (3 241 710 Ex.)	22,—	30,—	60,—
		1912 A (4 626 390 Ex.)	22,—	30,—	60,—

18 [104] 5 Mark (S) 1891~1908. Typ wie Nr. 16:

		S	**SS**	**VZ**
1891 A	(130 261 Ex.)	50,—	120,—	400,—
1892 A	(224 009 Ex.)	50,—	125,—	400,—
1893 A	(215 300 Ex.)	50,—	110,—	400,—
1894 A	(440 203 Ex.)	50,—	110,—	400,—
1895 A	(831 080 Ex.)	50,—	110,—	380,—
1896 A	(45 925 Ex.)	285,—	500,—	1800,—
1898 A	(1 133 590 Ex.)	40,—	80,—	250,—
1899 A	(524 960 Ex.)	40,—	110,—	270,—
1900 A	(1 079 874 Ex.)	40,—	80,—	250,—
1901 A	(667 990 Ex.)	50,—	80,—	250,—
1902 A	(1 950 840 Ex.)	40,—	60,—	175,—
1903 A	(3 855 795 Ex.)	40,—	60,—	150,—
1904 A	(2 060 410 Ex.)	40,—	60,—	150,—
1906 A	(230 963 Ex.)	60,—	100,—	260,—
1907 A	(2 902 338 Ex.)	40,—	60,—	150,—
1908 A	(2 230 579 Ex.)	40,—	60,—	150,—

Pol. Platte 1906 A (415 Ex.) 800,—

19 [251] 10 Mark (G) 1890~1912. Typ wie Nr. 16:

1890 A	(1 512 089 Ex.)	160,—	260,—	380,—
1892 A	(34 633 Ex.)	750,—	2000,—	4000,—
1893 A	(1 591 205 Ex.)	180,—	250,—	400,—
1894 A	(17 560 Ex.)	1300,—	2600,—	4500,—
1895 A	(28 949 Ex.)	750,—	1600,—	3000,—
1896 A	(1 080 816 Ex.)	160,—	250,—	380,—
1897 A	(114 004 Ex.)	180,—	500,—	900,—
1898 A	(2 279 986 Ex.)	160,—	250,—	400,—
1899 A	(300 000 Ex.)	180,—	275,—	500,—
1900 A	(741 818 Ex.)	160,—	250,—	380,—

	S	SS	VZ
1901 A (701930 Ex.)	160,—	250,—	380,—
1902 A (270911 Ex.)	185,—	300,—	450,—
1903 A (1684979 Ex.)	160,—	225,—	350,—
1904 A (1178129 Ex.)	160,—	225,—	350,—
1905 A (1062513 Ex.)	160,—	225,—	350,—
1906 A (531970 Ex.)	170,—	250,—	360,—
1907 A (812698 Ex.)	160,—	225,—	350,—
1909 A (531934 Ex.)	170,—	250,—	360,—
1910 A (803111 Ex.)	160,—	240,—	380,—
1911 A (270798 Ex.)	160,—	250,—	400,—
1912 A (542372 Ex.)	165,—	240,—	380,—

20 [252] 20 Mark (G) 1890–1913:

	S	SS	VZ
1890 A (3694754 Ex.)	200,—	260,—	350,—
1891 A (2752457 Ex.)	200,—	260,—	350,—
1892 A (1814842 Ex.)	200,—	260,—	350,—
1893 A (3171741 Ex.)	200,—	260,—	350,—
1894 A (5814982 Ex.)	200,—	260,—	350,—
1895 A (4134809 Ex.)	200,—	260,—	350,—
1896 A (4238568 Ex.)	200,—	260,—	350,—
1897 A (5393628 Ex.)	200,—	260,—	350,—
1898 A (6542219 Ex.)	200,—	260,—	350,—
1899 A (5873229 Ex.)	200,—	260,—	350,—
1900 A (5162616 Ex.)	200,—	260,—	350,—
1901 A (5188340 Ex.)	200,—	260,—	350,—
1902 A (4138128 Ex.)	200,—	260,—	350,—
1903 A (2870073 Ex.)	200,—	260,—	350,—
1904 A (3452625 Ex.)	200,—	260,—	350,—
1905 A (4175793 Ex.)	200,—	260,—	350,—
1905 J (920784 Ex.)	200,—	300,—	450,—
1906 A (7788122 Ex.)	200,—	260,—	350,—
1906 J (81686 Ex.)	300,—	600,—	1100,—
1907 A (2576286 Ex.)	200,—	260,—	350,—
1908 A (3274168 Ex.)	200,—	260,—	350,—
1908 J (14 Ex.)			—,—
1909 A (5212836 Ex.)	200,—	260,—	350,—
1909 J (350128 Ex.)	200,—	300,—	400,—
1910 A (8645549 Ex.)	200,—	260,—	350,—
1910 J (753217 Ex.)	200,—	300,—	400,—
1911 A (4745790 Ex.)	200,—	260,—	350,—
1912 A (5569398 Ex.)	200,—	260,—	350,—

	S	SS	VZ
1912 J (502 530 Ex.)	200,—	300,—	400,—
1913 A (6 101 730 Ex.*)	200,—	260,—	350,—

* Anm.: Prägezahl zusammen mit Nr. 31.

Nr. 20 aus der Münzstätte Hamburg beruht auf einem kaiserlichen Sonderprivileg von 1904. Auftraggeber dieser Prägungen war die Freie und Hansestadt Hamburg.

200 JAHRE KÖNIGREICH PREUSSEN (2)

			SS	VZ	ST
21	[105]	2 Mark (S) 1901. Friedrich I. und Wilhelm II., Brustbilder nach links (2 600 000 Ex.)	25,—	45,—	65,—
22	[106]	5 Mark (S) 1901. Typ wie Nr. 21 (460 000 Ex.)	75,—	150,—	240,—

100 JAHRE UNIVERSITÄT BERLIN

23	[107]	3 Mark (S) 1910 A. Friedrich Wilhelm III. und Wilhelm II., Kopfbilder nach links. Rs. Reichsadler, aber im Jugendstil (200 000 Ex.)	80,—	155,—	220,—
		Pol. Platte (2000 Ex.) 550,—			

Die Katalogpreise sind durchschnittliche Handelspreise in DM und als solche den täglichen Schwankungen des Marktes unterworfen.

100 JAHRE UNIVERSITÄT BRESLAU

				SS	VZ	ST
24	[108]		3 Mark (S) 1911 A. Friedrich Wilhelm III. und Wilhelm II. Rs. ähnlich wie Nr. 23 (400 000 Ex.)	70,—	120,—	180,—

Pol. Platte 450,—

JAHRHUNDERTFEIER DER BEFREIUNGSKRIEGE (2)

25	[109]	2 Mark (S) 1913. Friedrich Wilhelm III. zu Pferde, umgeben von jubelnder Bevölkerung. Rs. Adler mit Schlange in den Fängen (1 500 000 Ex.)	30,—	50,—	70,—
26	[110]	3 Mark (S) 1913. Typ wie Nr. 25 (1 000 000 Ex.)	40,—	60,—	80,—

25. REGIERUNGSJUBILÄUM (2)

			SS	**VZ**	**ST**
27	[111]	2 Mark (S) 1913. Wilhelm II. in Kürassieruniform mit der Kette des Schwarzen Adler-Ordens und dem Protektorkreuz des Johanniterordens am Halse; Lorbeerzweig. Rs. Reichsadler (1 500 000 Ex.)	25,—	45,—	75,—
		Pol. Platte (7000 Ex.) 350,—			
28	[112]	3 Mark (S) 1913. Typ wie Nr. 27 (1 000 000 Ex.)	28,—	50,—	85,—
		Pol. Platte (7000 Ex.) 450,—			

			S	**SS**	**VZ**
29	[113]	3 Mark (S) 1914 A. Typ wie Nr. 28, jedoch ohne Lorbeerzweig (2 564 101 Ex.)	28,—	40,—	80,—
30	[114]	5 Mark (S) 1913, 1914. Typ wie Nr. 29:			
		1913 A (1 961 712 Ex.)	25,—	60,—	110,—
		1914 A (1 587 179 Ex.)	30,—	60,—	110,—

31	[253]	20 Mark (G) 1913–1915. Typ wie Nr. 29:			
		1913 A (6 101 730 Ex.*)	200,—	260,—	350,—
		1914 A (2 136 861 Ex.)	200,—	280,—	380,—
		1915 A (1 270 566 Ex.)	1600,—	2800,—	4500,—

* Anm.: Prägezahl zusammen mit Nr. 20.
Pol. Platte, 1913, 1914: 2500,—

Nr. 31 (1915 A) wurde infolge des 1. Weltkrieges nicht mehr in Umlauf gesetzt und kam in den Juliusturm, Spandau.

Ein mit Nr. 31 typengleiches 10-Mark-Stück, glatter Rand, ist nur von 1913 als »Probe« bekannt und stammt aus der Slg. Faruk.

100 JAHRE ZUGEHÖRIGKEIT DER GRAFSCHAFT MANSFELD ZU PREUSSEN

			SS	**VZ**	**ST**
32	[115]	3 Mark (S) 1915 A. St. Georg im Kampf mit dem Drachen; auf der Satteldecke seines Pferdes das mansfeldische Wappen. Rs. Reichsadler wie Nr. 24 (30 000 Ex.)	800,—	1200,—	2000,—

Pol. Platte (550 Ex.) 2200,—

Reuß älterer Linie (Fürstentum)
Münzstätten: A = Berlin, B = Hannover

HEINRICH XXII. 1859–1902

			S	**SS**	**VZ**
1	[116]	2 Mark (S) 1877 B. Heinrich XXII. (1846 bis 1902), Kopfbild nach rechts. Rs. Reichsadler, Modell 1871–1889 (20 000 Ex.)	400,—	900,—	4000,—

| 2 | [254] | 20 Mark (G) 1875 B. Typ wie Nr. 1 (1500 Ex.) | 10 000,— | 18 000,— | 36 000,— |

			S	**SS**	**VZ**
3	[117]	2 Mark (S) 1892 A. Kopfbild nach rechts. Rs. Reichsadler, Modell 1889–1918 (10000 Ex.)	450,—	850,—	1600,—

4	[118]	2 Mark (S) 1899, 1901. Kopfbild des Fürsten nach rechts:			
		1899 A (10000 Ex.)	250,—	450,—	850,—
		1901 A (10000 Ex.)	250,—	450,—	850,—
		Pol. Platte 1899 A (120 Ex.)			

HEINRICH XXIV. 1902–1918

5	[119]	3 Mark (S) 1909 A. Kopfbild des Fürsten nach rechts (10000 Ex.)	400,—	550,—	1000,—
		Pol. Platte (400 Ex.) 1600,—			

Reuß jüngerer Linie (Fürstentum)
Münzstätte: A = Berlin

HEINRICH XIV. 1867–1913

1	[120]	2 Mark (S) 1884 A. Heinrich XIV. (1832 bis 1913), Kopfbild nach links. Rs. Reichsadler (100000 Ex.)	380,—	600,—	1800,—
2	[255]	10 Mark (G) 1882 A. Typ wie Nr. 1 (5000 Ex.)	3000,—	6500,—	14000,—
		Pol. Platte (200 Ex.)			

				S	**SS**	**VZ**
3	[256]	20 Mark (G) 1881 A. Typ wie Nr. 1 (12 500 Ex.) Pol. Platte (500 Ex.)		1750,—	3700,—	6200,—

Sachsen (Königreich)

Münzstätte: E = Dresden (bis 1886), Muldenhütten seit 1887

JOHANN 1854–1873

1 [257] 10 Mark (G) 1872, 1873. Johann (1801 bis 1873), Kopfbild nach links. Rs. Reichsadler, Modell 1871–1889:
1872 E (339 405 Ex.)   190,—   300,—   550,—
1873 E (715 494 Ex.)   190,—   280,—   500,—

2 20 Mark (G) 1872, 1873. Typ wie Nr. 1:
(J 258) 1872 E (889 932 Ex.)   260,—   380,—   650,—
(J 259) 1873 E (1 084 927 Ex.)   260,—   380,—   600,—

ALBERT 1873–1902

3 [121] 2 Mark (S) 1876 ~ 1888. Albert (1828–1902), Kopfbild nach rechts. Rs. Reichsadler:
1876 E (1 613 185 Ex.)   90,—   400,—   1500,—
1877 E (796 246 Ex.)   90,—   250,—   1800,—
1879 E (36 110 Ex.)   240,—   500,—   3500,—

				S	**SS**	**VZ**
		1880 E	(57 509 Ex.)	220,—	500,—	2600,—
		1883 E	(55 700 Ex.)	220,—	380,—	2500,—
		1888 E	(90 995 Ex.)	130,—	300,—	1600,—

Kupferabschlag, 1876 E

4 [122] 5 Mark (S) 1875 ~ 1889. Typ wie Nr. 3:
			S	**SS**	**VZ**
	1875 E	(493 869 Ex.)	80,—	160,—	1900,—
	1876 E	(635 240 Ex.)	75,—	150,—	1800,—
	1889 E	(36 397 Ex.)	130,—	320,—	3000,—

5 [260] 5 Mark (G) 1877 E. Typ wie Nr. 3 (401 768 Ex.) 200,— 500,— 900,—
Ungültig ab 1.10.1900.

6 [261] 10 Mark (G) 1874 ~ 1888. Typ wie Nr. 3:
			S	**SS**	**VZ**
	1874 E	(47 567 Ex.)	850,—	1800,—	5000,—
	1875 E	(527 922 Ex.)	185,—	285,—	450,—
	1877 E	(201 324 Ex.)	185,—	300,—	500,—
	1878 E	(225 184 Ex.)	185,—	300,—	500,—
	1879 E	(181 981 Ex.)	185,—	300,—	500,—
	1881 E	(240 426 Ex.)	185,—	300,—	500,—
	1888 E	(149 001 Ex.)	185,—	300,—	500,—

7 [262] 20 Mark (G) 1874 ~ 1878. Typ wie Nr. 3:
			S	**SS**	**VZ**
	1874 E	(152 522 Ex.)	250,—	450,—	700,—
	1876 E	(481 989 Ex.)	225,—	350,—	650,—
	1877 E	(1 101 Ex.)			*65 000,—*
	1878 E	(1 564 Ex.)			*100 000,—*

Die Katalogpreise sind durchschnittliche Handelspreise in DM und als solche den täglichen Schwankungen des Marktes unterworfen.

GEDENKMEDAILLE ZUR 800-JAHR-FEIER DES HAUSES WETTIN IM JAHRE 1889

				S	**SS**	**VZ**
8	[123]	(—)	1889 E. Kopfbild nach rechts. Rs. Thronende Saxonia, von Volksmenge umgeben:			
			a) (G)			—,—
			b) (S) (706 Ex.); polierte Platte			6500,—
			c) (K) (4310 Ex.); Stempelglanz			680,—

9	[124]	2 Mark (S) 1891~1902. Rs. Reichsadler, Modell 1889–1918:				
		1891 E	(130 375 Ex.)	80,—	140,—	350,—
		1893 E	(130 375 Ex.)	80,—	140,—	350,—
		1895 E	(116 622 Ex.)	90,—	200,—	450,—
		1896 E	(144 180 Ex.)	80,—	150,—	450,—
		1898 E	(106 669 Ex.)	85,—	200,—	550,—
		1899 E	(401 330 Ex.)	80,—	140,—	360,—
		1900 E	(383 564 Ex.)	75,—	120,—	280,—
		1901 E	(439 724 Ex.)	75,—	120,—	280,—
		1902 E	(542 762 Ex.)	75,—	120,—	300,—
10	[125]	5 Mark (S) 1891~1902. Typ wie Nr. 9:				
		1891 E	(52 150 Ex.)	90,—	140,—	1500,—
		1893 E	(52 150 Ex.)	90,—	140,—	1600,—
		1894 E	(74 616 Ex.)	90,—	140,—	1500,—
		1895 E	(89 483 Ex.)	90,—	140,—	1600,—
		1898 E	(160 348 Ex.)	90,—	140,—	1000,—
		1899 E	(74 260 Ex.)	90,—	140,—	1500,—
		1900 E	(156 706 Ex.)	90,—	120,—	900,—

	S	SS	VZ
1901 E (156 450 Ex.)	90,—	120,—	700,—
1902 E (168 200 Ex.)	90,—	110,—	600,—

11 [263] 10 Mark (G) 1891 ~ 1902. Typ wie Nr. 9:

	S	SS	VZ
1891 E (223 534 Ex.)	180,—	300,—	550,—
1893 E (223 585 Ex.)	180,—	300,—	500,—
1896 E (149 558 Ex.)	180,—	300,—	500,—
1898 E (312 508 Ex.)	180,—	300,—	480,—
1900 E (74 226 Ex.)	190,—	350,—	600,—
1901 E (74 767 Ex.)	190,—	350,—	600,—
1902 E (37 413 Ex.)	200,—	400,—	650,—

12 [264] 20 Mark (G) 1894, 1895. Typ wie Nr. 9:

	S	SS	VZ
1894 E (638 833 Ex.)	220,—	300,—	550,—
1895 E (113 150 Ex.)	240,—	400,—	700,—

GEDENKMEDAILLE ZUM BESUCH DES KÖNIGS IN
DER MÜNZSTÄTTE MULDNER HÜTTE AM 16. JULI 1892

		ST	PP
13 [126] (—)	(S) 1892 E. Kopfbild des Königs nach rechts. Rs. Gedenkinschrift (1004 Ex.)	1500,—	2800,—

Kupferabschlag

GEORG 1902–1904

ZUM TODE VON KÖNIG ALBERT AM 19. JUNI 1902 (2)

			SS	VZ	ST
14	[127]	2 Mark (S) 1902 E. Kopfbild, Lebensdaten (167 625 Ex.)	85,—	150,—	200,—
		Pol. Platte (250 Ex.)			
15	[128]	5 Mark (S) 1902 E. Typ wie Nr. 14 (100 000 Ex.)	150,—	260,—	480,—
		Pol. Platte (250 Ex.) 1700,—			

			S	SS	VZ
16	[129]	2 Mark (S) 1903, 1904. Georg (1832–1904), Kopfbild nach rechts			
		1903 E (745 551 Ex.)	90,—	150,—	500,—
		1904 E (1 265 533 Ex.)	80,—	125,—	350,—
		Pol. Platte, 1903 (50 Ex.)			
17	[130]	5 Mark (S) 1902–1904. Typ wie Nr. 16:			
		1902 E (3 Ex.)			—,—
		1903 E (536 298 Ex.)	70,—	120,—	500,—
		1904 E (290 643 Ex.)	75,—	130,—	700,—
		Pol. Platte, 1903 (50 Ex.)			

			S	**SS**	**VZ**
18 [265]	10 Mark (G) 1903, 1904:				
	1903 E (283 822 Ex.)		200,—	320,—	650,—
	1904 E (149 260 Ex.)		200,—	320,—	650,—
	Pol. Platte, 1903 (100 Ex.) 2000,—				
19 [266]	20 Mark (G) 1903 E. Typ wie Nr. 16 (250 000 Ex.)		220,—	380,—	600,—

GEDENKMEDAILLE ZUM BESUCH DES KÖNIGS IN DER MÜNZSTÄTTE MULDNER HÜTTE AM 7. MAI 1903

			ST	**PP**
20 [131]	(—)	(S) 1903 E. Kopf des Königs nach rechts. Rs. Gedenkinschrift (1004 Ex.)	1800,—	3500,—

Anm.: Da der Rückseitenstempel beim Härten sprang, gibt es nur Stücke mit dem Stempelsprung.

FRIEDRICH AUGUST III. 1904–1918

ZUM TODE VON KÖNIG GEORG AM 15. OKTOBER 1904 (2)

			SS	**VZ**	**ST**
21 [132]	2 Mark (S) 1904 E. Kopfbild, Lebensdaten (150 000 Ex.)		60,—	170,—	225,—
	Pol. Platte (55 Ex.)				
22 [133]	5 Mark (S) 1904 E. Typ wie Nr. 21 (37 200 Ex.)		180,—	400,—	660,—
	Pol. Platte (70 Ex.)				

			S	**SS**	**VZ**
23 [134]	2 Mark (S) 1905~1914. Friedrich August III. (1865–1932), Kopfbild nach rechts:				
	1905 E	(558 951 Ex.)	70,—	120,—	220,—
	1906 E	(558 750 Ex.)	70,—	120,—	185,—
	1907 E	(1 117 519 Ex.)	70,—	110,—	180,—
	1908 E	(335 689 Ex.)	70,—	110,—	180,—
	1911 E	(186 250 Ex.)	70,—	110,—	180,—
	1912 E	(167 625 Ex.)	70,—	110,—	225,—
	1914 E	(298 000 Ex.)	70,—	110,—	200,—

Pol. Platte 1905 (100 Ex.) 1000,—

24 [135]	3 Mark (S) 1908–1913. Typ wie Nr. 23:				
	1908 E	(276 073 Ex.)	25,—	60,—	90,—
	1909 E	(1 196 715 Ex.)	25,—	55,—	75,—
	1910 E	(745 000 Ex.)	25,—	60,—	85,—
	1911 E	(581 250 Ex.)	25,—	55,—	85,—
	1912 E	(378 750 Ex.)	25,—	55,—	85,—
	1913 E	(306 500 Ex.)	25,—	55,—	85,—
25 [136]	5 Mark (S) 1907~1914. Typ wie Nr. 23:				
	1907 E	(398 043 Ex.)	60,—	100,—	240,—
	1908 E	(317 301 Ex.)	60,—	100,—	220,—
	1914 E	(298 000 Ex.)	60,—	100,—	220,—

				S	**SS**	**VZ**
26	[267]	10 Mark (G) 1905~1912. Typ wie Nr. 23:				
		1905 E	(111 994 Ex.)	200,—	360,—	600,—
		1906 E	(75 093 Ex.)	200,—	360,—	650,—
		1907 E	(111 878 Ex.)	200,—	360,—	600,—
		1909 E	(112 070 Ex.)	200,—	360,—	620,—
		1910 E	(75 185 Ex.)	200,—	360,—	600,—
		1911 E	(37 622 Ex.)	240,—	400,—	750,—
		1912 E	(75 252 Ex.)	200,—	360,—	600,—

Pol. Platte 1905 E (100 Ex.)

27 [268] 20 Mark (G) 1905~1914. Typ wie Nr. 23:

1905 E	(500 173 Ex.)		230,—	350,—	500,—
1913 E	(121 002 Ex.)		230,—	400,—	600,—
1914 E	(325 246 Ex.)		240,—	450,—	650,—

Pol. Platte 1905 E (86 Ex.)

GEDENKMEDAILLE ZUM BESUCH DES KÖNIGS
IN DER MÜNZSTÄTTE MULDNER HÜTTE AM 6. APRIL 1905

			ST	**PP**
28	[137]	(—) (S) 1905 E. Kopf des Königs nach rechts. Rs. Gedenkinschrift (ST: 1000 Ex., PP: 200 Ex.)	2200,—	3500,—

500 JAHRE UNIVERSITÄT LEIPZIG (2)

Deutschland/Sachsen 67

			SS	**VZ**	**ST**
29	[138]	2 Mark (S) 1909. Kurfürst Friedrich der Streitbare (1370–1428) und Friedrich August III. (125 000 Ex.) Pol. Platte (300 Ex.) 500,—	50,—	150,—	220,—

30	[139]	5 Mark (S) 1909. Typ wie Nr. 29 (50 000 Ex.) Pol. Platte (300 Ex.) 1000,—	130,—	350,—	500,—

100. JAHRESTAG DER VÖLKERSCHLACHT BEI LEIPZIG

31	[140]	3 Mark (S) 1913 E. Völkerschlachtdenkmal in Leipzig. Rs. Reichsadler (999 999 Ex.)	35,—	60,—	100,—

Die Katalogpreise sind durchschnittliche Handelspreise in DM und als solche den täglichen Schwankungen des Marktes unterworfen.

400. JAHRESTAG DER REFORMATION

32 [141]   3 Mark (S) 1917. Friedrich der Weise (1463 bis 1525), mit Klappmütze und in Schaube; Verfechter der Reichsreform, schützte Luther, der an der von ihm 1502 gegründeten Universität Wittenberg lehrte, und gewährte ihm nach dem Reichstag zu Worms Asyl auf der Wartburg (100 Ex.)   **PP**

175000,—

Von Nr. 32 sind moderne Nachbildungen, auch in Klippenform bekannt, desgleichen Galvanos.

PROBEABSCHLÄGE

P1   2 Mark (S) unvollständige Jahreszahl (1916). Friedrich August in Generalfeldmarschallsuniform nach links. Rs. Reichsadler
P2   3 Mark (S) (1916). Typ wie Nr. P1   —,—
P3   5 Mark (S) (1916). Typ wie Nr. P 1   —,—
P4   20 Mark (G) (1916). Typ wie Nr. P 1   —,—

Sachsen-Altenburg (Herzogtum)

Münzstätte: A = Berlin

ERNST 1853–1908

				S	**SS**	**VZ**
1	[269]	20	Mark (G) 1887 A. Ernst (1826–1908), Kopfbild nach rechts. Rs. Reichsadler, Modell 1871–1889 (15 000 Ex.)	1300,—	2600,—	4000,—
			Pol. Platte 8000,—			

75. GEBURTSTAG DES HERZOGS AM 16. SEPTEMBER 1901 (2)

				SS	**VZ**	**ST**
2	[142]	2	Mark (S) 1901 A. Rs. Reichsadler, Modell 1889–1918 (50 000 Ex.)	380,—	600,—	1100,—
			Pol. Platte (500 Ex.) 2500,—			
3	[143]	5	Mark (S) 1901 A. Typ wie Nr. 2 (20 000 Ex.)	550,—	950,—	2000,—
			Pol. Platte (500 Ex.) 3600,—			

50. REGIERUNGSJUBILÄUM AM 3. AUGUST 1903

4	[144]	5	Mark (S) 1903 A. Kopfbild, Lorbeerzweig, Jubiläumszahlen (20 000 Ex.)	200,—	500,—	950,—
			Pol. Platte (300 Ex.) 1800,—			

Sachsen-Coburg und Gotha (Herzogtum)
Münzstätten: A = Berlin, E = Dresden

ERNST II. 1844–1893

			S	**SS**	**VZ**
1	[270]	20 Mark (G) 1872, 1873. Ernst II. (1818–1893), Kopfbild nach links. Rs. Reichsadler, Modell 1871–1889:			
		1872 E (1000 Ex.)	17 000,—	25 000,—	50 000,—
		1873 E (wenige Ex.)			—,—
		Pol. Platte 1872 E			

2	[271]	20 Mark (G) 1886 A. Typ ähnlich wie Nr. 1 (20 000 Ex.)	1100,—	2000,—	3500,—
		Pol. Platte 7000,—			

ALFRED 1893–1900

3	[145]	2 Mark (S) 1895 A. Alfred (1844–1900), Kopfbild nach rechts. Rs. Reichsadler, Modell 1889–1918 (15 000 Ex.)	550,—	1100,—	2500,—
4	[146]	5 Mark (S) 1895 A. Typ wie Nr. 3 (4000 Ex.)	1600,—	3200,—	5000,—
5	[272]	20 Mark (G) 1895 A. Typ wie Nr. 3 (10 000 Ex.)	1500,—	3000,—	5000,—
		Pol. Platte (225 Ex.) 8000,—			

CARL EDUARD 1900–1918

			S	**SS**	**VZ**
6 [147]	2 Mark (S) 1905, 1911. Carl Eduard (1884–1954), Kopfbild nach rechts. Rs. Reichsadler:				
	1905 A (10000 Ex.)		350,—	600,—	1500,—
	1911 A (100 Ex.); polierte Platte				16000,—

Pol. Platte, 1905 (2000 Ex.) 3000,—
Der Jahrgang 1911 wurde für die Privatschatulle des Herzogs anläßlich der Taufe des Erbprinzen geprägt.

7 [148]	5 Mark (S) 1907 A. Typ wie Nr. 6 (10000 Ex.)	700,—	1400,—	2600,—
8 [273]	10 Mark (G) 1905 A. Typ wie Nr. 6 (10000 Ex.)	1100,—	1700,—	3000,—

Pol. Platte (489 Ex.) 6000,—

9 [274]	20 Mark (G) 1905 A. Typ wie Nr. 6 (10000 Ex.)	1000,—	2000,—	3600,—

Pol. Platte (484 Ex.) 7000,—

Sachsen-Meiningen (Herzogtum)
Münzstätte: D = München

GEORG II. 1866–1914

1 [275]	20 Mark (G) 1872 D. Georg II. (1826–1914), Kopfbild nach rechts. Rs. Reichsadler (3000 Ex.)	10000,—	16000,—	25000,—

Pol. Platte 35000,—

			S	**SS**	**VZ**
2	[276]	20 Mark (G) 1881, 1882: 1881 D (wenige Ex.) 1882 D (3061 Ex.) Pol. Platte 1882 D: 18000,—			—,— 4000,— 9000,— 15000,—

3	[277]	20 Mark (G) 1889 D (4032 Ex.) Pol. Platte 15000,—	3500,—	7000,—	11000,—

75. GEBURTSTAG DES HERZOGS AM 2. APRIL 1901 (2)

			SS	**VZ**	**ST**
4	[149]	2 Mark (S) 1901 D (20000 Ex.) Anm.: Probe mit Jahreszahl 1900 vorkommend.	250,—	500,—	900,—
5	[150]	5 Mark (S) 1901 D. Typ wie Nr. 4 (20000 Ex.)	280,—	550,—	1100,—

				S	**SS**	**VZ**
6	[278]	10	Mark (G) 1890, 1898:			
			1890 D (2000 Ex.)	1600,—	4000,—	7000,—
			1898 D (2000 Ex.)	1600,—	4000,—	7000,—

7	[279]	20	Mark (G) 1900, 1905:			
			1900 D (1005 Ex.)	3200,—	8000,—	12000,—
			1905 D (1004 Ex.)	3200,—	8000,—	12000,—
8	[151]	2	Mark (S) 1902, 1913:			
			1902 D, Bartspitzen am Perlkreis	1000,—	1550,—	2800,—
			1902 D, Bartspitzen abgerundet	250,—	450,—	800,—
			1913 D (5000 Ex.)	300,—	500,—	1100,—

Anm.: Prägezahl für Nr. 8 (1902): 20000 Ex.

9	[152]	3	Mark (S) 1908, 1913:			
			1908 D (35000 Ex.)	125,—	260,—	350,—
			1913 D (20000 Ex.)	125,—	270,—	400,—

10	[153]	5	Mark (S) 1902, 1908:			
			1902 D, Bartspitzen am Perlkreis	250,—	450,—	800,—
			1902 D, Bartspitzen abgerundet (Abb.)	200,—	350,—	650,—
			1908 D (60000 Ex.)	200,—	300,—	620,—

Anm.: Prägezahl für Nr. 10 (1902): 20000 Ex.

11 [280] 10 Mark (G) 1902~1914:   **S**   **SS**   **VZ**
1902 D (2000 Ex.)	1800,—	4000,—	6000,—
1909 D (2000 Ex.)	1800,—	4000,—	6000,—
1914 D (1002 Ex.)	2400,—	5000,—	8000,—

Kupferabschlag, 1902
Pol. Platten

12 [281] 20 Mark (G) 1910, 1914:
1910 D (1004 Ex.)	2500,—	5000,—	8500,—
1914 D (1001 Ex.)	2500,—	5000,—	8500,—

Pol. Platten

BERNHARD III. 1914–1918

1. TODESTAG VON HERZOG GEORG II. AM 25. JUNI 1915 (2)

13 [154] 2 Mark (S) 1915. Brustbild, Lebensdaten (30000 Ex.)   **SS** 110,—   **VZ** 260,—   **ST** 475,—

14 [155] 3 Mark (S) 1915. Typ wie Nr. 13 (30000 Ex.)   150,—   380,—   500,—

Sachsen-Weimar (Großherzogtum)

Münzstätte: A = Berlin

CARL ALEXANDER 1853–1901

ZUR GOLDENEN HOCHZEIT (2)

				SS	**VZ**	**ST**
1	[156]	2 Mark (S) 1892 A. Carl Alexander (1818 bis 1901), Kopfbild nach links. Rs. Reichsadler (50 000 Ex.)		300,—	650,—	950,—

			S	**SS**	**VZ**
2	[282]	20 Mark (G) 1892 A. Typ wie Nr. 1 (5000 Ex.) Pol. Platte	1400,—	3000,—	4500,—
3	[282]	20 Mark (G) 1896 A. Typ wie Nr. 2 (15 000 Ex.) Pol. Platte (380 Ex.)	1200,—	2400,—	3500,—

80. GEBURTSTAG DES GROSSHERZOGS AM 24. JUNI 1898

			SS	**VZ**	**ST**
4	[156]	2 Mark (S) 1898 A (100 000 Ex.)	300,—	600,—	800,—

WILHELM ERNST 1901–1918

5	[157]	2 Mark (S) 1901 A. Wilhelm Ernst (1876–1923), Kopfbild nach links. Rs. Reichsadler (100 000 Ex.)		500,—	900,—	1400,—

			SS	**VZ**	**ST**
6	[283]	20 Mark (G) 1901 A. Typ wie Nr. 5 (5000 Ex.) Pol. Platte: 7500,—	1700,—	3500,—	5500,—

1. VERMÄHLUNG AM 30. APRIL 1903 (2)

7	[158]	2 Mark (S) 1903. Wilhelm Ernst und Großherzogin Caroline (40000 Ex.)	130,—	180,—	300,—
8	[159]	5 Mark (S) 1903. Typ wie Nr. 7 (24000 Ex.)	200,—	300,—	550,—

350 JAHRE UNIVERSITÄT JENA (2)

9	[100]	2 Mark (S) 1908. Johann Friedrich I., der Großmütige (1503–1554), Stifter der Universität Jena 1547, Bestätigung 1558 durch Kaiser Ferdinand I. (50000 Ex.)	125,—	250,—	350,—
10	[161]	5 Mark (S) 1908. Typ wie Nr. 9 (40000 Ex.)	200,—	350,—	500,—

2. VERMÄHLUNG AM 4. JANUAR 1910

			SS	**VZ**	**ST**
11	[162]	3 Mark (S) 1910 A. Wilhelm Ernst und Großherzogin Feodora (133 000 Ex.)	100,—	150,—	250,—

JAHRHUNDERTFEIER DES GROSSHERZOGTUMS

12 [163] 3 Mark (S) 1915 A. Wilhelm Ernst und Carl August (1757–1828), Herzog seit 1758, bis zur Volljährigkeit unter der Vormundschaft seiner Mutter, Herzogin Anna Amalia; berief Goethe und Herder nach Weimar sowie Schiller nach Jena (50 000 Ex.)   150,—   250,—   400,—
Pol. Platte (200 Ex.) 850,—

Schaumburg-Lippe (Fürstentum)
Münzstätten: A = Berlin, B (bis 1878) = Hannover

ADOLF GEORG 1860–1893

					S	**SS**	**VZ**
1	[284]	20	Mark (G) 1874 B. Adolf Georg (1817–1893), Kopfbild nach links. Rs. Reichsadler (3000 Ex.)		5000,—	12000,—	18000,—

Pol. Platte 20000,—

GEORG 1893–1911

2 [164] 2 Mark (S) 1898, 1904. Georg (1846–1911), Kopfbild nach links. Rs. Reichsadler:

1898 A	(5000 Ex.)	580,—	800,—	1800,—
1904 A	(5000 Ex.)	500,—	700,—	1600,—

3 [165] 5 Mark (S) 1898, 1904. Typ wie Nr. 2:

1898 A	(3000 Ex.)	1100,—	1800,—	3200,—
1904 A	(3000 Ex.)	1100,—	1800,—	3200,—

4 [285] 20 Mark (G) 1898, 1904. Typ wie Nr. 2:

1898 A	(5000 Ex.)	1200,—	2400,—	3800,—
1904 A	(5500 Ex.)	1200,—	2400,—	3800,—

Pol. Platte 1898 (250 Ex.), 1904 (132 Ex.): je 5000,—

ZUM TODE DES FÜRSTEN AM 29. APRIL 1911

			SS	**VZ**	**ST**
5	[166]	3 Mark (S) 1911 A (50000 Ex.)	150,—	260,—	360,—

Schwarzburg-Rudolstadt (Fürstentum)
Münzstätte: A = Berlin

GÜNTHER VIKTOR 1890–1918

				S	SS	VZ
1	[167]	2 Mark (S) 1898 A. Günther Viktor (1852 bis 1925), Kopfbild nach links. Rs. Reichsadler (100 000 Ex.) Pol. Platte (375 Ex.): 2200,—		240,—	500,—	1100,—

2	[286]	10 Mark (G) 1898 A. Typ wie Nr. 1 (10 000 Ex.) Pol. Platte (700 Ex.) 7000,—		1250,—	2600,—	4500,—

Schwarzburg-Sondershausen (Fürstentum)
Münzstätte: A = Berlin

KARL GÜNTHER 1880–1909

1	[168]	2 Mark (S) 1896 A. Karl Günther (1830–1909), Kopfbild nach rechts. Rs. Reichsadler (50 000 Ex.) Pol. Platte (190 Ex.)		240,—	550,—	1000,—
2	[287]	20 Mark (G) 1896 A. Typ wie Nr. 1 (5000 Ex.) Pol. Platte		1400,—	3200,—	5500,—

25. REGIERUNGSJUBILÄUM AM 17. JULI 1905

			SS	VZ	ST
3	[169]	2 Mark (S) 1905. Kopfbild des Fürsten nach rechts; Lorbeerzweig, Jubiläumszahlen:			
		a) Schmaler Randstab (62 500 Ex.)	120,—	185,—	350,—
		b) Breiter Randstab (12 500 Ex.)	135,—	260,—	450,—
		Pol. Platte (je 5000 Ex.)			

ZUM TODE DES FÜRSTEN AM 28. MÄRZ 1909

4	[170]	3 Mark (S) 1909 A (70 000 Ex.)	120,—	200,—	380,—
		Pol. Platte (ca. 200 Ex.) 600,—			

Waldeck und Pyrmont (Fürstentum)
Münzstätte: A = Berlin

FRIEDRICH ADOLPH 1893–1918

			S	SS	VZ
1	[171]	5 Mark (S) 1903 A. Friedrich Adolph (1865 bis 1946), Kopfbild nach links. Rs. Reichsadler (2000 Ex.)	2000,—	3600,—	6500,—
		Pol. Platte (300 Ex.) 9500,—			

2 [288]   20 Mark (G) 1903 A. Typ wie Nr. 1   **SS**   **VZ**   **ST**
(2000 Ex.)   2000,—   4000,—   7000,—
Pol. Platte (150 Ex.) 10000,—

Württemberg (Königreich)
Münzstätte: F = Stuttgart

KARL 1864–1891

1 [289]   10 Mark (G) 1872, 1873. Karl (1823–1891), Kopfbild nach rechts. Rs. Reichsadler, Modell 1881–1889:   **S**   **SS**   **VZ**

1872 F (271031 Ex.)	200,—	280,—	600,—
1873 F (675434 Ex.)	200,—	280,—	600,—

2 [290]   20 Mark (G) 1872, 1873. Typ wie Nr. 1:

1872 F (661550 Ex.)	220,—	300,—	700,—
1873 F (1357024 Ex.)	220,—	300,—	700,—

3 [172]   2 Mark (S) 1876 ~ 1888. Typ wie Nr. 1:

1876 F (1555014 Ex.)	100,—	400,—	1600,—
1877 F (1106763 Ex.)	85,—	260,—	1600,—
1880 F (128943 Ex.)	135,—	400,—	2000,—
1883 F (73872 Ex.)	135,—	400,—	1700,—
1888 F (123140 Ex.)	135,—	400,—	2000,—

4 [173]   5 Mark (S) 1874 ~ 1888. Typ wie Nr. 1:   **S**   **SS**   **VZ**
           1874 F   (112 530 Ex.)   85,—   150,—   2500,—
           1875 F   (317 851 Ex.)   85,—   125,—   2000,—
           1876 F   (896 725 Ex.)   85,—   125,—   1800,—
           1888 F   (49 258 Ex.)   130,—   200,—   2000,—

5 [291]   5 Mark (G) 1877, 1878. Typ wie Nr. 1:
           1877 F   (487 687 Ex.)   230,—   500,—   800,—
           1878 F   (50 370 Ex.)   650,—   1500,—   3500,—
           Ungültig ab 1. 10. 1900.

6 [292] 10 Mark (G) 1874 ~ 1888. Typ wie Nr. 1:
           1874 F   (204 969 Ex,)   200,—   300,—   600,—
           1875 F   (532 153 Ex.)   200,—   300,—   500,—
           1876 F   (933 005 Ex.)   200,—   300,—   500,—
           1877 F   (271 154 Ex.)   225,—   350,—   600,—
           1878 F   (336 517 Ex.)   200,—   300,—   580,—
           1879 F   (210 937 Ex.)   200,—   300,—   500,—
           1880 F   (245 000 Ex.)   200,—   300,—   650,—
           1881 F   (79 040 Ex.)   250,—   420,—   800,—
           1888 F   (200 186 Ex.)   200,—   300,—   650,—

7 [293] 20 Mark (G) 1874, 1876. Typ wie Nr. 1:   **S**   **SS**   **VZ**
        1874 F (322 367 Ex.)   240,—   380,—   600,—
        1876 F (359 417 Ex.)   240,—   380,—   600,—

8 [294] 10 Mark (G) 1890, 1891. Rs. Reichsadler, Modell 1889–1918:
        1890 F (220 000 Ex.)   240,—   360,—   550,—
        1891 F   (80 381 Ex.)   300,—   500,—   850,—

WILHELM II. 1891–1918

9 [174] 2 Mark (S) 1892–1914. Wilhelm II. (1848–1921), Kopfbild nach rechts:
        1892 F   (177 000 Ex.)   50,—   100,—   280,—
        1893 F   (174 055 Ex.)   50,—   100,—   280,—
        1896 F   (351 031 Ex.)   40,—   75,—   150,—
        1898 F   (144 001 Ex.)   55,—   150,—   300,—
        1899 F   (537 571 Ex.)   40,—   65,—   125,—
        1900 F   (515 885 Ex.)   40,—   65,—   125,—
        1901 F   (591 927 Ex.)   30,—   65,—   140,—
        1902 F   (815 620 Ex.)   30,—   65,—   100,—
        1903 F   (811 383 Ex.)   30,—   65,—   125,—
        1904 F (1 988 177 Ex.) 30,—   65,—   100,—
        1905 F   (250 486 Ex.)   30,—   65,—   120,—
        1906 F (1 504 620 Ex.) 30,—   65,—   100,—

	S	SS	VZ
1907 F (1504497 Ex.)	30,—	65,—	100,—
1908 F (451370 Ex.)	30,—	65,—	100,—
1912 F (251224 Ex.)	30,—	60,—	150,—
1913 F (225675 Ex.)	35,—	70,—	180,—
1914 F (317854 Ex.)	30,—	60,—	140,—

Aluminiumabschlag, 1914 F
Pol. Platte 1906 F (200 Ex.) 650,—

10 [175] 3 Mark (S) 1908–1914. Typ wie Nr. 9:

1908 F	(300000 Ex.)	30,—	50,—	95,—
1909 F	(1906698 Ex.)	30,—	50,—	75,—
1910 F	(837230 Ex.)	30,—	50,—	75,—
1911 F	(424820 Ex.)	30,—	50,—	75,—
1912 F	(849500 Ex.)	30,—	50,—	75,—
1913 F	(267100 Ex.)	30,—	50,—	95,—
1914 F	(733121 Ex.)	30,—	50,—	75,—

11 [176] 5 Mark (S) 1892~1913. Typ wie Nr. 9:

1892 F	(69333 Fʏ)	60,—	150,—	600,—
1893 F	(71089 Ex.)	60,—	150,—	600,—
1894 F	(20000 Ex.)	700,—	1500,—	2800,—
1895 F	(200712 Ex.)	45,—	90,—	500,—
1898 F	(216262 Ex.)	45,—	80,—	360,—
1899 F	(112272 Ex.)	40,—	70,—	220,—
1900 F	(210574 Ex.)	40,—	70,—	220,—
1901 F	(210700 Ex.)	40,—	70,—	220,—
1902 F	(360881 Ex.)	40,—	70,—	220,—

	S	SS	VZ
1903 F (722 182 Ex.)	40,—	70,—	220,—
1904 F (391 317 Ex.)	40,—	70,—	220,—
1906 F (64 000 Ex.)	80,—	170,—	500,—
1907 F (417 321 Ex.)	40,—	65,—	130,—
1908 F (531 716 Ex.)	35,—	65,—	140,—
1913 F (401 200 Ex.)	35,—	65,—	125,—

Pol. Platte 1906 F (50 Ex.) 5000,—

12 [295] 10 Mark (G) 1893 ~ 1913. Typ wie Nr. 9:

1893 F (300 282 Ex.)	180,—	285,—	450,—
1896 F (200 268 Ex.)	180,—	285,—	500,—
1898 F (419 795 Ex.)	180,—	285,—	450,—
1900 F (89 923 Ex.)	180,—	320,—	600,—
1901 F (110 262 Ex.)	180,—	300,—	520,—
1902 F (50 112 Ex.)	180,—	450,—	700,—
1903 F (180 402 Ex.)	180,—	285,—	420,—
1904 F (349 671 Ex.)	180,—	285,—	420,—
1905 F (199 812 Ex.)	180,—	285,—	400,—
1906 F (100 164 Ex.)	180,—	285,—	400,—
1907 F (149 921 Ex.)	180,—	285,—	400,—
1909 F (100 189 Ex.)	180,—	285,—	400,—
1910 F (150 229 Ex.)	180,—	285,—	400,—
1911 F (50 337 Ex.)	320,—	600,—	1000,—
1912 F (49 353 Ex.)	320,—	600,—	1000,—
1913 F (50 038 Ex.)	320,—	600,—	950,—

Pol. Platte 1906 F (50 Ex.) 1800,—

13 [296] 20 Mark (G) 1894 – 1914. Typ wie Nr. 9:

1894 F (500 878 Ex.)	200,—	280,—	500,—
1897 F (400 000 Ex.)	200,—	280,—	500,—
1898 F (106 452 Ex.)	200,—	300,—	600,—
1900 F (500 084 Ex.)	200,—	280,—	500,—
1905 F (505 904 Ex.)	200,—	300,—	520,—
1913 F (42 687 Ex.)			*60 000,—*
1914 F (557 684 Ex.)			*20 000,—*

ZUR SILBERHOCHZEIT

			SS	VZ	ST
14 [177]	3 Mark (S) 1911 F:				
	a) normales H in Charlotte (493 000 Ex.)		65,—	100,—	140,—
	b) hochgestellter Querstrich des H (ca. 7000 Ex.)		450,—	850,—	1600,—

25. REGIERUNGSJUBILÄUM

			PP
15 [178]	3 Mark (S) 1916. Kopfbild nach rechts, Lorbeerzweig, Jubiläumszahlen. Bildseite mattiert (1000 Ex.)		15 000,—

Von Nr. 15 sind auch Galvanos im Handel.

Die Katalogpreise sind durchschnittliche Handelspreise in DM und als solche den täglichen Schwankungen des Marktes unterworfen.

Deutsches Reich (Kleinmünzen)

1 [1] 1 Pfennig (Bro) 1873~1889. Reichsadler, Modell 1871–1889. Rs. Wertangabe: **SS**

	A	B	C	D	E	F	G	H	J
1873	700,—	1400,—		1250,—					
1874	15,—	35,—	30,—	45,—	70,—	40,—	85,—	200,—	
1875	12,—	25,—	15,—	15,—	45,—	20,—	40,—	250,—	35,—
1876	10,—	10,—	15,—	12,—	22,—	12,—	60,—	210,—	350,—
1877	480,—	1700,—							
1885	20,—				185,—		200,—		120,—
1886	10,—			12,—	35,—	30,—	200,—		35,—
1887	10,—			15,—	25,—	20,—	25,—		12,—
1888	10,—			20,—	20,—	135,—	35,—		18,—
1889	10,—			15,—	20,—	12,—	25,—		12,—

1F1   1 Pfennig 1875 C mit Seilkreis statt Strichkreis (falsche Stempelkoppelung mit der Adlerseite von Nr. 3, aus dem Zahlungsverkehr stammend).
1F2   1 Pfennig 1875 D mit Seilkreis statt Strichkreis (falsche Stempelkoppelung).

Nr. 1 (1887 E) mit zusätzlichem dickem Punkt (Abschiedspunkt) nach »PFENNIG« (25 Ex.), letzte Prägung der Dresdener Münzstätte 22 000,—

2 [2] 2 Pfennig (Bro) 1873–1877. Typ wie Nr. 1:

	A	B	C	D	E	F	G	H	J
1873	40,—	160,—	150,—	80,—		600,—	450,—		
1874	10,—	25,—	25,—	45,—	40,—	20,—	30,—	120,—	
1875	10,—	15,—	18,—	18,—	20,—	20,—	25,—	55,—	18,—
1876	12,—	10,—	10,—	10,—	8,—	10,—	20,—	25,—	25,—
1877	10,—	900,—							

Goldabschlag, 1873 C (PP)
Silberabschlag, 1876 A

2F1   2 Pfennig 1874 A mit Seilkreis statt Strichkreis (falsche Stempelkoppelung mit der Adlerseite von Nr. 4).

3 [3] 5 Pfennig (K–N) 1874 ~ 1889. Typ wie Nr. 1: **SS**

	A	B	C	D	E	F	G	H	J
1874	10,—	18,—	15,—	8,—	50,—	40,—	45,—		
1875	8,—	12,—	18,—	12,—	20,—	12,—	10,—	120,—	18,—
1876	6,—	8,—	10,—	8,—	8,—	12,—	15,—	30,—	25,—
1888	6,—			15,—	15,—	15,—	30,—		30,—
1889	6,—			10,—	10,—	8,—	12,—		15,—

4 [4] 10 Pfennig (K–N) 1873 ~ 1889. Typ wie Nr. 1:

	A	B	C	D	E	F	G	H	J
1873	35,—	75,—	75,—	40,—		80,—	80,—	750,—	
1874	18,—	30,—	15,—	70,—	55,—	10,—	30,—	80,—	
1875	15,—	25,—	6,—	6,—	15,—	25,—	20,—	80,—	25,—
1876	8,—	10,—	10,—	12,—	12,—	15,—	6,—	70,—	20,—
1888	8,—			10,—	20,—	18,—	18,—		10,—
1889	8,—			10,—	10,—	10,—	25,—		12,—

Goldklippen zu 10 Pfennig 1873 G stammen aus dem Präsentationssatz von 1971 (siehe am Schluß des Bundesrepublik-Katalogteils).

5 [5] 20 Pfennig (S) 1873 – 1877. Typ wie Nr. 1:

	A	B	C	D	E	F	G	H	J
1873	40,—	120,—	100,—	50,—	2000,—	75,—	110,—	950,—	
1874	25,—	35,—	35,—	30,—	40,—	40,—	40,—	55,—	
1875	20,—	35,—	30,—	25,—	100,—	30,—	40,—	175,—	40,—
1876	20,—	25,—	25,—	35,—	35,—	18,—	35,—	90,—	20,—
1877						600,—			

6 [7] 50 Pfennig (S) 1875–1877. Typ wie Nr. 1: **SS**

	A	B	C	D	E	F	G	H	J
1875	50,—	80,—	80,—	60,—	1200,—	140,—	65,—	850,—	60,—
1876	40,—	60,—	55,—	65,—	55,—	60,—	75,—	80,—	50,—
1877	65,—	75,—	80,—	100,—	180,—	110,—		220,—	220,—

Nr. 6, 1877 J, mit der Adlerseite von Nr. 2 in Kupfer vorgekommen.

7 [9] 1 Mark (S) 1873~1887. Rs. Wertangabe im Eichenkranz:

	A	B	C	D	E	F	G	H	J
1873	35,—	60,—	350,—	50,—		75,—			
1874	15,—	35,—	35,—	20,—	35,—	20,—	22,—	35,—	
1875	30,—	35,—	30,—	25,—	35,—	25,—	30,—	35,—	40,—
1876	15,—		25,—	25,—		25,—	25,—	30,—	30,—
1877	25,—	250,—							
1878	25,—	60,—	80,—		75,—	25,—	55,—		25,—
1879	240,—								
1880	30,—			70,—	80,—	90,—	250,—	160,—	150,—
1881	15,—			20,—	40,—	30,—	80,—	70,—	30,—
1882	30,—						60,—	280,—	45,—
1883	40,—			110,—	210,—	230,—	330,—		200,—
1885	18,—						60,—		50,—
1886	15,—			20,—	25,—	20,—	100,—		45,—
1887	25,—								

8 [6] 20 Pfennig (K–N) 1887, 1888. Reichsadler im Perlkreis, außen Eichenkranz. Rs. Wertangabe:

	A	B	C	D	E	F	G	H	J	SS
1887	60,—			85,—	100,—	100,—	100,—		120,—	
1888	70,—			80,—	100,—	100,—	110,—		90,—	

Pol. Platte, 1888 A: 1000,—
Gestaltungsproben: 1886 A.

Nr. 8 (1887 E) mit Stern unter Wertziffern (50 Ex.) auf die Aufnahme der Münzprägung in Muldenhütten *13000,—*

9 [8] 50 Pfennig (S) 1877, 1878. Reichsadler im Eichenkranz. Rs. Wertangabe im Eichenkranz:

	A	B	C	D	E	F	G	H	J
1877	110,—	150,—	150,—	140,—	145,—	140,—	150,—	200,—	170,—
1878					1000,—				

Gestaltungsproben: 1877 mit Wertbezeichnung ½ Mark.

10 [10] 1 Pfennig (Bro) 1889–1916. Reichsadler, Modell 1889–1918: **VZ**

	A	D	E	F	G	J
1889				—,—		
1890	10,—	15,—	20,—	15,—	18,—	15,—
1891	15,—	150,—	165,—	50,—	320,—	185,—
1892	12,—	40,—	30,—	20,—	30,—	20,—
1893	10,—	18,—	100,—	100,—	100,—	40,—
1894	6,—	18,—	40,—	26,—	18,—	18,—
1895	4,—	110,—	70,—	20,—	25,—	30,—
1896	4,—	10,—	22,—	10,—	15,—	
1897	10,—	20,—	60,—	90,—	90,—	16,—
1898	6,—	25,—	25,—	15,—	40,—	15,—
1899	6,—	8,—	10,—	10,—	25,—	15,—
1900	5,—	8,—	10,—	5,—	0,—	8,—
1901	5,—	10,—	30,—	15,—	50,—	50,—
1902	4,—	10,—	35,—	20,—	45,—	4000,—
1903	4,—	6,—	12,—	6,—	40,—	30,—
1904	4,—	6,—	25,—	15,—	12,—	25,—
1905	4,—	4,—	6,—	3,—	15,—	4,—
1906	4,—	4,—	4,—	5,—	5,—	6,—
1907	4,—	5,—	5,—	6,—	15,—	5,—

	A	D	E	F	G	J
1908	3,—	10,—	12,—	4,—	6,—	4,—
1909	3,—	6,—	15,—	10,—	20,—	20,—
1910	3,—	10,—	12,—	15,—	20,—	20,—
1911	3,—	3,—	3,—	3,—	10,—	3,—
1912	3,—	3,—	3,—	4,—	4,—	4,—
1913	3,—	4,—	15,—	4,—	4,—	25,—
1914	3,—	5,—	8,—	3,—	8,—	8,—
1915	3,—	10,—	10,—	18,—	10,—	10,—
1916	3,—	10,—	28,—	15,—	25,—	28,—

Nr. 10 (1905 E) mit Kreuz unter Wertziffer *10 000*,—

Von Nr. 10 auch Goldabschläge vorkommend.

11 [11] 2 Pfennig (Bro) 1904 ~ 1916. Typ wie Nr. 10:

	A	D	E	F	G	J
1904	6,—	10,—	45,—	12,—	28,—	90,—
1905	5,—	8,—	20,—	12,—	20,—	20,—
1906	5,—	5,—	12,—	5,—	6,—	7,—
1907	5,—	5,—	15,—	25,—	12,—	11,—
1908	4,—	4,—	20,—	7,—	25,—	20,—
1910	4,—	10,—	20,—	10,—	20,—	15,—
1911	4,—	4,—	8,—	6,—	8,—	6,—
1912	4,—	8,—	8,—	10,—	7,—	6,—
1913	3,—	10,—	50,—	4,—	12,—	7,—
1914	4,—		30,—	210,—	50,—	10,—
1915	3,—	5,—	80,—	9,—		
1916	4,—	7,—	15,—	11,—	15,—	16,—

12 [12] 5 Pfennig (K–N) 1890–1915. Typ wie Nr. 10:

	A	D	E	F	G	J
1890	10,—	12,—	25,—	15,—	18,—	15,—
1891	8,—		140,—	25,—	85,—	
1892	10,—	12,—	50,—	65,—	70,—	420,—
1893	8,—	10,—	20,—	20,—	65,—	15,—

	A	D	E	F	G	J
1894	5,—	10,—	25,—	45,—	45,—	15,—
1895			25,—	15,—	20,—	
1896	10,—		20,—	25,—	9000,—	15,—
1897	6,—	15,—	20,—		20,—	
1898	5,—	8,—	15,—	15,—	25,—	15,—
1899	6,—	8,—	20,—	8,—	10,—	8,—
1900	5,—	5,—	12,—	5,—	6,—	10,—
1901	4,—	5,—	10,—	8,—	15,—	8,—
1902	4,—	5,—	25,—	7,—	8,—	6,—
1903	3,—	5,—	18,—	12,—	18,—	18,—
1904	3,—	10,—	18,—	12,—	20,—	12,—
1905	3,—	4,—	5,—	4,—	10,—	5,—
1906	3,—	5,—	5,—	4,—	4,—	4,—
1907	2,—	2,—	4,—	4,—	8,—	4,—
1908	2,—	3,—	4,—	2,—	3,—	3,—
1909	6,—	10,—	20,—	30,—		20,—
1910	2,—	3,—	5,—	4,—	5,—	200,—
1911	2,—	5,—	6,—	10,—	6,—	6,—
1912	2,—	4,—	4,—	4,—	4,—	4,—
1913	2,—	2,—	10,—	3,—	4,—	85,—
1914	6,—	4,—	5,—	5,—	10,—	10,—
1915		8,—	40,—	8,—	40,—	20,—

12P1   5 Pfennig 1915 A, Materialprobe, Messing
12P2   5 Pfennig 1915 A, Materialprobe, Eisen

13   [13]   10 Pfennig (K–N) 1890 ~ 1916. Typ wie Nr. 10:

	A	D	E	F	G	J
1890	18,—			25,—	40,—	25,—
1891	10,—	15,—	15,—	40,—	120,—	
1892	15,—	15,—	30,—	30,—	80,—	6500,—
1893	12,—		40,—	20,—	15,—	15,—
1894			100,—			
1896	12,—	15,—	20,—	15,—	100,—	15,—
1897	12,—				30,—	
1898	10,—	12,—	30,—	10,—	30,—	12,—
1899	8,—	12,—	10,—	10,—	10,—	10,—
1900	6,—	6,—	6,—	15,—	10,—	6,—
1901	6,—	8,—	8,—	20,—	8,—	8,—
1902	5,—	6,—	30,—	12,—	20,—	15,—
1903	5,—	6,—	8,—	10,—	12,—	25,—
1904	5,—	8,—	15,—	15,—	35,—	25,—

	A	D	E	F	G	J	VZ
1905	8,—	8,—	8,—	8,—	10,—	12,—	
1906	8,—	5,—	6,—	5,—	5,—	5,—	
1907	4,—	5,—	5,—	5,—	5,—	5,—	
1908	8,—	8,—	15,—	12,—	6,—	5,—	
1909	12,—	15,—	20,—	20,—	20,—	30,—	
1910	5,—	5,—	40,—	8,—	20,—		
1911	3,—	10,—	15,—	5,—	5,—	10,—	
1912	3,—	10,—	10,—	5,—	3,—	3,—	
1913	5,—	5,—	5,—	10,—	10,—	6,—	
1914	3,—	8,—	12,—	5,—	10,—	10,—	
1915	3,—	10,—	30,—	10,—	200,—	18,—	
1916		20,—					

Fehlprägung: 1880 G statt 1890 G vorkommend.

14 [14] 20 Pfennig (K–N) 1890, 1892. Typ wie Nr. 8, jedoch Reichsadler, Modell 1889–1918:

	A	D	E	F	G	J
1890	140,—	200,—	250,—	200,—	275,—	170,—
1892	130,—	180,—	300,—	160,—	300,—	260,—

15 [18] 25 Pfennig (N) 1909–1912. Reichsadler im Jugendstil. Rs. Wertangabe zwischen Weizenähren:

	A	D	E	F	G	J
1909	30,—	30,—	125,—	70,—	70,—	3000,—
1910	30,—	30,—	35,—	40,—	80,—	45,—
1911	30,—	50,—	70,—		60,—	85,—
1912	30,—	50,—		55,—		125,—

15P1	25 Pfennig 1908 J, Motivprobe (Lochgeld, klein)
15P2	25 Pfennig 1908 J, Motivprobe (Lochgeld, groß)
15P3	25 Pfennig 1909 A, Materialprobe, K–N

16 [15] 50 Pfennig (S) 1896~1903. Typ wie Nr. 9, jedoch Reichsadler, Modell 1889–1918:

		S	**SS**	**VZ**
1896 A	(388 945 Ex.)	200,—	400,—	700,—
1898 A	(387 168 Ex.)	200,—	400,—	700,—
1900 J	(191 792 Ex.)	225,—	500,—	1200,—
1901 A	(194 341 Ex.)	225,—	450,—	700,—
1902 F	(95 335 Ex.)	300,—	650,—	1000,—
1903 A	(384 187 Ex.)	200,—	500,—	700,—

17 [16] ½ Mark (S) 1905–1909, 1911–1919. Typ wie Nr. 16: **VZ**

	A	D	E	F	G	J
1905	15,—	20,—	20,—	20,—	25,—	18,—
1906	15,—	18,—	16,—	18,—	28,—	20,—
1907	15,—	20,—	40,—	40,—	30,—	40,—
1908	15,—	100,—	90,—	6500,—	90,—	50,—
1909	20,—	20,—	30,—	60,—	35,—	45,—
1911	20,—	25,—	65,—	45,—	90,—	80,—
1912	20,—	50,—	80,—	60,—		145,—
1913	12,—	20,—	25,—	20,—	20,—	50,—
1914	10,—	70,—				30,—
1915	8,—	15,—	10,—	15,—	8,—	8,—
1916	8,—	8,—	15,—	15,—	20,—	20,—
1917	10,—	25,	25,—	60,—	55,—	28,—
1918	10,—	12,—	40,—	15,—	45,—	40,—
1919	12,—	40,—	40,—	45,—		40,—

Pol. Platte, 1911 J

17P1 ½ Mark 1904 A, Probe

Deutschland/Kaiserreich

18 [17] 1 Mark (S) 1891 ~ 1916. Typ wie Nr. 16: **VZ**

	A	D	E	F	G	J
1891	70,—	2800,—				
1892	100,—	80,—	90,—	90,—	140,—	140,—
1893	65,—	75,—	90,—	75,—		90,—
1894					250,—	
1896	50,—	60,—	90,—	75,—	275,—	90,—
1898	50,—					
1899	25,—	80,—	50,—	40,—	75,—	60,—
1900	30,—	50,—	90,—	60,—	120,—	100,—
1901	18,—	30,—	35,—	30,—	60,—	50,—
1902	20,—	30,—	30,—	20,—	90,—	25,—
1903	15,—	20,—	40,—	25,—	25,—	45,—
1904	10,—	20,—	25,—	25,—	25,—	30,—
1905	15,—	20,—	25,—	*17000,—*	20,—	60,—
1906	15,—	25,—	30,—	20,—	30,—	25,—
1907	15,—	18,—	25,—	20,—	25,—	25,—
1908	15,—	15,—	25,—	40,—	22,—	18,—
1909	15,—	20,—	360,—		90,—	600,—
1910	15,—	15,—	25,—	30,—	30,—	20,—
1911	15,—	150,—	25,—	20,—	40,—	30,—
1912	20,—	30,—	30,—	35,—		85,—
1913				120,—	160,—	150,—
1914	14,—	14,—	14,—	18,—	14,—	14,—
1915	14,—	14,—	14,—	14,—	14,—	14,—
1916				100,—		

Pol. Platte, 1910 D

In den Jahren 1916–1924 verausgabten Städte, Gemeinden und Provinzen zahlreiche NOTMÜNZEN in vielfach sehr ansprechender Ausführung. Eine eingehende Bearbeitung dieses recht beliebten Nebengebietes der Numismatik müßte jedoch den Rahmen dieses Kataloges sprengen. Staatliche Notmünzen siehe ab Seite 320

19 [300] 1 Pfennig (Al) 1915–1918. Reichsadler, Modell **SS** **VZ**
1871–1889:
1915 A (Motivprobe)   *800,—*
1916 A (Probe)   *8000,—*
1916 F (Probe)   —,—
1916 G   *850,—*
1917 A (27 159 076 Ex.)   1,—   3,—
1917 D   (6 939 541 Ex.)   2,—   6,—
1917 E   (3 862 160 Ex.)   7,—   18,—
1917 F   (5 124 601 Ex.)   3,—   10,—
1917 G   (3 139 375 Ex.)   4,—   15,—
1917 J   (4 182 000 Ex.)   5,—   20,—

	SS	VZ
1918 A		*9000,—*
1918 D	30,—	75,—
1918 F		*6000,—*

Anm.: 1918 F stammt aus dem Brandschutt der Stuttgarter Münze.
Anm.: Motivprobe 1915 A auch in Eisen bekannt.

20 [297] 5 Pfennig (E, verzinkt) 1915–1922. Reichsadler, Modell 1889–1918. Rs. Jahreszahl unter Wertbezeichnung: **VZ**

	A	D	E	F	G	J
1915	8,—	35,—	30,—	20,—	30,—	20,—
1916	5,—	10,—	45,—	8,—	15,—	25,—
1917	3,—	10,—	20,—	10,—	20,—	20,—
1918	2,—	10,—	18,—	5,—	10,—	10,—
1919	3,—	4,—	18,—	5,—	12,—	8,—
1920	3,—	4,—	45,—	3,—	20,—	5,—
1921	2,—		5,—	40,—	4,—	8,—	10,—
1922		8,—	50,—	5,—	6,—	25,—

Pol. Platte 1918 E (24 Ex.). Pol. Platte 1920 E (55 Ex.)
Pol. Platte 1919 E (44 Ex.)
1916 D auch mit Strichkreis statt mit Seilkreis vorkommend.
1917 F auch mit polnischer Wertseite vorkommend.
1918 F auch mit polnischer Adlerseite vorkommend, 3000,—

21 [298] 10 Pfennig (E, verzinkt) 1915~1922. Reichsadler, von Punkten umgeben. Rs. Jahreszahl unter Wertbezeichnung:

	A	D	E	F	G	J
1915	—,—					
1916	8,—	10,—	10,—	10,—	10,—	10,—
1917	5,—	6,—	10,—	8,—	12,—	9,—
1918		3600,—				
1921	20,—					
1922		60,—	150,—	22,—	135,—	30,—

Pol. Platte, 1916 E: 300,—
Pol. Platte, 1922 E (26 Ex.)

Anm.: Nrn. 20 und 21 bestehen aus sherardisiertem (durch mehrstündiges Glühen in Zinkpulver rostgeschütztem) Siemens-Martin-Stahl.
Jahrgang 1922 ohne Msz., 450,— Materialprobe in Kupfernickel: 1915 A.
Materialprobe in Kupfernickel: 1916 G.
1917 F auch mit polnischer Wertseite vorkommend.
1918 F auch mit polnischer Adlerseite vorkommend.

			SS	**VZ**
22[298 Z]	10 Pfennig (Zink) 1917. Typ wie Nr. 21		360,—	500,—

23 [299]　10 Pfennig (Zink) 1917–1922. Reichsadler wie Nr. 13, stets ohne Münzzeichen. Rs. Jahreszahl unter Wertbezeichnung:

	SS	VZ
a) 1917 [A] (75 073 243 Ex.)	1,—	5,—
b) 1918 [A] (202 008 329 Ex.)	1,—	5,—
c) 1919 [A] (147 799 629 Ex.)	1,—	5,—
d) 1920 [A] (223 018 653 Ex.)	1,—	5,—
e) 1921 [A] (319 333 998 Ex.)	1,—	5,—
f) 1922 [A] (283 314 761 Ex.)	1,—	5,—

REPUBLIK

24 [301]　50 Pfennig (Al) 1919–1922. Ährengarbe mit zweizeiligem Schriftband. Rs. Wert:　　**VZ**

	A	D	E	F	G	J
1919	12,—	15,—	55,—	80,—	25,—	40,—
1920	2,—	5,—	18,—	3,—	10,—	8,—
1921	2,—	3,—	10,—	3,—	2,—	8,—
1922	2,—	3,—	12,—	3,—	2,—	8,—

1920 A, Eisenprobe 600,—
1921 J, Nickelprobe 1600,—
Pol. Platte 1919 A: 150,—
Pol. Platte 1921 E: 150,—
Pol. Platte 1922 E (333 Ex.): 185,—

Ungültig ab 11. 10. 1924.

				S	**SS**	**VZ**
25	[302]	3 Mark (Al) 1922. Reichsadler. Rs. Wertangabe:				
		1922 A	(15 496 695 Ex.)	1,—	6,—	20,—
		1922 E	(2000 Ex.)	260,—	400,—	*1200,—*
		1922 F	(wenige Ex.)			—

Pol. Platte 1922 E: 1500,—
Ungültig ab 11. 10. 1924.

3 JAHRE WEIMARER VERFASSUNG

26	[303]	3 Mark (Al) 1922–1923. Reichsadler mit Umschrift Verfassungstag 11. August 1922. Rs. Wertangabe:				
		1922 A	(32 514 000 Ex.)	1,—	3,—	8,—
		1922 D	(997 036 Ex.)	300,—	500,—	1100,—
		1922 E	(2 440 000 Ex.)	3,—	8,—	25,—
		1922 F	(6 023 273 Ex.)	5,—	15,—	45,—
		1922 G	(3 655 465 Ex.)	2,—	6,—	12,—
		1922 J	(4 896 494 Ex.)	2,—	6,—	12,—
		1923 E	(2 030 000 Ex.)	35,—	70,—	140,—
		1923 F	(wenige Ex.)			*4000,—*

Die mit Mzz. D (München) geprägten Stücke sind fast vollständig eingeschmolzen worden.

Pol. Platte 1922 E (21 611 Ex.): 125,—
Pol. Platte 1923 E (2291 Ex.): 300,—

Ungültig ab 11. 10. 1924.

27 [304] 200 Mark (Al) 1923:

		S	**SS**	**VZ**
1923 A	(174 900 023 Ex.)	—,20	1,—	3,—
1923 D	(35 188 804 Ex.)	—,20	1,—	4,—
1923 E	(11 250 000 Ex.)	—,80	3,—	10,—
1923 F	(20 089 955 Ex.)	—,20	1,—	8,—
1923 G	(24 923 474 Ex.)	—,20	2,—	12,—
1923 J	(16 258 000 Ex.)	1,—	4,—	15,—

Pol. Platte 1923 E (4095 Ex.) 120,—

28 [305] 500 Mark (Al) 1923:

1923 A	(59 277 808 Ex.)	—,30	2,—	4,—
1923 D	(13 682 868 Ex.)	—,30	2,—	5,—
1923 E	(2 128 000 Ex.)	2,—	12,—	30,—
1923 F	(7 963 441 Ex.)	—,30	2,—	6,—
1923 G	(4 404 200 Ex.)	1,—	5,—	12,—
1923 J	(1 008 000 Ex.)	18,—	40,—	130,—

Pol. Platte 1923 E (2053 Ex.)

WÄHRUNGSREFORM 15. November 1923: 1 000 000 000 000 Mark = 1 Rentenmark
NEUE WÄHRUNG: 100 Rentenpfennig = 1 Rentenmark

29 [306] 1 Rentenpfennig (Bro) 1923, 1924. Ährengarbe zwischen Jahreszahl. Rs. Große Wertziffer im Kreis: **VZ**

	A	D	E	F	G	J
1923	15,—	20,—	25,—	45,—	30,—	35,—
1924	10,—	10,—	15,—	10,—	18,—	12,—

Fehlprägungen (falsche Stempelkoppelung):
    a) 1925 A   *3000,—*   b) 1929 F   *1200,—*

30 [307] 2 Rentenpfennig (Bro) 1923, 1924. Typ wie Nr. 29: **VZ**

	A	D	E	F	G	J
1923	15,—	15,—		40,—	20,—	70,—
1924	10,—	11,—	16,—	15,—	15,—	15,—

Pol. Platte 1924 E (185 Ex): 350,—

31 [308] 5 Rentenpfennig (Al-Bro) 1923, 1924. Gekreuzte Ähren. Rs. Wert in einem auf die Spitze gestellten Quadrat, von Eichenblättern umgeben:

	A	D	E	F	G	J
1923	15,—	20,—		350,—	220,—	
1924	10,—	10,—	10,—	10,—	10,—	12,—

Fehlprägung (falsche Stempelkoppelung): 1925 F (1 Ex. bekannt, ss).

32 [309] 10 Rentenpfennig (Al-Bro) 1923, 1924. Typ wie Nr. 31:

	A	D	E	F	G	J
1923	20,—	28,—		500,—	80,—	
1924	10,—	15,—	20,—	10,—	12,—	18,—

Pol. Platte 1924 E (190 Ex.): 250,—

Fehlprägung (falsche Stempelkoppelung):   1925 F   *3500,—*

33 [310] 50 Rentenpfennig (Al-Bro) 1923, 1924. Typ wie Nr. 31: **VZ**

	A	D	E	F	G	J
1923	90,—	110,—		480,—	200,—	3600,—
1924	60,—	65,—	70,—	70,—	85,—	70,—

Jahrgang 1923 ohne Msz. —,—
Pol. Platte 1924 E (190 Ex.)

WÄHRUNGSUMSTELLUNG 30. August 1924: 1 Rentenmark = 1 Reichsmark
NEUE WÄHRUNG: 100 Reichspfennig = 1 Reichsmark

34 [313] 1 Reichspfennig (Bro) 1924 ~ 1936. Ährengarbe zwischen Jahreszahl. Rs. Große Wertziffer im Kreis:

	A	D	E	F	G	J
1924	3,—	4,—	650,—	8,—	6,—	5,—
1925	3,—	60,—	10,—	8,—	6,—	5,—
1927	5,—	10,—	8,—	12,—	22,—	
1928	4,—	6,—		5,—	8,—	
1929	4,—	6,—	8,—	8,—	8,—	
1930	4,—	5,—	100,—	5,—	5,—	
1931	5,—	5,—	6,—	8,—	25,—	
1932	10,—					
1933	6,—		20,—	10,—		
1934	3,—	5,—	40,—	5,—	5,—	12,—
1935	3,—	3,—	6,—	8,—	8,—	5,—
1936	3,—	5,—	30,—	8,—	8,—	10,—

Ungültig ab 1.3.1942.

35 [314] 2 Reichspfennig (Bro) 1924 ~ 1936. Typ wie Nr. 34: **VZ**

	A	D	E	F	G	J
1924	8,—	10,—	65,—	10,—	12,—	15,—
1925	6,—	8,—	10,—	10,—	35,—	
1936	20,—	10,—	80,—	10,—		

Fehlprägung (falsche Stempelkoppelung); polierte Platte: 1923 F 3000,—

Ungültig ab 1. 3. 1942.

36 [315] 4 Reichspfennig (Bro) 1932. Reichsadler. Rs. Große Wertziffer im Kreis, »Brüning-Pfennig«, auch »Brüning-Taler« genannt: **S** **SS** **VZ**

	S	SS	VZ
1932 A (27 100 599 Ex.)	8,—	15,—	28,—
1932 D (7 055 000 Ex.)	10,—	18,—	35,—
1932 E (3 729 400 Ex.)	12,—	25,—	60,—
1932 F (5 021 648 Ex.)	15,—	22,—	50,—
1932 G (3 050 290 Ex.)	12,—	25,—	65,—
1932 J (4 093 938 Ex.)	12,—	25,—	50,—

Ungültig ab 1. 10. 1933.

37 [316] 5 Reichspfennig (Al-Bro) 1924–1926, 1930, 1935, 1936. Gekreuzte Ähren. Rs. Wert in einem auf die Spitze gestellten Quadrat, von Eichenblättern umgeben: **VZ**

	A	D	E	F	G	J
1924	5,—	6,—	20,—	30,—	25,—	20,—
1925	10,—	10,—	12,—	15,—	10,—	25,—
1926	15,—		95,—	110,—		
1930	20,—					
1935	5,—	5,—	9,—	15,—	25,—	20,—
1936	5,—	10,—	15,—	8,—	18,—	25,—

37P1   5 Reichspfennig 1925 G, Materialprobe, Nickel

38 [317] 10 Reichspfennig (Al-Bro) 1924–1926, **VZ**
1928 bis 1936. Typ wie Nr. 37:

	A	D	E	F	G	J
1924	10,—	12,—	14,—	65,—	20,—	15,—
1925	10,—	12,—	16,—	12,—	12,—	80,—
1926	12,50				60,—	
1928	30,—				350,—	
1929	12,—	15,—	28,—	18,—	30,—	25,—
1930	14,—	25,—	65,—	65,—	110,—	50,—
1931	22,—	200,—		90,—	1300,—	
1932	20,—	28,—	85,—	65,—	2500,—	
1933	180,—				75,—	60,—
1934	20,—	50,—	170,—	200,—	260,—	
1935	10,—	12,50	15,—	12,50	12,—	12,—
1936	16,—	10,—	15,—	10,—	28,—	40,—

Pol. Platte 1925 E (61 Ex.): 300,—

39 [318] 50 Reichspfennig (Al-Bro) 1924–1925. Typ wie Nr. 37:

	A	E	F	G
1924	3500,—	7000,—	10000,—	—,—
1925		3200,—	—,—	

Anm: 1924 G und 1925 F sind nur in wenigen Exemplaren in polierter Platte hergestellt worden.
Pol. Platte, 1924 G: *32 000,—*
Pol. Platte, 1925 F: 65 000,—

39P1	50 Reichspfennig 1924 D, Materialprobe, Blei
39P2	50 Reichspfennig 1924 G. Materialprobe, Nickel
39P3	50 Reichspfennig 1924 J. Materialprobe, Silber
39P4	50 Reichspfennig 1925 E. Materialprobe, Kupfernickel

40 [324] 50 Reichspfennig (N) 1927–1933, 1935–1938. **VZ**
Reichsadler im Kreis. Rs. Große Wertziffern:

	A	D	E	F	G	J
1927	20,—	40,—	35,—	25,—	40,—	22,—
1928	15,—	12,—	15,—	12,—	20,—	20,—
1929	12,—	25,—		65,—		
1930	20,—	50,—	100,—	220,—	90,—	100,—
1931	20,—	45,—		50,—	1200,—	210,—
1932			320,—		4000,—	
1933					380,—	350,—
1935	18,—	35,—	90,—	40,—	125,—	60,—
1936	20,—	150,—	120,—	120,—	90,—	250,—
1937	15,—	25,—		20,—		450,—
1938			60,—		65,—	55,—

Anm.: Jahre 1927 E und 1928 E auch in polierter Platte vorkommend.

40P1 50 Reichspfennig 1926 A, Motivproben, Nickel, ST 800,—
40P2 50 Reichspfennig 1926 E, Motivproben, Kupfernickel, ST 400,—
40P3 50 Reichspfennig 1926 J, Motivproben, Nickel, ST 800,—
40P4 50 Reichspfennig 1927 F, Motivprobe, Kupfernickel, ST 500,—

41 [311] 1 Mark (S) 1924, 1925. Reichsadler. Rs. Wert:

	A	D	E	F	G	J
1924	55,—	80,—	70,—	55,—	100,—	70,—
1925	150,—	100,—				

Pol. Platte 1924 E (115 Ex.)
Pol. Platte 1925 A 400,—
1924 A. Gestaltungsprobe mit Adlerseite von Nr. 27 vorkommend.
1924 F ohne Randschrift 150,—

Deutschland/Republik

42 [312]   3 Mark (S) 1924, 1925. Reichsadler. Rs. Wert: **VZ**

	A	D	E	F	G	J
1924	170,—	170,—	200,—	170,—	220,—	180,—
1925		350,—				

1924 F und 1924 G auch ohne Randschrift vorkommend.

42P1   3 Mark 1924 A, Materialprobe, Kupfer

43 [319]   1 R-Mark (S) 1925–1927. Reichsadler, Umschrift DEUTSCHES REICH und Jahreszahl. Rs. Wert im Eichenkranz:

	A	D	E	F	G	J
1925	65,—	70,—	100,—	100,—	110,—	100,—
1926	75,—	80,—	90,—	100,—	125,—	360,—
1927	1100,—			250,—		220,—

Pol. Platte 1925 A (600 Ex.): 400,—
Pol. Platte 1925 E (102 Ex.)
Pol. Platte 1926 E (31 Ex.)
Pol. Platte 1926 G: 250,—

44 [320]   2 R-Mark (S) 1925~1931. Reichsadler. Rs. Wert im Eichenkranz:

	A	D	E	F	G	J
1925	75,—	90,—	120,—	100,—	110,—	115,—
1926	75,—	90,—	75,—	80,—	85,—	90,—
1927	90,—	3000,—	1500,—	400,—		300,—
1931		150,—	200,—	200,—	260,—	200,—

Pol. Platte 1925 A (600 Ex.): 400,—
Pol. Platte 1925 E (101 Ex.): 350,—
Pol. Platte 1926 G: 300,—

45 [331] 5 R-Mark (S) 1927–1933. Rs. Eiche **VZ**
(40 000 000 Ex.):

	A	D	E	F	G	J
1927	300,—	350,—	480,—	350,—	450,—	380,—
1928	280,—	300,—	370,—	300,—	380,—	380,—
1929	300,—	400,—	1100,—	850,—	520,—	420,—
1930	400,—	1500,—	2000,—	1400,—	3000,—	1500,—
1931	300,—	320,—	400,—	380,—	800,—	350,—
1932	300,—	300,—	400,—	380,—	350,—	400,—
1933						4000,—

Anm.: Jahre 1927 E und 1928 E auch in polierter Platte vorkommend.

1000 JAHRE RHEINLANDE BEI DEUTSCHLAND (2)

46 [321] 3 R-Mark (S) 1925. Ritter im Kettenhemd mit zum Schwur erhobenem Arm und Reichsadler tragendem Schild. Rs. Wert im Eichenkranz (5 580 215 Ex.):

	A	D	E	F	G	J
1925	120,—	130,—	150,—	200,—	160,—	150,—

Pol. Platte 1925 E (229 Ex.): 450,—

47 [322] 5 R-Mark (S) 1925. Typ wie Nr. 46 (1 684 414 Ex.):

	A	D	E	F	G	J	**VZ**
1925	270,—	300,—	320,—	300,—	340,—	600,—	

Pol. Platte 1925 E (226 Ex.): 650,—

700 JAHRE REICHSFREIHEIT LÜBECK

			SS	**VZ**
48	[323]	3 R-Mark (S) 1926 A. Rs. Auf gotischem Schild: lübischer Doppeladler mit geteiltem Brustschild. Gedenkumschrift (200 000 Ex.)	250,—	400,—

Pol. Platte 850,—

100 JAHRE BREMERHAVEN (2)

| **49** | [325] | 3 R-Mark (S) 1927 A. Adlerschild im Achtpaß. Rs. Dreimast-Vollschiff und Staatswappen von Bremen (150 000 Ex.) | 240,— | 400,— |
| **50** | [326] | 5 R-Mark (S) 1927 A. Typ wie Nr. 49 (50 000 Ex.) | 800,— | 1400,— |

1000 JAHRE NORDHAUSEN

			SS	**VZ**
51 [327]	3	R-Mark (S) 1927 A. Rs.Heinrich I. (876–936), König von 919–936, und seine Gemahlin Mathilde, Urenkelin Widukinds; davor behelmter Adlerschild (100000 Ex.) Pol. Platte 900,—	250,—	400,—

450 JAHRE UNIVERSITÄT TÜBINGEN (2)

52 [328]	3	R-Mark (S) 1927 F. Reichsadler. Rs. Graf Eberhard im Bart oder mit dem Bart (1445–1496), gründete 1477 die Universität Tübingen und stattete dieselbe mit einer Bibliothek aus (50000 Ex.)	740,—	1000,—
53 [329]	5	R-Mark (S) 1927 F. Typ wie Nr. 52 (40000 Ex.)	850,—	1200,—

400 JAHRE PHILIPPS-UNIVERSITÄT MARBURG

54 [330]	3	R-Mark (S) 1927 A. Rs. Wappen von Philipp I., dem Großmütigen (1504–1567), Landgraf von Hessen, gründete 1527 in seiner Geburtsstadt die Universität; im Herzschild hessischer Löwe (130000 Ex.)	250,—	400,—

400. TODESTAG VON ALBRECHT DÜRER

			SS	**VZ**
55	[332]	3 R-Mark (S) 1928 D. Rs. Albrecht Dürer (1471 bis 1528), Maler, Graphiker, Kunstschriftsteller (50 000 Ex.)	720,—	1100,—

900 JAHRE NAUMBURG/SAALE

56 [333] 3 R-Mark (S) 1928 A. Rs. Markgraf Hermann, Gründer der Stadt, gotischen Schild haltend, darauf Schwert und Schlüssel des Stadtwappens (100 000 Ex.) 290,— 450,—

1000 JAHRE DINKELSBÜHL

57 [334] 3 R-Mark (S) 1928 D. Rs. Von zwei Türmen flankierte Brustwehr mit Wappen von Dinkelsbühl; Dinkelbauer mit Sichel und Garbe (Dinkel) (40 000 Ex.) 950,— 1600,—

200. GEBURTSTAG VON LESSING (2)

58 [335]   3 R-Mark (S) 1929. Rs. Gotthold Ephraim Lessing (1729–1781), Dichter (400 000 Ex.):   **VZ**

	A	D	E	F	G	J
1929	150,—	190,—	210,—	190,—	190,—	190,—

Anm.: 1929 J auch in polierter Platte vorkommend.

59 [336]   5 R-Mark (S) 1929. Typ wie Nr. 58 (160 000 Ex.):

	A	D	E	F	G	J
1929	360,—	380,—	480,—	370,—	480,—	400,—

VEREINIGUNG WALDECKS MIT PREUSSEN

60 [337]   3 R-Mark (S) 1929 A. Rs. Preußischer Wappenadler mit dem Wappenschild Waldecks (170 000 Ex.)   **SS**   **VZ**

                                                          220,—   400,—

Pol. Platte 850,—

Die Katalogpreise sind durchschnittliche Handelspreise in DM und als solche den täglichen Schwankungen des Marktes unterworfen.

1000 JAHRE BURG UND STADT MEISSEN (2)

			SS	**VZ**
61	[338]	3 R-Mark (S) 1929 E. Rs. Gewappneter, die Dreieck-Schilde der Markgrafen und der Burggrafen von Meißen haltend (800 000 Ex.)	110,—	160,—
62	[339]	5 R-Mark (S) 1929 E. Typ wie Nr. 61 (120 000 Ex.)	700,—	1200,—

Nr. 62 auch in polierter Platte vorkommend.

10 JAHRE WEIMARER VERFASSUNG (2)

63 [340] 3 R-Mark (S) 1929. Paul von Beneckendorff und von Hindenburg (1847–1934), Reichspräsident 1925–1934. Rs. Schwurhand (3 010 000 Ex.): **VZ**

	A	D	E	F	G	J
1929	120,—	130,—	150,—	140,—	150,—	145,—

64 [341] 5 R-Mark (S) 1929. Typ wie Nr. 63 (600 000 Ex.):

	A	D	E	F	G	J
1929	340,—	390,—	390,—	400,—	450,—	390,—

WELTRUNDFLUG DES LUFTSCHIFFES LZ 127 »GRAF ZEPPELIN« IM JAHRE 1929 (2)

65 [342]   3 R-Mark (S) 1930. Reichsadler. Rs. Teilansicht der Erdkugel, die von dem Luftschiff »Graf Zeppelin« in westöstlicher Richtung überflogen wird (1 000 000 Ex.):   **VZ**

	A	D	E	F	G	J
1930	220,—	250,—	300,—	450,—	400,—	250,—

66 [343]   5 R-Mark (S) 1930. Typ wie Nr. 65 (400 000 Ex.):

	A	D	E	F	G	J
1930	450,—	500,—	550,—	500,—	550,—	500,—

700. TODESTAG WALTHERS VON DER VOGELWEIDE

67 [344]   3 R-Mark (S) 1930. Adlerschild über Dreipaß. Rs. Walther von der Vogelweide (um 1170 bis 1230), Minnesänger, neben ihm sein Wappenschild (siehe auch Österreich Nr. 49 bzw. Bundesrepublik Deutschland Nr. 151) (300 000 Ex.):

	A	D	E	F	G	J
1930	250,—	260,—	300,—	250,—	300,—	260,—

ZUR RHEINLANDRÄUMUNG 1930 (2)

68 [345]   3 R-Mark (S) 1930. Adlerschild über Dreipaß.   **VZ**
Rs. Adler auf einer die beiden Ufer des Rheins
verbindenden Brücke (3 000 000 Ex.):

	A	D	E	F	G	J
1930	140,—	150,—	480,—	155,—	250,—	170,—

69 [346]   5 R-Mark (S) 1930. Typ wie Nr. 68 (600 000 Ex.):

	A	D	E	F	G	J
1930	450,—	520,—	550,—	500,—	600,—	500,—

300. JAHRESTAG DES BRANDES MAGDEBURGS

70 [347]   3 R-Mark (S) 1931 A. Adlerschild über Achtpaß.   **SS**   **VZ**
Rs. Alte Stadtansicht von Stadtwappen über-
höht (100 000 Ex.)   380,—   600,—

100. TODESTAG STEINS

				SS	**VZ**
71	[348]	3	R-Mark (S) 1931 A. Reichsadler. Rs. Karl Reichsfreiherr vom und zum Stein (1757 bis 1831), Staatsmann (150 000 Ex.)	250,—	400,—

Pol. Platte 1000,—

72 [349] 3 R-Mark (S) 1931–1933. Reichsadler, Umschrift DEUTSCHES REICH und Jahreszahl. Rs. Wert im Eichenkranz: **VZ**

	A	D	E	F	G	J
1931	700,—	900,—	1000,—	900,—	1000,—	1000,—
1932	850,—	950,—		2200,—	4000,—	1000,—
1933					5000,—	

Nr. 72 von 1932 D mit Randschrift »Fünf Reichs Mark« PP 1200,—

100. TODESTAG GOETHES (2)

73 [350] 3 R-Mark (S) 1932. Rs. Johann Wolfgang von Goethe (1749–1832), Dichter (400 100 Ex.):

	A	D	E	F	G	J
1932	240,—	250,—	300,—	250,—	320,—	285,—

74 [351] 5 R-Mark (S) 1932. Typ wie Nr. 73 (20 000 Ex.):

	A	D	E	F	G	J
1932	5500,—	7000,—	7000,—	7000,—	7500,—	7000,—

DRITTES REICH

450. GEBURTSTAG VON MARTIN LUTHER (2)

75 [352] 2 R-Mark (S) 1933. Reichsadler. Rs. Dr. Martin Luther (1483–1546), Reformator; Gurtinschrift: EIN FESTE BURG IST UNSER GOTT (1 000 000 Ex.): **VZ**

	A	D	E	F	G	J
1933	90,—	110,—	110,—	100,—	130,—	100,—

75F   2 Reichsmark Luther 1934, Wertseite von Nr. 78 ST *5000,—*

76 [353] 5 R-Mark (S) 1933. Typ wie Nr. 75 (202 000 Ex.):

	A	D	E	F	G	J
1933	320,—	400,—	450,—	400,—	550,—	460,—

77 [354] 1 R-Mark (N) 1933–1939. Reichsadler. Rs. Wert im Eichenkranz:

	A	B	D	E	F	G	J
1933	25,—		35,—	35,—	35,—	35,—	
1934	15,—		20,—	25,—	20,—	25,—	18,—
1935	20,—						60,—
1936	20,—		40,—	50,—	160,—	360,—	60,—
1937	20,—		20,—	60,—	90,—	70,—	35,—
1938	50,—			85,—	120,—	130,—	230,—
1939	55,—	600,—	130,—	210,—	160,—	850,—	220,—

1933 A. Gestaltungsprobe
1933 o. Msz. Materialproben

1. JAHRESTAG DER ERÖFFNUNG DES REICHSTAGES IN DER GARNISONKIRCHE ZU POTSDAM (2)

78 [355] 2 R-Mark (S) 1934. Reichsadler. Rs. Garnisonkirche, erbaut 1731/35 von Philipp Gerlach, Barockstil, mit durchbrochener und kuppelgekrönter Glockenturmspitze. Datum 21. März 1933; Gurtinschrift: GEMEINNUTZ GEHT VOR EIGENNUTZ (5 000 000 Ex.): **VZ**

	A	D	E	F	G	J
1934	55,—	70,—	85,—	80,—	100,—	90,—

79 [356] 5 R-Mark (S) 1934. Typ wie Nr. 78 (4 000 000 Ex.):

	A	D	E	F	G	J
1934	75,—	110,—	150,—	85,—	130,—	110,—

80 [357] 5 R-Mark (S) 1934–1935. Typ wie Nr. 79, jedoch ohne Datum (200 000 000 Ex.):

	A	D	E	F	G	J
1934	50,—	50,—	50,—	50,—	55,—	50,—
1935	50,—	50,—	50,—	50,—	50,—	125,—

175. GEBURTSTAG VON FRIEDRICH VON SCHILLER (2)

				SS	**VZ**
81	[358]	2	R-Mark (S) 1934 F. Reichsadler. Rs. Friedrich von Schiller (1759–1805), Dichter; Gurtinschrift: ANS VATERLAND ANS TEURE SCHLIESS DICH AN (300 000 Ex.)	125,—	220,—
82	[359]	5	R-Mark (S) 1934 F. Typ wie Nr. 81 (100 000 Ex.)	400,—	625,—
A82 P		5	Reichspfennig (Al-Bro) 1935 A. Typ wie Nr. 94, Inschrift »Probe«		
B82 P		10	Reichspfennig (Al-Bro) 1935 A. Typ wie Nr. 94, Inschrift »Probe«		

50 Reichspfennig 1935 in Aluminium siehe Nr. 94.

83 [360] 5 R-Mark (S) 1935–1936. Reichsadler. Rs. Paul **VZ**
von Beneckendorff und von Hindenburg:

	A	D	E	F	G	J
1935	35,—	35,—	40,—	40,—	40,—	35,—
1936	35,—	35,—	40,—	35,—	50,—	70,—

84 [361] 1 Reichspfennig (Bro) 1936–1940. Reichsadler
mit Hakenkreuz (Staatswappen vom 7. März
1936). Rs. Wertangabe:

	A	B	D	E	F	G	J
1936	35,—			300,—	240,—	150,—	180,—
1937	10,—		3,—	12,—	6,—	10,—	8,—
1938	5,—	30,—	5,—	8,—	5,—	8,—	8,—
1939	3,—	8,—	10,—	10,—	5,—	5,—	8,—
1940	4,—				10,—	35,—	18,—

85 [362] 2 Reichspfennig (Bro) 1936–1940. Typ wie Nr. 84: **VZ**

	A	B	D	E	F	G	J
1936	30,—		30,—		80,—		
1937	6,—		6,—	140,—	5,—	40,—	40,—
1938	6,—	45,—	6,—	10,—	5,—	6,—	8,—
1939	3,—	10,—	5,—	20,—	5,—	5,—	5,—
1940	5,—		30,—	55,—		300,—	40,—

86 [363] 5 Reichspfennig (Al-Bro) 1936–1939. Typ wie Nr. 84:

	A	B	D	E	F	G	J
1936	220,—		220,—			360,—	
1937	10,—		10,—	15,—	12,—	32,—	20,—
1938	6,—	30,—	4,—	12,—	6,—	8,—	5,—
1939	5,—	10,—	8,—	10,—	6,—	22,—	15,—

86P   5 Reichspfennig 1939 A, Materialprobe, Zink.

87 [364] 10 Reichspfennig (Al-Bro) 1936–1939. Typ wie Nr. 84:

	A	B	D	E	F	G	J
1936	110,—			500,—		800,—	
1937	8,—		10,—	55,—	20,—	35,—	15,—
1938	5,—	20,—	10,—	10,—	10,—	10,—	8,—
1939	5,—	15,—	8,—	25,—	12,—	40,—	15,—

88 [365] 50 Reichspfennig (N) 1938, 1939. Reichsadler mit Hakenkreuz im Kreis. Rs. Große Wertziffer im Kreis (35 000 000 Ex.): **VZ**

	A	B	D	E	F	G	J
1938	150,—	160,—	150,—	175,—	130,—	230,—	260,—
1939	110,—	120,—	150,—	140,—	110,—	210,—	170,—

1937 A: Probeprägung
Ungültig ab 1. 8. 1940.

89 [366] 2 R-Mark (S) 1936–1939. Reichsadler mit Hakenkreuz. Rs. Paul von Beneckendorff und von Hindenburg:

	A	B	D	E	F	G	J
1936			35,—	180,—		90,—	300,—
1937	18,—		18,—	20,—	15,—	20,—	15,—
1938	12,—	20,—	15,—	18,—	25,—	15,—	15,—
1939	15,—	20,—	12,—	160,—	20,—	22,—	25,—

90 [367] 5 R-Mark (S) 1936–1939. Typ wie Nr. 89:

	A	B	D	E	F	G	J
1936	30,—		30,—	45,—	30,—	40,—	100,—
1937	30,—		30,—	40,—	50,—	35,—	40,—
1938	30,—		30,—	40,—	30,—	40,—	35,—
1939	30,—	50,—	50,—	120,—	70,—	140,—	60,—

91 [369] 1 Reichspfennig (Zink) 1940–1945. Reichsadler mit Hakenkreuz. Rs. Wert: **VZ**

	A	B	D	E	F	G	J
1940	5,—	8,—	3,—	18,—	6,—	4,—	3,—
1941	2,—	8,—	3,—	5,—	3,—	8,—	3,—
1942	2,—	8,—	6,—	10,—	3,—	3,—	10,—
1943	2,—	8,—	4,—	30,—	5,—	20,—	10,—
1944	5,—	12,—	6,—	15,—	20,—	6,—	
1945	30,—			300,—			

91F Fehlprägung auf artfremder Ronde, Eisen, 1.62 g, 1942 A —,—

92 [370] 5 Reichspfennig (Zink) 1940–1944. Typ wie Nr. 91:

	A	B	D	E	F	G	J
1940	5,—	5,—	3,—	15,—	10,—	6,—	10,—
1941	3,—	5,—	5,—	6,—	5,—	6,—	5,—
1942	3,—	15,—	10,—	65,—	5,—	10,—	
1943	10,—	240,—	20,—	40,—	10,—	10,—	
1944	65,—		12,—	28,—	12,—	750,—	

93 [371] 10 Reichspfennig (Zink) 1940–1945. Typ wie Nr. 91:

	A	B	D	E	F	G	J
1940	3,—	10,—	10,—	10,—	3,—	5,—	5,—
1941	3,—	4,—	4,—	4,—	4,—	4,—	4,—
1942	3,—	45,—	4,—	12,—	3,—	8,—	15,—
1943	4,—	60,—	8,—	60,—	12,—	25,—	185,—
1944	5,—	12,—	12,—	12,—	18,—	12,—	
1945	50,—			180,—			

Materialprobe, Al: 1940 A
Materialprobe, E, Messing plattiert: 1941 A

94 [368] 50 Reichspfennig (Al) 1935. Reichsadler ohne **VZ**
Hakenkreuz. Rs. Wert. Erst 1939 in Umlauf
gesetzt:

	A	D	E	F	G	J
1935	25,—	30,—	20,—	40,—	25,—	35,—

94P1 50 Reichspfennig 1935 A, Motivproben
94P2 50 Reichspfennig 1946 D (St, K–N plattiert), Materialprobe
94P3 50 Reichspfennig 1947 J, Aluminium
94P4 50 Reichspfennig 1947 J, Kupfernickel
Ungültig ab 1.4.1949.

95 [372] 50 Reichspfennig (Al) 1939–1944. Typ
wie Nr. 91. Riffelrand:

	A	B	D	E	F	G	J
1939	25,—	20,—	60,—	50,—	15,—	170,—	45,—
1940	30,—	50,—	30,—	40,—	10,—	50,—	55,—
1941	10,—	20,—	30,—	40,—	15,—	40,—	40,—
1942	10,—	80,—	15,—	60,—	60,—	80,—	
1943	10,—	20,—	15,—			30,—	70,—
1944		50,—	130,—		40,—	450,—	

95P1 50 Reichspfennig 1939 A, Motivprobe, Zink, Rand glatt, 3.516 g
Ungültig ab 1.4.1949.

Alliierte Besatzung
1945–1948

		SS	VZ
A96	1 Reichspfennig (Zink) 1944 D. Reichsadler mit entferntem Hakenkreuz. Rs. Wert (wenige Ex.), keine reguläre Prägung!	—,—	—,—

Vom Jahrgang 1945 D gibt es Fantasieprägungen in Zeichnung der Nr. A96.

96 [373]   1 Reichspfennig (Zink) 1945, 1946. Reichsadler. Rs. Wert:

	SS	VZ
1945 F	25,—	70,—
1946 F	80,—	200,—
1946 G	150,—	280,—

96P1   1 Reichspfennig 1946 D (Al) Materialprobe st *1500,—*

Ungültig ab 1.9.1948.

97 [374]   5 Reichspfennig (Zink) 1947, 1948. Typ wie Nr. 96:

	SS	VZ
1947 A	20,—	45,—
1947 D	15,—	30,—
1948 A	35,—	65,—
1948 E	600,—	1200,—

97P1	5 Reichspfennig 1947 D (Al), Materialprobe st *1000,—*	
97P2	5 Reichspfennig 1947 D (St, Me plattiert), Materialprobe st *1000,—*	
97P3	5 Reichspfennig 1947 D (St, K-N plattiert), Materialprobe st *1000,—*	
97P4	5 Reichspfennig 1947 J, Motivprobe st *3000,—*	
97P5	5 Reichspfennig 1947 o. Mzz. (Hamburg), Motivprobe (Stempelkoppelung mit Wertseite von Nr. 37) —,—	
97P6	5 Reichspfennig 1947. Typ wie Nr. 97 P5, jedoch in Bronze; 2,75 g, Ø 19 mm —,—	
97P7	5 Reichspfennig 1948 A (Eisen), Materialprobe —,—	

Anm.: 1945 D ist als manipulierte Münze vorgekommen.

Ungültig ab 1.9.1948.

				SS	VZ
98	[375]	10	Reichspfennig (Zink) 1945–1948. Typ wie Nr. 96:		
			1945 F	20,—	40,—
			1946 F	50,—	85,—
			1946 G	185,—	370,—
			1947 A	25,—	45,—
			1947 E	700,—	1200,—
			1947 F	12,—	28,—
			1948 A	30,—	55,—
			1948 F	15,—	35,—
98P1		10	Reichspfennig 1946 D (St, Me plattiert), Materialprobe —,—		
98P2		10	Reichspfennig 1946 G (K), Materialprobe —,—		
98P3		10	Reichspfennig 1946 G (Me), Materialprobe —,—		
98P4		10	Reichspfennig 1947 A mit »slawischem« Querstrich in der 7, Gestaltungsprobe st *15 000,—*		
98P5		10	Reichspfennig 1947 A (Duraluminium), Materialprobe —,—		
98P6		10	Reichspfennig 1947 D (Al), Materialprobe st *1500,—*		
98P7		10	Reichspfennig 1947 D (St, K-N plattiert), Materialprobe st *1500,—*		
98P8		10	Reichspfennig 1947 J, Motivprobe st *3500,—*		
98P9		10	Reichspfennig 1948 F (K), Materialprobe —,—		

Gefälligkeitsprägungen: Vorder- und Rückseite jeweils getrennt geprägt auf großen runden und eckigen Schrötlingen und Klippen edler und unedler Metalle (1945 F, 1946 F, 1947 F, 1948 F). —,—

Ungültig ab 1. 4. 1949.

Die Katalogpreise sind durchschnittliche Handelspreise in DM und als solche den täglichen Schwankungen des Marktes unterworfen.

Vereinigtes Wirtschaftsgebiet

Ausgaben der Bank deutscher Länder

Die Bank deutscher Länder (BdL) war vom 1. 3. 1948 an die Zentralbank des »Vereinigten Wirtschaftsgebietes«, der späteren Bundesrepublik Deutschland, an deren Stelle durch Gesetz vom 26. 7. 1957 die Deutsche Bundesbank getreten ist. Infolge der Währungsreform vom 20. 6. 1948 löste die Deutsche Mark (DM) die bisherige Reichsmark (RM) ab. Vorübergehend nahm die Bank deutscher Länder die Funktion als Münzherrin wahr (Zweites Gesetz zur Neuordnung des Geldwesens [Emissionsgesetz]: siehe Umschrift auf den Münzen Nr. 99 bis 102).

WÄHRUNGSREFORM 20. Juni 1948: 10 Reichsmark = 1 Deutsche Mark
NEUE WÄHRUNG: 100 Pfennig = 1 Deutsche Mark

99 [376]   1 Pfennig (St, K plattiert) 1948, 1949. Eichenzweig, Umschrift »Bank deutscher Länder«. Rs. Wert zwischen Ähren:

	S	SS	VZ	ST
1948 D (46 325 000 Ex.)	NW	6,—	18,—	90,—
1948 F (68 202 926 Ex.)	NW	4,—	18,—	80,—
1948 G (45 603 980 Ex.)	NW	8,—	35,—	180,—
1948 J (79 303 828 Ex.)	NW	6,—	18,—	150,—
1949 D (99 862 985 Ex.)	NW	1,—	15,—	60,—
1949 F (129 935 333 Ex.)	NW	1,—	10,—	40,—
1949 G (70 954 463 Ex.)	NW	2,—	18,—	120,—
1949 J (101 931 670 Ex.)	NW	1,—	18,—	90,—

Pol. Platte 1948 F: 260,—
Pol. Platte 1949 F: 220,—

99P   1 Pfennig (St, Me plattiert) 1949 F, Materialprobe   —,—

100 [377]   5 Pfennig (St, Me plattiert) 1949. Typ wie Nr. 99:

1949 D (60 025 869 Ex.)	NW	1,—	25,—	150,—
1949 F (66 081 822 Ex.)	NW	1,—	20,—	120,—
1949 G (57 356 202 Ex.)	NW	1,—	25,—	150,—
1949 J (68 977 314 Ex.)	NW	1,—	20,—	120,—

Pol. Platte 1949 F: 225,—
Pol. Platte 1949 J: 250,—

101	[378]	10	Pfennig (St, Me plattiert) 1949. Typ wie Nr. 99:	**S**	**SS**	**VZ**	**ST**
			1949 D (140 558 435 Ex.)	NW	1,—	30,—	75,—
			1949 F (120 932 370 Ex.)	NW	1,—	30,—	90,—
			1949 G (82 932 721 Ex.)	NW	2,—	35,—	150,—
			1949 J (154 095 474 Ex.)	NW	1,—	25,—	100,—

Pol. Platte 1949 F: 250,—
Pol. Platte 1949 J: 260,—

101P1		10	Pfennig 1949 F (Magnesium), Materialprobe —,—
101P2		10	Pfennig 1949 F (Eisen), Materialprobe —,—
101P3		10	Pfennig 1949 F (Zinn), Materialprobe —,—
101P4		10	Pfennig 1949 F (Zink), Materialprobe —,—

102 [379] 50 Pfennig (K–N) 1949, 1950. Junge Frau mit Eichensetzling, nach dem Modell der Gerda Jo Werner, symbolisch für den Wiederaufbau Deutschlands. Rs. Wert, Umschrift »Bank deutscher Länder«:

			1949 D (39 108 317 Ex.)	NW	2,—	35,—	150,—
			1949 F (45 118 227 Ex.)	NW	2,—	35,—	150,—
			1949 G (25 923 787 Ex.)	NW	3,—	55,—	190,—
			1949 J (42 323 138 Ex.)	NW	2,—	35,—	150,—
			1950 G (30 000 Ex.)	350,—	800,—	1200,—	1600,—

Nrn. 99–102 mit Inschrift »Bundesrepublik Deutschland« siehe Nrn. 103, 105–107.

Nrn. 99–102 von 1949 F kommen als einseitige Gefälligkeitsprägungen auf übergroßen runden oder eckigen Schrötlingen in edlen und unedlen Metallen vor.

Nrn. 99–102 außer Kurs ab 1. Juli 2002 (einlösbar in Euro ohne zeitliche Beschränkung).

Bundesrepublik Deutschland

Fläche: 357 022 km^2; 82 047 000 Einwohner (1998).
Die Bundesrepublik Deutschland wurde durch die Verkündung des Grundgesetzes am 23. 5. 1949 mit Wirkung vom folgenden Tag gegründet. Sie ist aus der am 1. 1. 1947 von der amerikanischen und britischen Besatzungsmacht gebildeten »Bizone« hervorgegangen, die im Verlaufe der Monate Mai bis August 1947 zum »Vereinigten Wirtschaftsgebiet« erweitert worden war, und umfaßte zunächst die Bundesländer Baden-Württemberg (bis 1951 Baden, Württemberg-Baden und Württemberg-Hohenzollern), Bayern, Bremen, Hamburg, Hessen, Niedersachsen, Nordrhein-Westfalen, Rheinland-Pfalz und Schleswig-Holstein sowie Berlin (West). Das Saarland trat der Bundesrepublik am 1. Januar 1957 bei.
Am 1. Juli 1990 ist die Deutsche Mark (DM) auch auf dem Gebiet der Deutschen Demokratischen Republik als alleiniges gesetzliches Zahlungsmittel eingeführt worden.
Seit 3. Oktober 1990 gehören auch Brandenburg, Mecklenburg-Vorpommern, Sachsen-Anhalt, Sachsen und Thüringen als Bundesländer zum Geltungsbereich des Grundgesetzes und sind fortan Bestandteil der Bundesrepublik Deutschland. Hauptstadt: Bonn, 1990 nach Berlin verlegt. Regierungssitz bis 1999: Bonn.

Die Prägezahlen der Umlaufmünzen mit Jahreszahl 1996 sind vorläufig (noch nicht endgültig festgelegt). Die Münzen zu 1, 2, 5, 10, 50 Pfennig, 1, 2, 5 D-Mark der Jahrgänge 1997 bis 2001 werden nur für die Münzsätze in Stempelglanz und Spiegelglanz hergestellt. In den nachstehenden Prägetabellen sind die Stücke für die Stempelglanzsätze enthalten, nicht jedoch die Spiegelglanzausführungen seit 1964 (Auflagezahlen und Bewertungen aller Münzsätze siehe am Schluß des Katalogteils Bundesrepublik).

Prägeschlüssel

Die in den Prägetabellen der bundesdeutschen Umlaufmünzen angegebenen Gesamtprägezahlen pro Jahrgang verteilen sich grundsätzlich wie folgt auf die einzelnen Münzstätten:

		1950 – 1990	1991 – 2002
A	Berlin		20 %
D	München	26 %	21 %
F	Stuttgart	30 %	24 %
G	Karlsruhe	17,3 %	14 %
J	Hamburg	26,7 %	21 %

Nennenswerte Abweichungen von dieser Regel sind jeweils unmittelbar nach den Prägetabellen vermerkt.

Alte und neue Prägewerkzeuge

Im Jahre 1971 wurden als Ersatz für die bisherigen (zum Teil inzwischen abgenutzten) Urstempel der Kursmünzen neue Prägewerkzeuge mit abweichendem Prägebild und flacherem Relief angefertigt, das längere Standzeiten und höhere Prägegeschwindigkeiten ermöglicht. Dabei wurden alte (**A**) und neue (**N**) Werkzeuge einige Jahre lang nebeneinander verwendet (teilweise auch schon für Restaufträge mit Jahreszahl 1970). Die daraus resultierenden Stempelkombinationen, nachfolgend bezeichnet in der Reihenfolge Vorderseite/ Rückseite/Rändelung, werden in den Prägetabellen bewertet.

Die neuen Werkzeuge sind von 1 Pfennig bis 1 Mark erkennbar an dem abgesetzten Schaft des Buchstabens »K« der Inschrift sowie bei den Pfennignominalen an den dünnen Körnern der Ähren. Die Wertseitenvariante N_2 (nur bei 5 Pfennig ab 1975) zeigt ein verkleinertes Prägebild mit größerem Abstand zum Rand.

103 [380] 1 Pfennig (St, K plattiert) 1950, 1966–2001. **ST**
Eichenzweig, Umschrift »Bundesrepublik
Deutschland«. Rs. Wert zwischen Ähren:

	Auflage	A	D	F	G	J
1950	3 402 000 000		12,—	12,—	12,—	12,—
1966	250 000 000		16,—	16,—	16,—	16,—
1967	150 000 000		25,—	25,—	40,—	25,—
1968	99 999 000		25,—	25,—	25,—	35,—
1969	310 000 000		8,—	8,—	8,—	8,—
1970	371 000 000		AA 3,— / AN 8,—	AA 3,—	AA 3,—	AA 3,— / AN 10,—
1971	472 500 000		NN 3,—	NA 3,—	NN 3,—	NA 3,— / NN 3,—
1972	350 000 000		NN 3,—	NA 3,—	NN 3,—	NN 3,—
1973	150 000 000		NN 3,—	NA 20,— / NN 3,—	NN 3,—	NA 3,— / NN 3,—
1974	350 000 000		2,—	2,—	2,—	2,—
1975	350 000 000		2,—	2,—	2,—	2,—
1976	500 000 000		2,—	2,—	2,—	2,—
1977	550 000 000		2,—	2,—	2,—	2,—
1978	600 000 000		2,—	2,—	2,—	2,—
1979	600 000 000		2,—	2,—	2,—	2,—
1980	600 000 000		2,—	2,—	2,—	2,—
1981	650 000 000		2,—	2,—	2,—	2,—
1982	637 500 000		2,—	2,—	2,—	2,—
1983	650 000 000		2,—	2,—	2,—	2,—
1984	650 000 000		2,—	2,—	2,—	2,—
1985	540 000 000		1,—	1,—	1,—	1,—
1986	500 000 000		1,—	1,—	1,—	1,—
1987	400 000 000		1,—	1,—	1,—	1,—
1988	400 000 000		1,—	1,—	1,—	1,—
1989	400 000 000		1,—	1,—	1,—	1,—
1990	650 180 000		1,—	1,—	1,—	1,—
1991	1 300 000 000	1,—	1,—	1,—	1,—	1,—
1992	200 000 000	1,—	1,—	1,—	1,—	1,—
1993	200 000 000	1,—	1,—	1,—	1,—	1,—
1994	500 000 000	1,—	1,	1,—	1,—	1,—
1995	500 000 000	1,—	1,—	1,—	1,—	1,—
1996	** 400 000 000	1,—	1,—	1,—	1,—	1,—
1997	* 350 000	3,—	3,—	3,—	3,—	3,—
1998	* 350 000	3,—	3,—	3,—	3,—	3,—
1999	* 350 000	3,—	3,—	3,—	3,—	3,—
2000	* 385 000	3,—	3,—	3,—	3,—	3,—
2001	* 500 000	3,—	3,—	3,—	3,—	3,—

* Abweichungen vom Prägeschlüssel:

1997–1999	A, D, F, G, J	je 70 000
2000	A, D, F, G, J	je 77 000
2001	A, D, F, G, J	je 100 000

** Mit Jahreszahl 1996 sind für den Zahlungsverkehr von allen Münzstätten (gemäß dem Prägeschlüssel) zusätzliche Prägungen bis ins Kalenderjahr 2001 möglich.

In den vorstehenden Tabellen sind die Spiegelglanzprägungen ab 1964 nicht enthalten (siehe Aufstellung der Münzsätze am Schluß des Bundesrepublik-Teils).

Pol. Platte 1950 F (620 Ex.) 150,—

103P1   1 Pfennig 1950 F, Materialprobe, Aluminium
103P2   1 Pfennig 1950 F, Materialprobe, St, Me plattiert

Von privater Seite nachträglich vergoldete »Glückspfennige« besitzen keinen numismatischen Wert.

Beschreibungen der alten (**A**) und neuen (**N**) Prägewerkzeuge von Vorderseite/Rückseite siehe Seite 128.

104 [381]   2 Pfennig 1950 ~ 2001. Typ wie Nr. 103:
a) (Bro) 1950, 1958–1968
b) (St, K plattiert) 1968–2001

	Auflage	A	D	F	G	J	**ST**
1950	100 907 000		50,—	50,—	250,—	50,—	
1958	73 572 000		40,—	35,—	40,—	40,—	
1959	95 196 000		25,—	25,—	40,—	25,—	
1960	51 916 000		25,—	22,—	50,—	22,—	
1961	74 475 000		25,—	22,—	22,—	22,—	
1962	119 331 000		25,—	22,—	22,—	22,—	
1963	111 631 000		20,—	22,—	20,—	25,—	
1964	107 500 000		20,—	20,—	20,—	20,—	
1965	100 600 000		16,—	16,—	16,—	16,—	
1966	175 050 000		15,—	15,—	15,—	15,—	
1967	100 000 000		25,—	15,—	25,—	15,—	
1968	75 000 000	Bronze Stahlkern	20,— 16,—	16,—	20,— 16,—	16,—	
1969	156 000 000		5,—	5,—	5,—	5,—	
1970	196 000 000		AA 3,— AN 80,—	AA 3,— AN 90,—	AA 3,—	AA 3,—	
1971	275 000 000		NA 2,— NN 2,—	NA 2,— NN 2,—	NN 2,—	NA 2,— NN 12,—	
1972	200 000 000		NN 1,—	AN 1,—	NN 1,—	NA 12,— NN 1,—	
1973	100 000 000		NN 1,—	NN 1,—	NA (nur PP) NN 1,—	NN 1,—	
1974	225 000 000		1,—	1,—	1,—	1,—	
1975	225 400 000		1,—	1,—	1,—	1,—	

Auflage		A	D	F	G	J	ST
1976	300 000 000		1,—	1,—	1,—	1,—	
1977	325 000 000		1,—	1,—	1,—	1,—	
1978	325 000 000		1,—	1,—	1,—	1,—	
1979	350 000 000		1,—	1,—	1,—	1,—	
1980	250 000 000		1,—	1,—	1,—	1,—	
1981	275 000 000		1,—	1,—	1,—	1,—	
1982	297 500 000		1,—	1,—	1,—	1,—	
1983	275 000 000		1,—	1,—	1,—	1,—	
1984	225 000 000		1,—	1,—	1,—	1,—	
1985	75 000 000		12,—	12,—	12,—	12,—	
1986	150 000 000		1,—	1,—	1,—	1,—	
1987	25 000 000		15,—	15,—	15,—	15,—	
1988	200 000 000		1,—	1,—	1,—	1,—	
1989	200 000 000		1,—	1,—	1,—	1,—	
1990	275 180 000		1,—	1,—	1,—	1,—	
1991	575 000 000	1,—	1,—	1,—	1,—	1,—	
1992	300 000 000	1,—	1,—	1,—	1,—	1,—	
1993	50 000 000	10,—	10,—	10,—	10,—	10,—	
1994	275 000 000	1,—	1,—	1,—	1,—	1,—	
1995	500 000 000	1,—	1,—	1,—	1,—	1,—	
1996	**200 000 000	1,—	1,—	1,—	1,—	1,—	
1997	*350 000	3,—	3,—	3,—	3,—	3,—	
1998	*350 000	3,—	3,—	3,—	3,—	3,—	
1999	*350 000	3,—	3,—	3,—	3,—	3,—	
2000	*385 000	3,—	3,—	3,—	3,—	3,—	
2001	*500 000	3,—	3,—	3,—	3,—	3,—	

* Abweichungen vom Prägeschlüssel:

1997–1999	A, D, F, G, J	je 70 000
2000	A, D, F, G, J	je 77 000
2001	A, D, F, G, J	je 100 000

** Mit Jahreszahl 1996 sind für den Zahlungsverkehr von allen Münzstätten (gemäß dem Prägeschlüssel) zusätzliche Prägungen bis ins Kalenderjahr 2001 möglich.

In den vorstehenden Tabellen sind die Spiegelglanzprägungen ab 1964 nicht enthalten (siehe Aufstellung der Münzsätze am Schluß des Bundesrepublik-Teils).

Pol. Platte 1950 F (200 Ex.) 170,—
Pol. Platte 1958 F (100 Ex.) 240,—
Pol. Platte 1959 F (75 Ex.) 260,—
Pol. Platte 1960 F (75 Ex.) 260,—
Pol. Platte 1960 G (100 Ex.) 200,—
Pol. Platte 1966 G (St, K plattiert)
Materialprobe, Kupfernickel: 1950 F
Materialprobe, Messing: 1959 F
Schrötlingsverwechslungen:
2 Pfennig 1961 J, Stahl, messingplattiert
2 Pfennig 1968 J, Bronze (auf zu kleinem Schrötling) —,—
2 Pfennig 1974 G, Stahl, messingplattiert 50,—

104F1	2 Pfennig (St, K plattiert) 1967 G, nur in einer Teilauflage der Spiegelglanzsätze vorkommend (520 Ex.)	PP	3600,—
104F2	2 Pfennig (Bro) 1969 J (ca. 550 Ex.)	VZ	2500,—

105 [382] 5 Pfennig (St, Me plattiert) 1950, 1966–2001.
Typ wie Nr. 103:

	Auflage	A	D	F	G	J	**ST**
1950	1209579000		20,—	20,—	20,—	20,—	
1966	100000000		22,—	22,—	25,—	22,—	
1967	40000000		25,—	25,—	150,—	25,—	
1968	50000000		20,—	20,—	20,—	20,—	
1969	90000000		10,—	10,—	10,—	10,—	
1970	153000000		AA 5,— AN 60,—	AA 5,—	AA 5,—	AA 5,—	
1971	220000000		NA 5,— NN 5,—	NA 5,— NN 5,—	NN 5,—	NA 5,— NN 10,—	
1972	200000000		NA 5,— NN 5,—	NA 5,— NN 15,—	NN 5,—	NA 12,— NN 5,—	
1973	60000000		NA *1500,—* NN 5,—	NN 5,—	NN 5,—	NN 5,—	
1974	60000000		NA *900,—* NN 5,—	NN 5,—	NN 5,—	NN 5,—	
1975	60000000		NN 5,—	NA (nur PP) NN₁ 5,— NN₂ 300,—	NN 5,—	NN₁ 50,— NN₂ 5,—	
1976	180000000		3,—	NN₁ 50,— NN₂ 3,—	3,—	3,—	
1977	200000000		3,—	3,—	3,—	3,—	
1978	160000000		3,—	3,—	3,—	3,—	
1979	160000000		3,—	3,—	3,—	3,—	
1980	200000000		2,—	2,—	2,—	2,—	
1981	220000000		2,—	2,—	2,—	2,—	
1982	221000000		2,—	2,—	2,—	2,—	
1983	180000000		2,—	2,—	2,—	2,—	
1984	140000000		2,—	2,—	2,—	2,—	
1985	60000000		2,—	2,—	2,—	2,—	
1986	140000000		2,—	2,—	2,—	2,—	
1987	200000000		1,—	1,—	1,—	1,—	
1988	240000000		1,—	1,—	1,—	1,—	
1989	360000000		1,—	1,—	1,—	1,—	
1990	*430000000	1,—	1,—	1,—	1,—	1,—	
1991	640000000	1,—	1,—	1,—	1,—	1,—	
1992	140000000	1,—	1,—	1,—	1,—	1,—	
1993	180000000	1,—	1,—	1,—	1,—	1,—	
1994	190000000	1,—	1,—	1,—	1,—	1,—	
1995	240000000	1,—	1,—	1,—	1,—	1,—	
1996	**240000000	2,—	2,—	2,—	2,—	2,—	
1997	*350000	3,—	3,—	3,—	3,—	3,—	

	Auflage	A	D	F	G	J
1998	*350 000	3,—	3,—	3,—	3,—	3,—
1999	*350 000	3,—	3,—	3,—	3,—	3,—
2000	*385 000	3,—	3,—	3,—	3,—	3,—
2001	*500 000	3,—	3,—	3,—	3,—	3,—

* Abweichungen vom Prägeschlüssel:

1990 | A = 70 000 000, D = 93 600 000, F = 108 000 000, G = 62 280 000, J = 96 120 000

1997–1999	A, D, F, G, J	je 70 000
2000	A, D, F, G, J	je 77 000
2001	A, D, F, G, J	je 100 000

**Mit Jahreszahl 1996 sind für den Zahlungsverkehr von allen Münzstätten (gemäß dem Prägeschlüssel) zusätzliche Prägungen bis ins Kalenderjahr 2001 möglich.

In den vorstehenden Tabellen sind die Spiegelglanzprägungen ab 1964 nicht enthalten (siehe Aufstellung der Münzsätze am Schluß des Bundesrepublik-Teils).

1950 F Kupfernickel, Materialprobe.
1950 F auch in Nickel vorkommend (Schrötlingsverwechslung).
1978 J auch in Stahl, kupferplattiert vorkommend (Schrötlingsverwechslung).

106 [383] 10 Pfennig (St, Me plattiert) 1950, 1966–2001.
Typ wie Nr. 103: **ST**

	Auflage	A	D	F	G	J
1950	1 947 800 000		30,—	30,—	30,—	30,—
1966	120 000 000		35,—	35,—	35,—	35,—
1967	60 000 000		40,—	40,—	150,—	75,—
1968	20 000 000		40,—	40,—	45,—	40,—
1969	181 000 000		10,—	10,—	10,—	10,—
1970	190 000 000		{ AA 5,— AN 10,	AA 5,—	AA 5,— AN (nur PP)	AA 5,—
1971	300 125 000		{ NA 3,— NN 3,—	NA 3,—	NA 15,— NN 3,—	NA 5,— NN 4,—
1972	382 500 000		{ NA 50,— NN 3,—	NA 3,—	NN 3,—	NN 3,—
1973	100 000 000		{ NN 3,	NA 3,— NN 3,—	NN 5,—	NN 3,—
1974	60 000 000			3,—	NN 3,—	6,—	3,—
1975	60 000 000			3,—	NN 3,—	3,—	3,—
1976	250 000 000		{	NA 150,— NN 2,—	2,—	2,—
			2,—			
1977	250 000 000			2,—	2,—	2,—	2,—
1978	350 000 000			2,—	2,—	2,—	2,—

	Auflage	A	D	F	G	J	**ST**
1979	400 000 000		2,—	2,—	2,—	2,—	
1980	360 000 000		2,—	2,—	2,—	2,—	
1981	400 000 000		2,—	2,—	2,—	2,—	
1982	340 000 000		2,—	2,—	2,—	2,—	
1983	130 000 000		2,—	2,—	2,—	2,—	
1984	200 000 000		2,—	2,—	2,—	2,—	
1985	300 000 000		2,—	2,—	2,—	2,—	
1986	160 000 000		2,—	2,—	2,—	2,—	
1987	225 000 000		2,—	2,—	2,—	2,—	
1988	420 000 000		2,—	2,—	2,—	2,—	
1989	460 000 000		2,—	2,—	2,—	2,—	
1990	*700 000 000	1,—	1,—	1,—	1,—	1,—	
1991	850 000 000	1,—	1,—	1,—	1,—	1,—	
1992	400 000 000	1,—	1,—	1,—	1,—	1,—	
1993	400 000 000	1,—	1,—	1,—	1,—	1,—	
1994	500 000 000	1,—	1,—	1,—	1,—	1,—	
1995	550 000 000	1,—	1,—	1,—	1,—	1,—	
1996	**450 000 000	2,—	2,—	2,—	2,—	2,—	
1997	*350 000	3,—	3,—	3,—	3,—	3,—	
1998	*350 000	3,—	3,—	3,—	3,—	3,—	
1999	*350 000	3,—	3,—	3,—	3,—	3,—	
2000	*385 000	3,—	3,—	3,—	3,—	3,—	
2001	*500 000	3,—	3,—	3,—	3,—	3,—	

* Abweichungen vom Prägeschlüssel:

1990	A = 100 000 000, D = 156 000 000, F = 180 000 000, G = 103 800 000, J = 160 200 000	
1997–1999	A, D, F, G, J	je 70 000
2000	A, D, F, G, J	je 77 000
2001	A, D, F, G, J	je 100 000

** Mit Jahreszahl 1996 sind für den Zahlungsverkehr von allen Münzstätten (gemäß dem Prägeschlüssel) zusätzliche Prägungen bis ins Kalenderjahr 2001 möglich.

In den vorstehenden Tabellen sind die Spiegelglanzprägungen ab 1964 nicht enthalten (siehe Aufstellung der Münzsätze am Schluß des Bundesrepublik-Teils).

106P 10 Pfennig (S) 1950 F. Materialprobe —,—

107 [384] 50 Pfennig (K–N) 1950, 1966–2001. Junge Frau mit Eichensetzling. Rs. Wert, Umschrift »Bundesrepublik Deutschland«:
a) Riffelrand, 1950, 1966–1971
b) Rand glatt, 1972–2001

Einige Stücke der Nr. 107 von 1972 J wurden von privater Seite nachträglich mit Riffelrand versehen.

Beschreibungen der alten (**A**) und neuen (**N**) Prägewerkzeuge der Wertseite siehe Seite 128.

Auflage		A	D	F	G	J	ST
1950	477 600 000		35,—	30,—	35,—	35,—	
1966	32 000 000		50,—	120,—	50,—	190,—	
1967	20 000 000		50,—	50,—	80,—	50,—	
1968	10 000 000		50,—	50,—	80,—	80,—	
1969	56 000 000		15,—	15,—	15,—	15,—	
1970	74 000 000		12,—	12,—	12,—	12,—	
1971	92 714 000		A 350,— N 10,—	A 10,—	N 10,—	A 10,— N 10,—	
1972	100 000 000		N 9,—	A 9,—	N 9,—	A (nur PP) N 9,—	
1973	30 000 000		N 9,—	A 9,—	N 9,—	A 9,—	
1974	70 000 000		N 8,—	A 8,— N 8,—	N 8,—	A 8,—	
1975	50 000 000			6,—	6,—	6,—	6,—
1976	40 000 000			6,—	6,—	6,—	6,—
1977	40 000 000			6,—	6,—	6,—	6,—
1978	40 000 000			6,—	6,—	6,—	6,—
1979	40 000 000			6,—	6,—	6,—	6,—
1980	90 000 000			5,—	5,—	5,—	5,—
1981	90 000 000			5,—	5,—	5,—	5,—
1982	85 500 000			5,—	5,—	5,—	5,—
1983	80 000 000			5,—	5,—	5,—	5,—
1984	45 000 000			5,—	5,—	5,—	5,—
1985	60 200 000			5,—	5,—	5,—	5,—
1986	8 000 000			30,—	30,—	30,—	75,—
1987	2 000 000			75,—	30,—	35,—	30,—
1988	16 000 000			6,—	6,—	6,—	6,—
1989	140 000 000			2,—	2,—	2,—	2,—
1990	*375 000 000	2,—		2,—	2,—	2,—	2,—
1991	110 000 000	2,—		2,—	2,—	2,—	2,—
1992	90 000 000	2,—		2,—	2,—	2,—	2,—
1993	80 000 000	2,—		2,—	2,—	2,—	2,—
1994	37 500 000	5,—		5,—	5,—	5,—	5,—
1995	*2 855 000	4,—		4,—	120,—	120,—	18,—
1996	**	20,—		20,—	20,—	20,—	20,—
1997	*350 000	5,—		5,—	5,—	5,—	5,—
1998	*350 000	5,—		5,—	5,—	5,—	5,—
1999	*350 000	5,—		5,—	5,—	5,—	5,—
2000	*385 000	5,—		5,—	5,—	5,—	5,—
2001	*500 000	5,—		5,—	5,—	5,—	5,—

* Abweichungen vom Prägeschlüssel:

1990	A = 150 000 000, D = 58 500 000, F = 67 500 000, G = 38 925 000, J = 60 075 000	
1995	A = 1 300 000, D = 1 365 000, F = 20 000, G = 20 000, J = 150 000	
1997–1999	A, D, F, G, J	je 70 000
2000	A, D, F, G, J	je 77 000
2001	A, D, F, G, J	je 100 000

** 1996 wird von allen Münzstätten (gemäß dem Prägeschlüssel) für den Zahlungsverkehr hergestellt (die Produktion kann sich bis ins Kalenderjahr 2001 erstrecken).

In den vorstehenden Tabellen sind die Spiegelglanzprägungen ab 1964 nicht enthalten (siehe Aufstellung der Münzsätze am Schluß des Bundesrepublik-Teils).

107P1	50 Pfennig (K–N) 1949 J. Probe (Gefälligkeitsprägung?), Typ wie Nr. 107 (Umschrift »Bundesrepublik Deutschland«) (7 Ex. bekannt)	**PP** *12000,—*
107P2	50 Pfennig (St, Me plattiert) 1950 J. Materialprobe	**ST** –,–

Nrn. 103, 105–107 mit Inschrift »Bank deutscher Länder« siehe Nrn. 99–102.

108 [385]   1 D-Mark (K–N) 1950, 1954–2001. Bundesadler, Umschrift »Bundesrepublik Deutschland«. Rs. Wertangabe zwischen Eichenblättern. 5.5 g, Arabeskenrand:

	Auflage	A	D	F	G	J	**ST**
1950	230956000		120,—	120,—	150,—	120,—	
1954	20000000		300,—	600,—	2800,—	400,—	
1955	13509000		300,—	400,—	2600,—	300,—	
1956	46768000		250,—	250,—	300,—	250,—	
1957	23680000		250,—	250,—	500,—	250,—	
1958	16374000		300,—	300,—	300,—	300,—	
1959	39989000		200,—	200,—	200,—	200,—	
1960	20389000		200,—	200,—	200,—	200,—	
1961	22119000		200,—	200,—	200,—	200,—	
1962	33550000		160,—	160,—	160,—	160,—	
1963	58065000		120,—	120,—	120,—	120,—	
1964	44603000		200,—	200,—	300,—	200,—	
1965	28572000		90,—	90,—	90,—	90,—	
1966	45000000		90,—	90,—	90,—	90,—	
1967	50000000		100,—	150,—	100,—	100,—	
1968	9336000		80,—	80,—	90,—	350,—	
1969	50000000		35,—	35,—	35,—	35,—	
1970	68000000		AAA 25,— NAA 120,—	AAA 25,—	AAA 25,—	AAA 25,—	
1971	94100000		ANA 50,— NNA 15,—	ANA 15,— ANN 300,— NNA 150,—	NNA 15,—	ANA 15,— NNA 50,—	
1972	80000000		NNA 15,—	ANA 150,— ANN 90,— NNA 50,— NNN 15,—	NNA 15,— NNN 120,—	ANA 15,— NNA 15,- NNN 250,—	

Beschreibungen der alten (**A**) und neuen (**N**) Prägewerkzeuge von Vorderseite/Rückseite/Rändelung siehe Seite 128.

Für zirkulierte Münzen sind deutlich niedrigere Preise gegenüber den hier angegebenen Bewertungen für Exemplare in Prägefrischer [ST] Qualität anzusetzen. Nr. 108 in üblicher Erhaltung [S] aus dem jahrzehntelangen Geldumlauf rechtfertigt keinen nennenswerten Aufschlag auf den Nominalwert.

	Auflage	A	D	F	G	J	ST
1973	55 820 000		NNN 150,— NNN 15,—	ANN 15,— NNN 15,—	NNN 15,—	ANN 25,— NAA (nur PP) NAN (nur PP) NNN 15,—	
1974	80 000 000		NNN 10,—	ANN 10,— NNN 10,—	NNN 10,—	ANN (nur PP) NAN 10,—	
1975	70 000 000			10,—	10,—	10,—	ANN (nur PP) NNN 10,—
1976	60 000 000			10,—	10,—	10,—	ANN (nur PP) NNN 10,—
1977	80 000 000			10,—	10,—	10,—	10,—
1978	60 000 000			10,—	10,—	10,—	ANN (nur PP) NNN 10,—
1979	70 000 000			10,—	10,—	10,—	ANN (nur PP) NNN 10,—
1980	60 000 000			10,—	10,—	10,—	10,—
1981	70 000 000			6,—	6,—	6,—	ANN (nur PP) NNN 6,—
1982	85 500 000			6,—	6,—	6,—	ANN (nur PP) NNN 6,—
1983	70 000 000			6,—	6,—	6,—	ANN (nur PP) NNN 6,—
1984	32 500 000			6,—	6,—	6,—	6,—
1985	45 000 000			6,—	6,—	6,—	6,—
1986	40 000 000			6,—	6,—	6,—	6,—
1987	12 000 000			20,—	20,—	20,—	20,—
1988	80 000 000			6,—	6,—	6,—	6,—
1989	150 000 000			4,—	4,—	4,—	4,—
1990	*354 230 000	3,—	3,—	3,—	3,—	3,—	3,—
1991	150 000 000	3,—	3,—	3,—	3,—	3,—	3,—
1992	150 000 000	3,—	3,—	3,—	3,—	3,—	3,—
1993	40 000 000	3,—	3,—	3,—	3,—	3,—	3,—
1994	90 000 000	3,—	3,—	3,—	3,—	3,—	3,—
1995	*180 000	100,—	100,—	100,—	100,—	40,—	
1996	**	15,—	15,—	15,—	15,—	15,—	
1997	*350 000	5,—	5,—	5,—	5,—	5,—	
1998	*350 000	5,—	5,—	5,	5,—	5,—	
1999	*350 000	5,—	5,—	5,—	5,—	5,—	
2000	*385 000	5,—	5,—	5,—	5,—	5,—	
2001	*500 000	5,—	5,—	5,—	5,—	5,—	

* Abweichungen vom Prägeschlüssel:

1990	A = 55 000 000, D = 77 740 000, F = 89 700 000, G = 51 727 000, J = 79 833 000
1995	A = 20 000, D = 20 000, F = 20 000, G = 20 000, J = 100 000
1997–1999	A, D, F, G, J	je 70 000
2000	A, D, F, G, J	je 77 000
2001	A, D, F, G, J	je 100 000

** 1996 wird von allen Münzstätten (gemäß dem Prägeschlüssel) für den Zahlungsverkehr hergestellt (die Produktion kann sich bis ins Kalenderjahr 2001 erstrecken).

In den vorstehenden Tabellen sind die Spiegelglanzprägungen ab 1964 nicht enthalten (siehe Aufstellung der Münzsätze am Schluß des Bundesrepublik-Teils).

1950 D auch als Probe in Nickel (durch Lochung amtlich entwertet).
1950 D, 1954 D, 1956 D, 1962 F, 1963 G, 1966 F, 1966 J, 1967 J, 1972 F, 1974 F auch ohne Randprägung vorkommend.
1974 J auch in Aluminium vorkommend.
1989 G auch als Überprägung auf Venezuela 1 Bolívar (Nr. 63 im Weltmünzkatalog 20. Jahrhundert 2001, 32. Auflage) in (St, N galvanisiert), Riffelrand, 4.2 g, vorkommend.

In ähnlicher Zeichnung: Nr. 205.

		SS	VZ	ST	PP
109 [386]	2 D-Mark (K–N) 1951. Rs. Wertangabe zwischen Ähren, Weintrauben und Weinlaub. Randschrift »Einigkeit und Recht und Freiheit«:				
	1951 D (19 564 000 Ex.)	65,—	110,—	250,—	900,—
	1951 F (22 608 000 Ex.)	60,—	100,—	220,—	950,—
	1951 G (13 012 000 Ex.)	150,—	260,—	500,—	1300,—
	1951 J (20 104 000 Ex.)	60,—	100,—	250,—	900,—

Modell von Josef Bernhart

Außer Kurs seit 1. Juli 1958.

Nr. 109 von 1950 (einseitige Abschläge in Kupfer und Silber, sowie beidseitig in Kupfernickel und durch Loch entwertet) und 1955 sind Proben.

Nr. 109 von 1951 D und 1951 F auch als Proben in Größe und Stärke der Nr. 115 (Max Planck) vorkommend (wenige Ex.).

Weitere Münzen zu 2 D-Mark: Nrn. 115 (Planck), 124 (Adenauer), 125 (Heuss), 148 (Schumacher), 167 (Erhard), 174 (Strauß), 182 (Brandt).

110 [387]   5 D-Mark (S) 1951~1974. Bundesadler. Rs. Wert. Randschrift »Einigkeit und Recht und Freiheit«:

	Auflage	D	F	G	J	**ST**
1951	79 600 000	90,—	90,—	130,—	90,—	
1956	3 360 000	550,—	550,—	—,—*	550,—	
1957	4 988 000	650,—	450,—	550,—	450,—	
1958	3 443 000	250,—	1400,—	260,—	7500,—	
1959	2 087 000	550,—		600,—	550,—	
1960	4 599 000	250,—	250,—	250,—	250,—	
1961	3 175 000	250,—	400,—		450,—	
1963	6 205 000	135,—	135,—	135,—	135,—	
1964	7 674 000	360,—	120,—	120,—	120,—	
1965	14 920 000	45,—	50,—	50,—	50,—	
1966	20 000 000	45,—	50,—	50,—	50,—	
1967	12 000 000	45,—	50,—	50,—	50,—	
1968	7 670 000	50,—	50,—	50,—	50,—	
1969	13 010 000	30,—	35,—	35,—	35,—	
1970	14 000 000	30,—	30,—	30,—	30,—	
1971	20 000 000	ANA 40,— NNA 25,—	ANA 25,— ANN (nur PP)	NNA 25,—	ANA 25,— NNA 25,—	
1972	23 000 000	ANA 50,— NNA 25,—	ANA 20,—	NNA 20,— NNN (nur PP)	ANA 20,— NNA (nur PP) NNN (nur PP)	
1973	15 100 000	NNN 30,—	ANA 20,— ANN 30,—	NNN 20,—	ANN 20,— NNA (nur PP) NNN 20,—	
1974	17 936 000	NNN 20,—	ANA 20,— NNN 20,—	NNN 20,—	NNN 20,—	

Ausgegeben ab 8. Mai 1952. Außer Kurs seit 1. August 1975.

In der vorstehenden Tabelle sind die Spiegelglanzprägungen ab 1964 nicht enthalten (siehe Aufstellung der Münzsätze am Schluß des Bundesrepublik-Teils).

* Nr. 110 von 1956 G ist eine unbefugte Prägung!

110F   a) Rand von Nr. 114: GRÜSS DICH DEUTSCHLAND AUS HERZENSGRUND (1957 J) (ca. 50 Ex. bekannt) **SS** *6500,—*
b) Rand von Nr. 122: DER FREIE NUR IST TREU (1909 G) **VZ** *10000,—*
c) Rand von Nr. 126: ALLE MENSCHEN WERDEN BRÜDER (1970 F) **VZ** —,—
d) Rand von Nr. 137: DIE MENSCHENWÜRDE IST UNANTASTBAR (1974 F) (2 Ex. bekannt) **VZ** *8000,—*
e) ohne Randschrift: 1951 G, 1959 D, 1959 J, 1960 G, 1963 J, 1964 D, 1964 F, 1964 G, 1964 J, 1965 D, 1965 F, 1965 G, 1965 J, 1966 F, 1966 G, 1967 D, 1967 F, 1967 G, 1969 F, 1970 F, 1970 G, 1971 F, 1972 F, 1973 F, 1974 F **VZ** —,— (am häufigsten ohne Randschrift: 1966 G: **VZ** 300,—)

Beschreibungen der alten (**A**) und neuen (**N**) Prägewerkzeuge von Vorderseite/Rückseite/Rändelung siehe Seite 128.

100 JAHRE GERMANISCHES NATIONALMUSEUM

111 [388]   5 D-Mark (S) 1952 D. Rs. Ostgotische Adlerfibel aus Oberitalien, Goldcloisonné-Arbeit (5. Jh.) aus dem Bestand des Germanischen Nationalmuseums in Nürnberg. Randschrift »Einigkeit und Recht und Freiheit«: **ST** **PP**
a) Normalprägung (198 760 Ex.)   2600,—
b) Polierte Platte (1240 Ex.)   8500,—
Modell von Karl Roth

150. TODESTAG VON FRIEDRICH VON SCHILLER

112 [389]   5 D-Mark (S) 1955 F. Rs. Friedrich von Schiller (1759–1805), Dichter. Randschrift »Seid einig, einig, einig«:
a) Normalprägung (198 783 Ex.)   1800,—
b) Polierte Platte (1217 Ex.)   4500,—
Modell von Alfons Feuerle

300. GEBURTSTAG VON LUDWIG WILHELM MARKGRAF VON BADEN

113 [390] 5 D-Mark (S) 1955 G. Rs. Ludwig Wilhelm I. (1655–1707), Markgraf von Baden-Baden ab 1677, Reichsfeldmarschall, 1691 Sieg über die Türken bei Novi Slankamen, genannt der Türkenlouis. Randschrift »Schild des Reiches«: **ST   PP**
a) Normalprägung (198 000 Ex.) 1500,—
b) Polierte Platte (2000 Ex.) 4500,—
Modell von Karl Öll

100. TODESTAG VON JOSEPH FREIHERR VON EICHENDORFF

114 [391] 5 D-Mark (S) 1957 J. Rs. Joseph Freiherr von Eichendorff (1788–1857), Dichter. Randschrift »Grüß dich, Deutschland, aus Herzensgrund«:
a) Normalprägung (198 000 Ex.) 1500,—
b) Polierte Platte (2000 Ex.) 4500,—
Modell von Karl Roth

100. GEBURTSTAG VON MAX PLANCK

115 [392] 2 D-Mark (K N) 1957–1971. Rs. Max Planck (1858–1947), Physiker, Schöpfer der Quantentheorie, Nobelpreisträger 1918. Randschrift »Einigkeit und Recht und Freiheit«:

	Auflage	D	F	G	J	**ST**
1957	27 597 000	100,—	120,—	350,—	120,—	
1958	49 598 000	100,—	100,—	100,—	100,—	

Deutschland/Bundesrepublik Deutschland **141**

	Auflage	D	F	G	J	**ST**
1959	1 223 000	650,—	900,—	—,—*		
1960	13 780 000	90,—	90,—	180,—	90,—	
1961	11 640 000	100,—	100,—	150,—	100,—	
1962	12 899 000	100,—	150,—	160,—	100,—	
1963	20 004 000	80,—	80,—	80,—	75,—	
1964	16 959 000	80,—	80,—	190,—	80,—	
1965	13 659 000	40,—	40,—	50,—	40,—	
1966	12 500 000	35,—	35,—	35,—	35,—	
1967	12 500 000	35,—	35,—	65,—	35,—	
1968	3 499 000	40,—	75,—	40,—	45,—	
1969	10 025 000	30,—	30,—	45,—	30,—	
1970	21 742 000	12,—	12,—	12,—	12,—	
1971	32 872 000	10,—	10,—	10,—	10,—	

Modell von Karl Roth

In der vorstehenden Tabelle sind die Spiegelglanzprägungen ab 1964 nicht enthalten (siehe Aufstellung der Münzsätze am Schluß des Bundesrepublik-Teils).

* Nr. 115 von 1959 G ist eine unbefugte Prägung!

115F Fehlprägung Planck ohne Randschrift, 1958 J, 1965 J st 400,—

115P 2 Deutsche Mark 1957 (Mzst. München) o. Mzz., PP 1200,—

Außer Kurs seit 1. August 1973.

Zum 125. Geburtstag von Max Planck: Deutsche Demokratische Republik Nr. 92.

150. TODESTAG VON JOHANN GOTTLIEB FICHTE

116 [393] 5 D-Mark (S) 1964 J. Rs. Johann Gottlieb Fichte (1762–1814), Philosoph. Randschrift »Nur das macht glückselig, was gut ist«: **ST** **PP**
a) Normalprägung (495 000 Ex.) 390,—
b) Polierte Platte (5000 Ex.) 1800,—

Modell von Robert Lippl

116F Fehlprägung Fichte ohne Randschrift st 5000,—

Zum 175. Todestag von Johann Gottlieb Fichte: Deutsche Demokratische Republik Nr. 135.

250. TODESTAG VON GOTTFRIED WILHELM LEIBNIZ

117 [394] 5 D-Mark (S) 1966 D. Rs. Gottfried Wilhelm Leibniz (1646–1716), Philosoph und Universalgelehrter. Randschrift »Magnum totius Germaniae decus«: **ST** **PP**
a) Normalprägung (1 925 000 Ex.) 50,—
b) Spiegelglanz (75 000 Ex.):
   1. Wertseite und Bildseite vollständig spiegelnd *500,—*
   2. Wertseite und Bildseite mit mattiertem Relief, Felder spiegelnd 240,—
   3. Wertseite wie 1., Bildseite wie 2. *750,—*
   4. Wertseite wie 2., Bildseite wie 1. *750,—*

Modell von Claus und Ursula Homfeld

117F Fehlprägung Leibniz ohne Randschrift —,—

Zum gleichen Anlaß: Deutsche Demokratische Republik Nr. 18.

200. GEBURTSTAG VON WILHELM UND ALEXANDER VON HUMBOLDT

118 [395] 5 D-Mark (S) 1967 F. Rs. Wilhelm von Humboldt (1767–1835), Staatsmann und Philologe, und Alexander von Humboldt (1769–1859), Naturforscher. Randschrift »Freiheit erhöht, Zwang erstickt unsere Kraft«:
a) Normalprägung (1 940 000 Ex.) 50,—
b) Spiegelglanz (60 000 Ex.) 350,—

Modell von Hermann zur Strassen

118F Fehlprägung Humboldt ohne Randschrift —,—
Zum 200. Geburtstag von Wilhelm von Humboldt: Deutsche Demokratische Republik Nr. 20.
Auf Alexander von Humboldt als Kanzler des Ordens »Pour le Mérite«: Bundesrepublik Deutschland Nr. 178.

150. GEBURTSTAG VON FRIEDRICH WILHELM RAIFFEISEN

119 [396] 5 D-Mark (S) 1968 J. Rs. Friedrich Wilhelm Raiffeisen (1818–1888), Genossenschaftsgründer und Sozialreformer. Randschrift »Einer für alle, alle für einen«: **ST** **PP**
a) Normalprägung (3 942 500 Ex.) 15,—
b) Spiegelglanz (140 000 Ex.) 85,—
Modell von Reinhart Heinsdorff

500. TODESTAG VON JOHANNES GUTENBERG

120 [397] 5 D-Mark (S) 1968 G. Rs. Johannes Gensfleisch zum Gutenberg (um 1400–1468), Erfinder des Buchdruckes mit beweglichen Lettern. Randschrift »Gesegnet sei, wer die Schrift erfand«:
a) Normalprägung (2 930 000 Ex.) 25,—
b) Spiegelglanz (100 000 Ex.) 135,—
Modell von Doris Waschk-Balz

Zum gleichen Anlaß: Deutsche Demokratische Republik Nr. 22.

150. GEBURTSTAG VON MAX VON PETTENKOFER

121 [398]   5 D-Mark (S) 1968 D. Rs. Max von Pettenkofer (1818–1901), Hygieniker, Naturwissenschaftler. Randschrift »Hygiene strebt, der Übel Wurzel auszurotten«: **ST** **PP**
a) Normalprägung (2 930 000 Ex.)   25,—
b) Spiegelglanz (100 000 Ex.):
  1. Feld und Relief der Bildseite (und der Wertseite) vollständig spiegelnd   165,—
  2. Kopf mattiert, Feld, Umschrift und Ziersegmente der Bildseite spiegelnd   *1700,—*
  3. Kopf und Ziersegmente mattiert, Feld und Umschrift der Bildseite spiegelnd   120,—
  4. Kopf, Ziersegmente und Zwischenräume mattiert, Umschrift der Bildseite spiegelnd   120,—
  5. Kopf, Ziersegmente und Umschrift (gesamtes Relief) mattiert, Feld der Bildseite spiegelnd   *1800,—*

Modell von Karl Burgeff

121F   Fehlprägung Pettenkofer ohne Randschrift —,—
121P   Einseitige Probeprägung der Bildseite, mit Randschrift 2000,—

150. GEBURTSTAG VON THEODOR FONTANE

122 [399]   5 D-Mark (S) 1969 G. Rs. Theodor Fontane (1819–1898), Schriftsteller und Dichter. Randschrift »Der Freie nur ist treu«:
a) Normalprägung (2 900 000 Ex.)   25,—
b) Spiegelglanz (170 000 Ex.)   75,—

Modell von Heinrich Körner

375. TODESTAG VON GERHARD MERCATOR

123 [400] 5 D-Mark (S) 1969 F. Rs. Gerhard Kremer (Mercator) (1512–1594), Kartograph und Geograph, vor Kartenprojektion; schuf im Auftrag Kaiser Karls V. auch Erd- und Himmelgloben. Rand: »Terrae descriptio ad usum navigantium«: **ST** **PP**
a) Normalprägung (4 804 000 Ex.) 12,—
b) Spiegelglanz (200 000 Ex.)   40,—
Modell von Doris Waschk-Balz

123F Fehlprägungen Mercator:
1. Zum Randstab hin verlängerter Schaft des letzten »R« in »Mercator« st 140,—
2. Randschrift »Einigkeit und Recht und Freiheit« st 5000,—
3. ohne Randschrift —,—

20 JAHRE BUNDESREPUBLIK DEUTSCHLAND (2)

124 [406] 2 D-Mark (N, K–N plattiert) 1969–1987. Rs. Konrad Adenauer (1876–1967), 1. deutscher Bundeskanzler. Randschrift »Einigkeit und Recht und Freiheit«:

	Auflage	D	F	G	J	**ST**
1969	*28 000 000	15,—	15,—	15,—	15,—	
1970	28 000 000	15,—	15,—	15,—	15,—	
1971	28 000 000	A 15,—	A 15,—	A 15,— N 40,—	A 15,—	
1972	28 000 000	A 15,—	A 15,—	A 30,— N 15,—	A 15,— N —,—	

ST

	Auflage	D	F	G	J
1973	42 642 000	N 15,— N (nur PP)	A 15,—	N 15,—	A (nur PP) A 15,—
1974	20 000 000	N 15,—	A 30,— N 15,—	N 15,—	N 15,—
1975	17 500 000	14,—	14,—	14,—	14,—
1976	17 500 000	13,—	13,—	13,—	13,—
1977	22 500 000	12,—	12,—	12,—	12,—
1978	12 500 000	12,—	12,—	12,—	12,—
1979	12 000 000	12,—	12,—	12,—	12,—
1980	7 500 000	12,—	12,—	15,—	12,—
1981	7 500 000	12,—	12,—	15,—	12,—
1982	11 875 000	12,—	12,—	12,—	12,—
1983	6 000 000	12,—	12,—	15,—	12,—
1984	2 000 000	35,—	35,—	40,—	35,—
1985	10 000 000	12,—	12,—	12,—	12,—
1986	10 000 000	15,—	15,—	16,—	15,—
1987	17 000 000	12,—	12,—	12,—	12,—

Modell von Reinhart Heinsdorff

* Abweichungen vom Prägeschlüssel:

| 1969 | D, F, G, J | je 7 000 000 |

In der vorstehenden Tabelle sind die Spiegelglanzprägungen nicht enthalten (siehe Aufstellung der Münzsätze am Schluß des Bundesrepublik-Teils).

Nr. 124 von 1969 G in Spiegelglanz stammt aus dem Sondersatz der Münzstätte Karlsruhe von 1971

124F Fehlprägung Adenauer ohne Randschrift, 1971 D, 1973 F —,—

125 [407] 2 D-Mark (N, K–N plattiert) 1970–1987. Rs. Theodor Heuss (1884–1963), 1. deutscher Bundespräsident. Randschrift »Einigkeit und Recht und Freiheit«:

	Auflage	D	F	G	J
1970	28 000 000	15,—	15,—	15,—	15,—
1971	28 000 000	A 15,—	A 15,—	A 15,— N (nur PP)	A 15,—
1972	28 000 000	A 15,—	A 15,—	A 15,—	A 15,— N (nur PP)
1973	42 642 000	A (nur PP) N 15,—	A 15,— N (nur PP)	N 15,—	A 90,— N 15,—

	Auflage	D	F	G	J	**ST**
1974	20 000 000	N 15,—	A 50,— N 15,—	N 15,—	N 15,—	
1975	17 500 000	14,—	14,—	14,—	14,—	
1976	17 500 000	13,—	13,—	13,—	13,—	
1977	22 500 000	12,—	12,—	12,—	12,—	
1978	12 500 000	12,—	12,—	12,—	12,—	
1979	12 000 000	12,—	12,—	12,—	12,—	
1980	7 500 000	12,—	12,—	15,—	12,—	
1981	7 500 000	12,—	12,—	15,—	12,—	
1982	11 875 000	12,—	12,—	12,—	12,—	
1983	6 000 000	12,—	12,—	15,—	12,—	
1984	2 000 000	35,—	35,—	40,—	35,—	
1985	10 000 000	12,—	12,—	12,—	12,—	
1986	10 000 000	15,—	15,—	16,—	15,—	
1987	17 000 000	12,—	12,—	12,—	12,—	

Modell von Karl-Ulrich Nuß (Bildseite)

In den vorstehenden Tabellen sind die Spiegelglanzprägungen nicht enthalten (siehe Aufstellung der Münzsätze am Schluß des Bundesrepublik-Teils).

Nr. 125 von 1971 G in Spiegelglanz stammt aus dem Sondersatz der Münzstätte Karlsruhe.

Beschreibungen der alten (**A**) und neuen (**N**) Rändeleisen siehe Seite 128

200. GEBURTSTAG VON LUDWIG VAN BEETHOVEN

126 [408] 5 D-Mark (S) 1970 F. Rs. Ludwig van Beethoven (1770–1827), Komponist. Randschrift »Alle Menschen werden Brüder«: **ST** **PP**
   a) Normalprägung (4 800 000 Ex.) 12,—
   b) Spiegelglanz (200 000 Ex.) 40,—
   Modell von Siegmund Schütz

126F Fehlprägung van Beethoven ohne Randschrift (Spiegelglanz) —,—
   Zum gleichen Anlaß: Deutsche Demokratische Republik Nr. 29.

100. JAHRESTAG DER REICHSGRÜNDUNG VON 1871

127 [409]   5 D-Mark (S) 1971 G. Rs. Reichstagsgebäude **ST** **PP**
in Berlin im Originalzustand mit Kuppel. Randschrift »Einigkeit und Recht und Freiheit«:
a) Normalprägung (4 800 000 Ex.)   12,—
b) Spiegelglanz (200 000 Ex.)   40,—

Modell von Robert Lippl

Nr. 127 mit kaum sichtbaren Fenstern beruht auf Stempelabnutzung.

500. GEBURTSTAG VON ALBRECHT DÜRER

128 [410]   5 D-Mark (S) 1971 D. Rs. Monogramm von Albrecht Dürer (1471–1528), Maler, Graphiker, Kunstschriftsteller:
a) Normalprägung (7 800 000 Ex.)   10,—
b) Spiegelglanz (200 000 Ex.)   55,—

Nr. 128 auf 2-Mark-Schrötling mit Randschrift, ST —,—

XX. OLYMPISCHE SOMMERSPIELE 1972 IN MÜNCHEN (6)

CITIUS ○○○○○ ALTIUS ○○○○○ FORTIUS ○○○○○

			ST	PP
129 [401a]	10	D-Mark (S) 1972. Rs. Strahlenspirale, Umschrift SPIELE DER XX. OLYMPIADE 1972 IN DEUTSCHLAND. Rand CITIUS ALTIUS FORTIUS, dazwischen je fünf Ringe, ↑↑:		
		a) D (ST: 2 375 000 Ex., PP: 125 000 Ex.)	20,—	48,—
		b) F (ST: 2 375 000 Ex., PP: 125 000 Ex.)	20,—	48,—
		c) G (ST: 2 375 000 Ex., PP: 125 000 Ex.)	20,—	48,—
		d) J (ST: 2 375 000 Ex., PP: 125 000 Ex.)	20,—	48,—

Fehlprägungen der Nr. 129:
1972 D ohne Randschrift, PP *2000,—*
1972 G ohne Randschrift, ST *2000,—*
1972 ohne Münzzeichen (Probe), ST *4000,—*
1972 D Arabesken statt Punkte, ST *3000,—*
1972 G, ↓↑, ST *750,—*

130 [401b]	10	D-Mark (S) 1972. Typ wie Nr. 129, jedoch Umschrift SPIELE DER XX. OLYMPIADE 1972 IN MÜNCHEN. Rand: CITIUS ALTIUS FORTIUS, dazwischen je fünf Ringe:		
		a) D (ST: 2 350 000 Ex., PP: 150 000 Ex.)	20,—	35,—
		b) F (ST: 2 350 000 Ex., PP: 150 000 Ex.)	20,—	35,—
		c) G (ST: 2 350 000 Ex., PP: 150 000 Ex.)	20,—	35,—
		d) J (ST: 2 350 000 Ex., PP: 150 000 Ex.)	20,—	35,—

Spezialbearbeitung der Olympiamünzen mit allen Varianten und Proben siehe Olympia-Weltmünzkatalog von Gerhard Schön.

		ST	PP
130F	Fehlprägungen der Nr. 130: Rand: CITIUS ALTIUS FORTIUS, dazwischen Arabesken:		
	a) D (2 Ex. bekannt)	—,—	
	b) F (1 Ex. bekannt)	—,—	
	c) G (3 Ex. bekannt)		12000,—
	d) J (ca. 600 Ex.)		1500,—

131 [402] 10 D-Mark (S) 1972. Rs. Olympische Ringe in perspektivischer Darstellung mit fächerartigem Hintergrund. Rand: CITIUS ALTIUS FORTIUS, dazwischen Arabesken:

	ST	PP
a) D (ST: 4875000 Ex., PP: 125000 Ex.)	16,—	32,—
b) F (ST: 4875000 Ex., PP: 125000 Ex.)	16,—	32,—
c) G (ST: 4875000 Ex., PP: 125000 Ex.)	16,—	32,—
d) J (ST: 4875000 Ex., PP: 125000 Ex.)	16,—	32,—

131P 10 D-Mark (S) 1972 J. Motivprobe, Umschrift »Spiele der XX. Olympiade 1972 in Deutschland« (nur Urstempel bekannt) —,—

132 [403] 10 D-Mark (S) 1972. Rs. Basketballspieler und **ST** **PP**
Kanutin. Rand: CITIUS ALTIUS FORTIUS, da-
zwischen Arabesken:
a) D (ST: 4 875 000 Ex., PP: 150 000 Ex.) 16,— 28,—
b) F (ST: 4 875 000 Ex., PP: 150 000 Ex.) 16,— 28,—
c) G (ST: 4 875 000 Ex., PP: 150 000 Ex.) 16,— 28,—
d) J (ST: 4 875 000 Ex., PP: 150 000 Ex.) 16,— 28,—

Nr. 132 von 1972 D in PP auch ohne Randschrift vorkommend.
Fehlprägung auf Schrötling von Nr. 110, Mzz. D, vorkommend.

133 [404] 10 D-Mark (S) 1972. Rs. Olympiagelände in
München. Rand: CITIUS ALTIUS FORTIUS,
dazwischen Arabesken:
a) D (ST: 4 850 000 Ex., PP: 150 000 Ex.) 16,— 28,—
b) F (ST: 4 850 000 Ex., PP: 150 000 Ex.) 16,— 28,—
c) G (ST: 4 850 000 Ex., PP: 150 000 Ex.) 16,— 28,—
d) J (ST: 4 850 000 Ex., PP: 150 000 Ex.) 16,— 28,—

Nr. 133 auch mit Ringen statt Arabesken in der Randschrift vorkommend.

134 [405] 10 D-Mark (S) 1972. Rs. Strahlenspirale über
olympischem Feuer und olympischen Ringen.
Rand: CITIUS ALTIUS FORTIUS, dazwischen
Arabesken.
a) D (ST: 4 850 000 Ex., PP: 150 000 Ex.) 16,— 28,—
b) F (ST: 4 850 000 Ex., PP: 150 000 Ex.) 16,— 28,—
c) G (ST: 4 850 000 Ex., PP: 150 000 Ex.) 16,— 28,—
d) J (ST: 4 850 000 Ex., PP: 150 000 Ex.) 16,— 28,—

500. GEBURTSTAG VON NIKOLAUS KOPPERNIGK (KOPERNIKUS)

			ST	PP
135 [411]	5 D-Mark (S) 1973 J. Rs. Darstellung des Grundgedankens der kopernikanischen Theorie, die Umkreisung des Zentralgestirns Sonne durch die Erde und andere Planeten:			
	a) Normalprägung (7 750 000 Ex.)		10,—	
	b) Spiegelglanz (250 000 Ex.)			25,—

Doppelte Randschrift in gegenläufiger Stellung vorkommend (Fehlprägung).

125. JAHRESTAG DER FRANKFURTER NATIONALVERSAMMLUNG

136 [412]	5 D-Mark (S) 1973 G. Rs. Innenraum der Frankfurter Paulskirche, Tagungsort der Nationalversammlung von 1848. Randschrift »Einigkeit, Recht, Freiheit«:			
	a) Normalprägung (7 750 000 Ex.)		10,—	
	b) Spiegelglanz (250 000 Ex.)			25,—

Die Katalogpreise sind durchschnittliche Handelspreise in DM und als solche den täglichen Schwankungen des Marktes unterworfen.

25 JAHRE GRUNDGESETZ DER BUNDESREPUBLIK DEUTSCHLAND

			ST	PP
137 [413]	5 D-Mark (S) 1974 F. Rs. Sinnbildliche Darstellung des föderalistischen Prinzips: elf Wappenschilde, durch ein Liniengeflecht miteinander verbunden:			
	a) Normalprägung (7 750 000 Ex.)		10,—	
	b) Spiegelglanz (250 000 Ex.)			25,—
137F	Fehlprägung Grundgesetz ohne Randschrift —,—			

250. GEBURTSTAG VON IMMANUEL KANT

138 [414] 5 D-Mark (S) 1974 D. Rs. Immanuel Kant (1724–1804), Philosoph:
 a) Normalprägung (7 750 000 Ex.) 10,—
 b) Spiegelglanz (250 000 Ex.) 28,—

Die Katalogpreise sind durchschnittliche Handelspreise in DM und als solche den täglichen Schwankungen des Marktes unterworfen.

139 [415] 5 D-Mark (N, K–N plattiert) 1975–2001. Bundesadler. Rs. Wert:

	Auflage	A	D	F	G	J	**ST**
1975	251 225 000		15,—	15,—	15,—	15,—	
1976	30 644 000		15,—	15,—	15,—	15,—	
1977	32 210 000		15,—	15,—	15,—	15,—	
1978	30 000 000		12,—	12,—	12,—	12,—	
1979	30 000 000		12,—	12,—	12,—	12,—	
1980	32 000 000		12,—	12,—	12,—	12,—	
1981	32 000 000		12,—	12,—	12,—	12,—	
1982	34 200 000		12,—	12,—	12,—	12,—	
1983	24 000 000		12,—	12,—	12,—	12,—	
1984	23 000 000		12,—	12,—	12,—	12,—	
1985	19 000 000		25,—	25,—	25,—	25,—	
1986	19 000 000		50,—	50,—	50,—	50,—	
1987	26 000 000		15,—	15,—	15,—	15,—	
1988	46 000 000		15,—	15,—	15,—	15,—	
1989	66 000 000		12,—	12,—	12,—	12,—	
1990	80 000 000		12,—	12,—	12,—	12,—	
1991	90 000 000	12,—	12,—	12,—	12,—	12,—	
1992	80 000 000	12,—	12,—	12,—	12,—	12,—	
1993	16 000 000	16,—	16,—	16,—	16,—	16,—	
1994	20 000 000	16,—	16,—	16,—	16,—	16,—	
1995	*100 000	100,—	90,—	90,—	90,—	90,—	
1996	**	16,—	16,—	16,—	16,—	16,—	
1997	*350 000	10,—	10,—	10,—	10,—	10,—	
1998	*350 000	10,—	10,—	10,—	10,—	10,—	
1999	*350 000	10,—	10,—	10,—	10,—	10,—	
2000	*385 000	10,—	10,—	10,—	10,—	10,—	
2001	*500 000	10,—	10,—	10,—	10,—	10,—	

* Abweichungen vom Prägeschlüssel:

1995	A, D, F, G, J	je 20 000
1997–1999	A, D, F, G, J	je 70 000
2000	A, D, F, G, J	je 77 000
2001	A, D, F, G, J	je 100 000

** 1996 wird von allen Münzstätten (gemäß dem Prägeschlüssel) für den Zahlungsverkehr hergestellt (die Produktion kann sich bis ins Kalenderjahr 2001 erstrecken).

In den vorstehenden Tabellen sind die Spiegelglanzprägungen nicht enthalten (siehe Aufstellung der Münzsätze am Schluß des Bundesrepublik-Teils).

139F1 1975 D und F auch ohne Randschrift vorkommend.
139F2 Nr. 139 von 1980 J (Silber, artfremde Ronde), Randschrift MONUMENTIS AC LITTERIS [siehe Nr. 149] (1 Ex. bekannt) SS —,—
139P 5 D-Mark (N, K–N plattiert) 1975 J. Motivprobe mit wechselnd breitem Randstab —,—

50. TODESTAG VON FRIEDRICH EBERT

140 [416] 5 D-Mark (S) 1975 J. Rs. Friedrich Ebert **ST** **PP**
(1871–1925), Reichspräsident 1919–1925:
a) Normalprägung (7 750 000 Ex.) 10,—
b) Spiegelglanz (250 000 Ex.) 25,—

EUROPÄISCHES DENKMALSCHUTZJAHR 1975

141 [417] 5 D-Mark (S) 1975 F. Rs. Gebäudefassaden
und Mauerflächen, die mittels vereinfachter
Stilelemente verschiedene Bauepochen vertreten:
a) Normalprägung (7 750 000 Ex.) 10,—
b) Spiegelglanz (250 000 Ex.) 24,—

100. GEBURTSTAG VON ALBERT SCHWEITZER

142 [418] 5 D-Mark (S) 1975 G. Rs. Albert Schweitzer **ST PP**
(1875–1965), Philosoph und Arzt:
a) Normalprägung (7 750 000 Ex.) 10,—
b) Spiegelglanz (250 000 Ex.) 28,—

300. TODESTAG VON HANS JACOB CHRISTOPH VON GRIMMELSHAUSEN

143 [419] 5 D-Mark (S) 1976 D. Rs. Hans Jacob Christoph von Grimmelshausen (1621–1676), Dichter; Fabelwesen des Titelkupfers aus seinem Roman »Der abenteuerliche Simplicissimus Teutsch«:
a) Normalprägung (7 750 000 Ex.) 10,—
b) Spiegelglanz (250 000 Ex.) 35,—

200. GEBURTSTAG VON CARL FRIEDRICH GAUSS

144 [420] 5 D-Mark (S) 1977 J. Rs. Carl Friedrich Gauß (1777–1855), Mathematiker und Astronom:
a) Normalprägung (7 750 000 Ex,) 10,—
b) Spiegelglanz (250 000 Ex.) 35,—

200. GEBURTSTAG VON HEINRICH VON KLEIST

			ST	**PP**
145	[421]	5 D-Mark (S) 1977 G. Rs. Heinrich von Kleist (1777–1811), Dichter:		
		a) Normalprägung (7 741 080 Ex.)	10,—	
		b) Spiegelglanz (258 920 Ex.)		28,—

100. GEBURTSTAG VON GUSTAV STRESEMANN

146	[422]	5 D-Mark (S) 1978 D. Rs. Gustav Stresemann (1878–1929), Politiker und Friedensnobelpreisträger:		
		a) Normalprägung (7 740 880 Ex.)	10,—	
		b) Spiegelglanz (259 120 Ex.)		26,—

225. TODESTAG VON BALTHASAR NEUMANN

147	[423]	5 D-Mark (S) 1978 F. Rs. Große Vierung der Wallfahrtskirche Vierzehnheiligen, erbaut nach Plänen von Balthasar Neumann (1687–1753):		
		a) Normalprägung (7 740 880 Ex.)	10,—	
		b) Spiegelglanz (259 120 Ex.)		25,—

30 JAHRE BUNDESREPUBLIK DEUTSCHLAND

148 [424] 2 D-Mark (N, K–N plattiert) 1979–1993. Rs. **ST**
Kurt Schumacher (1895–1952), ab 1949 Oppositionsführer des 1. deutschen Bundestages:

	Auflage	A	D	F	G	J
1979	12 000 000		12,—	12,—	12,—	12,—
1980	7 500 000		12,—	12,—	15,—	12,—
1981	7 500 000		12,—	12,—	15,—	12,—
1982	11 875 000		12,—	12,—	12,—	12,—
1983	6 000 000		12,—	12,—	15,—	12,—
1984	2 000 000		35,—	35,—	40,—	35,—
1985	10 000 000		12,—	12,—	12,—	12,—
1986	10 000 000		15,—	15,—	16,—	15,—
1987	17 000 000		12,—	12,—	12,—	12,—
1988	22 500 000		8,—	8,—	8,—	8,—
1989	40 000 000		8,—	8,—	8,—	8,—
1990	52 000 000		8,—	8,—	8,—	8,—
1991	20 000 000	8,—	8,—	8,—	8,—	8,—
1992	36 660 000	8,—	8,—	8,—	8,—	8,—
1993	3 000 000	15,—	15,—	15,—	50,—	30,—

In der vorstehenden Tabelle sind die Spiegelglanzprägungen nicht enthalten (siehe Aufstellung der Münzsätze am Schluß des Bundesrepublik-Teils).

148F Fehlprägung Schumacher ohne Randschrift 1981 F —,—

150 JAHRE DEUTSCHES ARCHÄOLOGISCHES INSTITUT

149 [425] 5 D-Mark (S) 1979 J. Rs. Signet des Instituts, **ST** **PP**
die klassizistische Darstellung eines Greifen,
der seine Pranke auf ein Gefäß antiker Form
setzt. Randschrift »Monumentis ac litteris«;
a) Normalprägung (7 740 880 Ex.) 10,—
b) Spiegelglanz (259 120 Ex.) 28,—

Die Katalogpreise sind durchschnittliche Handelspreise in DM und als solche den täglichen Schwankungen des Marktes unterworfen.

100. GEBURTSTAG VON OTTO HAHN (2)

A150 [426S] 5 D-Mark (S) 1979 G. Rs. Kettenreaktion bei **ST PP**
der Kernspaltung, 1938 nachgewiesen durch
Otto Hahn (1879–1968), Nobelpreis für Chemie 1945:
Normalprägung (5 000 000 Ex.*) —

* Die ursprünglich zur Ausgabe am 24. Oktober 1979 vorgesehene Silberprägung (Nr. A150) wurde wegen der damals hohen Edelmetallpreise wieder eingeschmolzen.

Die Silberstücke (Nr. A150) tragen das Münzzeichen G unter den Buchstaben AR von »Mark«, die Prägungen in Magnimat (N, K-N plattiert) (Nr. 150) unter den Buchstaben MA.

150 [426] 5 D-Mark (N, K-N plattiert) 1979 G. Typ wie Nr. A150:
a) Normalprägung (5 000 000 Ex.) 10,—
b) Spiegelglanz (350 000 Ex.) 20,—

750. TODESTAG VON WALTHER VON DER VOGELWEIDE

151 [427] 5 D-Mark (N, K–N plattiert) 1980 D. Rs. Walther **ST PP**
von der Vogelweide (um 1170–1230), Minne-
sänger [siehe auch DR Nr. 67 bzw. Österreich
Nr. 49]:
a) Normalprägung (5 000 000 Ex.) 10,—
b) Spiegelglanz (350 000 Ex.) 20,—

100. JAHRESTAG DER VOLLENDUNG DES KÖLNER DOMS

152 [428] 5 D-Mark (N, K–N plattiert) 1980 F. Rs. Kölner
Dom, größtes gotisches Bauwerk in Deutsch-
land:
a) Normalprägung (5 000 000 Ex.) 10,—
b) Spiegelglanz (350 000 Ex.) 20,—

200. TODESTAG VON GOTTHOLD EPHRAIM LESSING

153 [429] 5 D-Mark (N, K–N plattiert) 1981 J. Rs. Gotthold
Ephraim Lessing (1729–1781), Dichter [siehe
auch DR Nr. 58 und 59 bzw. DDR Nr. 74]:
a) Normalprägung (6 500 000 Ex.) 9,—
b) Spiegelglanz (350 000 Ex.) 20,—

150. TODESTAG VON CARL REICHSFREIHERR VOM UND ZUM STEIN

154 [430] 5 D-Mark (N, K–N plattiert) 1981 G. Rs. Carl **ST** **PP**
Reichsfreiherr vom und zum Stein (1757–
1831), Staatsmann [siehe auch DR Nr. 71 und
DDR Nr. 82]:
a) Normalprägung (6 500 000 Ex.) 9,—
b) Spiegelglanz (350 000 Ex.) 20,—

10. JAHRESTAG DER UMWELTKONFERENZ DER VEREINTEN NATIONEN

155 [431] 5 D-Mark (N, K–N plattiert) 1982 F. Rs. Emblem
der Umweltkonferenz der Vereinten Nationen
(1972) in Stockholm:
a) Normalprägung (8 000 000 Ex.) 9,—
b) Spiegelglanz (350 000 Ex.) 20,—

150. TODESTAG VON JOHANN WOLFGANG VON GOETHE

156 [432]   5 D-Mark (N, K–N plattiert) 1982 D. Rs. Johann Wolfgang von Goethe (1749–1832), Dichter, nach einem Gemälde von Tischbein: **ST**   **PP**
a) Normalprägung (8 000 000 Ex.)   9,—
b) Spiegelglanz (350 000 Ex.)   20,—

100. TODESTAG VON KARL MARX

157 [433]   5 D-Mark (N, K–N plattiert) 1983 J. Rs. Karl Marx (1818–1883), Sozialideologe:
a) Normalprägung (8 000 000 Ex.)   9,—
b) Spiegelglanz (350 000 Ex.)   20,—

500. GEBURTSTAG VON MARTIN LUTHER

158 [434]   5 D-Mark (N, K–N plattiert) 1983 G. Rs. Martin Luther (1483–1546), Reformator:
a) Normalprägung (8 000 000 Ex.)   9,—
b) Spiegelglanz (350 000 Ex.)   24,—

150. JAHRESTAG DER GRÜNDUNG DES DEUTSCHEN ZOLLVEREINS

				ST	**PP**

159 [435] 5 D-Mark (N, K–N plattiert) 1984 D. Rs. Postkutsche, die eine geöffnete Zollschranke durchfährt:
a) Normalprägung (8 000 000 Ex.) — 9,—
b) Spiegelglanz (350 000 Ex.) — 20,—

175. GEBURTSTAG VON FELIX MENDELSSOHN BARTHOLDY

160 [436] 5 D-Mark (N, K–N plattiert) 1984 J. Rs. Jacob Ludwig Felix Mendelssohn Bartholdy (1809–1847), Hüftbild des Komponisten vor dem Hintergrund eines Notenblattausschnitts aus der Ouvertüre zu »Ein Sommernachtstraum«:
a) Normalprägung (8 000 000 Ex.) — 9,—
b) Spiegelglanz (350 000 Ex.) — 20,—

EUROPÄISCHES JAHR DER MUSIK 1985

161 [437] 5 D-Mark (N, K–N plattiert) 1985 F. Rs. Emblem des Europäischen Jahres der Musik in einem aus dem Mittelpunkt herausgerückten Kreis, rechts davon zwei Noten:
a) Normalprägung (8 000 000 Ex.) — 9,—
b) Spiegelglanz (350 000 Ex.) — 20,—

150 JAHRE EISENBAHN IN DEUTSCHLAND

162 [438]   5 D-Mark (N, K–N plattiert) 1985 G. Rs. Rotierendes Eisenbahnrad, dem zwei Schriftbänder wie Flügel angesetzt sind: **ST**   **PP**
a) Normalprägung (8 000 000 Ex.)   9,—
b) Spiegelglanz (350 000 Ex.)   20,—

600 JAHRE RUPRECHT-KARLS-UNIVERSITÄT HEIDELBERG

163 [439]   5 D-Mark (N, K–N plattiert) 1986 D. Rs. Gekrönter kurpfälzischer Löwe:
a) Normalprägung (8 000 000 Ex.)   9,—
b) Spiegelglanz (350 000 Ex.)   20,—

200. TODESTAG FRIEDRICHS DES GROSSEN

164 [440]   5 D-Mark (N, K–N plattiert) 1986 F. Rs. Friedrich II. der Große (1712–1786), König von Preußen:
a) Normalprägung (8 000 000 Ex.)   9,—
b) Spiegelglanz (350 000 Ex.)   22,—

750 JAHRE BERLIN

			ST	PP
165	[441]	10 D-Mark (S) 1987 J. Rs. Berliner Bär, kombiniert aus Häuserfassaden des Ost- und Westteils der Stadt mit der Berliner Mauer, das mittelalterliche Stadtsiegel mit seinen Tatzen haltend. Randschrift »Einigkeit und Recht und Freiheit«:		
		a) Normalprägung (8 000 000 Ex.)	18,—	
		b) Spiegelglanz (350 000 Ex.)		120,—
		Ausgegeben ab 30. April 1987 (Berlin), 9. September 1987 (Bundesgebiet)		
165F		Fehlprägung: unbeprägte Ronde mit Randschrift von Nr. 165 —,—		

30 JAHRE RÖMISCHE VERTRÄGE

166	[442]	10 D-Mark (S) 1987 G. Rs. Zwölf Zugpferde:		
		a) Normalprägung (8 000 000 Ex.)	18,—	
		b) Spiegelglanz (350 000 Ex.)		65,—

40 JAHRE DEUTSCHE MARK

167 [445] 2 D-Mark (N, K–N plattiert) 1988–2001. Rs. Ludwig Erhard (1897–1977), Wirtschaftspolitiker, Bundeskanzler 1963–1966:

	Auflage	A	D	F	G	J	**ST**
1988	22 500 000		8,—	8,—	8,—	8,—
1989	40 000 000		8,—	8,—	8,—	8,—
1990	52 000 000		8,—	8,—	8,—	8,—
1991	20 000 000	8,—	8,—	8,—	8,—	8,—
1992	36 660 000	8,—	8,—	8,—	8,—	8,—
1993	3 000 000	15,—	15,—	15,—	30,—	15,—
1994	25 000 000	8,—	8,—	8,—	8,—	8,—
1995	*2 575 000	10,—	90,—	90,—	10,—	90,—
1996	**	10,—	10,—	10,—	10,—	10,—
1997	*350 000	8,—	8,—	8,—	8,—	8,—
1998	*350 000	8,—	8,—	8,—	8,—	8,—
1999	*350 000	8,—	8,—	8,—	8,—	8,—
2000	*385 000	8,—	8,—	8,—	8,—	8,—
2001	*500 000	8,—	8,—	8,—	8,—	8,—

* Abweichungen vom Prägeschlüssel:

1995	A = 1 595 000, D = 20 000, F = 20 000, G = 920 000, J = 20 000
1997–1999	A, D, F, G, J	je 70 000
2000	A, D, F, G, J	je 77 000
2001	A, D, F, G, J	je 100 000

** 1996 wird von allen Münzstätten (gemäß dem Prägeschlüssel) für den Zahlungsverkehr hergestellt (die Produktion kann sich bis ins Kalenderjahr 2001 erstrecken).

In den vorstehenden Tabellen sind die Spiegelglanzprägungen nicht enthalten (siehe Aufstellung der Münzsätze am Schluß des Bundesrepublik-Teils).

1991 G auch ohne Randschrift vorkommend.

200. GEBURTSTAG VON ARTHUR SCHOPENHAUER

168 [443] 10 D-Mark (S) 1988 D. Rs. Arthur Schopenhauer **ST** **PP**
(1788–1860), Philosoph:
a) Normalprägung (8 000 000 Ex.) 16,—
b) Spiegelglanz (350 000 Ex.) 60,—

Die Katalogpreise sind durchschnittliche Handelspreise in DM und als solche den täglichen Schwankungen des Marktes unterworfen.

100. TODESTAG VON CARL ZEISS

169 [444] 10 D-Mark (S) 1988 F. Rs. Carl Zeiss (1816– **ST** **PP**
1888), Gründer der Zeiss-Werke:
a) Normalprägung (8 000 000 Ex.) 16,—
b) Spiegelglanz (350 000 Ex.) 45,—

40 JAHRE BUNDESREPUBLIK DEUTSCHLAND

170 [446] 10 D-Mark (S) 1989 G. Rs. Wappen der elf Bundesländer, die kreisförmig angeordnet und durch Seile miteinander verbunden sind:
a) Normalprägung (8 000 000 Ex.) 16,—
b) Spiegelglanz (350 000 Ex.) 50,—

Auch ohne Randschrift vorkommend, ST 500,—

2000 JAHRE BONN

171 [447] 10 D-Mark (S) 1989 D. Rs. Bauliche Zeugnisse **ST** **PP**
der Bonner Stadtgeschichte sowie eine Chiffre der Stadtplanung:
a) Normalprägung (8 000 000 Ex.) 16,—
b) Spiegelglanz (350 000 Ex.) 45,—

800 JAHRE HAMBURGER HAFEN

172 [448] 10 D-Mark (S) 1989 J. Rs. Hamburger Stadtwappen, die dreitürmige Burg, am Wasser:
a) Normalprägung (8 000 000 Ex.) 16,—
b) Spiegelglanz (350 000 Ex.) 45,—

800. TODESTAG VON KAISER FRIEDRICH I. BARBAROSSA

173 [449] 10 D-Mark (S) 1990 F. Rs. Kaiser Friedrich I. »Barbarossa« (1122–1190), im Krönungsornat mit Szepter und Reichsapfel, Darstellung nach zeitgenössischer Goldbulle:
a) Normalprägung (7 450 000 Ex.) 16,—
b) Spiegelglanz (400 000 Ex.) 30,—

Deutschland/Bundesrepublik Deutschland 169

40 JAHRE BUNDESREPUBLIK DEUTSCHLAND

174 [450]   2 D-Mark (N, K-N plattiert) 1990–2001. Rs. Franz Josef Strauß (1915–1988), CSU-Vorsitzender und bayerischer Ministerpräsident:

	Auflage	A	D	F	G	J	ST
1990	52 000 000		8,—	8,—	8,—	8,—
1991	20 000 000	8,—	8,—	8,—	8,—	8,—
1992	36 660 000	8,—	8,—	8,—	8,—	8,—
1993	3 000 000	15,—	15,—	15,—	20,—	15,—
1994	25 000 000	8,—	8,—	8,—	8,—	8,—
1995	*2 275 000	10,—	90,—	90,—	10,—	90,—
1996	**	10,—	10,—	10,—	10,—	10,—
1997	*350 000	8,—	8,—	8,—	8,—	8,—
1998	*350 000	8,—	8,—	8,—	8,—	8,—
1999	*350 000	8,—	8,—	8,—	8,—	8,—
2000	*385 000	8,—	8,—	8,—	8,—	8,—
2001	*500 000	8,—	8,—	8,—	8,—	8,—

* Abweichungen vom Prägeschlüssel:

1995   A = 1 595 000, D = 20 000, F = 20 000, G = 620 000, J = 20 000

1997–1999	A, D, F, G, J	je 70 000
2000	A, D, F, G, J	je 77 000
2001	A, D, F, G, J	je 100 000

** 1996 wird von allen Münzstätten (gemäß dem Prägeschlüssel) für den Zahlungsverkehr hergestellt (die Produktion kann sich bis ins Kalenderjahr 2001 erstrecken).

In den vorstehenden Tabellen sind die Spiegelglanzprägungen nicht enthalten (siehe Aufstellung der Münzsätze am Schluß des Bundesrepublik-Teils).

800 JAHRE DEUTSCHER ORDEN

175 [451] 10 D-Mark (S) 1990 J. Rs. Mittelalterliche Deutschordensfahne mit der Hauptpatronin des Ordens, der gekrönten Mutter Gottes mit dem Jesuskind, darauf der Wappenschild des Ordens: **ST** **PP**
a) Normalprägung (8 400 000 Ex.) 16,—
b) Spiegelglanz (450 000 Ex.) 25,—

200 JAHRE BRANDENBURGER TOR

176 [452] 10 D-Mark (S) 1991 A. Rs. Brandenburger Tor in Berlin, 1791 von Carl Gotthard Langhans errichtet. Randschrift »Deutschland einig Vaterland«:
a) Normalprägung (8 400 000 Ex.) 16,—
b) Spiegelglanz (450 000 Ex.) 30,—

176F Halbfabrikat: unbeprägte Ronde mit Randschrift von Nr. 176 —,—

Weitere Münzen mit dem Brandenburger Tor: Deutsche Demokratische Republik Nrn. 31, 129, 137–138, Bundesrepublik Deutschland Nrn. 209–211.

125. GEBURTSTAG VON KÄTHE KOLLWITZ

177 [453] 10 D-Mark (S) 1992 G. Rs. Käthe Kollwitz (1867–1945), Graphikerin, Malerin und Bildhauerin:
a) Normalprägung (8 000 000 Ex.) 15,—
b) Spiegelglanz (450 000 Ex.) 25,—

Zum 100. Geburtstag von Käthe Kollwitz: Deutsche Demokratische Republik Nr. 19.

150 JAHRE KLASSE FÜR WISSENSCHAFTEN UND KÜNSTE DES ORDENS »POUR LE MÉRITE«

178 [454] 10 D-Mark (S) 1992 D. Rs. Alexander von Humboldt (1769–1859), Naturforscher, 1. Kanzler des Ordens »Pour le Mérite« für Wissenschaften und Künste. Randschrift »Gemeinschaft von Gelehrten und Künstlern«: **ST PP**
a) Normalprägung (8 000 000 Ex.) 15,—
b) Spiegelglanz (450 000 Ex.) 25,—

Modell von Werner Godec

Zum 200. Geburtstag von Alexander von Humboldt: Nr. 118.

1000 JAHRE POTSDAM

179 [455] 10 D-Mark (S) 1993 F. Rs. Schloß Sanssouci, Nikolaikirche und Einsteinturm in Potsdam:
a) Normalprägung (8 000 000 Ex.) 16,—
b) Spiegelglanz (450 000 Ex.) 25,—

150. GEBURTSTAG VON ROBERT KOCH

				ST	PP
180	[456]	10	D-Mark (S) 1993 J. Rs. Robert Koch (1843–1910), Bakteriologe:		
			a) Normalprägung (7 000 000 Ex.)	15,—	
			b) Spiegelglanz (450 000 Ex.)		25,—

Zum 125. Geburtstag von Robert Koch: Deutsche Demokratische Republik Nr. 21.

180F   Halbfabrikat: unbeprägte Ronde mit Randschrift von Nr. 180 —,—

50. JAHRESTAG DES ATTENTATS VOM 20. JULI 1944

181	[457]	10	D-Mark (S) 1994 A. Rs. Von Kette beschwerter linker Adlerflügel, symbolisch für den deutschen Widerstand gegen den Nationalsozialismus:		
			a) Normalprägung (7 000 000 Ex.)	15,—	
			b) Spiegelglanz (450 000 Ex.)		25,—

181F   Halbfabrikat: unbeprägte Ronde mit Randschrift von Nr. 181 —,—

45 JAHRE BUNDESREPUBLIK DEUTSCHLAND

182 [459] 2 D-Mark (N, K-N plattiert) 1994–2001. Rs. Willy Brandt (1913–1992), Regierender Bürgermeister von Berlin, Bundeskanzler, Friedensnobelpreisträger:

	Auflage	A	D	F	G	J
1994	25 000 000	8,—	8,—	8,—	8,—	8,—
1995	*2 930 000	10,—	90,—	90,—	10,—	50,—
1996	**	10,—	10,—	10,—	10,—	10,—
1997	*350 000	8,—	8,—	8,—	8,—	8,—
1998	*350 000	8,—	8,—	8,—	8,—	8,—
1999	*350 000	8,—	8,—	8,—	8,—	8,—
2000	*385 000	8,—	8,—	8,—	8,—	8,—
2001	*500 000	8,—	8,—	8,—	8,—	8,—

ST

* Abweichungen vom Prägeschlüssel:

1995	A = 1 595 000, D = 20 000, F = 20 000, G = 1 220 000, J = 75 000
1997–1999	A, D, F, G, J	je 70 000
2000	A, D, F, G, J	je 77 000
2001	A, D, F, G, J	je 100 000

** 1996 wird von allen Münzstätten (gemäß dem Prägeschlüssel) für den Zahlungsverkehr hergestellt (die Produktion kann sich bis ins Kalenderjahr 2001 erstrecken).

In den vorstehenden Tabellen sind die Spiegelglanzprägungen nicht enthalten (siehe Aufstellung der Münzsätze am Schluß des Bundesrepublik-Teils).

250. GEBURTSTAG VON JOHANN GOTTFRIED HERDER

183 [458] 10 D-Mark (S) 1994 G. Rs. Johann Gottfried Herder (1744–1803), Philosoph: **ST**   **PP**
a) Normalprägung (7 000 000 Ex.)   15,—
b) Spiegelglanz (450 000 Ex.)   25,—

Zum 175. Todestag von Johann Gottfried Herder: Deutsche Demokratische Republik Nr. 70.

50. JAHRESTAG DER ZERSTÖRUNG DER FRAUENKIRCHE ZU DRESDEN

184 [460] 10 D-Mark (S) 1995 J. Rs. Ruinenteile und Trümmerfeld der Frauenkirche:
a) Normalprägung (7 000 000 Ex.)   15,—
b) Spiegelglanz (450 000 Ex.)   25,—

150. GEBURTSTAG VON WILHELM CONRAD RÖNTGEN
100. JAHRESTAG DER ENTDECKUNG DER RÖNTGENSTRAHLEN

185 [461] 10 D-Mark (S) 1995 D. Rs. Abbildung einer Hand als Aufsicht und als Röntgenaufnahme:
a) Normalprägung (6 500 000 Ex.)   15,—
b) Spiegelglanz (400 000 Ex.)   25,—

800. TODESTAG HEINRICHS DES LÖWEN

186 [462] 10 D-Mark (S) 1995 F. Rs. Welfischer Löwe als Wappenbild Heinrichs des Löwen (1129/30–1195), Herzog von Sachsen und Bayern, mit Sonne und Mond als Zeichen des christlichen Herrschaftsanspruchs, nach dem Mantel Kaiser Ottos IV.: **ST** **PP**
    a) Normalprägung (6 500 000 Ex.)   15,—
    b) Spiegelglanz (400 000 Ex.)   25,—

150 JAHRE KATHOLISCHER GESELLENVEREIN IN ELBERFELD

187 [463] 10 D-Mark (S) 1996 A. Rs. Adolf Kolping, Gründungsversammlung des Kolpingwerks 1849 in Köln, Aufnahme von Handwerksgesellen und Bildungsarbeit auf Emblem vor Weltkugel:
    a) Normalprägung (5 600 000 Ex.)   15,—
    b) Spiegelglanz (400 000 Ex.)   25,—

500. GEBURTSTAG VON PHILIPP MELANCHTHON

				ST	PP
188	[464]	10	D-Mark (S) 1997. Rs. Philipp Schwarzerd (Melanchthon) (1497–1560), Reformator, nach einem Porträt (1526) von Albrecht Dürer:		
			a) Normalprägung, 1997 J (3 010 000 Ex.)	18,—	
			b) Spiegelglanz, 1997 A (152 272 Ex.)		55,—
			c) Spiegelglanz, 1997 D (152 272 Ex.)		40,—
			d) Spiegelglanz, 1997 F (152 272 Ex.)		40,—
			e) Spiegelglanz, 1997 G (152 272 Ex.)		40,—
			f) Spiegelglanz, 1997 J (152 272 Ex.)		40,—

188F Fehlprägung Melanchthon ohne Stirnlocke, 1997 J st 200,—

Numisblätter siehe am Schluß des Bundesrepublik-Teils.

100 JAHRE DIESELMOTOR

189	[465]	10	D-Mark (S) 1997. Rs. Dieselmotor (1897):		
			a) Normalprägung, 1997 F (3 000 000 Ex.)	16,—	
			b) Spiegelglanz, 1997 A (152 272 Ex.)		40,—
			c) Spiegelglanz, 1997 D (152 272 Ex.)		30,—
			d) Spiegelglanz, 1997 F (152 272 Ex.)		30,—
			e) Spiegelglanz, 1997 G (152 272 Ex.)		30,—
			f) Spiegelglanz, 1997 J (152 272 Ex.)		30,—

Numisblätter siehe am Schluß des Bundesrepublik-Teils.

200. GEBURTSTAG VON HEINRICH HEINE

			ST	PP
190	[466]	10 D-Mark (S) 1997. Rs. Harry »Heinrich« Heine (1797–1856), Dichter, nach einer Vorlage (1829) von Wilhelm Hensel, Unterschrift »Eh bien, cet homme c'est moi« und die ersten beiden Strophen aus dem Gedicht »Loreley« im Hintergrund in eigener Handschrift:		
		a) Normalprägung, 1997 D (2 990 000 Ex.)	16,—	
		b) Spiegelglanz, 1997 A (152 272 Ex.)		40,—
		c) Spiegelglanz, 1997 D (152 272 Ex.)		30,—
		d) Spiegelglanz, 1997 F (152 272 Ex.)		30,—
		e) Spiegelglanz, 1997 G (152 272 Ex.)		30,—
		f) Spiegelglanz, 1997 J (152 272 Ex.)		30,—
Satz		Nr. 190 (A, D, F, G, J) im Blisterpack		160,—

350. JAHRESTAG DES WESTFÄLISCHEN FRIEDENS

191	[467]	10 D-Mark (S) 1998. Rs. Taube, Tintenfaß, Händedruck und Friedenskuß. 925er Silber, 15.5 g:		
		a) Normalprägung, 1998 J (3 500 000 Ex.)	16,—	
		b) Spiegelglanz, 1998 A (200 000 Ex.)		30,—
		c) Spiegelglanz, 1998 D (200 000 Ex.)		30,—
		d) Spiegelglanz, 1998 F (200 000 Ex.)		30,—
		e) Spiegelglanz, 1998 G (200 000 Ex.)		30,—
		f) Spiegelglanz, 1998 J (200 000 Ex.)		30,—
Satz		Nr. 191 (A, D, F, G, J) im Blisterpack		150,—

Numisblätter siehe am Schluß des Bundesrepublik-Teils.

900. GEBURTSTAG VON HILDEGARD VON BINGEN

192	[468]	10 D-Mark (S) 1998. Rs. Hildegard von Bingen (1098–1179) beim Verfassen des »Liber Scivias Domini« (Wisse die Wege des Herrn), von der Hand Gottes inspiriert. 925er Silber, 15.5 g:	**ST**	**PP**
		a) Normalprägung, 1998 G (3 500 000 Ex.)	16,—	
		b) Spiegelglanz, 1998 A (200 000 Ex.)		30,—
		c) Spiegelglanz, 1998 D (200 000 Ex.)		30,—
		d) Spiegelglanz, 1998 F (200 000 Ex.)		30,—
		e) Spiegelglanz, 1998 G (200 000 Ex.)		30,—
		f) Spiegelglanz, 1998 J (200 000 Ex.)		30,—
Satz		Nr. 192 (A, D, F, G, J) im Blisterpack		150,—

50 JAHRE DEUTSCHE MARK

193	[469]	10 D-Mark (S) 1998. Rs. Münzmotive der Marknominale. 925er Silber, 15.5 g:		
		a) Normalprägung, 1998 F (3 525 000 Ex.)	10,—	
		b) Spiegelglanz, 1998 A (195 000 Ex.)		30,—
		c) Spiegelglanz, 1998 D (195 000 Ex.)		30,—
		d) Spiegelglanz, 1998 F (195 000 Ex.)		30,—
		e) Spiegelglanz, 1998 G (195 000 Ex.)		30,—
		f) Spiegelglanz, 1998 J (195 000 Ex.)		30,—
Satz		Nr. 193 (A, D, F, G, J) im Blisterpack		150,—

Numisblätter siehe am Schluß des Bundesrepublik-Teils.

300 JAHRE FRANCKESCHE STIFTUNGEN

				ST	PP
194	[470]	10	D-Mark (S) 1998. Rs. August Hermann Francke (1663–1727), Theologe und Pädagoge, flankiert von zwei Adlern als Symbol für die Kraft des Glaubens »… daß sie auffahren mit Flügeln wie Adler (Jes. 40, 31)«, Gebäude der Franckesche Stiftungen in Halle/Saale 925er Silber, 15.5 g:		
			a) Normalprägung, 1998 A (3 500 000 Ex.)	16,—	
			b) Spiegelglanz, 1998 A (200 000 Ex.)		30,—
			c) Spiegelglanz, 1998 D (200 000 Ex.)		30,—
			d) Spiegelglanz, 1998 F (200 000 Ex.)		30,—
			e) Spiegelglanz, 1998 G (200 000 Ex.)		30,—
			f) Spiegelglanz, 1998 J (200 000 Ex.)		30,—
Satz			Nr. 194 (A, D, F, G, J) im Blisterpack		150,—

Numisblätter siehe am Schluß des Bundesrepublik-Teils.

50 JAHRE GRUNDGESETZ DER BUNDESREPUBLIK DEUTSCHLAND

			ST	PP
195 [471]	10 D-Mark (S) 1999. Rs. Zentrale Aussagen des Grundgesetzes in dynamischer Anordnung. 925er Silber, 15.5 g:			
	a) Normalprägung, 1999 D (3 000 000 Ex.)		16,—	
	b) Spiegelglanz, 1999 A	(162 300 Ex.)		30,—
	c) Spiegelglanz, 1999 D	(162 300 Ex.)		30,—
	d) Spiegelglanz, 1999 F	(162 300 Ex.)		30,—
	e) Spiegelglanz, 1999 G	(162 300 Ex.)		30,—
	f) Spiegelglanz, 1999 J	(162 300 Ex.)		30,—
Satz	Nr. 195 (A, D, F, G, J) im Blisterpack			150,—

Numisblätter siehe am Schluß des Bundesrepublik-Teils.

50 JAHRE »SOS« KINDERDÖRFER

			ST	PP
196 [472]	10 D-Mark (S) 1999. Rs. Emblem der »SOS« Kinderdörfer auf weltumspannendem Netzwerk. 925er Silber, 15.5 g:			
	a) Normalprägung, 1999 J (3 000 000 Ex.)		16,—	
	b) Spiegelglanz, 1999 A	(162 300 Ex.)		30,—
	c) Spiegelglanz, 1999 D	(162 300 Ex.)		30,—
	d) Spiegelglanz, 1999 F	(162 300 Ex.)		30,—
	e) Spiegelglanz, 1999 G	(162 300 Ex.)		30,—
	f) Spiegelglanz, 1999 J	(162 300 Ex.)		30,—
Satz	Nr. 196 (A, D, F, G, J) im Blisterpack			150,—

Numisblätter siehe am Schluß des Bundesrepublik-Teils.

KULTURSTADT EUROPAS 1999 WEIMAR
250. GEBURTSTAG VON JOHANN WOLFGANG VON GOETHE

197 [473] 10 D-Mark (S) 1999. Rs. Johann Wolfgang von **ST PP**
Goethe (1749–1832), Namen von Vertretern
des Weimarer Kulturlebens. 925er Silber, 15.5 g:
a) Normalprägung, 1999 F (3 000 000 Ex.) 16,—
b) Spiegelglanz, 1999 A (162 300 Ex.) 30,—
c) Spiegelglanz, 1999 D (162 300 Ex.) 30,—
d) Spiegelglanz, 1999 F (162 300 Ex.) 30,—
e) Spiegelglanz, 1999 G (162 300 Ex.) 30,—
f) Spiegelglanz, 1999 J (162 300 Ex.) 30,—
Satz Nr. 197 (A, D, F, G, J) im Blisterpack 150,—

Numisblätter siehe am Schluß des Bundesrepublik-Teils.

WELTAUSSTELLUNG »EXPO 2000« IN HANNOVER

198 [474] 10 D-Mark (S) 2000. Rs. Mensch beim Abwägen
zwischen Natur und Technik. 925er Silber, 15.5 g:
a) Normalprägung, 2000 A (3 000 000 Ex.) 16,—
b) Spiegelglanz, 2000 A (165 260 Ex.) 30,—
c) Spiegelglanz, 2000 D (165 260 Ex.) 30,—
d) Spiegelglanz, 2000 F (165 260 Ex.) 30,—
e) Spiegelglanz, 2000 G (165 260 Ex.) 30,—
f) Spiegelglanz, 2000 J (165 260 Ex.) 30,—
Satz Nr. 198 (A, D, F, G, J) im Blisterpack 150,—

Ausgegeben ab 13. Januar 2000.

Numisblätter siehe am Schluß des Bundesrepublik-Teils.

1200 JAHRE DOM ZU AACHEN
1200. JAHRESTAG DER KAISERKRÖNUNG KARLS DES GROSSEN

				ST	**PP**

199 [475] 10 D-Mark (S) 2000. Rs. Karl I. (747–814), König der Franken, ab 800 römischer Kaiser, bei der Widmung seines Kirchenbaus an Maria mit dem Jesuskind, nach einem Motiv des Karlsschreins von 1215, auf achteckigem Grundriß der Pfalzkapelle zu Aachen. 925er Silber, 15.5 g:
  a) Normalprägung, 2000 G (3 000 000 Ex.) 16,—
  b) Spiegelglanz, 2000 A (165 260 Ex.) 30,—
  c) Spiegelglanz, 2000 D (165 260 Ex.) 30,—
  d) Spiegelglanz, 2000 F (165 260 Ex.) 30,—
  e) Spiegelglanz, 2000 G (165 260 Ex.) 30,—
  f) Spiegelglanz, 2000 J (165 260 Ex.) 30,—

Satz Nr. 199 (A, D, F, G, J) im Blisterpack 150,—

Ausgegeben ab 13. Januar 2000.

Numisblätter siehe am Schluß des Bundesrepublik-Teils.

250. TODESTAG VON JOHANN SEBASTIAN BACH

200 [476] 10 D-Mark (S) 2000. Rs. Johann Sebastian Bach (1685–1750), Komponist und Organist, nach einem Gemälde von Elias Gottlob Haußmann, umgeben von den Namen der Titel seiner Hauptwerke. Randschrift »250. Todestag Johann Sebastian Bach«. 925er Silber, 15.5 g:
  a) Normalprägung, 2000 F (3 000 000 Ex.) 16,—
  b) Spiegelglanz, 2000 A (165 260 Ex.) 30,—
  c) Spiegelglanz, 2000 D (165 260 Ex.) 30,—
  d) Spiegelglanz, 2000 F (165 260 Ex.) 30,—
  e) Spiegelglanz, 2000 G (165 260 Ex.) 30,—
  f) Spiegelglanz, 2000 J (165 260 Ex.) 30,—

Modell von Aase Thorsen

Satz Nr. 200 (A, D, F, G, J) im Blisterpack 150,—

Ausgegeben ab 13. Juli 2000.

Numisblätter siehe am Schluß des Bundesrepublik-Teils.

10 JAHRE DEUTSCHE EINHEIT

201 [477] 10 D-Mark (S) 2000. Rs. Reichstagsgebäude, **ST** **PP**
seit 1989 Sitz des Deutschen Bundestages,
Baukräne und Fragment der Berliner Mauer.
925er Silber, 15.5 g:
  a) Normalprägung, 2000 D (3 000 000 Ex.) 16,—
  b) Spiegelglanz, 2000 A (165 260 Ex.) 30,—
  c) Spiegelglanz, 2000 D (165 260 Ex.) 30,—
  d) Spiegelglanz, 2000 F (165 260 Ex.) 30,—
  e) Spiegelglanz, 2000 G (165 260 Ex.) 30,—
  f) Spiegelglanz, 2000 J (165 260 Ex.) 30,—

Nr. 201a mit kaum sichtbaren Fenstern im linken Gebäudetrakt beruht auf Stempelabnutzung.

Satz Nr. 201 (A, D, F, G, J) im Blisterpack 150,—
Ausgegeben ab 28. September 2000.

200. GEBURTSTAG VON ALBERT LORTZING

202 [478] 10 D-Mark (S) 2001. Rs. Albert Gustav Lortzing
(1801–1851), Komponist, Notenzeilen aus
»Faust II«. 925er Silber, 15.5 g:
  a) Normalprägung, 2001 J (2 500 000 Ex.) 16,—
  b) Spiegelglanz, 2001 A (165 260 Ex.) 30,—
  c) Spiegelglanz, 2001 D (165 260 Ex.) 30,—
  d) Spiegelglanz, 2001 F (165 260 Ex.) 30,—
  e) Spiegelglanz, 2001 G (165 260 Ex.) 30,—
  f) Spiegelglanz, 2001 J (165 260 Ex.) 30,—
Satz Nr. 202 (A, D, F, G, J) im Blisterpack 150,—
Ausgegeben ab 11. Januar 2001.

750 JAHRE KATHARINENKLOSTER ZU STRALSUND
50 JAHRE DEUTSCHES MEERESMUSEUM

				ST	PP
203	[479]	10	D-Mark (S) 2001 Rs. Nordansicht des Katharinenklosters, seit 1951 Deutsches Meeresmuseum, unten Skelett eines gestrandeten Finnwales. 925er Silber, 15.5 g:		
			a) Normalprägung, 2001 A (2 500 000 Ex.)	16,—	
			b) Spiegelglanz, 2001 A (165 260 Ex.)		30,—
			c) Spiegelglanz, 2001 D (165 260 Ex.)		30,—
			d) Spiegelglanz, 2001 F (165 260 Ex.)		30,—
			e) Spiegelglanz, 2001 G (165 260 Ex.)		30,—
			f) Spiegelglanz, 2001 J (165 260 Ex.)		30,—
Satz			Nr. 203 (A, D, F, G, J) im Blisterpack		150,—

Ausgegeben ab 13. Juni 2001.

50 JAHRE BUNDESVERFASSUNGSGERICHT

204	[480]	10	D-Mark (S) 2001. Rs. Achtköpfiges Richterkollegium mit Grundgesetz und Waage der Gerechtigkeit. 925er Silber, 15.5 g:
			a) Normalprägung, 2001 G (2 500 000 Ex.) 16,—
			b) Spiegelglanz, 2001 A (165 260 Ex.) 30,—
			c) Spiegelglanz, 2001 D (165 260 Ex.) 30,—
			d) Spiegelglanz, 2001 F (165 260 Ex.) 30,—

		ST	PP

e) Spiegelglanz, 2001 G (165 260 Ex.) 30,—
f) Spiegelglanz, 2001 J (165 260 Ex.) 30,—

Satz Nr. 204 (A, D, F, G, J) im Blisterpack 150,—

Ausgegeben ab 5. September 2001.

Auch nach der Einführung des Euro-Bargeldes bleibt der Nennwert der auf DM lautenden Münzen garantiert. Die Deutsche Bundesbank wechselt diese Stücke ohne zeitliche Beschränkung in Euro ein. Die Währungsunion ist daher kein Anlaß, Sammlungen von Münzen der Bundesrepublik aufzulösen.

GOLDBARRENMÜNZE DER DEUTSCHEN BUNDESBANK
ZUM ABSCHIED DER DEUTSCHEN MARK

205 1 D-Mark (G) 2001. Bundesadler, Umschrift ST
»Deutsche Bundesbank«. Rs. Wert zwischen
Eichenblättern (wie Nr. 108). 999er Gold,
11.85 g:
a) Stempelglanz, 2001 A (max. 200 000 Ex.) —,—
b) Stempelglanz, 2001 D (max. 200 000 Ex.) —,—
c) Stempelglanz, 2001 F (max. 200 000 Ex.) —,—
d) Stempelglanz, 2001 G (max. 200 000 Ex.) —,—
e) Stempelglanz, 2001 J (max. 200 000 Ex.) —,—

Ausgegeben ab Juli/August 2001. Außer Kurs ab 1. Juli 2002.

Nr. 205 ist zum Metallwert zuzüglich eines handelsüblichen Aufschlags erhältlich (mehrwertsteuerfrei nach § 25c UStG). Der gesamte Verkaufserlös (abzüglich Prägekosten) wird der Stiftung »Stabiles Geld« zur Unterstützung der wissenschaftlichen und juristischen Forschung auf dem Gebiet des Geld- und Währungswesens sowie der Stiftung »Preußischer Kulturbesitz« zur Sanierung der Berliner Museumsinsel zufließen.

WÄHRUNGSUMSTELLUNG 1. Januar 1999: 1.95583 Mark <DEM> = 1 Euro <EUR>
NEUE WÄHRUNG: 100 Eurocent (Cent) = 1 Euro

Die Ausgabe der neuen Umlaufmünzen ist zum 1. Januar 2002 (Startpäckchen für jeden Haushalt bereits ab 17. Dezember 2001) vorgesehen. Die auf Mark und Pfennig lautenden Münzen werden dann bis spätestens 1. Juli 2002 außer Kurs gesetzt, können aber auch danach ohne zeitliche Beschränkung in Euro umgetauscht werden.

1 Cent	2002–	Fe, Cu galvanisiert	2.20 g	⌀ 16.25 mm
2 Cent	2002–	Fe, Cu galvanisiert	3.00 g	⌀ 18.75 mm
5 Cent	2002–	Fe, Cu galvanisiert	3.90 g	⌀ 21.75 mm
10 Cent	2002–	Cu 89 / Al 05 / Zn 05 / Sn 01	4.10 g	⌀ 19.75 mm
20 Cent	2002–	Cu 89 / Al 05 / Zn 05 / Sn 01	5.70 g	⌀ 22.25 mm
50 Cent	2002–	Cu 89 / Al 05 / Zn 05 / Sn 01	7.00 g	⌀ 24.25 mm
1 Euro	2002–	Ring Cu 75 / Zn 20 / Ni 05, Zentrum Ni, Cu 75 / Ni 25 galvanisiert	7.50 g	⌀ 23.25 mm
2 Euro	2002–	Ring Cu 75 / Ni 25, Zentrum Ni, Cu 75 / Zn 20 / Ni 05 galvanisiert	8.50 g	⌀ 25.75 mm

206   1 Cent (St, K galvanisiert) 2002. Eichenzweig, zwölf Sterne. Rs. Europa in der Welt, zwölf Sterne, Wertangabe: **ST**

	Auflage	A	D	F	G	J
2002	3 700 000 000	—,—	—,—	—,—	—,—	—,—

207   2 Cent (St, K galvanisiert) 2002. Typ wie Nr. 206:

	Auflage	A	D	F	G	J
2002	1 800 000 000	—,—	—,—	—,—	—,—	—,—

208   5 Cent (St, K galvanisiert) 2002. Typ wie Nr. 206:

	Auflage	A	D	F	G	J
2002	2 300 000 000	—,—	—,—	—,—	—,—	—,—

209   10 Cent (Al-Bro) 2002. Brandenburger Tor in Berlin, zwölf Sterne. Rs. Europa der Nationen, zwölf Sterne, Wertangabe: **ST**

	Auflage	A	D	F	G	J
2002	3 300 000 000	—,—	—,—	—,—	—,—	—,—

210   20 Cent (Al-Bro) 2002. Typ wie Nr. 209 (rund mit sieben Kerben):

	Auflage	A	D	F	G	J
2002	1 600 000 000	—,—	—,—	—,—	—,—	—,—

211   50 Cent (Al-Bro) 2002. Typ wie Nr. 209:

	Auflage	A	D	F	G	J
2002	1 600 000 000	—,—	—,—	—,—	—,—	—,—

212   1 Euro (N-Me / N, K-N galvanisiert) 2002. Bundesadler, zwölf Sterne. Rs. Europa ohne Grenzen, zwölf Sterne, Wertangabe:

	Auflage	A	D	F	G	J	ST
2002	1 700 000 000	—,—	—,—	—,—	—,—	—,—	

213   2 Euro (K-N / N, N-Me galvanisiert) 2002. Typ wie Nr. 212:

	Auflage	A	D	F	G	J
2002	1 000 000 000	—,—	—,—	—,—	—,—	—,—

Nrn. 206–213 sind als Umlaufmünzen im gesamten Euroland (Teilnehmerstaaten der Europäischen Währungsunion) als gesetzliche Zahlungsmittel kursfähig.

Die nachfolgenden Gedenkmünzen ab Nr. 214 besitzen nur innerhalb Deutschlands gesetzliche Zahlungskraft.

	EUROPÄISCHE WÄHRUNGSUNION	ST	PP
214	10 Euro (S) 2002 F. 925er Silber, 18g (ST: max. 2 000 000 Ex., PP: max. 500 000 Ex.)	—,—	—,—

100 JAHRE UNTERGRUNDBAHNEN IN DEUTSCHLAND

215   10 Euro (S) 2002 D. 925er Silber, 18g (ST: max. 2 000 000 Ex., PP: max. 500 000 Ex.)   —,—   —,—

KUNSTAUSSTELLUNG »DOCUMENTA«

216   10 Euro (S) 2002 J. 925er Silber, 18g (ST: max. 2 000 000 Ex., PP: max. 500 000 Ex.)   —,—   —,—

MUSEUMSINSEL BERLIN

217   10 Euro (S) 2002 A. 925er Silber, 18g (ST: max. 2 000 000 Ex., PP: max. 500 000 Ex.)   —,—   —,—

50 JAHRE DEUTSCHES FERNSEHEN

218   10 Euro (S) 2002 G. 925er Silber, 18g (ST: max. 2 000 000 Ex., PP: max. 500 000 Ex.)   —,—   —,—

50. JAHRESTAG DES VOLKSAUFSTANDES VOM 17. JUNI 1953

—   10 Euro (S) 2003 A   —,—   —,—

	100 JAHRE DEUTSCHES MUSEUM	**ST**	**PP**
—	10 Euro (S) 2003 D	—,—	—,—
	200. GEBURTSTAG VON GOTTFRIED SEMPER		
—	10 Euro (S) 2003	—,—	—,—
	200. GEBURTSTAG VON JUSTUS LIEBIG		
—	10 Euro (S) 2003	—,—	—,—
	INDUSTRIELANDSCHAFT RUHRGEBIET		
—	10 Euro (S) 2003	—,—	—,—

Münzsätze
1, 2, 5, 10, 50 Pfennig, 1, 2, 5 Mark
Mit 2 Mark Planck (1964–1971), Adenauer/Heuss (1972–1978), Adenauer/Heuss/ Schumacher (1979–1987), Schumacher/Erhard (1988–1989), Schumacher/Erhard/ Strauß (1990–1993), Erhard/Strauß/Brandt (1994–2001).

Kursmünzensätze in einfacher Prägung (Stempelglanz)
in Hartfolie mit Kartonstreifen (1974–2001)

Kursmünzensätze in Spiegelglanz
in weichmacherhaltiger Plastikfolie (1964–1970),
in Hartfolie mit Kartonstreifen (1971–1973),
in Kassette aus Hartkunststoff mit blauer Einlage (1974–2001)

		Auflage	**PP**
1964 G (8)		(600 Ex.)	1600,—
1965 F (8)		(300 Ex.)	3900,—
1965 G (8)		(8 233 Ex.)	200,—
1966 F (8)		(450 Ex.)	3250,—
1966 G (8)		(3 070 Ex.)	400,—
1966 J (8)		(1 000 Ex.)	850,—
1967 F (8)		(1 600 Ex.)	650,—
1967 G (8)	mit 2 Pfennig (Bro)	(3 630 Ex.)	320,—
1967 G (8)	mit 2 Pfennig (St, K plattiert)	(520 Ex.)	3900,—
1967 J (8)		(1 500 Ex.)	950,—
1968 F (8)		(3 100 Ex.)	600,—
1968 G (8)	mit 2 Pfennig (Bro)	(3 651 Ex.)	350,—
1968 G (8)	mit 2 Pfennig (St, K plattiert)	(2 372 Ex.)	400,—
1968 J (8)		(2 000 Ex.)	600,—
1969 F (8)		(5 100 Ex.)	160,—
1969 G (8)		(8 700 Ex.)	140,—
1969 J (8)		(5 000 Ex.)	150,—

	Auflage	**ST**	Auflage	**PP**
1970 F (8)			(5 240 Ex.)	200,—
1970 G (8)			(10 200 Ex.)	160,—
1970 J (8)			(5 000 Ex.)	175,—
1971 D (8)			(8 000 Ex.)	165,—
1971 F (8)			(8 100 Ex.)	165,—
1971 G (8)			(10 200 Ex.)	165,—
1971 J (8)			(8 000 Ex.)	165,—
1972 D (9)			(8 000 Ex.)	165,—
1972 F (9)			(8 100 Ex.)	165,—
1972 G (9)			(10 000 Ex.)	165,—
1972 J (9)			(8 000 Ex.)	165,—
1973 D (9)			(9 000 Ex.)	165,—
1973 F (9)			(9 100 Ex.)	165,—
1973 G (9)			(9 000 Ex.)	165,—
1973 J (9)			(9 000 Ex.)	165,—
1974 D (9)	(20 000 Ex.)	80,—	(35 000 Ex.)	70,—
1974 F (9)	(20 000 Ex.)	80,—	(35 100 Ex.)	70,—
1974 G (9)	(20 000 Ex.)	80,—	(35 100 Ex.)	70,—
1974 J (9)	(20 000 Ex.)	80,—	(35 000 Ex.)	70,—
1975 D (9)	(26 000 Ex.)	55,—	(43 120 Ex.)	50,—
1975 F (9)	(26 000 Ex.)	55,—	(43 100 Ex.)	50,—
1975 G (9)	(26 000 Ex.)	55,—	(43 100 Ex.)	50,—
1975 J (9)	(26 000 Ex.)	55,—	(43 120 Ex.)	50,—
1976 D (9)	(26 000 Ex.)	55,—	(43 120 Ex.)	40,—
1976 F (9)	(26 000 Ex.)	55,—	(43 100 Ex.)	40,—
1976 G (9)	(26 000 Ex.)	55,—	(43 100 Ex.)	40,—
1976 J (9)	(26 000 Ex.)	55,—	(43 120 Ex.)	40,—
1977 D (9)	(29 000 Ex.)	45,—	(50 620 Ex.)	35,—
1977 F (9)	(29 000 Ex.)	45,—	(50 600 Ex.)	35,—
1977 G (9)	(29 000 Ex.)	45,—	(50 600 Ex.)	35,—
1977 J (9)	(29 000 Ex.)	45,—	(50 620 Ex.)	35,—
1978 D (9)	(29 500 Ex.)	45,—	(54 120 Ex.)	35,—
1978 F (9)	(29 500 Ex.)	45,—	(54 100 Ex.)	35,—
1978 G (9)	(29 500 Ex.)	45,—	(54 100 Ex.)	35,—
1978 J (9)	(29 500 Ex.)	45,—	(54 120 Ex.)	35,—
1979 D, F, G, J (10)	(je 44 000 Ex.)	je 45,—	(je 89 120 Ex.)	je 30,—
1980 D, F, G, J (10)	(je 44 000 Ex.)	je 45,—	(je 110 370 Ex.)	je 30,—
1981 D, F, G, J (10)	(je 35 000 Ex.)	je 45,—	(je 91 120 Ex.)	je 30,—
1982 D, F, G, J (10)	(je 33 000 Ex.)	je 45,—	(je 78 120 Ex.)	je 35,—
1983 D, F, G, J (10)	(je 31 000 Ex.)	je 35,—	(je 75 120 Ex.)	je 40,—
1984 D (10)	(25 500 Ex.)	100,—	(63 870 Ex.)	75,—
1984 F (10)	(25 500 Ex.)	100,—	(63 935 Ex.)	75,—
1984 G (10)	(25 500 Ex.)	100,—	(63 870 Ex.)	75,—

	Auflage	**ST**	Auflage	**PP**
1984 J (10)	(25 500 Ex.)	100,—	(63 870 Ex.)	75,—
1985 D (10)	(23 414 Ex.)	75,—	(56 392 Ex.)	80,—
1985 F (10)	(23 000 Ex.)	75,—	(54 067 Ex.)	80,—
1985 G (10)	(23 000 Ex.)	75,—	(54 731 Ex.)	80,—
1985 J (10)	(23 000 Ex.)	75,—	(53 887 Ex.)	80,—
1986 D, F, G, J (10)	(je 15 000 Ex.)	je 250,—	(je 44 120 Ex.)	je 90,—
1987 D, F, G, J (10)	(je 18 000 Ex.)	je 100,—	(je 45 120 Ex.)	je 90,—
1988 D, F, G, J (9)	(je 18 000 Ex.)	je 70,—	(je 45 120 Ex.)	je 75,—
1989 D, F, G, J (9)	(je 18 000 Ex.)	je 65,—	(je 45 120 Ex.)	je 75,—
1990 D, F, G, J (10)	(je 20 000 Ex.)	je 60,—	(je 45 120 Ex.)	je 60,—
1991 A, D, F, G, J (10)	(je 20 000 Ex.)	je 60,—	(je 45 120 Ex.)	je 60,—
1992 A, D, F, G, J (10)	(je 20 000 Ex.)	je 60,—	(je 45 120 Ex.)	je 60,—
1993 A, D, F, G, J (10)	(je 20 000 Ex.)	je 85,—	(je 45 120 Ex.)	je 60,—
1994 A, D, F, G, J (10)	(je 20 000 Ex.)	je 55,—	(je 45 120 Ex.)	je 60,—
1995 A, D, F, G, J (10)	(je 20 000 Ex.)	je 590,—	(je 45 120 Ex.)	je 250,—
1996 A, D, F, G, J (10)	(je 50 000 Ex.)	je 85,—	(je 45 120 Ex.)	je 80,—
1997 A, D, F, G, J (10)	(je 70 000 Ex.)	je 55,—	(je 70 000 Ex.*)	je 60,—
1998 A, D, F, G, J (10)	(je 70 000 Ex.)	je 55,—	(je 62 000 Ex.*)	je 60,—
1999 A, D, F, G, J (10)	(je 70 000 Ex.)	je 55,—	(je 65 000 Ex.*)	je 60,—
2000 A, D, F, G, J (10)	(je 77 000 Ex.)	je 55,—	(je 78 000 Ex.*)	je 60,—
2001 A, D, F, G, J (10)	(je 100 000 Ex.)	je 50,—	(je 78 000 Ex.*)	je 60,—

* zuzüglich Deputat

Münzsätze 2000–2001 in Spiegelglanz auch in Sonderverpackung der Deutschen Post AG vorkommend (je 15 000 Ex., oben enthalten).

Sondersatz in Spiegelglanz

1, 2, 5, 10, 50 Pfennig, 1 Mark 1971 G, 2 Mark Planck 1971 G, 2 Mark Adenauer 1969 G, 2 Mark Heuss 1971 G, 5 Mark 1971 G sowie Neuprägung des 10 Pfennig 1873 G von den Originalstempeln auf klippenförmigem Goldschrötling	**PP** 1500,—

Numisblätter
Ausgaben der Deutschen Post AG

500. Geburtstag von Philipp Melanchthon

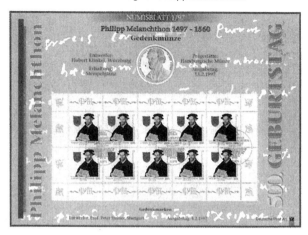

N1   4. Februar / 13. Februar 1997
Münze zu 10 Mark Melanchthon 1997, Briefmarkenkleinbogen zu 10 Mark (70 000 Ex.)   *450,—*

100 Jahre Dieselmotor

N2   28. August 1997
Münze zu 10 Mark Dieselmotor 1997, Briefmarkenkleinbogen zu 30 Mark   *65,—*

200. Geburtstag von Heinrich Heine

N3   6. November 1997
Münze zu 10 Mark Heine 1997, Briefmarkenkleinbogen zu 11 Mark:
a) mit Runen am Bogenrand   *600,—*
b) ohne Runen am Bogenrand   *75,—*

350. Jahrestag des Westfälischen Friedens

N4   12. März 1998
Münze zu 10 Mark Westfälischer Friede 1998, Briefmarkenkleinbogen zu 11 Mark   *45,—*

900. Geburtstag von Hildegard von Bingen

N5 16. April 1998
Münze zu 10 Mark Hildegard von Bingen
1998, Briefmarkenkleinbogen zu 11 Mark 45,—

50 Jahre Deutsche Mark

N6 19. Juni 1998
Münze zu 10 Mark Deutsche Mark 1998,
Briefmarkenkleinbogen zu 11 Mark 75,—

300 Jahre Franckesche Stiftungen

N7 10. September 1998
Münze zu 10 Mark Franckesche Stiftungen
1998, Briefmarkenkleinbogen zu 11 Mark 45,—

50 Jahre Grundgesetz der Bundesrepublik Deutschland

N8 21. Mai 1999
Münze zu 10 Mark Grundgesetz 1999,
2 Briefmarkenblocks zu je 1,10 Mark 30,—

50 Jahre »SOS« Kinderdörfer

N9 10. Juni 1999
Münze zu 10 Mark »SOS« Kinderdörfer 1999,
Briefmarkenkleinbogen zu 11 Mark 45,—

Kulturstadt Europas 1999 Weimar
250. Geburtstag von Johann Wolfgang von Goethe

N10 12. August 1999
Münze zu 10 Mark Goethe 1999, Briefmar-
kenkleinbogen zu 11 Mark 45,—

Weltausstellung »EXPO 2000« in Hannover

N11 13. Januar 2000
Münze zu 10 Mark EXPO 2000, Briefmarken-
kleinbogen zu 10 Mark 45,—

1200 Jahre Dom zu Aachen
1200. Jahrestag der Kaiserkrönung Karls des Großen

N12   13. Januar 2000
Münze zu 10 Mark Karl der Große 2000,
Briefmarkenkleinbogen zu 11 Mark   45,—

250. Todestag von Johann Sebastian Bach

N13   13. Juli 2000
Münze zu 10 Mark Bach 2000, Briefmarkenkleinbogen zu 11 Mark   45,—

10 Jahre Deutsche Einheit

N14   28. September 2000
Münze zu 10 Mark Deutsche Einheit 2000,
Briefmarkenkleinbogen zu 11 Mark   45,—

200. Geburtstag von Albert Lortzing

N15   11. Januar 2001
Münze zu 10 Mark Lortzing 2001, Briefmarkenkleinbogen zu 11 Mark   45,—

750 Jahre Katharinenkloster zu Stralsund
50 Jahre Deutsches Meeresmuseum

N16   13. Juni 2001
Münze zu 10 Mark Stralsund 2001, Briefmarkenkleinbogen zu 11 Mark   45,—

50 Jahre Bundesverfassungsgericht

N17   5. September 2001
Münze zu 10 Mark Bundesverfassungsgericht 2001, Briefmarkenkleinbogen zu 11 Mark   45,—

DEUTSCHE DEMOKRATISCHE REPUBLIK

Fläche: 108 333 km^2; 16 700 000 Einwohner (1990).
Die Deutsche Demokratische Republik wurde am 7.10.1949 ausgerufen; sie ist aus der Sowjetischen Besatzungszone Deutschlands hervorgegangen. Am 11.10.1949 wurde ihr von der Sowjetischen Militär-Administration in Deutschland die Verwaltungsaufgabe übertragen. Die fünf Länder, aus denen die DDR gebildet worden war – Brandenburg, Mecklenburg-Vorpommern, Sachsen-Anhalt, Sachsen und Thüringen –, wurden 1952 durch 14 Bezirke ersetzt.
Das Ergebnis der ersten freien und geheimen Wahlen zur Volkskammer der Deutschen Demokratischen Republik vom 18. März 1990 bildete die Grundlage zur Vereinigung beider deutscher Staaten am 3. Oktober 1990. Schon am 1. Juli 1990, mit Inkrafttreten der Währungs-, Wirtschafts- und Sozialunion, ist die Deutsche Mark (West) auf dem Gebiet der Deutschen Demokratischen Republik als alleiniges gesetzliches Zahlungsmittel eingeführt worden. Die Kleinmünzen bis 50 Pfennig blieben bis zum 30. Juni 1991 im Verhältnis 1:1 im Umlauf.

Ausgabeinstitute:
Deutsche Notenbank (20. Juli 1948 – 31. Dezember 1967)
Staatsbank der DDR (1. Januar 1968 – 30. Juni 1990)

Münzstätten: *Berlin* (Msz. A oder ohne Msz.)
Muldenhütten (in Sachsen) (bis 1953, Msz. E)
Leningrad (nur 1 Pfennig 1968, Msz. A)

100 Pfennig = 1 Deutsche Mark (Ost);
ab 31. Oktober 1951: 100 Pfennig = 1 Deutsche Mark der Deutschen Notenbank;
ab 1. August 1964: 100 Pfennig = 1 Mark der Deutschen Notenbank (MDN);
ab 1. Januar 1968: 100 Pfennig = 1 Mark der DDR (M);
seit 1. Juli 1990: 100 Pfennig = 1 Deutsche Mark (DM)

1 Pfennig	* 1948–1990	** Al 97 / Mg 03	0.75 g	⌀ 17 mm
5 Pfennig	* 1948–1990	Al 97 / Mg 03	1.1 g	⌀ 19 mm
10 Pfennig	* 1948–1990	Al 97 / Mg 03	1.5 g	⌀ 21 mm
20 Pfennig	1969–1990	Cu 63 / Zn 37	5.4 g	⌀ 22.2 mm
50 Pfennig	1949–1950	Cu / Al	3.3 g	⌀ 20 mm
50 Pfennig	1958–1990	Al 97 / Mg 03	2.0 g	⌀ 23 mm
1 Deutsche Mark	1956	Al 96 / Mg 03 / Zn 01	2.5 g	⌀ 25 mm
1 (Deutsche) Mark	1962–1990	Al 97 / Mg 03	2.5 g	⌀ 25 mm
2 (Deutsche) Mark	1957–1990	Al 97 / Mg 03	3.0 g	⌀ 27 mm

* von 1948 bis 1953 Aluminiumlegierungen ohne festgelegte Anteile.
** in späteren Jahren (ab etwa 1983) zunächst Al 98 / Mg 02 und zuletzt Al 99 / Mg 01.

WÄHRUNGSREFORM 1948: 10 Reichsmark = 1 Deutsche Mark (Ost)
(ab 31. 10. 1951: Deutsche Mark der Deutschen Notenbank)

1 [1501] 1 Pfennig (Al) 1948–1950. Ähre auf Zahnrad als Symbol für das Bündnis zwischen Arbeiterklasse und werktätigen Bauern. Rs. Wert, Landesname »Deutschland«:

		SS	**VZ**	**ST**
1948 A		5,—	15,—	50,—
1949 A	(A: 243 000 275 Ex.)	5,—	15,—	40,—
1949 E	(E: 55 200 000 Ex.)	35,—	100,—	460,—
1950 A		5,—	12,—	35,—
1950 E		20,—	70,—	160,—

Ausgegeben ab 2. März 1950. Außer Kurs seit 1. Januar 1972.

1P 1 Pfennig (Zink) 1948 A. Materialprobe (wenige Ex.)   *5000,—*

2 [1502] 5 Pfennig (Al) 1948–1950. Typ wie Nr. 1:

1948 A		5,—	18,—	90,—
1949 A	(205 072 430 Ex.)	4,—	15,—	140,—
1950 A		6,—	20,—	85,—

Ausgegeben ab 1. April 1949. Außer Kurs seit 1. Januar 1972.

3 [1503] 10 Pfennig (Al) 1948–1950. Typ wie Nr. 1:

1948 A		5,—	22,—	150,—
1949 A	(216 537 385 Ex.)	6,—	25,—	150,—
1950 A		4,—	15,—	150,—
1950 E	(16 000 000 Ex.)	25,—	200,—	1700,—

Ausgegeben ab 1. April 1949. Außer Kurs seit 1. Januar 1972.

4 [1504] 50 Pfennig (Al-Bro) 1949, 1950. Pflug vor Hüttenwerk. Rs. Wert, Landesname »Deutschland«:

	SS	VZ	ST
1949 A (wenige Ex.)			15 000,—
1950 A (67 703 405 Ex.)	8,—	25,—	100,—

Ausgegeben ab 1. September 1950. Außer Kurs seit 1. Dezember 1958.

4P1   50 Pfennig (Al-Bro) 1949 A. Motivprobe, ursprünglicher Stil der Wertseite, Wertzahl mit kleiner Null (wenige Ex.)   12 000,—

4P2   50 Pfennig (Al-Bro) 1949 A. Motivprobe, wie Nr. 4P1, Wertzahl mit vergrößerter Null (wenige Ex.)   12 000,—

4P3   50 Pfennig (K–N) 1950 A. Materialprobe, wie Nr. 4, Kupfernickel, 3.71 g   6000,—

Vorsicht vor von privater Seite nachträglich vernickelten Stücken aus der regulären Prägung!

5 [1505]   1 Pfennig (Al) 1952, 1953. Hammer und Zirkel auf zwei Ähren als Symbol für das Bündnis der Arbeiterklasse mit den werktätigen Bauern und der

	SS	VZ	ST
schaffenden Intelligenz, nach dem Emblem des Fünfjahrplans. Rs. Wert, Landesname »Deutschland«:			
1952 A (297 213 351 Ex.)	3,—	15,—	30,—
1952 E (49 295 502 Ex.)	18,—	30,—	120,—
1953 A (114 001 762 Ex.)	2,—	15,—	35,—
1953 E (50 876 044 Ex.)	15,—	30,—	150,—

Ausgegeben ab 24. März 1952. Außer Kurs seit 1. Januar 1972.

6 [1506] 5 Pfennig (Al) 1952, 1953. Typ wie Nr. 5:

	SS	VZ	ST
1952 A (113 397 140 Ex.)	2,—	15,—	30,—
1952 E (24 024 000 Ex.)	12,—	30,—	90,—
1953 A (40 993 578 Ex.)	4,—	18,—	40,—
1953 E (28 665 873 Ex.)	12,—	30,—	175,—

Ausgegeben ab 24. März 1952. Außer Kurs seit 1. Januar 1972.

7 [1507] 10 Pfennig (Al) 1952, 1953. Typ wie Nr. 5:

	SS	VZ	ST
1952 A (70 426 704 Ex.)	6,—	22,—	100,—
1952 E (21 497 796 Ex.)	15,—	75,—	500,—
1953 A (18 610 969 Ex.)	5,—	30,—	125,—
1953 E (11 500 000 Ex.)	20,—	100,—	460,—

Ausgegeben ab 24. März 1952. Außer Kurs seit 1. Januar 1972.

Mit den Stempeln des 10 Pfennig 1953 A wurde eine Reihe von Materialproben in verschiedenen Aluminiumlegierungen (auch eloxiert) sowie auf Stahlochrollingen unterschiedlicher Herstellungsart und Oberflächenbehandlung angefertigt.

8 [1508] 1 Pfennig (Al) 1960 ~ 1990. Staatswappen, am 27. September 1955 eingeführt, Landesname »Deutsche Demokratische Republik«. Rs. Wert zwischen Eichenblättern. Rand glatt:

(Normalprägung + Stempelglanz)	VZ	ST	PP
1. großes Wappen, große Wertzahl, alte Blätter			
1960 A (101 807 993 Ex.)	2,—	5,—	
1961 A (101 775 914 Ex.)	2,—	5,—	
1962 A (81 459 160 Ex.)	2,—	5,—	
1963 A (101 401 582 Ex.)	2,—	5,—	
1964 A (98 967 334 Ex.)	2,—	8,—	
1965 A (38 584 510 Ex.)	25,—	110,—	
1968 A* (813 680 000 Ex.)	—,30	3,—	
* in St. Petersburg (Leningradskij Monetnyj Dvor) geprägt			
1972 A (4 800 734 Ex.)	20,—	50,—	
1973 A (5 517 600 Ex.)	25,—	60,—	
1975 A (202 752 200 Ex.)	2,—	5,—	
2. kleines Wappen, kleine Wertzahl, neue Blätter			
1977 A (61 560 000 Ex.)	2,—	8,—	
1978 A (200 050 000 Ex.)	2,—	5,—	
1979 A (100 640 000 Ex. + 25 550 Ex.)	1,—	3,—	
1980 A (153 000 020 Ex. + 25 000 Ex.)	1,—	3,—	
1981 A (200 436 000 Ex. + 25 000 Ex.)	1,—	3,—	(40 Ex.) —,—
1982 A (99 200 000 Ex. + 25 000 Ex.)	1,—	5,—	(2500 Ex.) —,—
1983 A (150 000 000 Ex. + 22 500 Ex.)	2,—	6,—	(2550 Ex.) —,—
1984 A (137 600 000 Ex. + 22 500 Ex.)	2,—	5,—	(3505 Ex.) —,—
1985 A (125 060 000 Ex. + 10 000 Ex.)	2,—	5,—	(2961 Ex.) —,—
1986 A (73 900 000 Ex. + 10 000 Ex.)	3,—	5,—	(2800 Ex.) —,—
1987 A (50 015 000 Ex. + 11 000 Ex.)	3,—	5,—	(2542 Ex.) —,—
1988 A (75 450 000 Ex. + 13 750 Ex.)	1,—	2,—	(2441 Ex.) —,—
1989 A (84 390 000 Ex. + 13 600 Ex.)	1,—	2,—	(2467 Ex.) —,—
1990 A (15 660 000 Ex. + 13 600 Ex.)		40,—	

Ausgegeben ab 1. Mai 1960. Außer Kurs seit 1. Juli 1991.

8P   1 Pfennig (Al) o. J. (1957) A. Motivprobe, Wappenseite in abweichender Zeichnung, Wertseite von Nr. 5 (wenige Ex.)   **ST**

—,—

Münzsätze mit Nr. 8 siehe am Schluß des DDR-Teils.

9 [1509]   5 Pfennig (Al) 1968 ~ 1990. Typ wie Nr. 8. Rand glatt:

(Normalprägung + Stempelglanz)	VZ	ST	PP

1. großes Wappen, große Wertzahl, alte Blätter

	VZ	ST	PP
1968 A (282 303 297 Ex.)	2,—	5,—	*
1972 A (51 461 800 Ex.)	3,—	10,—	**
1975 A (84 709 850 Ex.)	2,—	5,—	

2. kleines Wappen, abweichende Schriftaufteilung

1976 A (wenige Ex.)	—,—	—,—	

3. kleines Wappen, kleine Wertzahl, neue Blätter

	VZ	ST	PP
1978 A (43 257 450 Ex.)	2,—	8,—	
1979 A (46 194 200 Ex. + 25 550 Ex.)	2,—	5,—	
1980 A (31 976 670 Ex. + 31 600 Ex.)	3,—	5,—	
1981 A (33 102 400 Ex. + 25 000 Ex.)	2,—	5,—	(40 Ex.) —,—
1982 A (915 600 Ex. + 25 000 Ex.)	50,—	160,—	(2500 Ex.) —,—
1983 A (100 890 000 Ex. + 22 500 Ex.)	3,—	5,—	(2550 Ex.) —,—
1984 A (6 000 Ex. + 22 500 Ex.)	—,—	120,—	(3520 Ex.) —,—
1985 A (1 000 000 Ex. + 10 000 Ex.)	20,—	40,—	(2874 Ex.) —,—
1986 A (1 000 000 Ex. + 10 000 Ex.)	20,—	40,—	(2800 Ex.) —,—
1987 A (20 000 Ex. + 11 000 Ex.)		35,—	(2378 Ex.) —,—
1988 A (35 930 000 Ex. + 13 750 Ex.)	1,—	3,—	(2409 Ex.) —,—
1989 A (21 540 000 Ex. + 13 600 Ex.)	1,—	3,—	(2732 Ex.) —,—
1990 A (50 630 000 Ex. + 13 600 Ex.)	1,—	2,—	

* 1968 auch als Musterexemplare in polierter Platte (wenige Ex.) —,—
** 1972 auch als Musterexemplare in Glanzprägung (wenige Ex.) 450,—

Ausgegeben ab 15. Mai 1968. Außer Kurs seit 1. Juli 1991.

9F Fehlprägungen auf artfremden Ronden:
a) 1968 A Messing, 3.2 g (Versuchsprägung?) st 1500,—
b) 1972 A Nickel, 2.6 g (Versuchsprägung?) st 1000,—
c) 1972 A Nickel, 3.25 g, ⌀ 19 mm, Rand glatt (Versuchsprägung?) st 1000,—
d) 1972 A Nickel, 3.77 g, ⌀ 18.5 mm, Rand glatt (Versuchsprägung?) st 1000,—
e) 1975 A Stahl, 2.6 g (Versuchsprägung?) st 1200,—
f) 1978 A Kupfernickel, 2.7 g st 1200,—
g) 1983 A Nickel —,—

9P 5 Pfennig (Al) 1982 A. Produktionsprobe, Riffelrand (anläßlich des Internationalen Jahres der Behinderten gefertigt) **ST** 1500,—

Münzsätze mit Nr. 9 siehe am Schluß des DDR Teils.

10 [1510] 10 Pfennig (Al) 1963 ~ 1990. Rs. Eichenblatt über Wert. Rand glatt:

(Normalprägung + Stempelglanz)	VZ	ST	PP

1. Wappenseite mit alter Schriftaufteilung

	VZ	ST	PP
1963 A (21 063 474 Ex.)	35,—	180,—	
1965 A (55 312 635 Ex.)	5,—	35,—	
1967 A (96 994 702 Ex.)	5,—	20,—	
1968 A (207 460 678 Ex.)	1,—	7,—	
1970 A (13 386 600 Ex.)	3,—	10,—	
1971 A (66 618 228 Ex.)	2,—	10,—	
1972 A (5 701 781 Ex.)	10,—	50,—	
1973 A (11 257 088 Ex.)	3,—	15,—	
1978 A (40 000 000 Ex.)	2,—	8,—	
1979 A (54 665 000 Ex. + 25 550 Ex.)	1,—	4,—	
1980 A (20 664 000 Ex. + 25 000 Ex.)	2,—	8,—	
1981 A (40 704 150 Ex. + 25 000 Ex.)	2,—	5,—	(40 Ex.) —,—
1982 A (40 212 000 Ex. + 25 000 Ex.)	4,—	8,—	(2500 Ex.) —,—
1983 A (40 699 000 Ex. + 22 500 Ex.)	2,—	6,—	(2550 Ex.) —,—
1984 A (12 000 Ex. + 22 500 Ex.)	—,—	85,—	(3175 Ex.) —,—
1985 A (1 010 000 Ex. + 10 000 Ex.)	15,—	40,—	(2823 Ex.) —,—

2. Wappenseite mit neuer Schriftaufteilung

	VZ	ST	PP
1986 A (1 000 000 Ex. + 10 000 Ex.)	15,—	40,—	(2800 Ex.) —,—
1987 A (20 000 Ex. + 11 000 Ex.)	—,—	40,—	(2392 Ex.) —,—
1988 A (10 705 000 Ex. + 13 750 Ex.)	1,—	4,—	(2554 Ex.) —,—
1989 A (37 620 000 Ex. + 13 600 Ex.)	1,—	2,—	(2648 Ex.) —,—
1990 A (13 600 Ex.)		30,—	

Ausgegeben ab 1. Dezember 1963. Außer Kurs seit 1. Juli 1991.

Nr. 10 von 1963 A, 1965 A, 1967 A, 1968 A, 1971 A, 1973 A, 1978 A, 1979 A, 1980 A, 1981 A, 1982 A mit stellenweiser Randkerbung vorkommend (von privater Seite mittels Kombinationszange bewerkstelligt).

			VZ	ST
10F	Fehlprägungen auf artfremden Ronden: a) 1968 A Nickel, 3.31 g st 800,— b) 1983 A Aluminium, 1.1 g (Ronde von Nr. 9)			
10P1	10 Pfennig (St, Me plattiert) 1965 A. Materialprobe (ca. 30 Ex.)			1500,—
10P2	10 Pfennig (Me) 1967 A. Materialprobe 4.5 g (wenige Ex.)		1800,—	—,—
10P3	10 Pfennig (Me) 1968 A. Materialprobe für Nr. 11 (ca. 10 Ex.)			1200,—
10P4	10 Pfennig (E) 1970 A. Materialprobe (wenige Ex.)			800,—
10P5	10 Pfennig (E) 1972 A. Materialprobe (wenige Ex.)			800,—

Münzsätze mit Nr. 10 siehe am Schluß des DDR-Teils.

11 [1511] 20 Pfennig (Me) 1969 ~ 1990. Rs. Wert. Rand glatt:

	(Normalprägung + Stempelglanz)	**VZ**	**ST**	**PP**
1969	(167 168 134 Ex.)	5,—	20,—	
1971	(24 562 709 Ex.)	10,—	20,—	
1972 A	(5 006 887 Ex.)	12,—	30,—	
1973 A	(2 524 000 Ex.)	25,—	100,—	
1974 A	(7 458 000 Ex.)	12,—	30,—	
1979 A	(292 500 Ex. + 25 550 Ex.)	10,—	30,—	
1980 A	(2 190 270 Ex. + 25 000 Ex.)	8,—	20,—	
1981 A	(983 200 Ex. + 25 000 Ex.)	8,—	20,—	(40 Ex.) —,—
1982 A	(10 455 000 Ex. + 25 000 Ex.)	12,—	25,—	(2500 Ex.) —,—
1983 A	(25 806 700 Ex. + 22 500 Ex.)	5,—	15,—	(2550 Ex.) —,—
1984 A	(25 008 700 Ex. + 34 500 Ex.)	5,—	15,—	(3025 Ex.) —,—
1985 A	(1 558 500 Ex. + 10 000 Ex.)	8,—	25,—	(2816 Ex.) —,—
1986 A	(1 147 000 Ex. + 10 000 Ex.)	8,—	20,—	(2800 Ex.) —,—
1987 A	(19 850 Ex. + 11 000 Ex.)	—,—	35,—	(2374 Ex.) —,—
1988 A	(15 000 Ex. + 13 750 Ex.)	—,—	35,—	(2300 Ex.) —,—
1989 A	(14 677 500 Ex. + 13 600 Ex.)	—,—	8,—	(2393 Ex.) —,—
1990 A	(13 600 Ex.)		50,—	

Ausgegeben ab 1. August 1969. Außer Kurs seit 1. Juli 1991.

Angebliche Nickelproben der Nr. 11 von 1969 haben sich stets als von privater Seite nachträglich vernickelte Stücke herausgestellt.

11F		Fehlprägungen auf artfremden Ronden: a) 1971 Aluminium, 1.5 g (Ronde von Nr. 10) b) 1971 Nickel (?) c) 1973 A Nickel (?) st 1200,— d) 1984 A Nickel (?) Falsche Stempelkoppelung: e) mit zwei Wappenseiten	
11P1	20	Pfennig (Me) 1969. Materialprobe mit erhöhtem Kupferanteil in der Legierung	**ST** *

* Nr. 11P1 ist von Auge nicht von der Normalversion unterscheidbar und wurde deshalb nicht bewertet.

11P2	20	Pfennig (St, Me plattiert) 1982 A. Materialprobe (wenige Ex.)	1200,—

In gleicher Zeichnung: Nrn. 15P2 (1 Mark), 16P2 (2 Mark).
Münzsätze mit Nr. 11 siehe am Schluß des DDR-Teils.

12 [1512] 50 Pfennig (Al) 1958 ~ 1990. Typ wie Nr. 10. Riffelrand:

(Normalprägung + Stempelglanz)	VZ	ST	PP

1. kleines Wappen, Umschrift weit vom Rand entfernt

1958 A (101 605 933 Ex.)	10,—	20,—	

2. großes Wappen, Umschrift nah am Rand, alte Schriftaufteilung

1968 A (19 860 400 Ex.)	10,—	20,—	*
1971 A (35 829 130 Ex.)	5,—	20,—	
1972 A (8 117 258 Ex.)	8,—	22,—	
1973 A (6 530 456 Ex.)	12,—	25,—	
1979 A (1 027 000 Ex. + 25 550 Ex.)	15,—	25,—	
1980 A (1 117 750 Ex. + 39 350 Ex.)	15,—	30,—	
1981 A (10 546 050 Ex. + 25 000 Ex.)	5,—	10,—	(40 Ex.) —,—
1982 A (79 832 250 Ex. + 25 000 Ex.)	3,—	7,—	(2500 Ex.) —,—
1983 A (1 308 550 Ex. + 22 500 Ex.)	15,—	25,—	(2550 Ex.) —,—
1984 A (5 000 Ex. + 22 500 Ex.)	—,—	70,—	(3620 Ex.) —,—
1985 A (1 565 000 Ex. + 10 000 Ex.)	15,—	25,—	(2823 Ex.) —,—

3. großes Wappen, Umschrift nah am Rand, neue Schriftaufteilung

1986 A (776 000 Ex. + 10 000 Ex.)	15,—	25,—	(2800 Ex.) —,—
1987 A (21 300 Ex. + 11 000 Ex.)	—,—	30,—	(2345 Ex.) —,—

4. großes Wappen, Umschrift weit vom Rand entfernt

1988 A (15 000 Ex. + 13 750 Ex.)	—,—	35,—	(2300 Ex.) —,—
1989 A (15 000 Ex. + 13 600 Ex.)	—,—	25,—	(2300 Ex.) —,—
1990 A (13 600 Ex.)	—,—	50,—	

* 1968 auch als Musterexemplare in Glanzprägung (wenige Ex.)

Ausgegeben ab 1. Juni 1958. Außer Kurs seit 1. Juli 1991.

12F		Fehlprägung auf artfremder Ronde: 1968 A Messing (Proben?) st 900,—	
12P	50	Pfennig (Al) 1958 A. Einseitige Produktionsprobe der Wertseite, leere Seite mit Randstab, Riffelrand (wenige Ex.)	ST —,—

Münzsätze mit Nr. 12 siehe am Schluß des DDR-Teils.

13 [1513] 1 Deutsche Mark (Al) 1956 ~ 1963. Rs. Wert zwischen Eichenblättern. ⌀ 25 mm, Rand mit dreizehn Sternen:

	SS	VZ	ST
a) Aluminium 96 % / Magnesium 3 % / Zink 1 % (Duraluminium):			
1956 A (112 108 235 Ex.)	1,—	5,—	35,—
b) Aluminium 97 % / Magnesium 3 %:			
1962 A (45 920 218 Ex.)	1,—	6,—	40,—
1963 A (31 909 934 Ex.) *(geprägt ab 1970)*	1,—	6,—	40,—

Ausgegeben ab 2. Juli 1956. Außer Kurs seit 1. Januar 1980.

Einige Stücke der Nr. 13 von 1956 A wurden von privater Seite nachträglich mit Riffelrand versehen.

13P1	1	Deutsche Mark (Al) 1956 A. Reduktionsprobe auf Ronde für 2 Mark ⌀ 27 mm (Urstempel von Nr. 13, Prägebild weit vom Randstab entfernt), Riffelrand, 3 g	*5000,—*
13P2	1	Deutsche Mark (St ferritisch) 1956 A. Materialprobe ⌀ 25 mm, Chromstahl (Chrom 13 %, Kohlenstoff 0,10 %), Rand glatt, 4.7 g (wenige Ex.)	*3500,—*
13P3	1	Deutsche Mark (St ferritisch) 1956 A. Materialprobe ⌀ 25 mm, Chromstahl (Chrom 13 %, Kohlenstoff 0,10 %), Rand mit dreizehn Sternen, 4.7 g (wenige Ex.)	*4000,—*
13P4	1	Deutsche Mark (St ferritisch) 1962 A. Materialprobe ⌀ 25 mm, inchromierter Titanstahl (Titan 0,5 %, Kohlenstoff 0,05 %), Rand mit dreizehn Sternen, 7 g (wenige Ex.)	*4000,—*
13P5	1	Deutsche Mark (S) 1956 A. Materialprobe ⌀ 25 mm, 500er Silber (Rest Kupfer), Rand mit dreizehn Sternen, 8.6 g (wenige Ex.)	—,—
13P6	1	Deutsche Mark (S) 1956 A. Materialprobe ⌀ 25 mm, 900er Silber (Rest Kupfer), Rand mit dreizehn Sternen, 9.2 g	—,—
13P7	1	Deutsche Mark (S) 1962 A. Materialprobe ⌀ 25 mm, 800er Silber (Rest Zink), Rand glatt, 8.8 g (wenige Ex.)	—,—

14 [1515] 2 Deutsche Mark (Al) 1957 A. Typ wie Nr. 13. ⌀ 27 mm, Riffelrand (77 960 942 Ex.)

	SS	VZ	ST
	3,—	15,—	40,—

Ausgegeben ab 1. Juni 1957. Außer Kurs seit 1. Januar 1980.

14P1   2 Deutsche Mark (St ferritisch) 1957 A. Materialprobe ⌀ 27 mm, Chromstahl (Chrom 13 %, Kohlenstoff 0.10 %), Riffelrand, 6.5 g (wenige Ex.)   5000,—

14P2   2 Deutsche Mark (St ferritisch) 1957 A. Materialprobe auf Ronde für 5 Mark ⌀ 29 mm (Urstempel von Nr. 14, Prägebild weit vom Randstab entfernt), Chromstahl (Chrom 14 %, Kohlenstoff 0.07 %), Rand glatt:
 a) 11 g   5000,—
 b) 14.5 g   —,—

14P3   2 Deutsche Mark (St austenitisch) 1957 A. Materialprobe auf Ronde für 5 Mark ⌀ 29 mm (wie Nr. 14P2), Chrommanganstahl (Mangan 18 %, Chrom 10 %, Kohlenstoff 0.12 %), Rand glatt:
 a) 11.3 g   —,—
 b) 14.5 g (1 Ex. bekannt)   —,—

14P4   2 Deutsche Mark (St austenitisch) 1957 A. Materialprobe auf Ronde für 5 Mark ⌀ 29 mm (wie Nr. 14P2), Chromnickelstahl (Chrom 18 %, Nickel 9 %, Kohlenstoff 0.05 %), Rand glatt, 14.9 g   —,—

14P5   2 Deutsche Mark (S) 1957 A. Materialprobe auf Ronde für 5 Mark ⌀ 29 mm (Urstempel von Nr. 14, Prägebild weit vom Randstab entfernt), 750er Silber (Rest Zink), Rand mit dreizehn Sternen und Zwischenraum, 11.6 g (wenige Ex.)   —,—

14P6   — (S) o.J. (1963). Motivprobe auf Ronde für 5 Mark ⌀ 29 mm, Staatswappen (wie Nr. 14P5). Rs. Paul von Hindenburg (1847–1934) (Stempel von Deutsches Reich Nr. 83). 750er Silber (Rest Zink), 11.6 g (wenige Ex.)   —,—

14P7   — (N-Bro) o.J. (1969). Einseitige Reduktionsprobe der Wappenseite auf Ronde für 5 Mark ⌀ 29 mm, Staatswappen (Urstempel von Nr. 14, Prägebild weit vom Randstab entfernt). Kupfer 90 % / Nickel 10 %, Rand glatt   1200,—

14P8	5 Mark (N-Bro) o.J. (1969). Einseitige Reduktionsprobe der Wappenseite ⌀ 29 mm, Staatswappen (wie Nr. 14P7). Kupfer 90%/Nickel 10%, Randschrift viermal »* 5 Mark} (von Nr. 24)	**SS**	**VZ**	**ST** 2500,—

Nrn. 14P7 und 14P8 wurden im Vorfeld der Produktion von Nr. 24 hergestellt.

15 [1514]   1 Mark (Al) 1972~1990. Staatswappen, wie Nr. 11. Rs. Wert zwischen Eichenblättern, Währungsangabe nur »Mark«. Rand mit dreizehn Sternen:

(Normalprägung + Stempelglanz)	**VZ**	**ST**	**PP**
1. große Wertzahl, alte Blätter			
1972 A (30 288 415 Ex.)	10,—	35,—	
2. kleine Wertzahl, neue Blätter			
1973 A (6 971 786 Ex.)	15,—	45,—	
1975 A (32 093 900 Ex.)	10,—	25,—	
1977 A (119 813 200 Ex.)	4,—	12,—	
1978 A (18 824 650 Ex.)	5,—	15,—	
1979 A (1 003 250 Ex. + 25 550 Ex.)	10,—	25,—	
1980 A (1 068 850 Ex. + 25 000 Ex.)	10,—	30,—	
1981 A (1 006 000 Ex. + 25 000 Ex.)	10,—	30,—	(40 Ex.) —,—
1982 A (51 618 750 Ex. + 25 000 Ex.)	5,—	15,—	(2500 Ex.) —,—
1983 A (1 065 000 Ex. + 22 500 Ex.)	15,—	25,—	(2550 Ex.) —,—
1984 A (5 000 Ex. + 22 500 Ex.)	—,—	65,—	(3275 Ex.) —,—
1985 A (1 128 000 Ex. + 10 000 Ex.)	15,—	25,—	(2887 Ex.) —,—
1986 A (1 000 000 Ex. + 10 000 Ex.)	15,—	25,—	(2800 Ex.) —,—
1987 A (21 000 Ex. + 11 000 Ex.)	—,—	20,—	(2356 Ex.) —,—
1988 A (15 000 Ex. + 13 750 Ex.)	—,—	30,—	(2440 Ex.) —,—
1989 A (17 000 Ex. + 13 600 Ex.)	—,—	25,—	(2354 Ex.) —,—
1990 A (13 600 Ex.)	—,—	40,—	

Ausgegeben ab 22. November 1978. Außer Kurs seit 1. Juli 1990.

15P1 [1514P2] 1 Mark (Al) 1972 A. Motivprobe, Wertzahl 1 zwischen Jahreszahl und »Mark«, unten A. Rand mit dreizehn Sternen (wenige Ex.)   **ST**

3000,—

15P2 [1514P1] 1 Mark (Al) 1972 A. Motivprobe, wie Nr. 11, Wertzahl 1, darunter »Mark«, unten A und Jahreszahl. Rand mit dreizehn Sternen (wenige Ex.) 3000,—

15P3 [1514P3] 1 Mark (Al) 1972 A. Motivprobe, Wertzahl 1 zwischen geteilter Jahreszahl, darunter »Mark«, unten A. Rand mit dreizehn Sternen (wenige Ex.) 3000,—

15P4   1 Mark (N-Bro) 1978 A. Materialprobe, Kupfer 90 %/Nikkel 10 %, 7.15 g, Rand glatt (wenige Ex.) 2500,—

15P5   1 Mark (K-N) 1978 A. Materialprobe, Kupfer 75 %/Nickel 25 %, Rand glatt (wenige Ex.) 2500,—

15P6   1 Mark (K-N-Zk) 1986 A. Materialprobe, Rand mit dreizehn Sternen (wenige Ex.) 2500,—

Münzsätze mit Nr. 15 siehe am Schluß des DDR-Teils.

16 [1516]   2 Mark (Al) 1972~1990. Typ wie Nr. 15. Riffelrand:

(Normalprägung + Stempelglanz)	VZ	ST	PP
1972 A (wenige Ex.)		—,—	
1974 A (5 789 928 Ex.)	25,—	80,—	
1975 A (32 464 230 Ex.)	12,—	35,—	
1977 A (27 858 700 Ex.)	15,—	40,—	

	(Normalprägung + Stempelglanz)	VZ	ST	PP
1978 A	(23 414 600 Ex.)	15,—	40,—	
1979 A	(985 000 Ex. + 25 550 Ex.)	12,—	30,—	
1980 A	(1 019 200 Ex. + 48 850 Ex.)	15,—	30,—	
1981 A	(938 550 Ex. + 25 000 Ex.)	10,—	30,—	(40 Ex.) —,—
1982 A	(60 488 000 Ex. + 25 000 Ex.)	6,—	12,—	(2500 Ex.) —,—
1983 A	(1 030 000 Ex. + 22 500 Ex.)	10,—	25,—	(2550 Ex.) —,—
1984 A	(6 000 Ex. + 22 500 Ex.)	—,—	65,—	(3065 Ex.) —,—
1985 A	(1 310 000 Ex. + 10 000 Ex.)	10,—	25,—	(3285 Ex.) —,—
1986 A	(1 000 000 Ex. + 10 000 Ex.)	10,—	25,—	(2800 Ex.) —,—
1987 A	(29 900 Ex. + 11 000 Ex.)	—,—	20,—	(2356 Ex.) —,—
1988 A	(15 000 Ex. + 13 750 Ex.)	—,—	25,—	(2434 Ex.) —,—
1989 A	(30 000 Ex. + 13 600 Ex.)	—,—	20,—	(2300 Ex.) —,—
1990 A	(13 600 Ex.)		30,—	

Ausgegeben ab 22. November 1978. Außer Kurs seit 1. Juli 1990.

16F Fehlprägung auf Ronde Doppelte ⌀ 25 mm von Nr. 15 mit doppelter Rändelung (Riffelrand und vertiefte Sterne, 1983 A —,—

16P1 [1516P3] 2 Mark (Al) 1972 A. Motivprobe, wie Nr. 15P1. Perlkreis (wenige Ex.) **ST** 5000,—

16P2 2 Mark (Al) 1972 A. Motivprobe, wie Nr. 15P2. Perlkreis (nur Urstempel bekannt) —

16P3 2 Mark (Al) 1972 A. Reduktionsprobe, Prägebild der Wappenseite weit vom Randstab entfernt (Urstempel von Nr. 15), Wertseite von Nr. 16 (wenige Ex.) 15 000,—

16P4 [1516P1] 2 Mark (K-N) 1977 A. Materialprobe, Kupfer 75 %, Nickel 25 %, 8.94 g, Rand glatt (wenige Ex.) 3500,—

16P5 [1516P2] 2 Mark (K-N–Zk) 1986 A. Materialprobe, Riffelrand (wenige Ex.) 3500,—

Münzsätze mit Nr. 16 siehe am Schluß des DDR-Teils.

Zu den nachfolgend beschriebenen Sondermünzen und Gedenkmünzen sind die Prägezahlen nach den Protokollen des VEB Münze der DDR sowie die Anzahl der nach der Vernichtung unter Aufsicht der Staatsbank der DDR verbliebenen Stücke angegeben. Das Einschmelzen von Silbermünzen aus Lagerbeständen der Staatsbank der DDR (sowie einigen wenigen Rückläufen aus dem Zahlungsverkehr) erfolgte in den Jahren 1976–1982 und diente der Silbergewinnung für kommende Emissionen. Hingegen fand die Vernichtung von Münzen aus unedlen Metallen im wesentlichen in den Jahren 1987–1991 statt und umfaßte neben unverkauften Restbeständen an Sondermünzen und Gedenkmünzen vor allem die infolge der Währungsunion aus dem Verkehr gezogenen Münzen zu 5, 10 und 20 Mark (außer Kurs seit 1. Juli 1990).

NEUE WÄHRUNGSBEZEICHNUNG ab 1. August 1964:
100 Pfennig = 1 Mark der Deutschen Notenbank (MDN)

10 MDN	1966–1967	Ag 800/Zn 200	17.0 g	⌀ 31 mm
20 MDN	1966–1967	Ag 800/Zn 200	20.9 g	⌀ 33 mm

125. TODESTAG VON KARL FRIEDRICH SCHINKEL

17 [1517]   10 MDN (S) 1966. Rs. Karl Friedrich Schinkel (1781–1841), Baumeister und Maler. Randschrift »10 Mark der Deutschen Notenbank«. 800er Silber, 17 g: **ST PP**
Stempelglanz (50 000 Ex.*)   790,—

Entwurf von Axel Bertram, Modell von Gerhard Rommel

Ausgegeben ab 28. Dezember 1966. *Eingeschmolzen bis auf 48 883 Ex.

17F   Fehlprägung Schinkel ohne Randschrift   —,—
17P1   10 MDN (K) 1966. Materialprobe, Rand glatt, 15.3 g   —,—

Nr. 17 ist auch als Paar einseitiger Kupferproben mit glattem Rand (je 19 g) vorgekommen.

17P2   10 MDN (S) o. J. (1966). Ronde ohne Prägung, nur mit Rändelung, mit Punkt zwischen Ende und Anfang der Randschrift   —,—

17X   Abschlag der Bildseite (Schinkel) in Aluminium für Werbezwecke (300 Ex.)   500,—

250. TODESTAG VON GOTTFRIED WILHELM LEIBNIZ

				ST	**PP**
18 [1518]	20	MDN (S) 1966. Rs. Gottfried Wilhelm Leibniz (1646–1716), Philosoph, Historiker, Mathematiker und Diplomat. Randschrift »20 Mark der Deutschen Notenbank«. 800er Silber, 20.9 g: Stempelglanz (50 000 Ex.*)			450,—

Entwurf von Dietrich Dorfstecher, Modell von Gerhard Rommel

Ausgegeben ab 28. Dezember 1966. *Eingeschmolzen bis auf 48 581 Ex.

18F		Fehlprägung Leibniz auf Ronde von Nr. 17 mit Randschrift »10 Mark der Deutschen Notenbank«	–,–
18P1	20	MDN (K) 1966. Materialprobe, Rand glatt, 18.6 g	—,—

Nr. 18 ist auch als Paar einseitiger Kupferproben mit glattem Rand (je 22 g) vorgekommen.

18P2	20	MDN (S) 1966. Produktionsprobe, zu kleiner Abstand zwischen Ende und Anfang der Randschrift	—,—
18P3	20	MDN (S) o.J. (1966). Ronde ohne Prägung, nur mit Rändelung, mit Punkt zwischen Ende und Anfang der Randschrift	—,—
18X		Abschlag der Bildseite (Leibniz) in Aluminium für Werbezwecke (300 Ex.)	500,—

Zum gleichen Anlaß: Bundesrepublik Deutschland Nr. 117.

100. GEBURTSTAG VON KÄTHE KOLLWITZ

19 [1519]	10	MDN (S) 1967. Rs. Käthe Kollwitz (1867–1945), Graphikerin, Malerin und Bildhauerin. Randschrift »*10 Mark der Deutschen Notenbank«. 800er Silber, 17 g: Stempelglanz (100 552 Ex.*)	170,—

Entwurf von Axel Bertram, Modell von Gerhard Rommel

Ausgegeben ab 30. August 1967. *Eingeschmolzen bis auf 61 940 Ex.

19F		Fehlprägung Kollwitz mit Randschrift dreimal »* 10 Mark« (von Nr. 22) *(geprägt 1968)* st 500,–	
19P	10	MDN (K-N) 1967. Materialprobe, Rand glatt, 11.5 g	—,—
19X		Abschlag der Bildseite (Kollwitz) in Aluminium für Werbezwecke (400 Ex.)	350,—

Zum 125. Geburtstag von Käthe Kollwitz: Bundesrepublik Deutschland Nr. 177.

200. GEBURTSTAG VON WILHELM VON HUMBOLDT

20 [1520] 20 MDN (S) 1967. Rs. Wilhelm von Humboldt (1767–1835), Philologe und Staatsmann. Randschrift »* 20 Mark der Deutschen Notenbank«. 800er Silber, 20.9 g: **ST   PP**
Stempelglanz (87 776 Ex.*) 360,—

Entwurf von Axel Bertram, Modell von Gerhard Rommel

Ausgegeben ab 30. August 1967. *Eingeschmolzen bis auf 52 598 Ex.

20F	Fehlprägungen Humboldt:
	1. doppelte Randschrift —,—
	2. Randschrift dreimal »* 20 Mark« (von Nr. 23) *(geprägt 1968)* st 600,—
20X	Abschlag der Bildseite (Humboldt) in Aluminium für Werbezwecke (400 Ex.) 450,—

Zum gleichen Anlaß: Bundesrepublik Deutschland Nr. 118.
Auf 100 Jahre Universität Berlin: Preußen Nr. 23.
Auf 175 Jahre Universität Berlin: Deutsche Demokratische Republik Nr. 103

M1 10 MDN (K-N-Zk) o.J. (1967). Prägeprobe auf Sinterwerkstoff ⌀ 30.3 mm, Staatswappen, ohne Wertangabe, ohne Randstab. Rs. Theodor Neubauer (1890–1945), Porträt auf Lorbeerzweig. Randschrift »* 10 Mark der Deutschen Notenbank«, 13 g (ca. 30 Ex.) 9000,—

Im Rahmen der Medaillenproduktion sollte der Einsatz einer Randschrift bei Sinterwerkstoffen getestet werden. Hierzu verwendete man die Prägestempel der Ehrenmedaille Dr. Theodor Neubauer für Bildungswesen zusammen mit dem (verkürzten) Rändeleisen einer nur wenig größeren Münze (10 Mark Kollwitz). Die in Sintertechnik hergestellten Ronden wurden von den Berliner Metallhütten und Halbzeugwerken (BMHW) geliefert. Bei dem angewendeten Verfahren wird Metallpulver mit hohem Druck zusammengepreßt und sintert bei Temperaturen weit unter dem Schmelzpunkt zu einem Werkstück zusammen. Aufgrund der verbleibenden Hohlräume kann Gewalteinwirkung auf solche Ronden zum Zerspringen des Materials führen. Die Prägeversuche auf den Ronden fanden in der Münze Berlin statt. Für die aus Messing hergestellten regulären Ehrenmedaillen wurden im Lauf der Jahre verschiedene leicht abweichende Wappenseiten verwendet.

Vorsicht vor manipulierten Stücken (versilberten Messingmedaillen mit nachträglich eingeschlagenen Buchstaben der Randschrift)!

M2	—	(K-N-Zk) o.J. Prägeprobe ∅ 30.3 mm, beidseitig Staatswappen im Stil der Nr. M1, mit Randstab. Rand glatt, 12 g (ca. 30 Ex.)	**ST**	**PP**
			—,—	

Die Ronden für Nr. M2 wurden in dem allgemein üblichen Verfahren aus einer Legierung hergestellt.

NEUE WÄHRUNGSBEZEICHNUNG seit 1. Januar 1968:
100 Pfennig = 1 Mark der Deutschen Demokratischen Republik (M)

5 Mark (Umlauf)	1969	Cu 900/Ni 100	9.7 g	∅ 29 mm
Neusilbermünzen:				
5 Mark (Gedenkserie)	1968–1990	Cu 620/Zn 200/Ni 180	12.2 g	∅ 29 mm
5 Mark (Umlauf)	1971–1990	Cu 620/Zn 200/Ni 180	9.6 g	∅ 29 mm
10 Mark (Umlauf)	1972 1990	Cu 620/Zn 200/Ni 180	12.0 g	∅ 31 mm
20 Mark (Umlauf)	1971	Cu 620/Zn 200/Ni 180	16.5 g	∅ 33 mm
20 Mark (Umlauf)	1971–1990	Cu 620/Zn 200/Ni 180	15.0 g	∅ 33 mm
Silbermünzen:				
10 Mark	1968–1975	Ag 625/Cu 375	17.0 g	∅ 31 mm
10 Mark	1974–1990	Ag 500/Cu 500	17.0 g	∅ 31 mm
20 Mark	1968	Ag 800/Zn 200	20.9 g	∅ 33 mm
20 Mark	1969–1990	Ag 625/Cu 375	20.9 g	∅ 33 mm
20 Mark	1977–1985	Ag 500/Cu 500	20.9 g	∅ 33 mm
20 Mark	1990	Ag 999½	18.2 g	∅ 33 mm

125. GEBURTSTAG VON ROBERT KOCH

			ST	PP
21 [1522]	5	Mark (K-N-Zk) 1968. Rs. Robert Koch (1843–1910), Arzt, Bakteriologe, Entdecker des Tuberkelbazillus 1882. Randschrift viermal »* 5 Mark}, 12.2 g: Stempelglanz (100 226 Ex.*)		55,—

Entwurf von Axel Bertram, Modell von Gerhard Rommel

Ausgegeben ab 16. Dezember 1968. *Eingeschmolzen bis auf 100 224 Ex.

21F		Fehlprägung Koch ohne Randschrift st 900,–	
21P	5	Mark (K) 1968. Materialprobe, Rand glatt, 12.5 g	—,—
21X		Abschlag der Bildseite (Koch) in Aluminium für Werbezwecke (350 Ex.):	
		a) leere Seite mit Randstab	250,—
		b) leere Seite ohne Randstab	250,—

Zum 150. Geburtstag von Robert Koch: Bundesrepublik Deutschland Nr. 180.

500. TODESTAG VON JOHANNES GUTENBERG

22 [1523]	10	Mark (S) 1968. Rs. Kupferpatrize und Bleiletter »G« für Johannes Gensfleisch zum Gutenberg (um 1400–1468), Erfinder des Buchdrucks mit beweglichen Lettern. Randschrift dreimal »* 10 Mark«. 625er Silber, 17 g: Stempelglanz (100 328 Ex.*)	140,—

Entwurf von Axel Bertram

Ausgegeben ab 16. Dezember 1968. *Eingeschmolzen bis auf 66 526 Ex.

| 22F | | Fehlprägung Gutenberg, ohne Randschrift st 1200,— | |
| 22P | 10 | Mark (K) 1968. Materialprobe, Rand glatt, 15 g | —,— |

22X   Abschlag der Bildseite (Gutenberg) in Aluminium für
Werbezwecke (300 Ex.)   *350,—*

Zum gleichen Anlaß: Bundesrepublik Deutschland Nr. 120.

150. GEBURTSTAG VON KARL MARX

23 [1521]   20 Mark (S) 1968. Rs. Karl Marx (1818–1883), Sozialideologe. Randschrift dreimal »* 20 Mark«. 800er Silber, 20.9 g: **ST**   **PP**
a) Stempelglanz (75 538 Ex.*)   225,—
b) Polierte Platte (wenige Ex.)   *30 000,—*

Entwurf von Axel Bertram, Modell von Gerhard Rommel

*Ausgegeben ab 3. Mai 1968. *Eingeschmolzen bis auf 53 146 Ex.*

23P   20 Mark (G) 1968. Materialprobe, 999er Gold, 36.8 g, Randschrift dreimal »* 20 Mark« (1 Ex.)   —,—

Nr. 23P wurde von der Staatsbank der DDR dem Staatsratsvorsitzenden Walter Ulbricht zum 75. Geburtstag am 30. Juni 1968 als Präsent in einer Kassette zusammen mit Nrn. 17–20 überreicht. Über den Staatsrat der DDR gelangte die Kassette mit den Münzen 1993 in das Deutsche Historische Museum zu Berlin.

23X   Abschlag der Bildseite (Marx) in Aluminium für Werbezwecke (300 Ex.)   *350,—*

Zum 100. Todestag von Karl Marx: Bundesrepublik Deutschland Nr. 157, Deutsche Demokratische Republik Nr. 91.

20 JAHRE DEUTSCHE DEMOKRATISCHE REPUBLIK

24 [1524]   5 Mark (N-Bro) 1969. Staatswappen. Rs. Gedenkinschrift, Wertangabe. Kupfer 90 % / Nickel 10 %, Randschrift viermal »* 5 Mark«, 9.7 g (50 221 667 Ex.*)   **SS**   **VZ**   **ST**
   2,—   5,—   18,—

Entwurf von Axel Bertram

*Ausgegeben ab 25. September 1969. *Eingeschmolzen bis auf 10 502 990 Ex.*

		SS	VZ	ST
24F	Fehlprägungen: 1. Ronde ohne Prägung, nur mit Rändelung vz 300,– 2. doppelte Randschrift ss 80,– 3. mit mongolisch-kyrillischer Randschrift »Neg Togrog 1921–1971« von Mongolei Nr. 34 (1 Tugrik) –,– st 5000,— 4. auf Ronde ⌀ 27.4 mm von Mongolei Nr. 33 (50 Mongo), Kupfernickel, 9 g, mit mongolisch-kyrillischer Randschrift »Tawin Mongo 1970« st 28000,–			

Einige Stücke der Nr. 24 aus der regulären Produktion sprechen (aufgrund von Verunreinigungen im Metall) auf Magneten an.

24P1	5 Mark (N-Bro) 1969. Produktionsprobe, Kupfer 90% / Nickel 10%, Rand glatt			—,—

Weitere Proben für Nr. 24 in dieser Legierung siehe Nrn. 14P7 und 14P8.

24P2	5 Mark (Al) 1969. Materialprobe, mit Randschrift, 2.8 g (wenige Ex.)			*1200,—*
24P3	5 Mark (Al-Bro) 1969. Materialprobe, mit Randschrift, 9.5 g (wenige Ex.)			*
24P4	5 Mark (Me) 1969. Materialprobe, Kupfer 63% / Zink 37%, mit Randschrift, 8.7 g (wenige Ex.)			*
24P5	5 Mark (St, Me plattiert) 1969. Materialprobe, Rand glatt, 7.1 g (wenige Ex.)			*1500,—*
24P6	5 Mark (St, N plattiert) 1969. Materialprobe, Rand glatt, 6.4 g (wenige Ex.)			*1500,—*
24P7	5 Mark (N-Me) 1969. Materialprobe, mit Randschrift, 9.5 g (wenige Ex.)			*
24P8	5 Mark (K-N-Zk) 1969. Materialprobe, Kupfer 62% / Zink 20% / Nickel 18%, mit Randschrift, 8.8 g (wenige Ex.)			*1500,—*
24P9	5 Mark (N) 1969. Materialprobe, Nickel 98%, mit Randschrift, 9.9 g (wenige Ex.)			*1500,—*

* Nrn. 24P3, 24P4 und 24P7 sind von Auge praktisch nicht von der Normalversion unterscheidbar und wurden deshalb nicht bewertet.

24P10 [1524P]	5 Mark (K-N) 1969. Materialprobe in Verkaufsauflage, Kupfer 75% / Nickel 25%, mit Randschrift, 9.7 g (12 741 Ex.)			150,—

Nr. 24P10 hatte gesetzliche Zahlungskraft wie die Normalausgabe. Im Gesetzblatt ist für den Münzwerkstoff lediglich »Kupfernickel« vorgeschrieben.
Auf 25 Jahre DDR: Nrn. 49–50.
Auf 30 Jahre DDR: Nr. 71.
Auf 40 Jahre DDR: Nr. 127.

75. TODESTAG VON HEINRICH HERTZ

25 [1526] 5 Mark (K-N-Zk) 1969. Rs. Heinrich Hertz (1857–1894), Physiker, Begründer der Hochfrequenztechnik. Randschrift viermal »* 5 Mark«, 12.2 g:
Stempelglanz (100 268 Ex.*) **ST** **PP** 75,--

*Ausgegeben ab 15. Dezember 1969. *Eingeschmolzen bis auf 100 217 Ex.*

25F Fehlprägungen Hertz:
1. ohne Randschrift –,–
2. auf Ronde von Nr. 24, Kupfer 90 % / Nickel 10 % vz 500,–

25X Abschlag der Bildseite (Hertz) in Aluminium für Werbezwecke (350 Ex.) 300,—

250. TODESTAG VON JOHANN FRIEDRICH BÖTTGER

26 [1527] 10 Mark (S) 1969. Rs. Kaffeekanne, gekreuzte Kurschwerter als Zeichen der 1710 gegründeten und von Johann Friedrich Böttger (1682–1719) geleiteten Meißener Porzellanmanufaktur. Randschrift dreimal »* 10 Mark«. 625er Silber, 17 g:
Stempelglanz (100 313 Ex.*) 145,—

*Ausgegeben ab 15. Dezember 1969. *Eingeschmolzen bis auf 66 652 Ex.*

26X Abschlag der Bildseite (Böttger) in Aluminium für Werbezwecke (300 Ex.) 300,—

220. GEBURTSTAG VON JOHANN WOLFGANG VON GOETHE

27 [1525]　20 Mark (S) 1969. Rs. Johann Wolfgang von Goethe (1749–1832), Dichter. Randschrift dreimal »* 20 Mark«, 625er Silber, 20.9 g:　　　　**ST**　　**PP**
a) Stempelglanz (88 589 Ex.*)　　325,—
b) Polierte Platte (wenige Ex.)　　　　12 000,—

Entwurf von Axel Bertram, Modell von Wilfried Fitzenreiter

*Ausgegeben ab 1. Oktober 1969. *Eingeschmolzen bis auf 53 222 Ex.*

27X　　Abschlag der Bildseite (Goethe) in Aluminium für Werbezwecke (300 Ex.)　　350,—

Zum 100. Todestag von Johann Wolfgang von Goethe: Deutsches Reich Nrn. 73–74.
Zum 150. Todestag: Bundesrepublik Deutschland Nr. 156, Deutsche Demokratische Republik Nr. 83.
Zum 250. Geburtstag: Bundesrepublik Deutschland Nr. 196.

125. GEBURTSTAG VON WILHELM CONRAD RÖNTGEN

28 [1530]　5 Mark (K-N-Zk) 1970. Rs. Kathodenstrahlröhre des Physikers Wilhelm Conrad Röntgen (1845–1923), Entdeckers der Röntgenstrahlen (X-Strahlen) 1895, Nobelpreis für Physik 1901. Randschrift viermal »* 5 Mark«, 12.2 g:
Stempelglanz (100 244 Ex.*)　　55,—

Die Sterne der Randschrift erscheinen erstmals in kleinerer Form mit plastisch gravierten Strahlen.

*Ausgegeben ab 10. Dezember 1970. *Eingeschmolzen bis auf 100 237 Ex.*

28F　　Fehlprägung Röntgen ohne Randschrift st 1500,—

28P　　5 Mark (K-N-Zk) 1970, Produktionsprobe mit großen Sternen in der Randschrift (Rändeleisen der Nrn. 21 und 25)　　—,—

Die sonst nur für die Gedenkmünzen Koch und Hertz verwendeten großen Sterne sind hier als flache sich kreuzende Linien ausgeführt.

28X　　Abschlag der Bildseite (Röntgen) in Aluminium für Werbezwecke (350 Ex.)　　300,—

Zum gleichen Anlaß: Bundesrepublik Deutschland Nr. 185.

200. GEBURTSTAG VON LUDWIG VAN BEETHOVEN

29 [1528] 10 Mark (S) 1970. Rs. Ludwig van Beethoven (1770–1827), Komponist. Randschrift dreimal »* 10 Mark«. 625er Silber, 17 g: **ST** **PP**
Stempelglanz (100 265 Ex.*) 140,—

*Ausgegeben ab 15. September 1970. *Eingeschmolzen bis auf 72 343 Ex.*

29F 10 Fehlprägung Beethoven ohne Randschrift st 1000,—

29P 10 Mark (S) 1970. Motivprobe, Haarsträhnen als fein geschnittene unregelmäßige Linien —,—
29X Abschlag der Bildseite (Beethoven) in Aluminium für Werbezwecke (300 Ex.) 300,—

Zum gleichen Anlaß: Bundesrepublik Deutschland Nr. 126.

150. GEBURTSTAG VON FRIEDRICH ENGELS

30 [1529]   20 Mark (S) 1970. Rs. Friedrich Engels (1820–1895), Politiker, Theoretiker des Sozialismus. Randschrift dreimal »* 20 Mark«, 625er Silber, 20.9 g: **ST**   **PP**
a) Stempelglanz (83 615 Ex.*) 225,—
b) Polierte Platte (wenige Ex.)   12 000,—

*Ausgegeben ab 15. September 1970. *Eingeschmolzen bis auf 47 719 Ex.*

30F   Fehlprägung Engels mit doppelter Randschrift —,—
30X   Abschlag der Bildseite (Engels) in Aluminium für Werbezwecke (330 Ex.)   300,—

BERLIN

31 [1536]   5 Mark (K-N-Zk) 1971 ~ 1990. Rs. Brandenburger Tor (1791) in Berlin, erbaut nach Plänen von Carl Gotthard Langhans (1732–1808), mit der Quadriga von Johann Gottfried Schadow (1764–1850). Randschrift viermal »* 5 Mark«, 9.6 g:

(Normalprägung + Stempelglanz)		**VZ**	**ST**	**PP**
1. Umschrift der Bildseite nah am Rand				
1971 A	(18 137 882 Ex.*)	8,—	20,—	
1979 A	(32 500 Ex.)		65,—	
1980 A	(29 800 Ex.)		75,—	
1981 A	(30 900 Ex.)		85,—	
1982 A	(30 000 Ex.)		80,—	

	(Normalprägung + Stempelglanz)	**VZ**	**ST**	**PP**
2. Umschrift der Bildseite weit vom Rand entfernt				
1982 A	(1 Ex.)		——	(2500 Ex.) 400,—
1983 A	(3000 Ex.)		2000,—	
1984 A	(18500 Ex.)		100,—	(3015 Ex.) 240,—
1985 A	(3000 Ex.)		2000,—	
1986 A	(15780 Ex.)		110,—	(2800 Ex.) 240,—
1987 A	(287810 Ex. + 59500 Ex.**)		50,—	(6424 Ex.) 200,—
1988 A	(25650 Ex.)		110,—	(2300 Ex.) 225,—
1989 A	(25500 Ex.)		110,—	(2405 Ex.) 225,—
1990 A	(50500 Ex.)		110,—	

Ausgegeben ab 8. Mai 1972. Außer Kurs seit 1. Juli 1990.
*Eingeschmolzen bis auf 1700202 Ex.
**Eingeschmolzen bis auf 311800 Ex.
Münzsätze mit Nr. 31 (Jahressätze und der zehnteilige Sondersatz »Brandenburger Tor«) siehe am Schluß des DDR-Teils.

		ST	**PP**
31F	Fehlprägungen Brandenburger Tor 1971 A:		
	1. Stempelstellung ↓↑ vz 500,—		
	2. doppelte Randschrift (zweimal in gleicher Stellung) —,—		
	3. doppelte Randschrift (einmal kopfstehend gegenläufig) —,—		
31P	5 Mark (K-N-Zk) 1971 A. Motivprobe, auf dem Tor neutrale Flagge ohne Konturen (wenige Ex.)		—,—

Weitere Münzen mit dem Brandenburger Tor: Bundesrepublik Deutschland Nrn. 176, 209–211, Deutsche Demokratische Republik Nrn. 129, 137-138.

100. GEBURTSTAG VON HEINRICH MANN

		SS	**VZ**	**ST/E**
32 [1531]	20 Mark (K-N-Zk) 1971. Rs. Heinrich Mann (1871–1950), Schriftsteller. Randschrift viermal »* 20 Mark« in abwechselnd gegengerichteter Stellung, 16.5g (2029000 Ex.*)	5,—	12,—	75,—

Ausgegeben ab 10. März 1971. *Eingeschmolzen bis auf 1248867 Ex.

32X	Abschlag der Bildseite (Heinrich Mann) in Aluminium für Werbezwecke (2 Ex.)	—,—

Probeprägung Schiller mit Jahreszahl 1971 (Wappenseite von Nr. 32) siehe Nr. 39P.

85. GEBURTSTAG VON ERNST THÄLMANN

				SS	**VZ**	**ST/E**
33 [1535]	20	Mark (K-N-Zk) 1971 A. Rs. Ernst Thälmann (1886–1944), Politiker, Vorsitzender der Kommunistischen Partei Deutschlands. Randschrift viermal »* 20 Mark« in gleichgerichteter Stellung, 15 g (10 003 431 Ex.*)		5,—	10,—	60,—

Zum 100. Geburtstag von Ernst Thälmann: Nr. 109.

Ausgegeben ab 10. Dezember 1971. *Eingeschmolzen bis auf 4 885 517 Ex.

400. GEBURTSTAG VON JOHANNES KEPLER

			ST	**PP**
34 [1534]	5	Mark (K-N-Zk) 1971. Rs. Sonne im Brennpunkt der elliptischen Erdumlaufbahn mit der Skizzierung von acht Fahrstrahlsektoren zur Veranschaulichung der beiden Gesetze des kaiserlichen Mathematikers und Hofastronomen Johannes Kepler (1571–1630) aus der Schrift »Mysterium cosmographicum« (1596) und dem Hauptwerk »Astronomia nova« (1611). Randschrift viermal »* 5 Mark«, 12.2 g: Stempelglanz (100 266 Ex.*)		55,—

Ausgegeben ab 15. Oktober 1971. *Eingeschmolzen bis auf 100 239 Ex.

34P	—	(K-N-Zk) o.J. (1971). Einseitige Motivprobe der Bildseite (Kepler) in abweichender Zeichnung, leere Seite tellerförmig, Rand glatt, 12.1 g —,—

	ST	**PP**
34X Abschlag der Bildseite (Kepler) in Aluminium für Werbezwecke (450 Ex.)	300,—	

500. GEBURTSTAG VON ALBRECHT DÜRER

35 [1532] 10 Mark (S) 1971. Rs. Monogramm des Malers, Graphikers und Kunstschriftstellers Albrecht Dürer (1471–1528). Randschrift dreimal »* 10 Mark«. 625er Silber, 17g:
Stempelglanz (100 112 Ex.*)   145,—

*Ausgegeben ab 1. Juli 1971. *Eingeschmolzen bis auf 61 224 Ex.*

35P   10 Mark (S) 1971. Produktionsprobe, Rand mit Halbmonden in abwechselnd gegengerichteter Stellung   —,—
35X   Abschlag der Bildseite (Dürer) in Aluminium für Werbezwecke (300 Ex.)   300,—

Zum gleichen Anlaß: Bundesrepublik Deutschland Nr. 128.

100. GEBURTSTAG VON ROSA LUXEMBURG UND KARL LIEBKNECHT

36 [1533] 20 Mark (S) 1971. Rs. Karl Liebknecht (1871–1919), Gründer des Spartakusbundes, und Rosa Luxemburg (1070–1919), sozialistische Politikerin. Randschrift dreimal »* 20 Mark«, 625er Silber, 20.9g:
Stempelglanz (76814 Ex.*)   200,—

*Ausgegeben ab 1. Juli 1971. *Eingeschmolzen bis auf 47 465 Ex.*

36X   Abschlag der Bildseite (Liebknecht/Luxemburg) in Aluminium für Werbezwecke (410 Ex.)   300,—

MEISSEN

37 [1543] 5 Mark (K-N-Zk) 1972 ~ 1983. Rs. Meißener Burgberg mit Dom und Albrechtsburg. Randschrift viermal »* 5 Mark«, 9.6 g:

(Normalprägung + Stempelglanz)	VZ	ST		PP
1972 A (10 199 353 Ex.*)	5,—	20,—		
1981 A			(40 Ex.)	16 500,—
1983 A (25 000 Ex.)		450,—	(2550 Ex.)	750,—

Ausgegeben ab 20. November 1972. Außer Kurs seit 1. Juli 1990.
*Eingeschmolzen bis auf 930 094 Ex.

37F Fehlprägung Meißen 1972 A ohne Randschrift —,—

MAHN- UND GEDENKSTÄTTE BUCHENWALD

	SS	VZ	ST/E
38 [1539] 10 Mark (K-N-Zk) 1972 A. Rs. Figurengruppe des Mahnmals auf dem Gelände des nationalsozialistischen Konzentrationslagers und sowjetischen Speziallagers Buchenwald bei Weimar. Randschrift viermal »* 10 Mark«, 12 g (15 108 981 Ex.*)	2,—	8,—	50,—

Ausgegeben ab 1. Juni 1972. *Eingeschmolzen bis auf 3 553 920 Ex.

FRIEDRICH VON SCHILLER

		SS	**VZ**	**ST/E**
39 [1537]	20 Mark (K-N-Zk) 1972 A. Rs. Friedrich von Schiller (1759–1805), Dichter. Randschrift viermal »* 20 Mark« in gleichgerichteter Stellung. Kupfer 62 % / Zink 20 % / Nickel 18 %, 15 g (7 480 378 Ex.*)	5,—	12,—	75,—

*Ausgegeben ab 1. März 1972. *Eingeschmolzen bis auf 3 654 903 Ex.*

39P1	20 Mark (K-N-Zk) 1971. Produktionsprobe, Wappenseite und Rändelung von Nr. 32 (Heinrich Mann), Bildseite von Nr. 39 (Schiller). Randschrift viermal »* 20 Mark« in abwechselnd gegengerichteter Stellung. Kupfer 58 % / Zink 24 % / Nickel 18 %:			
	a) 13.5 g			—,—
	b) 15.2 g			—,—
	c) 16.5 g			—,—
39P2	20 Mark (K-N-Zk) 1971. Produktionsprobe, wie Nr. 39P1. Randschrift viermal »* 20 Mark« in abwechselnd gegengerichteter Stellung. Kupfer 62 % / Zink 20 % / Nickel 18 %, 15 g (wenige Ex.)			8500,—
39P3	20 Mark (K-N-Zk) 1972. Produktionsprobe, wie Nr. 39, ohne Münzstättenzeichen. Rand glatt. Kupfer 62 % / Zink 20 % / Nickel 18 %, 15 g (wenige Ex.)			4000,—

Zum 175. Geburtstag von Friedrich von Schiller: Deutsches Reich Nr. 81–82.
Zum 150. Todestag: Bundesrepublik Deutschland Nr. 112.

WILHELM PIECK

		SS	**VZ**	**ST/E**
40 [1541]	20 Mark (K-N-Zk) 1972 A. Rs. Wilhelm Pieck (1876–1960), Staatspräsident 1949–1960. Randschrift viermal »* 20 Mark«, 15 g (7 633 342 Ex.*)	5,—	12,—	75,—

*Ausgegeben ab 1. September 1972. *Eingeschmolzen bis auf 2 385 810 Ex.*

40F	Fehlprägungen Pieck: 1. ohne Randschrift ⌀ 33 mm 2. auf Ronde ⌀ 31 mm (von Nr. 38) ohne Randschrift

75. TODESTAG VON JOHANNES BRAHMS

		ST	**PP**
41 [1540]	5 Mark (K-N-Zk) 1972. Rs. Notenzitat aus dem 4. Satz der 1. Sinfonie von Johannes Brahms (1833–1897) mit fehlerhafter Wiedergabe der dritten Note als »h« statt »c«. Randschrift viermal »* 5 Mark«, 12.2 g: Stempelglanz (100 420 Ex.*)		60,—

*Ausgegeben ab 25. August 1972. *Eingeschmolzen bis auf 100 366 Ex.*

41F	Fehlprägung Brahms mit doppelter Randschrift	—,—
41X	Abschlag der Bildseite (Brahms) in Aluminium für Werbezwecke (300 Ex.)	300,—

175. GEBURTSTAG VON HEINRICH HEINE

42 [1542]	10 Mark (S) 1972. Rs. Harry »Heinrich« Heine (1797–1856), Lyriker und Satiriker. Randschrift dreimal »* 10 Mark«. 625er Silber, 17 g: Stempelglanz (100 297 Ex.*)	150,—

*Ausgegeben ab 15. November 1972. *Eingeschmolzen bis auf 55 336 Ex.*

			ST	PP
42P	10	MDN (S) 1967. Motivprobe, Wappenseite von Nr. 19 (Kollwitz), Bildseite (Heine) mit großem Prägebild des Porträts und abweichendem Stil der Inschrift. Randschrift dreimal »* 10 Mark« (von Nr. 42). 625er Silber, 17 g		—,—
42X		Abschlag der Bildseite (Heine) in Aluminium für Werbezwecke (300 Ex.)		300,—

Zum 200. Geburtstag von Heinrich Heine: Bundesrepublik Deutschland Nr. 190.

500. GEBURTSTAG VON LUCAS CRANACH

43 [1538]   20 Mark (S) 1972. Rs. Schlange mit Ring und aufgerichteten Flügeln als Künstlerzeichen des Malers und Graphikers Lucas Sunder »Cranach« (aus Kronach) des Älteren (1472–1553) aufgrund der Verleihung des Wappenbriefes (1508) durch Kurfürst Friedrich den Weisen von Sachsen. Randschrift dreimal »* 20 Mark«, 625er Silber, 20.9 g: Stempelglanz (80 006 Ex.*)   185,—

*Ausgegeben ab 18. Mai 1972. *Eingeschmolzen bis auf 47 548 Ex.*

43X   Abschlag der Bildseite (Cranach) in Aluminium für Werbezwecke (300 Ex.)   300,—

43M   — (S) o. J. (1972) A. Medaille, Signet des VEB Münze der DDR, Bildseite von Nr. 43 (Cranach). Polierte Platte (wenige Ex.) (geprägt um 1985)   4000,—

X. WELTFESTSPIELE DER JUGEND UND STUDENTEN 1973 IN BERLIN

			SS	**VZ**	**ST/E**
44 [1545]	10 Mark (K-N-Zk) 1973 A. Rs. Emblem der Spiele. Riffelrand, 12 g (3 594 022 Ex.*)		2,—	10,—	45,—

Ausgegeben ab 7. Mai 1973. *Eingeschmolzen bis auf 2 742 342 Ex.

44P1	— (K-N-Zk) 1973. Einseitige Reduktionsprobe der Bildseite (Prägebild weit vom Randstab entfernt), leere Seite mit Randstab, Rand glatt	—,—
44P2	10 Mark (K-N-Zk) 1973 A. Reduktionsprobe (Prägebild auf beiden Seiten weit vom Randstab entfernt), Randschrift viermal »* 10 Mark	1500,—

44P3	10 Mark (K-N-Zk) 1973 A. Motivprobe, Staatswappen, darunter Wertangabe, oben Münzstättenzeichen, mit Randstab. Bildseite von Nr. 44, Rand glatt	—,—

OTTO GROTEWOHL

			SS	VZ	ST/E
45 [1548]	20	Mark (K-N-Zk) 1973 A. Rs. Otto Grotewohl (1894–1964), sozialdemokratischer Politiker, Ministerpräsident 1949–1964. Randschrift viermal »* 20 Mark«, 15 g (2534 724 Ex.*)	5,—	10,—	75,—

*Ausgegeben ab 12. November 1973. *Eingeschmolzen bis auf 1 531 207 Ex.*

45F		Fehlprägung Grotewohl ohne Randschrift	—,—
45P1	—	(K-N-Zk) o.J. (1973). Einseitige Motivprobe der Bildseite, Kopfbild von Otto Grotewohl im Vollschriftkreis	—,—
45P2	—	(K-N-Zk) o.J. (1973). Einseitige Produktionsprobe der Bildseite von Nr. 45 (Grotewohl)	—,—

Motivproben 30 Jahre DDR mit Jahreszahl 1973 (Wappenseite von Nr. 45) siehe Nrn. 71P2 und 71P5.

125. GEBURTSTAG VON OTTO LILIENTHAL

			ST	PP
46 [1546]	5	Mark (K-N-Zk) 1973. Rs. Gleitfluggerät des Luftfahrtpioniers Otto Lilienthal (1848–1896). Randschrift viermal »* 5 Mark«, 12.2 g: Stempelglanz (100 300 Ex.*)		95,—

*Ausgegeben ab 10. Juli 1973. *Eingeschmolzen bis auf 100 234 Ex.*

46X		Abschlag der Bildseite (Lilienthal) in Aluminium für Werbezwecke (300 Ex.)	300,—

75. GEBURTSTAG VON BERTOLT BRECHT

				PP
47 [1544]	10	Mark (S) 1973. Rs. Bertolt Brecht (1898–1956), sozialistischer Lyriker, Epiker und Theaterregisseur. Randschrift dreimal »* 10 Mark«. 625er Silber, 17 g: Stempelglanz (100 197 Ex.*)		140,—

*Ausgegeben ab 5. März 1973. *Eingeschmolzen bis auf 55 413 Ex.*

60. TODESTAG VON AUGUST BEBEL

48 [1547]   20 Mark (S) 1973. Rs. August Bebel (1840– **ST** **PP**
1913), sozialdemokratischer Politiker und
Reichstagsabgeordneter. Randschrift dreimal
»* 20 Mark«, 625er Silber, 20.9 g:
Stempelglanz (77 360 Ex.*)   165,—

*Ausgegeben ab 25. September 1973. *Eingeschmolzen bis auf 47 197 Ex.*
   48F   Fehlprägung Bebel mit doppelter Randschrift —,—

25 JAHRE DEUTSCHE DEMOKRATISCHE REPUBLIK (2)

49 [1551]   10 Mark (K-N-Zk) 1974 A. Rs. Staats- **SS** **VZ** **ST/E**
wappen, Motto, Jahreszahlen. Riffel-
rand, 12 g:
(3 070 650 Ex.*)   2,—   8,—   50,—

*Ausgegeben ab 20. August 1974. *Eingeschmolzen bis auf 2 285 170 Ex.*
49 P[1551 S] 10 Mark (S) 1974 A. Materialprobe,
500er Silber, 17 g, Randschrift drei-
mal »* 10 Mark« (1500 Ex.)   2500,—

50 [1552] 10 Mark (S) 1974. Rs. Städtemotiv mit Mariendom und Severikirche in Erfurt, Kronentor des Dresdner Zwingers, Schloß Sanssouci in Potsdam, Berliner Fernsehturm, Universitätshochhaus in Leipzig, Kulturpalast in Neubrandenburg und Karl-Marx-Monument in Chemnitz. Randschrift dreimal »* 10 Mark«. 625er Silber, 17 g: **ST** **PP**
a) Stempelglanz (70 200 Ex.*) 140,—
b) Polierte Platte (200 Ex.) 8500,—

Ausgegeben ab 20. August 1974. *Eingeschmolzen bis auf 52 585 Ex.

Auf 20 Jahre DDR: Nr. 24.
Auf 30 Jahre DDR: Nr. 71.
Auf 40 Jahre DDR: Nr. 127.

100. TODESTAG VON PHILIPP REIS

51 [1550] 5 Mark (K-N-Zk) 1974. Rs. Konstruktionszeichnung des ersten Fernsprechers des Physikers Philipp Reis (1834–1874). Randschrift viermal »* 5 Mark«, 12.2 g:
Stempelglanz (100 200 Ex.*) 55,—

Ausgegeben ab 17. Juni 1974. *Eingeschmolzen bis auf 100 122 Ex.

200. GEBURTSTAG VON CASPAR DAVID FRIEDRICH

52 [1553] 10 Mark (S) 1974. Rs. Caspar David Friedrich (1774–1840), Landschaftsmaler der deutschen Romantik. Randschrift dreimal »* 10 Mark«. 625er Silber, 17 g: **ST** **PP**
  a) Stempelglanz (75 000 Ex.*) 145,—
  b) Polierte Platte (100 [auf der Plombe] mit Stern numerierte Ex.) 13 500,—

Ausgegeben ab 8. November 1974. *Eingeschmolzen bis auf 49 416 Ex.

52P 10 Mark (Neusilber/Me) 1974. Materialprobe, Bimetall (Ring Neusilber, Zentrum Tombak), Rand glatt (wenige Ex.) *(geprägt 1983)* 8500,—

52M1 — (Neusilber/Me) 1983 A. Medaille, Wappenseite wie Nr. 52, mit »1974 A 1983« statt Wertangabe, Bildseite von Nr. 52 (Friedrich), Rand glatt (wenige Ex.) 4000,—
52M2 — (Neusilber/Me) o.J. (1983). Medaille, Wappenseite in anderer Zeichnung ohne Jahreszahlen, Bildseite von Nr. 52 (Friedrich), Rand glatt (wenige Ex.) 3500,—

Die Herstellung der Nrn. 52P, 52M1 und 52M2 erfolgte auf handgefertigten Bimetallronden.
Weitere Versuchsprägungen in Bimetall siehe Nrn. 79P2 und 79M.

250. GEBURTSTAG VON IMMANUEL KANT

53 [1549] 20 Mark (S) 1974. Rs. Immanuel Kant (1724–1804), Philosoph. Randschrift dreimal »* 20 Mark«, 625er Silber, 20.9 g:
  a) Stempelglanz (67 883 Ex.*) 175,—
  b) Polierte Platte (4284 Ex.) 360,—

Ausgegeben ab 8. März 1974. *Eingeschmolzen bis auf 44 465 Ex.

53M	–	(S) o.J. (1974) A. Medaille, Signet des VEB Münze der DDR, Bildseite von Nr. 53 (Kant). Polierte Platte (wenige Ex.) *(geprägt um 1985)*	**ST**		**PP** 4000,—

20 JAHRE WARSCHAUER VERTRAG

54 [1557]	10	Mark (K-N-Zk) 1975 A. Rs. Wappen der Vertragstaaten zwischen römischer Zahl. Riffelrand, 12 g (2 522 356 Ex.*)	**SS** 3,—	**VZ** 12,—	**ST/E** 40,—

Ausgegeben ab 9. Mai 1975. *Eingeschmolzen bis auf 1 906 746 Ex.

INTERNATIONALES JAHR DER FRAU 1975

55 [1558]	5	Mark (K-N-Zk) 1975. Rs. Drei Frauenköpfe und Emblem. Randschrift viermal »* 5 Mark«, 12.2 g: Stempelglanz (161 047 Ex.)	**ST** 50,—	**PP**

Ausgegeben ab 16. Juni 1975.

100. GEBURTSTAG VON THOMAS MANN

56 [1556]   5 Mark (K-N-Zk) 1975. Rs. Thomas Mann   **ST**   **PP**
(1875–1955), Schriftsteller. Randschrift viermal »* 5 Mark«, 12.2 g:
Stempelglanz (102 355 Ex.*)   55,—

Ausgegeben ab 9. Mai 1975. *Eingeschmolzen bis auf 102 354 Ex.

100. GEBURTSTAG VON ALBERT SCHWEITZER

57 [1554]   10 Mark (S) 1975. Rs. Albert Schweitzer (1875–1965), Philosoph, Arzt und Musiker. Randschrift dreimal »* 10 Mark«. 625er Silber, 17 g:
a) Stempelglanz (100 100 Ex.*)   140,—
b) Polierte Platte (1040 Ex.)   3200,—

Ausgegeben ab 31. Januar 1975. *Eingeschmolzen bis auf 63 433 Ex.

57P [1554P]   10 Mark (S) 1975 A. Motivprobe, 500er Silber, 17 g, Wappenseite von Nr. 54 (Warschauer Vertrag), Bildseite von Nr. 57 (Schweitzer), Rand glatt (8810 Ex.)   320,—

57X1   Abschlag der Bildseite (Schweitzer) in Aluminium für Werbezwecke, leere Seite mit Randstab (306 Ex.)   300,—

57X2   Abschlag der Bildseite (Schweitzer) in Tombak für Werbezwecke, nach der Prägung versilbert, leere Seite mit Randstab (wenige Ex.)   *3500,—*

Zum gleichen Anlaß: Bundesrepublik Deutschland Nr. 141.

225. TODESTAG VON JOHANN SEBASTIAN BACH

58 [1555] 20 Mark (S) 1975. Rs. Detail der Originalpartitur **ST PP**
des 1. Praeludiums aus »Das wohltemperierte
Clavier« des Komponisten und Organisten Johann Sebastian Bach (1685–1750), Thomaskantors in Leipzig, darunter Namenszug (Bildseite mit erhabenem Prägebild). Randschrift
dreimal »* 20 Mark«, 625er Silber, 20.9 g:
a) Stempelglanz (72 160 Ex.*) 250,—
b) Polierte Platte (wenige Ex.) *20 000,—*

*Ausgegeben ab 21. April 1975. *Eingeschmolzen bis auf 49 497 Ex.*

58P [1555P] 20 Mark (S) 1975. Motivprobe, Bildseite mit vertieftem Prägebild *(geprägt 1976):*
a) Stempelglanz (10 261 Ex.) 350,—
b) Polierte Platte, Feld der Bildseite mattiert, Notenzitat und Schrift spiegelnd (wenige Ex.) *20 000,—*

Zum 300. Geburtstag von Johann Sebastian Bach: Rundesrepublik Deutschland Nr. 161.

20 JAHRE NATIONALE VOLKSARMEE

Deutschland/DDR **235**

			SS	**VZ**	**ST/E**
59 [1560]	10 Mark (K-N-Zk) 1976 A. Rs. Soldat der Nationalen Volksarmee. Riffelrand, 12 g (754 508 Ex.*)		5,—	20,—	75,—

*Ausgegeben ab 10. Februar 1976. *Eingeschmolzen bis auf 593 765 Ex.*

Auf 25 Jahre NVA: Nr. 78.

200. GEBURTSTAG VON FERDINAND VON SCHILL

		ST	**PP**
60 [1559]	5 Mark (K-N-Zk) 1976. Rs. Husaren-Tschako und Säbel des preußischen Offiziers Ferdinand von Schill (1776–1809), Kommandeurs eines Husarenregiments gegen die napoleonische Besatzung 1809. Randschrift viermal »*5 Mark«, 12.2 g: Stempelglanz (100 216 Ex.)		65,—

Ausgegeben ab 6. Januar 1976.

150. TODESTAG VON CARL MARIA VON WEBER

61 [1562]	10 Mark (S) 1976. Rs. Carl Maria von Weber (1786–1826), Komponist. Randschrift dreimal »* 10 Mark«. 500er Silber, 17 g: a) Stempelglanz (101 642 Ex.*) b) Polierte Platte (6037 Ex.)	170,—	240,—

*Ausgegeben ab 20. August 1976. *Eingeschmolzen bis auf 45 042 Ex.*

150. GEBURTSTAG VON WILHELM LIEBKNECHT

				ST	PP
62 [1561]	20 Mark (S) 1976. Rs. Wilhelm Liebknecht (1826–1900), sozialdemokratischer Politiker. Randschrift dreimal »* 20 Mark«, 625er Silber, 20.9 g:				
	a) Stempelglanz (50 060 Ex.*)			175,—	
	b) Polierte Platte (4020 Ex.)				350,—

*Ausgegeben ab 15. April 1976. *Eingeschmolzen bis auf 43 160 Ex.*

62P   20 Mark (S) 1976. Motivprobe, Porträt der Bildseite in anderem Ausrichtungswinkel zur Inschrift   —,—

125. TODESTAG VON FRIEDRICH LUDWIG JAHN

63 [1564]   5 Mark (K-N-Zk) 1977. Rs. Friedrich Ludwig Jahn (1778–1852), Begründer der Turnbewegung in Deutschland. Randschrift viermal »* 5 Mark«, 12.2 g: **ST**   **PP**
a) Stempelglanz (90 675 Ex.)   90,—
b) Polierte Platte (10 000 Ex.)   140,—

Ausgegeben ab 15. Juni 1977.

375. GEBURTSTAG VON OTTO VON GUERICKE

64 [1565]   10 Mark (S) 1977. Rs. Stadtwappenbild von Magdeburg über den geöffneten Halbkugeln des Bürgermeisters und Erfinders Otto von Guericke (1602–1686). Randschrift dreimal »* 10 Mark«. 500er Silber, 17 g:
a) Stempelglanz (69 316 Ex.*)   230,—
b) Polierte Platte (6000 Ex.)   260,—

Ausgegeben ab 31. August 1977. *Eingeschmolzen bis auf 43 443 Ex.

64P [1565P]   10 Mark (S) o.J. (1977). Motivprobe, Pferdegespanne mit den Magdeburger Halbkugeln, Inschrift »Probe« statt Jahreszahl (6000 Ex.)   850,—

200. GEBURTSTAG VON CARL FRIEDRICH GAUSS

65 [1563]   20 Mark (S) 1977. Rs. Glockenkurve einer normalverteilten, nicht standardisierten Zufallsgröße mit dem Graphen der Integralfunktion in anderem Ordinatenmaßstab, nach dem Mathematiker und Astronomen Carl Friedrich Gauß (1777–1855). Randschrift dreimal »* 20 Mark«, 500er Silber, 20.9 g: **ST**   **PP**
Stempelglanz (56 525 Ex.*)   220,—

<small>Nr. 65 wurde von fein geätzten Stempeln geprägt.</small>

*Ausgegeben ab 18. April 1977. *Eingeschmolzen bis auf 42 502 Ex.*
<small>Zum gleichen Anlaß: Bundesrepublik Deutschland Nr. 144.</small>

INTERNATIONALES ANTI-APARTHEID-JAHR 1978

66 [1569]   5 Mark (K-N-Zk) 1978 A. Rs. Faust mit Stern und Flammen. Randschrift viermal »* 5 Mark«, 9.6 g: **VZ**   **ST/E**   **PP**
   a) Normalprägung (259 000 + 86 270 Ex.*)   40,—   70,—
   b) Polierte Platte (4 000 Ex.)   190,—

*Ausgegeben ab 29. September 1978. *Eingeschmolzen bis auf 257 262 Ex.*
66 F   Fehlprägung Anti-Apartheid ohne Randschrift —,—
Numisbrief mit Nr. 66 siehe am Schluß des DDR-Teils.

1. GEMEINSAMER WELTRAUMFLUG UDSSR–DDR

				VZ	ST/E	PP
67 [1568]		10 Mark (K-N-Zk) 1978 A. Rs. Erdkugel und Raumschiff mit der Umlaufbahn der Kosmonauten Valerij Bukovskij (UdSSR) und Sigmund Jähn (DDR). Randschrift viermal »* 10 Mark«, 12 g:				
	a)	Normalprägung (724 750 + 32 075 Ex.*)		40,—	70,—	
	b)	Polierte Platte (2 600 Ex.)				1000,—

Ausgegeben ab 28. August 1978. *Eingeschmolzen bis auf 591 165 Ex.

67P   10 Mark (S) 1978 A. Materialprobe, 500er Silber, 17 g, Randschrift dreimal »* 10 Mark«, Polierte Platte (100 Ex.*)   *20 000,—*

* Eingeschmolzen bis auf 25 Ex.

175. TODESTAG VON FRIEDRICH GOTTLIEB KLOPSTOCK

			ST	PP
68 [1566]		5 Mark (K-N-Zk) 1978. Rs. Friedrich Gottlieb Klopstock (1724–1803), Dichter. Randschrift viermal »* 5 Mark«, 12.2 g:		
	a) Stempelglanz (75 500 Ex.*)		90,—	
	b) Polierte Platte (4500 Ex.)			175,—

Ausgegeben ab 28. Februar 1978. *Eingeschmolzen bis auf 70 500 Ex.

175. GEBURTSTAG VON JUSTUS VON LIEBIG

				ST	PP
69 [1567]	10	Mark (S) 1978. Rs. Justus von Liebig (1803–1873), Chemiker. Randschrift dreimal »* 10 Mark«. 500er Silber, 17 g:			
		a) Stempelglanz (70 510 Ex.*)		205,—	
		b) Polierte Platte (4500 Ex.)			250,—

*Ausgegeben ab 22. Mai 1978. *Eingeschmolzen bis auf 40 058 Ex.*

175. TODESTAG VON JOHANN GOTTFRIED HERDER

				ST	PP
70 [1570]	20	Mark (S) 1978. Rs. Johann Gottfried Herder (1744–1803), Philosoph. Randschrift dreimal »* 20 Mark«, 500er Silber, 20.9 g:			
		a) Stempelglanz (50 550 Ex.*)		225,—	
		b) Polierte Platte (4500 Ex.)			300,—

*Ausgegeben ab 8. November 1978. *Eingeschmolzen bis auf 36 550 Ex.*

Zum 250. Geburtstag von Johann Gottfried Herder: Bundesrepublik Deutschland Nr. 183.

30 JAHRE DEUTSCHE DEMOKRATISCHE REPUBLIK

		VZ	**ST/E**	**PP**
71 [1573]	20 Mark (K-N-Zk) 1979 A. Rs. Arbeiter und Arbeiterin vor Chemieanlage. Randschrift viermal »* 20 Mark«, 15 g (975 050 + 25 950 Ex.*)	25,—	70,—	

*Ausgegeben ab 29. Juni 1979. *Eingeschmolzen bis auf 642 075 Ex.*

71P1	— (K-N-Zk) 1979. Einseitige Motivprobe, sprießende Blütenblätter (Blattsymbol), leere Seite mit Randstab, Rand glatt (wenige Ex.)			3500,—
	Entwurf von Joachim Rieß (1. Preis des Gestaltungswettbewerbs), Modell von Volker Beier			
71P2	20 Mark (K-N-Zk) 1973 A. Motivprobe, Wappenseite von Nr. 45 (Grotewohl) mit Jahreszahl 1973, Bildseite von Nr. 71P1 (Blattsymbol). Randschrift viermal »* 20 Mark}			—,—

71P3	20 Mark (K-N-Zk) 1979 A. Motivprobe, Inschrift »A / Deutsche / Demokratische / Republik / Probe / 20 / Mark« in sieben Zeilen. Bildseite von Nr. 71P1 (Blattsymbol). Randschrift viermal »* 20 Mark« (wenige Ex.)			12 000,—

71 P4 [1573P]	20 Mark (K-N-Zk) 1979 A. Motivprobe in Verkaufsauflage, Wappenseite im Stil der Nrn. 45 und 71P2, Inschrift »Probe« statt Jahreszahl, Bildseite von Nr. 71P1 (Blattsymbol). Rand glatt (10 000 Ex.)			300,—

		VZ	ST/E	PP
71P5	20 Mark (K-N-Zk) 1973 A. Motivprobe, Wappenseite von Nr. 45 (Grotewohl) mit Jahreszahl 1973, Bildseite Arbeiter und Arbeiterin vor Chemieanlage, Inschrift in dünnen, nach oben gerückten Buchstaben, mit Abstand zwischen Stufenblock und Randstab. Randschrift viermal »* 20 Mark« (wenige Ex.)		6000,—	

Entwurf von Dietrich Dorfstecher, Modell von Gerhard Rommel

| 71P6 | — (K-N-Zk) 1979. Einseitige Motivprobe, Nelke mit Staatswappen, leere Seite mit Randstab, Rand glatt (wenige Ex.) | | *3500,—* | |

Entwurf von Heinz Rodewald

| 71M1 | — (K-N-Zk) 1979 A. Medaille, Signet des VEB Münze der DDR, Bildseite von Nr. 71P6 (Nelke). Rand glatt, 15 g, Polierte Platte | | | *1200,—* |
| 71M2 | — (Me) 1979 A. Medaille, wie Nr. 71M1, Rand glatt, Polierte Platte, nach der Prägung vergoldet | | | 1000,— |

Nr. 71M2 war Bestandteil des Musterkoffers des VEB Münze der DDR.

Auf 20 Jahre DDR: Nr. 24.
Auf 25 Jahre DDR: Nrn. 49–50.
Auf 40 Jahre DDR: Nr. 127.

100. GEBURTSTAG VON ALBERT EINSTEIN

72 [1572] 5 Mark (K-N-Zk) 1979. Rs. Albert Einstein (1879–1955), Physiker, Schöpfer der Relativitätstheorie, Pionier der Quantentheorie. Randschrift viermal »* 5 Mark«, 12.2 g: **ST** **PP**
a) Stempelglanz (55 500 Ex.*) 160,—
b) Polierte Platte (4500 Ex.) 200,—

Ausgegeben ab 26. Februar 1979. *Eingeschmolzen bis auf 55 475 Ex.

Zum gleichen Anlaß: Schweiz Nrn. 52–53.

175. GEBURTSTAG VON LUDWIG FEUERBACH

73 [1574] 10 Mark (S) 1979. Rs. Ludwig Feuerbach (1804–1872), Philosoph des Materialismus. Randschrift dreimal »* 10 Mark«. 500er Silber, 17 g:
a) Stempelglanz (50 500 Ex.*) 340,—
b) Polierte Platte (4500 Ex.) 360,—

Ausgegeben ab 20. Juli 1979. *Eingeschmolzen bis auf 38 834 Ex.

250. GEBURTSTAG VON GOTTHOLD EPHRAIM LESSING

74 [1571]   20 Mark (S) 1979. Rs. Nathan zwischen Saladin   **ST**   **PP**
und dem Tempelherrn, Szenenbild aus dem
dramatischen Lehrgedicht »Nathan der Wei-
se« des Dichters und Literaturtheoretikers
Gotthold Ephraim Lessing (1729–1781).
Randschrift dreimal »* 20 Mark«, 500er Silber,
20.9 g:
a) Stempelglanz (40 500 Ex.*)   260,—
b) Polierte Platte (4521 Ex.)   340,—

*Ausgegeben ab 15. Januar 1979. *Eingeschmolzen bis auf 39 343 Ex.*

74M — (S) o.J. (1979) A. Medaille, Signet des VEB Münze der
DDR, Bildseite von Nr. 74 (Lessing). Polierte Platte (we-
nige Ex.) *(geprägt um 1985)*   *4000,—*

75. TODESTAG VON ADOLPH VON MENZEL

75 [1576]   5 Mark (K-N-Zk) 1980. Rs. Adolph von Menzel
(1815–1905), Maler, Graphiker und Zeichner.
Randschrift viermal »* 5 Mark«, 12.2 g:
a) Stempelglanz (54 750 Ex.)   110,—
b) Polierte Platte (5500 Ex.)   175,—

225. GEBURTSTAG VON GERHARD J. D. VON SCHARNHORST

76 [1577]   10 Mark (S) 1980. Rs. Gerhard Johann David
von Scharnhorst (1755–1813), preußischer
General und Militärtheoretiker. Randschrift
dreimal »* 10 Mark«. 500er Silber, 17 g:
a) Stempelglanz (49 500 Ex.*)   110,—
b) Polierte Platte (5500 Ex.)   175,—

*Ausgegeben ab 15. September 1980. *Eingeschmolzen bis auf 49 497 Ex.*

75. TODESTAG VON ERNST ABBE

77 [1575] 20 Mark (S) 1980. Rs. Schematische Darstellung der Mikroskoptheorie des Physikers und Sozialreformers Ernst Carl Abbe (Abée) (1840–1905), Begründers des wissenschaftlichen Gerätebaus. Randschrift dreimal »* 20 Mark«, 500er Silber, 20.9 g: **ST**   **PP**
a) Stempelglanz (39 500 Ex.)   180,—
b) Polierte Platte (5503 Ex.)   240,—

Ausgegeben ab 27. Februar 1980.

77P1 20 Mark (S) 1980. Produktionsprobe, Bildseite mit planem Münzgrund ohne Teller   —,—
77P2 20 Mark (S) 1980. Produktionsprobe, Bildseite mit zu stark hochgezogener Kante   —,—

Nr. 77 existiert auch als breiter Kupferabschlag der Bildseite mit Randstab.

77M — (S) o.J. (1980) A. Medaille, Signet des VEB Münze der DDR, Bildseite von Nr. 77 (Abbe). Polierte Platte (wenige Ex.) *(geprägt um 1985)*   4000,—
77U Zu den XXII. Olympischen Sommerspielen 1980 in Moskau wurden 1200 Ex. der 20 Mark Abbe in Stempelglanz (Nr. 77a) von privater Seite in den USA mit einseitigen Gegenstempeln in polierter Platte versehen (Motiv zwei griechische Läufer, Inschriften »Citius• Altius• Fortius« und »1980 Moscow Games«) und in Hartkunststoffrahmen angeboten:
a) mit römischer Zahl XXII (800 Ex.)
b) mit römischer Zahl XIX (sic!), Nachauflage (400 Ex.)

25 JAHRE NATIONALE VOLKSARMEE

78 [1578] 10 Mark (K-N-Zk) 1981 A. Rs. Panzer, Raketenschnellboot und Jagdflugzeuge. Randschrift viermal »* 10 Mark«, 12 g:

		VZ	**ST/E**	**PP**
a)	Normalprägung (780 000 + 30 300 Ex.*)	25,—	60,—	
b)	Polierte Platte (5 500 Ex.)			140,—

Ausgegeben ab 2. Februar 1981. *Eingeschmolzen bis auf 626 700 Ex.
Auf 20 Jahre NVA: Nr. 59.

700 JAHRE MÜNZPRÄGUNG IN BERLIN

79 [1582] 10 Mark (K-N-Zk) 1981. Rs. »Ewiger Pfennig« (1369) der Stadt Berlin. Randschrift viermal »* 10 Mark«, 12 g:

		ST	**PP**
a)	Stempelglanz (54 540 Ex.)	105,—	
b)	Polierte Platte (5500 Ex.)		175,—

Ausgegeben ab 18. November 1981.

			ST	PP
79P1 [1582P]	10	Mark (S) 1981. Motivprobe, Goldgulden um 1513 aus der Münze Berlin, Inschrift »Probe«. Randschrift »Erste Goldguldenprägung um 1513«. 500er Silber, 17 g:		
		a) Stempelglanz, Produktionsprobe (wenige Ex.)	4000,—	
		b) Polierte Platte (2250 Ex.)		2500,—
79P2	10	Mark (Neusilber/Me) 1974. Materialprobe, Bimetall (Ring Neusilber, Zentrum Tombak), Wappenseite von Nr. 52 (Friedrich) mit Jahreszahl 1974, Bildseite von Nr. 79P1 (Goldgulden), Rand glatt (wenige Ex.) *(geprägt 1983)*	8500,—	
79M	—	(Neusilber/Me) o.J. (1983). Medaille, Wappenseite von Nr. 52M2, Bildseite von Nr. 79P1 (Goldgulden), Rand glatt (wenige Ex.)	3500,—	

Die Herstellung der Nrn. 79P2 und 79M erfolgte auf handgefertigten Bimetallronden.
Weitere Versuchsprägungen in Bimetall siehe Nrn. 52P, 52M1 und 52M2.

450. TODESTAG VON TILMAN RIEMENSCHNEIDER

80 [1580]	5	Mark (K-N-Zk) 1981. Rs. Tilman Riemenschneider (um 1455–1531), Bildhauer und Bildschnitzer. Randschrift viermal »* 5 Mark«, 12.2 g:		
		a) Stempelglanz (54 500 Ex.)	130,—	
		b) Polierte Platte (5500 Ex.)		185,—

Ausgegeben ab 1. Juni 1981.

150. TODESTAG VON GEORG WILHELM FRIEDRICH HEGEL

248 Deutschland/DDR

			ST	PP
81 [1581]	10	Mark (S) 1981. Rs. Georg Wilhelm Friedrich Hegel (1770–1831), Philosoph. Randschrift dreimal »* 10 Mark«. 500er Silber, 17 g:		
		a) Stempelglanz (49 500 Ex.)	110,—	
		b) Polierte Platte (5500 Ex.)		175,—

Ausgegeben ab 1. September 1981.

81P	10	Mark (S) 1981. Motivprobe, kleines Staatswappen, große Wertzahl. Randschrift dreimal »* 10 Mark« (wenige Ex.)		—,—

150. TODESTAG VON CARL REICHSFREIHERR VOM STEIN

			ST	PP
82 [1579]	20	Mark (S) 1981. Rs. Heinrich Friedrich Carl Reichsfreiherr vom und zum Stein (1757–1831), Staatsmann. Randschrift dreimal »* 20 Mark«, 500er Silber, 20.9 g:		
		a) Stempelglanz (39 500 Ex.*)	160,—	
		b) Polierte Platte (5500 Ex.)		240,—

*Ausgegeben ab 9. März 1981. *Eingeschmolzen bis auf 39 264 Ex.*

Zum gleichen Anlaß: Bundesrepublik Deutschland Nr. 154.

Zum 100. Todestag des Freiherrn vom Stein: Deutsches Reich Nr. 71.

WEIMAR

			VZ	ST/E	PP
83 [1585]		5 Mark (K-N-Zk) 1982 A. Rs. Gartenhaus von Johann Wolfgang von Goethe (1749–1832) in Weimar. Randschrift viermal »* 5 Mark«, 9.6 g:			
	a)	Normalprägung (205 500 + 40 000 Ex.*)	50,—	85,—	
	b)	Polierte Platte, Haus und Bäume mattiert (5500 Ex.)			150,—

Ausgegeben ab 22. Juni 1982. *Eingeschmolzen bis auf 220 400 Ex.

83 P [1585 P]		5 Mark (K-N-Zk) 1982 A. Produktionsprobe, Polierte Platte, nur Haus mattiert, Bäume glänzend:			
	a)	(210 [durch Gegenstempel über »Mark«] numerierte Ex.)			6500,—
	b)	ohne Seriennummer (wenige Ex.)			—,—

Zum 100. Todestag von Johann Wolfgang von Goethe: Deutsches Reich Nrn. 73–74.
Zum 220. Geburtstag: Deutsche Demokratische Republik Nr. 27.
Zum 150. Todestag: Bundesrepublik Deutschland Nr. 156.
Zum 250. Geburtstag: Bundesrepublik Deutschland Nr. 196.

EISENACH

			VZ	ST/E	PP
84 [1586]		5 Mark (K-N-Zk) 1982 ~ 1983. Rs. Wartburg bei Eisenach. Randschrift viermal »* 5 Mark«, 9.6 g:			
	a)	1982 A Normalprägung (205 500 + 41 000 Ex.*)	50,—	85,—	
	b)	1982 A Polierte Platte (5500 Ex.)			160,—
	c)	1983 A Normalprägung (21 000 Ex.)		850,—	

Ausgegeben ab 28. Juli 1982. *Eingeschmolzen bis auf 221 283 Ex.

Zum 400. Jahrestag der Reformation: Sachsen Nr. 32.

Zum 450. Geburtstag von Martin Luther: Deutsches Reich Nrn. 75–76.

Zum 500. Geburtstag: Bundesrepublik Deutschland Nr. 158, Deutsche Demokratische Republik Nrn. 88–89, 94.

200. GEBURTSTAG VON FRIEDRICH FRÖBEL

			ST	PP
85 [1584]	5	Mark (K-N-Zk) 1982. Rs. Drei Kinder mit Würfel, Zylinder und Kugel, symbolisch für die Kindergartenbewegung des Pädagogen Friedrich Wilhelm August Fröbel (1782–1852). Randschrift viermal »* 5 Mark«, 12.2 g:		
		a) Stempelglanz (54 500 Ex.)	125,—	
		b) Polierte Platte (5500 Ex.)		200,—

Ausgegeben ab 5. April 1982.

NEUES GEWANDHAUS LEIPZIG

			ST	PP
86 [1583]	10	Mark (S) 1982. Rs. Neues Gewandhaus (1981), Wirkungsstätte des Gewandhausorchesters, von musischem Zierstück überhöht. Randschrift dreimal »* 10 Mark«. 500er Silber, 17 g:		
		a) Stempelglanz (49 510 Ex.*)	120,—	
		b) Polierte Platte (5500 Ex.)		175,—

Ausgegeben ab 1. März 1982. *Eingeschmolzen bis auf 49 165 Ex.

125. GEBURTSTAG VON CLARA ZETKIN

			ST	**PP**
87 [1587]	20 Mark (S) 1982. Rs. Clara Zetkin (1857–1933), Politikerin. Randschrift dreimal »* 20 Mark«, 500er Silber, 20.9 g:			
	a) Stempelglanz (39 500 Ex.)		150,—	
	b) Polierte Platte (5500 Ex.)			200,—

Ausgegeben ab 30. September 1982.

87P [1587 P]	20 Mark (S) 1982. Motivprobe, Kopfbild von Clara Zetkin, bogige Inschrift:	
	a) (90 [durch Gegenstempel rechts neben der Jahreszahl] numerierte Ex.)	22 500,—
	b) ohne Seriennummer (wenige Ex.)	—,—

500. GEBURTSTAG VON MARTIN LUTHER (2)

88 [1590] 5 Mark (K-N-Zk) 1983 A. Rs. Geburts-   **VZ**   **ST/E**   **PP**
haus von Martin Luther (1483–1546)
in Eisleben von der Gartenseite.
Randschrift viermal »* 5 Mark«, 9.6 g:
a) Normalprägung (197 680 + 68 000
Ex.*)   50,—   85,—
b) Polierte Platte (5500 Ex.)   150,—

Ausgegeben ab 10. März 1983. *Eingeschmolzen bis auf 238 580 Ex.

89 [1588] 5 Mark (K-N-Zk) 1983 A. Rs. Schloßkir-
che zu Wittenberg. Randschrift vier-
mal »* 5 Mark«, 9.6 g:
a) Normalprägung (196 500 + 68 300
Ex.*)   50,—   85,—
b) Polierte Platte (5500 Ex.)   180,—

Ausgegeben ab 17. Januar 1983. *Eingeschmolzen bis auf 237 800 Ex.
Zum gleichen Anlaß: Nrn. 84, 94.

30 JAHRE KAMPFGRUPPEN DER ARBEITERKLASSE

90 [1593] 10 Mark (K-N-Zk) 1983 A. Rs. Betriebs-
angehörige als Arbeiter mit Schutz-
helm und Kämpfer mit Stahlhelm.
Randschrift viermal »* 10 Mark«, 12 g:
a) Normalprägung (460 900 + 45 000
Ex.*)   30,—   60,—
b) Polierte Platte (5000 Ex.)   150,—

Ausgegeben ab 15. September 1983. *Eingeschmolzen bis auf 393 980 Ex.

			VZ	ST/E	PP
90P1	10 Mark (K-N-Zk) 1983 A. Motivprobe, mit zusätzlichem Kampfgruppenemblem am Armansatz des Kämpfers (wenige Ex.)				—,—

Nr. 90P1 ist auch in einem einzelnen Exemplar (siehe Abbildung) mit eingeschlagenen (vertieften) Buchstaben »Probe« unter der Jahreszahl und Seriennummer 001 in großen Ziffern (Punzen wie bei Nrn. 83P und 87P) vorgekommen. Hierbei handelt es sich um einen Versuch der Münze Berlin im Vorfeld der Produktion von Nr. 90P2.

90 P2 10 Mark (K-N-Zk) 1983 A. Motivprobe,
[1593 P] wie Nr. 90P1, Inschrift »Probe« unter
der Jahreszahl:
a) (100 [durch Gegenstempel unter
»Mark«] numerierte Ex.) 6500,—
b) ohne Seriennummer (wenige Ex.) —,—

100. TODESTAG VON KARL MARX

254 Deutschland/DDR

			VZ	**ST/E**	**PP**

91 [1592] 20 Mark (K-N-Zk) 1983 A. Rs. Karl Marx (1818–1883), Sozialideologe, Jahreszahlen unter Namenszug. Randschrift viermal »* 20 Mark«, 15 g:
  a) Normalprägung (940 000 + 60 000 Ex.*)   25,—   50,—
  b) Polierte Platte (6000 Ex.)   130,—

Ausgegeben ab 6. April 1983. *Eingeschmolzen bis auf 655 614 Ex.«

91P1 20 Mark (K-N-Zk) 1983 A. Motivprobe, Jahreszahlen seitlich über dem Namenszug   —,—

91 P2 [1592P] 20 Mark (K-N-Zk) 1983 A. Motivprobe, wie Nr. 91P1, Inschrift »Probe« links neben Wertangabe:
  a) (100 [durch Gegenstempel unter »Mark«] numerierte Ex.)   7500,—
  b) ohne Seriennummer (wenige Ex.)   —,—

Zum gleichen Anlaß: Bundesrepublik Deutschland Nr. 157.

Zum 150. Geburtstag von Karl Marx: Deutsche Demokratische Republik Nr. 23.

125. GEBURTSTAG VON MAX PLANCK

			ST	**PP**

92 [1594] 5 Mark (K-N-Zk) 1983. Rs. Max Planck (1858–1947), Physiker, Schöpfer der Quantentheorie, Nobelpreis 1918. Randschrift viermal »* 5 Mark«, 12.2 g:
  a) Stempelglanz (55 800 Ex.*)   105,—
  b) Polierte Platte (4380 Ex.)   180,—

Ausgegeben ab 20. Oktober 1983. *Eingeschmolzen bis auf 45 800 Ex.

Zum 100. Geburtstag von Max Planck: Bundesrepublik Deutschland Nr. 115.

100. TODESTAG VON RICHARD WAGNER

93 [1589]   10 Mark (S) 1983. Rs. Tannhäuser und weitere Minnesänger im Sängerkrieg auf der Wartburg, Szenenbild aus der Oper »Tannhäuser« des Komponisten Richard Wagner (1813–1883). Randschrift dreimal »* 10 Mark«. 500er Silber, 17 g: **ST**   **PP**
a) Stempelglanz (49 500 Ex.)   120,—
b) Polierte Platte (5500 Ex.)   175,—

Ausgegeben ab 17. Januar 1983.

500. GEBURTSTAG VON MARTIN LUTHER

94 [1591]   20 Mark (S) 1983. Rs. Martin Luther (1483–1546), Reformator. Randschrift dreimal »* 20 Mark«, 500er Silber, 20.9 g:
a) Stempelglanz (40 500 Ex.)   1350,—
b) Polierte Platte (5500 Ex.)   1450,—

Ausgegeben ab 10. März 1983.

Einige Stücke der Nr. 94 in Stempelglanz wurden von privater Seite nachträglich mit Sandstrahl behandelt und weisen dadurch eine gleichmäßig mattierte Oberfläche auf.

94P1   20 Mark (K-N-Zk) 1983. Materialprobe, 15 g, Randschrift viermal »* 20 Mark«   —,—

94P2 [1591P]	20 Mark (K-N-Zk) 1983. Materialprobe, wie Nr. 94P1, Inschrift »Probe« links unter Jahreszahl: a) (100 [durch Gegenstempel] numerierte Ex.) b) ohne Seriennummer (wenige Ex.)	**ST** 10 000,— —,—	**PP**

Zum gleichen Anlaß: Bundesrepublik Deutschland Nr. 158, Deutsche Demokratische Republik Nrn. 84, 88–89.

Zum 400. Jahrestag der Reformation: Sachsen Nr. 32.

Zum 450. Geburtstag von Martin Luther: Deutsches Reich Nrn. 75-76.

Münzsätze zum gleichen Anlaß siehe am Schluß des DDR-Teils.

LEIPZIG (2)

		VZ	**ST/E**	**PP**
95 [1596]	5 Mark (K-N-Zk) 1984 A. Rs. Altes Rathaus (1556) zu Leipzig. Randschrift viermal »* 5 Mark«, 9,6 g: a) Normalprägung (204 500 + 40 001 Ex.*) b) Polierte Platte (5 500 Ex.)	 50,—	 80,—	 125,—

*Ausgegeben ab 9. März 1984. *Eingeschmolzen bis auf 219 501 Ex.*

Deutschland/DDR 257

			VZ	**ST/E**	**PP**

96 [1598]   5 Mark (K-N-Zk) 1984 A. Rs. Thomaskirche (1496) zu Leipzig. Randschrift viermal »* 5 Mark«, 9.6 g:
  a) Normalprägung (211 540 + 40 000 Ex.*)   50,—   80,—
  b) Polierte Platte (5 500 Ex.)   125,—

Ausgegeben ab 26. Juni 1984. *Eingeschmolzen bis auf 225 840 Ex.

150. TODESTAG VON ADOLF FREIHERR VON LÜTZOW

				ST	**PP**

97 [1599]   5 Mark (K-N-Zk) 1984 A. Rs. Drei reitende Jäger des Freikorps des preußischen Reiteroffiziers und Freischarführers Adolf Ludwig Wilhelm Freiherr von Lützow (1782–1834). Randschrift viermal »* 5 Mark«, 12.2 g:
  a) Stempelglanz (45 000 Ex.)   140,—
  b) Polierte Platte (5000 Ex.)   190,—

Ausgegeben ab 10. Oktober 1984.

100. TODESTAG VON ALFRED BREHM

98 [1597]   10 Mark (S) 1984 A. Rs. Afrikanischer Marabu (Leptoptilus crumeniferus – Ciconiidae) in Hockstellung, nach einer Illustration im »Tierleben« von Alfred Edmund Brehm (1829–1884). Randschrift dreimal »* 10 Mark«. 500er Silber, 17 g:
  a) Stempelglanz (40 000 Ex.)   175,—
  b) Polierte Platte (5000 Ex.)   240,—

Ausgegeben ab 15. Mai 1984.

225. TODESTAG VON GEORG FRIEDRICH HÄNDEL

99 [1595] 20 Mark (S) 1984 A. Rs. Georg Friedrich Händel (1685–1759), Komponist. Randschrift dreimal »* 20 Mark«, 500er Silber, 20.9 g: **ST**   **PP**
  a) Stempelglanz (35 900 Ex.)   390,—
  b) Polierte Platte (4500 Ex.)   425,—

Ausgegeben ab 27. Februar 1984.

Zum 300. Geburtstag von Georg Friedrich Händel: Bundesrepublik Deutschland Nr. 161.

DRESDEN (2)

100 [1602] 5 Mark (K-N-Zk) 1985 A. Rs. Wallpavillon des Dresdner Zwingers (1732). Randschrift viermal »* 5 Mark«, 9.6 g: **VZ** **ST/E** **PP**
  a) Normalprägung (194 520 + 50 000 Ex.*)   50,—   80,—
  b) Polierte Platte (5500 Ex.)   125,—

*Ausgegeben ab 5. Februar 1985. *Eingeschmolzen bis auf 219 520 Ex.*

			VZ	ST/E	PP
101 [1601]	5	Mark (K-N-Zk) 1985 A. Rs. Frauenkirche (1743) zu Dresden als Ruine nach dem Luftangriff vom 13. Februar 1945. Randschrift viermal »* 5 Mark«, 9.6 g:			
		a) Normalprägung (195 000 + 56 000 Ex.*)	50,—	80,—	
		b) Polierte Platte (5500 Ex.)			125,—

Ausgegeben ab 5. Februar 1985. *Eingeschmolzen bis auf 228 076 Ex.

Auf den Wiederaufbau der Frauenkirche: Bundesrepublik Deutschland Nr. 184.

40. JAHRESTAG DER BEFREIUNG VOM FASCHISMUS

			ST	PP
102 P1 [1603 P]	5	Mark (K-N-Zk) o.J. (1985) A. Motivprobe, Rotarmist mit der sowjetischen Fahne auf der Ruine des Reichstagsgebäudes in Berlin am 2. Mai 1945, Inschrift »Probe«. Randschrift viermal »* 5 Mark«, 9.6 g:		
		a) (300 [durch Gegenstempel] numerierte Ex.)	4000,—	
		b) ohne Seriennummer (wenige Ex.)	—,—	

			VZ	ST/E	PP
102 [1603]	10	Mark (K-N-Zk) 1985 A. Rs. Denkmal eines Rotarmisten mit einem deutschen Kind auf dem Arm, Hauptfigur des Sowjetischen Ehrenmals im Treptower Park in Berlin. Randschrift viermal »* 10 Mark«, 12 g:			
		a) Normalprägung (750 600 + 30 000 Ex.*)	18,—	50,—	
		b) Polierte Platte (5000 Ex.)			150,—

Ausgegeben ab 17. April 1985. *Eingeschmolzen bis auf 606 010 Ex.

		VZ	ST/E	PP
102 P2	10 Mark (K-N-Zk) 1985 A. Reduktionsprobe, größeres Prägebild der Bildseite (Denkmal und Inschrift) (50 Ex.)		7500,—	
102 P3	10 Mark (S) 1985 A. Materialprobe, wie Nr. 102. Randschrift dreimal »* 10 Mark«. 500er Silber, 17 g (10 Ex.)		25 000,—	
102 P4	10 Mark (S) 1985 A. Materialprobe, wie Nr. 102, mit »P« rechts neben dem Staatswappen. Randschrift dreimal »* 10 Mark«. 500er Silber, 17 g, Polierte Platte (10 Ex.)			25 000,—

102 P5	10 Mark (G) 1985 A. Materialprobe, wie Nr. 102, mit »P« rechts neben dem Staatswappen. 333er Gold, 15.1 g, Polierte Platte (266 Ex.)			12 500,—

Nr. 102P5 diente als Ehrenpräsent für ausländische Staatsgäste.

Vorsicht vor manipulierten Stücken (Neusilber vergoldet, »P« nachträglich vertieft angebracht)!

175 JAHRE UNIVERSITÄT ZU BERLIN

		ST	PP
103 [1606]	10 Mark (S) 1985 A. Rs. Denkmale auf den Staatsmann und Philologen Wilhelm von Humboldt (1767–1835) und den Naturforscher Alexander von Humboldt (1769–1859) vor dem Eingang zum Hauptgebäude der 1949 nach den Gebrüdern Humboldt benannten Universität zu Berlin. Randschrift dreimal »* 10 Mark«. 500er Silber, 17 g:		

	ST	PP
a) Stempelglanz (38000 Ex.)	185,—	
b) Polierte Platte (4000 Ex.)		225,—

Ausgegeben ab 30. August 1985.

103P 10 Mark (S) 1985 A. Motivprobe, Wertangabe,
[1606P] »P« und Staatswappen im Schriftkreis. Rs. Eingang zum Hauptgebäude der Universität im Vollschriftkreis:
  a) (112 [durch Gegenstempel links neben »Mark«] numerierte Ex.)   12000,—
  b) ohne Seriennummer (wenige Ex.)   —,—

Auf 100 Jahre Universität Berlin: Preußen Nr. 23.

Zum 200. Geburtstag von Wilhelm von Humboldt: Bundesrepublik Deutschland Nr. 118, Deutsche Demokratische Republik Nr. 20.

Auf 150 Jahre Friedensklasse des Ordens »Pour le Mérite«: Bundesrepublik Deutschland Nr. 178.

225. TODESTAG VON CAROLINE NEUBER

104 [1604]   5 Mark (K-N-Zk) 1985 A. Rs. Friederike Caroline Neuber (1697–1760), Schauspielerin, Theaterleiterin und Schriftstellerin, bei der Verbannung des Hanswurst von der Bühne im Zuge der Erneuerung des deutschen Theaters im Sinne der Aufklärung. Randschrift viermal »* 5 Mark«, 12.2 g:
  a) Stempelglanz (51825 Ex.)   180,—
  b) Polierte Platte (4000 Ex.)   240,—

WIEDERERÖFFNUNG DER SEMPEROPER IN DRESDEN

105 [1600]   10 Mark (S) 1985 A. Rs. Opernhaus zu Dresden, nach Plänen von Gottfried Semper als Nachfolgebau der 1841 eingeweihten und 1869 abgebrannten ersten Semperoper 1871–1878 erbaut, 1945 nach Bombenangriff beschädigt, am 13. Februar 1985 wiedereröffnet. Randschrift »* 1841 * 1878 * 1945 * 1985«. 500er Silber, 17 g: **ST**   **PP**

     a) Stempelglanz (55 002 Ex.)   155,—
     b) Polierte Platte (5000 Ex.)   220,—

Ausgegeben ab 15. Januar 1985.

Zum 200. Geburtstag von Gottfried Semper: Bundesrepublik Deutschland Nr. 222.

125. TODESTAG VON ERNST MORITZ ARNDT

106 [1605]   20 Mark (S) 1985 A. Rs. Ernst Moritz Arndt (1709–1860), politischer Schriftsteller und Dichter. Randschrift dreimal »* 20 Mark«, 500er Silber, 20.9 g:

     a) Stempelglanz (36 000 Ex.)   290,—
     b) Polierte Platte (4000 Ex.)   350,—

Ausgegeben ab 8. August 1985.

106F   Fehlprägung Arndt in Neusilber auf Ronde von Nr. 102 mit Randschrift viermal »* 10 Mark«

POTSDAM (2)

		VZ	ST/E	PP
107 [1609]	5 Mark (K-N-Zk) 1986 A. Rs. Schloß Sanssouci (1748) in Potsdam, Sommerresidenz Friedrich des Großen. Randschrift viermal »* 5 Mark«, 9.6 g:			
	a) Normalprägung (270 080 + 58 560 Ex.*)	20,—	45,—	
	b) Polierte Platte (4200 Ex.)			150,—

Ausgegeben ab 15. Mai 1986. *Eingeschmolzen bis auf 295 340 Ex.

107P 5 Mark (K-N-Zk) 1986 A. Dickabschlag (auf Ronde von Nr. 110), 12.2 g (wenige Ex.) —,—

Ein Exemplar der Nr. 107P ging als Präsent an den Rat des Bezirks Potsdam.

108 [1610]	5 Mark (K-N-Zk) 1986 A. Rs. Neues Palais (1769) in Potsdam. Randschrift viermal »* 5 Mark«, 9.6 g:			
	a) Normalprägung (268 800 + 58 302 Ex.*)	20,—	45,—	
	b) Polierte Platte (4204 Ex.)			150,—

Ausgegeben ab 26. Juni 1986. *Eingeschmolzen bis auf 294 002 Ex.

Zum 200. Todestag von Friedrich dem Großen: Bundesrepublik Deutschland Nr. 164.

264 Deutschland/DDR

		VZ	**ST/E**	**PP**
108 P [1610 P]	5 Mark (K-N-Zk) 1986 A. Motivprobe, Einsteinturm in Potsdam, darunter »P«. Randschrift viermal »* 5 Mark«, 9.6 g (10 Ex.)		40 000,—	

100. GEBURTSTAG VON ERNST THÄLMANN

109 [1608] 10 Mark (K-N-Zk) 1986 A. Rs. Ernst Thälmann (1886–1944) an der Spitze eines Demonstrationszuges. Randschrift viermal »* 10 Mark«, 12 g:
  a) Normalprägung (709 750 + 42 000 Ex.*)   18,—   50,—
  b) Polierte Platte (4002 Ex.)   150,—

Ausgegeben ab 3. April 1986. * Eingeschmolzen bis auf 581 642 Ex.

109 P [1608 S] 10 Mark (S) 1986 A. Materialprobe, mit »P} rechts neben dem Staatswappen. 500er Silber, 17 g (107 Ex.)   8000,

Zum 85. Geburtstag von Ernst Thälmann: Nr. 33.

175. TODESTAG VON HEINRICH VON KLEIST

110 [1611] 5 Mark (K-N-Zk) 1986 A. Rs. Heinrich von Kleist **ST** **PP**
(1777–1811), Dichter. Randschrift viermal »*
5 Mark«, 12.2 g:
a) Stempelglanz (46 700 Ex.) 345,—
b) Polierte Platte (4000 Ex.) 360,—

Ausgegeben ab 21. August 1986.

Zum 200. Geburtstag von Heinrich von Kleist: Bundesrepublik Deutschland Nr. 145.

275 JAHRE CHARITÉ BERLIN

111 [1612] 10 Mark (S) 1986 A. Rs. Pesthaus (1710) in Berlin, seit 1727 »Charité«, mit dem Krankenhausneubau im Hintergrund. Randschrift dreimal »* 10 Mark«. 500er Silber, 17 g:
a) Stempelglanz (38 000 Ex.) 170,—
b) Polierte Platte (4101 Ex.) 200,—

Ausgegeben ab 1. September 1986.
Münzsätze mit Nr. 111 siehe am Schluß des DDR-Teils.

200. GEBURTSTAG VON JACOB UND WILHELM GRIMM

112 [1607] 20 Mark (S) 1986 A. Rs. »Der gestiefelte Kater«, als Märchen aufgezeichnet von den Sprach- und Altertumsforschern Jacob Grimm (1785–1863) und Wilhelm Grimm (1786–1859). Randschrift dreimal »* 20 Mark«, 625er Silber, 20.9 g:
a) Stempelglanz (37 650 Ex.) 580,—
b) Polierte Platte (3508 Ex.) 790,—

Ausgegeben ab 26. Februar 1986.

750 JAHRE BERLIN (5)

		VZ	ST/E	PP
113 [1613]	5 Mark (K-N-Zk) 1987 A. Rs. Nikolaiviertel in Berlin. Randschrift viermal »* 5 Mark«, 9.6 g:			
	a) Normalprägung (468 801 + 139 005 Ex.*)	12,—	25,—	
	b) Polierte Platte (4200 Ex.)			120,—

Ausgegeben ab 16. Januar 1987. *Eingeschmolzen bis auf 492 606 Ex.

114 [1614]	5 Mark (K-N-Zk) 1987 A. Rs. Rotes Rathaus (1869) in Berlin. Randschrift viermal »* 5 Mark«, 9.6 g:			
	a) Normalprägung (473 810 + 136 800 Ex.*)	12,—	25,—	
	b) Polierte Platte (4200 Ex.)			120,—

Ausgegeben ab 16. Januar 1987. *Eingeschmolzen bis auf 495 110 Ex.

			VZ	ST/E	PP

115 [1615] 5 Mark (K-N-Zk) 1987 A. Rs. Weltzeituhr auf dem Alexanderplatz in Berlin. Randschrift viermal »* 5 Mark«, 9.6 g:
a) Normalprägung (474 801 + 137 001 Ex.*) — 12,— 25,—
b) Polierte Platte (4200 Ex.) — — — 120,—

*Ausgegeben ab 16. Januar 1987. *Eingeschmolzen bis auf 496 202 Ex.*

116 [1616] 10 Mark (S) 1987 A. Rs. Schauspielhaus auf dem Gendarmenmarkt (Platz der Akademie) in Berlin, erbaut 1818–1821 nach Plänen von Karl Friedrich Schinkel, nach Kriegszerstörung 1984 wiedereröffnet. Randschrift dreimal »* 10 Mark«. 500er Silber, 17 g: **ST**   **PP**
a) Stempelglanz (46 100 Ex.) — 155,—
b) Polierte Platte (4000 Ex.) — — 220,—

Ausgegeben ab 5. März 1987.

117 [1617] 20 Mark (S) 1987 A. Rs. Berliner Stadtsiegel (um **ST** **PP**
1280) mit behelmtem brandenburgischem Adlerschild, von zwei Bären flankiert. Randschrift dreimal »* 20 Mark«, 625er Silber, 20.9 g:
a) Stempelglanz (36 575 Ex.) 1050,—
b) Polierte Platte, gesamte Siegelfläche mattiert (2199 Ex.) 1850,—
c) Polierte Platte, nur erhabene Motivteile mattiert, tieferliegende Flächen spiegelnd (2201 Ex.) 1850,—

Ausgegeben ab 26. März 1987.
Münzsätze, Münztaschen und Numisbriefe zum gleichen Anlaß siehe am Schluß des DDR-Teils.

Zum gleichen Anlaß: Bundesrepublik Deutschland Nr. 165, Deutsche Demokratische Republik Nr. 31 von 1987.

150 JAHRE FERNEISENBAHN IN DEUTSCHLAND

118 [1618] 5 Mark (K-N-Zk) 1988 A. Rs. Lokomotive »Saxonia« (1838) auf der Eröffnungsfahrt der Ferneisenbahnstrecke von Leipzig nach Dresden 1839. Randschrift »1839 Leipzig – Dresden«, 9.6 g: **VZ** **ST/E** **PP**
a) Normalprägung (366 800 + 130 000 Ex.*) 12,— 25,—
b) Polierte Platte (3200 Ex.) 225,—

Ausgegeben ab 18. Februar 1988. *Eingeschmolzen bis auf 401 800 Ex.

30 JAHRE ÜBERSEEHAFEN ROSTOCK

	VZ	ST/E	PP

119 [1619] 5 Mark (K-N-Zk) 1988 A. Rs. Semicontainerschiff vom Typ »Meridian« im Hafen von Rostock. Randschrift »•Ostsee• Ein Meer des Friedens«, 9.6 g:
a) Normalprägung (366 800 + 130 001 Ex.*)   12,—   25,—
b) Polierte Platte (3200 Ex.)   200,—

*Ausgegeben ab 18. Februar 1988. *Eingeschmolzen bis auf 396 001 Ex.*

119P 5 Mark (K-N-Zk) 1988 A. Produktionsprobe, Randschrift viermal »* 5 Mark«   —,—

Münztasche »Verkehrswesen« und Numisbriefe siehe am Schluß des DDR-Teils.

40 JAHRE DEUTSCHER SPORTAUSSCHUSS
(AB 1957 DEUTSCHER TURN- UND SPORTBUND)

120 [1623] 10 Mark (K-N-Zk) 1988 A. Rs. Drei Läuferinnen. Randschrift viermal »* 10 Mark«, 12 g:
a) Normalprägung (611 800 + 85 000 Ex.*)   18,—   50,—
b) Polierte Platte (3300 Ex.)   250,—

*Ausgegeben ab 14. Juni 1988. *Eingeschmolzen bis auf 540 120 Ex.*

120 P [1623 S] 10 Mark (S) 1988 A. Materialprobe, 500er Silber, 17 g, mit »P« unter der Wertzahl, Randschrift dreimal »* 10 Mark«, Polierte Platte (1000 Ex.)   2500,—

50. TODESTAG VON ERNST BARLACH

121 [1620] 5 Mark (K-N-Zk) 1988 A. Rs. Bronzeplastik »Der Flötenbläser« (1936) des Bildhauers, Graphikers und Dichters Ernst Barlach (1870–1938). Randschrift viermal »* 5 Mark«, 12.2 g: **ST** **PP**
a) Stempelglanz (51 601 Ex.) 155,—
b) Polierte Platte (3000 Ex.) 250,—

Ausgegeben ab 18. Februar 1988.

500. GEBURTSTAG VON ULRICH VON HUTTEN

122 [1622] 10 Mark (S) 1988 A. Rs. Ulrich von Hutten (1488–1523), Reichsritter, Dichter und Humanist. Randschrift »Ich hab's gewagt!«. 500er Silber, 17 g:
a) Stempelglanz (37 000 Ex.) 190,—
b) Polierte Platte (3000 Ex.) 400,—

Ausgegeben ab 19. Mai 1988.

100. TODESTAG VON CARL ZEISS

123 [1621]   20 Mark (S) 1988 A. Rs. »Mineralogisches Stativ IV« (1879) von Carl Zeiß (1816–1888) auf der Grundlage der Abbeschen Mikroskoptheorie. Randschrift dreimal »* 20 Mark«, 625er Silber, 20.9 g: **ST**   **PP**
a) Stempelglanz (35 020 Ex.)   530,—
b) Polierte Platte (3001 Ex.)   650,—

Ausgegeben ab 17. März 1988.

123P [1621P] 20 Mark (S) 1988 A. Produktionsprobe, Randschrift mit großen klobigen Buchstaben (15 Ex.)   16 500,—

Zum gleichen Anlaß: Bundesrepublik Deutschland Nr. 169.

500. GEBURTSTAG VON THOMAS MÜNTZER (2)

124 [1626]   5 Mark (K-N-Zk) 1989 A. Rs. Katharinenkirche in Zwickau. Randschrift »Thomas Müntzer 1489–1525«, 9.6 g: **VZ**   **ST/E**   **PP**
a) Normalprägung (362 440 + 134 700 Ex.*)   12,—   20,—
b) Polierte Platte (3200 Ex.)   200,—

*Ausgegeben ab 23. Februar 1989. *Eingeschmolzen bis auf 402 140 Ex.*

125 [1627]   5 Mark (K-N-Zk) 1989 A. Rs. Marienkirche zu Mühlhausen in Thüringen. Randschrift »Thomas Müntzer 1489–1525«, 9.6 g:
a) Normalprägung (362 400 + 134 500 Ex.*)   12,—   20,—
b) Polierte Platte (3200 Ex.)   200,—

*Ausgegeben ab 23. Februar 1989. *Eingeschmolzen bis auf 401 900 Ex.*
Zum gleichen Anlaß: Nr. 130.

40 JAHRE RAT FÜR GEGENSEITIGE WIRTSCHAFTSHILFE

126 [1625]   10 Mark (K-N-Zk) 1989 A. Rs. Gebäude des Rates für Gegenseitige Wirtschaftshilfe (Zdanie SEV) in Moskau. Randschrift viermal »* 10 Mark«, 12 g:
    a) Normalprägung (57 000 + 40 000 Ex.)
    b) Polierte Platte (3000 Ex.)

	VZ	ST/E	PP
a)	75,—	110,—	
b)			450,—

Ausgegeben ab 12. Januar 1989.

40 JAHRE DEUTSCHE DEMOKRATISCHE REPUBLIK

127 [1630]   10 Mark (K-N-Zk) 1989 A. Rs. Wappen von Berlin (mit Freiraum um Mauerkrone) und den vierzehn Bezirkshauptstädten Schwerin, Rostock, Neubrandenburg, Magdeburg, Potsdam, Frankfurt/Oder, Erfurt, Halle/Saale, Leipzig, Cottbus, Suhl, Gera, Chemnitz (Karl-Marx-Stadt) und Dresden in geographischer Anordnung. Randschrift viermal »* 10 Mark«, 12 g:
    a) Normalprägung (694 000 + 65 000 Ex *)
    b) Polierte Platte, nur erhabene Motivteile der Wappen mattiert, tieferliegende Flächen spiegelnd (3080 Ex.)
    c) Polierte Platte, gesamte Wappengruppe flächig mattiert (10 Ex.)

	VZ	ST/E	PP
a)	25,—	35,—	
b)			350,—
c)			20 000,—

*Ausgegeben ab 20. Juni 1989. *Eingeschmolzen bis auf 588 900 Ex.*

			VZ	ST/E	PP

127 P1   10 Mark (K-N-Zk) o.J. (1989). Einseitige Motivprobe der Bildseite, ohne Freiraum um Mauerkrone des Berliner Wappens, leere Seite mit Randstab, Randschrift viermal »* 10 Mark«   —,—

127 P2   10 Mark (S) 1989 A. Materialprobe (mit Freiraum um Mauerkrone), Randschrift dreimal »* 10 Mark«. 500er Silber, 17 g:

a) Stempelglanz (10 [durch Gegenstempel rechts neben der Wertzahl] numerierte Ex.)   20 000,—

b) Polierte Platte, nur erhabene Motivteile der Wappen mattiert, tieferliegende Flächen spiegelnd (10 [durch Gegenstempel links neben der Wertzahl] numerierte Ex.)   20 000,—

	VZ	ST/E	PP
c) Polierte Platte, gesamte Wappengruppe flächig mattiert (10 [durch Gegenstempel links neben der Wertzahl] mit Stern numerierte Ex.)			22 000,—
d) Stempelglanz, ohne Seriennummer (wenige Ex.)			—,—
e) Polierte Platte, wie Nr. 127P2b, ohne Seriennummer (wenige Ex.)			—,—
f) Polierte Platte, wie Nr. 127P2c, ohne Seriennummer (wenige Ex.)			—,—

Auf 20 Jahre DDR: Nr. 24.
Auf 25 Jahre DDR: Nrn. 49-50.
Auf 30 Jahre DDR: Nr. 71.

100. GEBURTSTAG VON CARL VON OSSIETZKY

		ST	PP
128 [1628]	5 Mark (K-N-Zk) 1989 A. Rs. Carl von Ossietzky (1889–1938), politischer Publizist, Friedensnobelpreisträger. Randschrift viermal »* 5 Mark«, 12.2 g:		
	a) Stempelglanz (50 400 Ex.)	180,—	
	b) Polierte Platte (3066 Ex.)		220,—

Ausgegeben ab 9. Mai 1989.

128P   5 Mark (K-N-Zk) 1989 A. Motivprobe, Porträt mit stark hervortretender, nach unten gezogener Unterlippe   —,—

225. GEBURTSTAG VON JOHANN GOTTFRIED SCHADOW

129 [1629] 10 Mark (S) 1989 A. Rs. Quadriga von Johann Gottfried Schadow (1764–1850) vom Brandenburger Tor in Berlin. Randschrift dreimal »* 10 Mark«. 500er Silber, 17 g: **ST** **PP**
a) Stempelglanz (39 200 Ex.) 275,—
b) Polierte Platte (3000 Ex.) 650,—

Ausgegeben ab 9. Mai 1989.

Münzen mit dem Brandenburger Tor: Bundesrepublik Deutschland Nrn. 176, 209–211, Deutsche Demokratische Republik Nrn. 31, 137–138.

500. GEBURTSTAG VON THOMAS MÜNTZER

130 [1624] 20 Mark (S) 1989 A. Rs. Thomas Müntzer (1489–1525), Theologe und Bauernführer. Randschrift dreimal »* 20 Mark«, 625er Silber, 20.9 g:
a) Stempelglanz (38 500 Ex.) 200,—
b) Polierte Platte (3090 Ex.) 450,—

Ausgegeben ab 12. Januar 1989.

Zum gleichen Anlaß: Nrn. 124–125.

Münztaschen und Numisbriefe siehe am Schluß des DDR-Teils.

500 JAHRE POSTWESEN

131 [1631] 5 Mark (K-N-Zk) 1990 A. Rs. Viersitziger Personenpostwagen (um 1880). Randschrift viermal »* 5 Mark«, 9.6 g: **VZ** **ST/E** **PP**
a) Normalprägung (366 320 + 130 500 Ex.*) 12,— 20,—
b) Polierte Platte (4 200 Ex.) 125,—

Ausgegeben ab 15. Februar 1990. *Eingeschmolzen bis auf 392 720 Ex.

131 P		5 Mark (K-N-Zk) 1990 A. Motivprobe, Posthorn, mit »P« rechts unter dem Staatswappen (110 Ex.)	**VZ**	**ST/E** 9000,—	**PP**

275. TODESTAG VON ANDREAS SCHLÜTER

132 [1632]   5 Mark (K-N-Zk) 1990 A. Rs. Zeughaus (1695) in Berlin, 1731–1876 Waffenarsenal, bis 1945 Heeresmuseum, ab 1952 Museum für Deutsche Geschichte, seit 1990 Sitz des Deutschen Historischen Museums. Randschrift viermal »* 5 Mark«, 9.6 g:
     a) Normalprägung (372 920 + 130 500 Ex.*)   12,—   20,—
     b) Polierte Platte (4 200 Ex.)   125,—

*Ausgegeben ab 15. Februar 1990. * Eingeschmolzen bis auf 407 620 Ex.*
Zum gleichen Anlaß: Nr. 136.
Numisbriefe mit Nrn. 131–132 siehe am Schluß des DDR-Teils.

100 JAHRE INTERNATIONALER KAMPFTAG DER ARBEITERKLASSE

	VZ	**ST/E**	**PP**
133 [1637] 10 Mark (K-N-Zk) 1990 A. Rs. Datumsangabe. Randschrift viermal »* 10 Mark«, 12 g:			
a) Normalprägung (632 000 + 115 000 Ex.*)	8,—	15,—	
b) Polierte Platte (4 367 Ex.)			150,—

Ausgegeben ab 27. März 1990. *Eingeschmolzen bis auf 589 457 Ex.

100. GEBURTSTAG VON KURT TUCHOLSKY

	ST	**PP**
134 [1633] 5 Mark (K-N-Zk) 1990 A. Rs. Kurt Tucholsky (1890–1935), Schriftsteller, satirisch-politischer Publizist. Randschrift viermal »* 5 Mark«, 12.2 g:		
a) Stempelglanz (50 171 Ex.)	120,—	
b) Polierte Platte (4 000 Ex.)		190,—

Ausgegeben ab 15. Februar 1990.

175. TODESTAG VON JOHANN GOTTLIEB FICHTE

135 [1636] 10 Mark (S) 1990 A. Rs. Johann Gottlieb Fichte (1762–1814), Philosoph. Randschrift dreimal »* 10 Mark«. 500er Silber, 17 g:
a) Stempelglanz (40 564 Ex.)   200,—
b) Polierte Platte (4 200 Ex.)   325,—

Ausgegeben ab 25. Juni 1990.
Zum 150. Todestag von Johann Gottlieb Fichte: Bundesrepublik Deutschland Nr. 116.

275. TODESTAG VON ANDREAS SCHLÜTER

136 [1634]   20 Mark (S) 1990 A. Rs. »Sterbender Krieger«, **ST**   **PP**
Reliefplastik des Bildhauers und Baumeisters
Andreas Schlüter (1660–1714) als Schluß-
stein der Fassade des Innenhofes des Zeug-
hauses in Berlin. Randschrift dreimal »* 20
Mark«, 625er Silber, 20.9 g:
a) Stempelglanz (37 000 Ex.)   300,—
b) Polierte Platte (3500 Ex.)   450,—

Ausgegeben ab 15. Februar 1990.

Zum gleichen Anlaß: Nr. 132.

ÖFFNUNG DER BERLINER MAUER AM BRANDENBURGER TOR
22. DEZEMBER 1989

137 [1635]   20 Mark (K-N-Zk) 1990 A. Rs. Branden-   **VZ**   **ST/E**   **PP**
burger Tor in Berlin, Datumsangabe.
Randschrift viermal »* 20 Mark«, 15 g.
Normalprägung (302 005 Ex.)   12,—   25,—

Ausgegeben ab 3. April 1990.

Anläßlich des 5. Jahrestages der Maueröffnung am Brandenburger Tor wurden einige Exemplare der Nr.
137 in der Münze Berlin mit dem Datum »22. 12. 1994« punziert.

138   20 Mark (S) 1990 A. Typ wie Nr. 137
[1635 S]   Randschrift viermal »* 20 Mark«
999½er Silber, 18.2 g:
a) Stempelglanz (154 525 Ex.)   48,—
b) Polierte Platte (12 100 Ex.)   250,—

Ausgegeben ab 3. April 1990.

Weitere Münzen mit dem Brandenburger Tor: Bundesrepublik Deutschland Nrn. 176, 209-211, Deutsche
Demokratische Republik Nrn. 31, 129.

Literatur:
Meier, Bruno / Böttcher, Horst / Gabriel, Manfred / Schmalfuß, Kurt: Die Banknoten und Münzen der Deutschen Demokratischen Republik. ²Frankfurt (am Main) 1996.
Steguweit, Wolfgang / Bannicke, Elke / Schön, Gerhard: Die Gedenkmünzen der DDR und ihre Schöpfer. Das Münzarchiv der Staatsbank der DDR. ²Frankfurt (am Main) 2000.

Münzsätze

Umlaufmünzensätze in Stempelglanz

1, 5, 10, 20, 50 Pfennig, 1, 2 Mark (Nrn. 8–12, 15, 16) und 5 Mark

Die Jahrgangssätze in Stempelglanz wurden in sorgfältiger Einzelprägung hergestellt und in speziellen Verpackungen ausgegeben (1979–1983: Kassette aus Hartkunststoff, blaue Einlage aus Hartkunststoff, 1984–1986: Kassette aus Hartkunststoff, rote, grüne oder schwarze Einlage aus Karton, 1987–1990: in Kunststoff mit Kartonstreifen eingeschweißt).

	enthält 5 Mark		**ST**
a)	1979 Brandenburger Tor (Nr. 31)	(25 550 Ex.)	130,—
b)	1980 Brandenburger Tor (Nr. 31)	(25 000 Ex.)	160,—
c)	1981 Brandenburger Tor (Nr. 31)	(25 000 Ex.)	160,—
d)	1982 Brandenburger Tor (Nr. 31)	(21 000 Ex.)	250,—
e)	1983 Meißen (Nr. 37)	(18 500 Ex.)	550,—
f)	1984 Brandenburger Tor (Nr. 31)	(18 500 Ex.)	400,—
g)	1985 Frauenkirche (Nr. 101)	(6 000 Ex.)	200,—
h)	1986 Brandenburger Tor (Nr. 31)	(7 000 Ex.)	220,—
i)	1987 Brandenburger Tor (Nr. 31)	(8 000 Ex.)	150,—
j)	1988 Brandenburger Tor (Nr. 31)	(10 650 Ex.)	200,—
k)	1989 Brandenburger Tor (Nr. 31)	(10 500 Ex.)	220,—
l)	1990 Brandenburger Tor (Nr. 31)	(10 500 Ex.)	280,—

»Minisätze«

1, 5, 10, 20, 50 Pfennig, 1, 2 Mark (Nrn. 8–12, 15, 16) in Stempelglanz, dazu jeweils eine Plakette in Kupfernickel mit Details aus dem von Schadow geschaffenen klassizistischen Wandfries der Berliner Münze, in Verpackungen wie die Umlaufmünzensätze in Stempelglanz.

	enthält Plakette		**ST**
a)	1982 »700 Jahre Münze Berlin«	(4 000 Ex.)	250,—
b)	1983 »Prometheus«	(4 000 Ex.)	300,—
c)	1984 »Erzträger«	(4 000 Ex.)	280,—
d)	1985 »Gelehrte«	(4 000 Ex.)	150,—
e)	1986 »Schmelzen«	(3 000 Ex.)	160,—
f)	1987 »Schmieden«	(3 000 Ex.)	170,—
g)	1988 »Strecken«	(3 100 Ex.)	185,—
h)	1989 »Prägen«	(3 100 Ex.)	170,—
i)	1990 »Plutus«	(3 100 Ex.)	250,—

Die Auflagen der vorstehenden Jahrgangssätze sind in den Prägezahlen vorne im Katalog enthalten.

Umlaufmünzensätze in Polierter Platte

1, 5, 10, 20, 50 Pfennig, 1, 2 Mark (Nrn. 8–12, 15, 16) und 5 Mark, in spezieller Verpackung (1982–1989: Kassette aus Hartkunststoff, rote oder grüne Einlage aus Karton).

enthält 5 Mark			**PP**
a) 1981 Meißen (Nr. 37)	(40 Ex.)	*20 000,—*
b) 1982 Brandenburger Tor (Nr. 31)	(2 500 Ex.)	500,—
c) 1983 Meißen (Nr. 37)	(2 550 Ex.)	600,—
d) 1984 Brandenburger Tor (Nr. 31)	(3 015 Ex.)	400,—
e) 1985 Frauenkirche (Nr. 101)	(2 816 Ex.)	220,—
f) 1986 Brandenburger Tor (Nr. 31)	(2 800 Ex.)	240,—
g) 1987 Brandenburger Tor (Nr. 31)	(2 345 Ex.)	210,—
h) 1988 Brandenburger Tor (Nr. 31)	(2 300 Ex.)	230,—
i) 1989 Brandenburger Tor (Nr. 31)	(2 300 Ex.)	230,—

Bei den Sätzen von 1981 in polierter Platte handelt es sich um Produktionsproben.

Die Auflagen der Jahrgangssätze in polierter Platte sind in den Prägezahlen vorne im Katalog enthalten *(siehe Rubrik PP)*.

Plakettensatz »Schadowfries von 1800/Münzwesen Berlin«

	ST	**PP**
Acht Plaketten in Kupfernickel wie in den »Minisätzen« in Hartkunststoffrahmen mit Kartoneinlage, Inschrift »Minister der Finanzen der Deutschen Demokratischen Republik«, 1983 A, 1984 A, 1988 A	120,—	*300,—*

Auch als Satz einseitiger Versuchsprägungen in Kupfernickel vorkommend.

Der Plakettensatz wurde 1991 in Silber mit geänderter Inschrift von der Münze Berlin wieder aufgelegt.

»Satzetuis aus Hartkunststoff«

	ST	PP
»Martin Luther Ehrung der DDR«		
a) 1983/1 5 Mark Wartburg 1982 (Nr. 84), Eisleben (Nr. 88) und Wittenberg (Nr. 89)	300,—	750,—
aa) wie 1983/1, mit 5 Mark Wartburg 1983	1000,—	
b) 1983/2 20 Mark Luther (Nr. 94), 5 Mark Wartburg 1982 (Nr. 84), Eisleben (Nr. 88) und Wittenberg (Nr. 89)	1500,—	2500,—
bb) wie 1983/2, mit 5 Mark Wartburg 1983	2200,—	
»Münzen aus der DDR – Messestadt Leipzig«		
c) 1984/1 10 Mark Gewandhaus 1982 (Nr. 86), 5 Mark Altes Rathaus (Nr. 95) und Thomaskirche (Nr. 96)	375,—	700,—

d) 1984/2 5 Mark Altes Rathaus (Nr. 95) und Thomaskirche (Nr. 96)	185,—	450,—

»Münzen aus der DDR – Johann Sebastian Bach«

e) 1984/3	20 Mark Bach 1975 (Nr. 58) und 5 Mark Thomaskirche (Nr. 96)	**ST** 400,—	**PP**

»Münzen aus der DDR – Dresden«

f) 1985/1   5 Mark Zwinger (Nr. 100) und
            Frauenkirche (Nr. 101)   175,—

Die Katalogpreise sind durchschnittliche Handelspreise und als solche den täglichen Schwankungen des Marktes unterworfen.

g)	1985/2	10 Mark Semperoper (Nr. 105), 5 Mark Zwinger (Nr. 100) und Frauenkirche (Nr. 101)	**ST** 375,—
h)	1985/3	10 Mark Weber 1976 (Nr. 61), Wagner (Nr. 93) und Semperoper (Nr. 105)	580,—

»Münzen aus der DDR – Potsdam«
i) 1986/1 5 Mark Sanssouci (Nr. 107) und Neues Palais (Nr. 108)   185,—

»Münzen aus der DDR«
j) 1986/2 10 Mark Humboldt-Universität 1985 (Nr. 103), Charité (Nr. 111) und Plakette 1987   450,—
k) 1986/3 20 MDN Humboldt 1967 (Nr. 20), 10 Mark Humboldt-Universität 1985 (Nr. 103), Charité (Nr. 111) und Plakette 1987   700,—

l)	1986/4	10 Mark Charité (Nr. 111) und 5 Mark Koch 1968 (Nr. 21)	**ST** 300,—

»Münzen aus der DDR – Ernst Thälmann«

m)	1986/5	10 Mark Buchenwald 1972 (Nr. 38) und Thälmann (Nr. 109)	75,—

»Münzen aus der DDR – 750 Jahre Berlin«

n)	1987/1	5 Mark Brandenburger Tor (Nr. 31), Nikolaiviertel (Nr. 113), Rotes Rathaus (Nr. 114), Alexanderplatz (Nr. 115) und Plakette	200,—
o)	1987/2	10 Mark Weber 1976 (Nr. 61), Schauspielhaus (Nr. 116) und Plakette	400,—
p)	1987/3	10 Mark Schauspielhaus (Nr. 116), 5 Mark Brandenburger Tor (Nr. 31), Rotes Rathaus (Nr. 114) und Plakette	300,—

q) 1987/4 20 Mark Stadtsiegel (Nr. 117), **ST**
10 Mark Ewiger Pfennig 1981
(Nr. 79) und Plakette 1000,—

»Münzen aus der DDR – Theater von Weltruf«

r) 1987/5 10 Mark Gewandhaus 1982 (Nr.
86), Semperoper 1985 (Nr. 105)
und Schauspielhaus (Nr. 116) 600,—

Die »Satzetuis aus Hartkunststoff« wurden in Auflagen von je *150 Ex. bis *6000 Ex. ausgegeben.

»Brandenburger Tor«

s) 5 Mark Brandenburger Tor 1971, 1979–
1987 (Nr. 31) (*3000 Ex.) 4000,—

Münztaschen

»**750 Jahre Berlin**«
t) 1987 5 Mark Brandenburger Tor (Nr. 31), Nikolaiviertel (Nr. 113), Rotes Rathaus (Nr. 114), Alexanderplatz (Nr. 115) und Plakette (*200 000 Ex.)   **ST**   150,—

»**Verkehrswesen**«
u) 1988 5 Mark Ferneisenbahn (Nr. 118), Rostock (Nr. 119) und Medaille (*100 000 Ex.)   60,—

»**Thomas Müntzer Ehrung der DDR**«
v) 1989 5 Mark Zwickau (Nr. 124), Mühlhausen (Nr. 125) und Medaille (*100 000 Ex.)   60,—

* projektierte Auflagezahlen.

Die Auflagen der vorstehenden thematischen Sätze sind in den Prägezahlen vorne im Katalog enthalten.

Numisbriefe

Die amtlichen Numisbriefe konnten neben der Normalversion (nicht gelaufen, nur mit Gefälligkeits-Ersttagsstempel) auch bis zu einem Jahr nach dem Ausgabetag innerhalb der DDR als echt gelaufener Wertbrief (Wertangabe 17 Mark oder Kaufpreis) mit zusätzlichem Tagesstempel neben der Freimachung erworben werden.

Amtliche Ausgaben
des Ministeriums für Post- und Fernmeldewesen (MPF) der DDR

		Normalversion nicht gelaufen	als Wertbrief echt gelaufen
N1	»750 Jahre Berlin I« 16. Januar 1987 Münze 5 Mark Nikolaiviertel 1987 (Schön 113b) Briefmarken zu 10, 20, 50, 70 Pfennig Illustration: Aquarellierte Teilansicht des Nikolaiviertels Grafiker: Paul Reißmüller, Berlin (* 60 000 Ex.)	70,—	90,—
N2	»750 Jahre Berlin II« 25. Juni 1987 Münze 5 Mark Alexanderplatz 1987 (Schön 115b) Briefmarken zu 20, 35, 70, 85 Pfennig Illustration: Aquarellierte Teilansicht des Alexanderplatzes mit der Weltzeituhr Grafiker: Paul Reißmüller, Berlin (* 60 000 Ex.)	70,—	90,—
N3	»750 Jahre Berlin III« 8. September 1987 Münze 5 Mark Rotes Rathaus 1987 (Schön 114b) Briefmarkenblock zu 1,35 Mark Illustration: Aquarellierte Teilansicht des Roten Rathauses Grafiker: Paul Reißmüller, Berlin (* 60 000 Ex.)	70,—	90,—

Halbamtliche Ausgabe des VEB Philatelie Wermsdorf

NA4	»XXIV. Olympische Sommerspiele 1988 in Seoul« 9. August 1988 Münze 10 Mark DDR-Sport 1988 (Schön 120b) Briefmarkenblock zu 85 Pfennig Illustration: Diskuswerfer des Myron (* 50 000 Ex.)	70,—	

Amtliche Ausgaben des Ministeriums für Post- und Fernmeldewesen der DDR

		Normalversion nicht gelaufen	als Wertbrief echt gelaufen
N4	»500 Jahre Schiffer-Companie Stralsund« 20. September 1988 Münze 5 Mark Überseehafen Rostock 1988 (Schön 119b) Briefmarken zu 5, 10, 70 Pfennig, 1,20 Mark Illustration: Segelschulschiff »Tovarišč«, Frachtdampfer »Vorwärts« und Mehrzweckfrachtschiff »Äquator« Grafiker: Jochen Bertholdt, Rostock (* 60 000 Ex.)	50,—	60,—
N5	»Solidarität« 4. Oktober 1988 Münze 5 Mark Anti-Apartheid 1978 (Schön 66b) Briefmarken zu zweimal 10+5 Pfennig Illustration: Landkarte von Afrika mit Flammen am Kap, Inschrift »No Apartheid« Grafiker: Joachim Rieß, Chemnitz (* 59 000 Ex.)	100,—	120,—
N6	»500. Geburtstag von Thomas Müntzer I« 21. März 1989 Münze 5 Mark Mühlhausen 1989 (Schön 125b) Briefmarkenblock zu 110 Pfennig Illustration: Ausschnitt »Müntzer in der Schlacht« aus dem Monumentalgemälde »Frühbürgerliche Revolution in Deutschland 1525« im Panoramamuseum Bad Frankenhausen Grafiker: Prof. Werner Tübke, Leipzig (* 50 000 Ex.)	50,—	60,—
N7	»Friedrich List/Erste deutsche Ferneisenbahn« 4. April 1989 Münze 5 Mark Lokomotive »Saxonia« 1988 (Schön 118b) Briefmarken zu 15, 20, 50 Pfennig Illustration: Aquarellierte Ansicht des Bahnhofsgebäudes Niederau bei Meißen Grafiker: Jochen Bertholdt, Rostock (* 50 000 Ex.)	40,—	60,—

		Normalversion nicht gelaufen	als Wertbrief echt gelaufen

N8 »500. Geburtstag von Thomas Müntzer II«
22. August 1989
Münze 5 Mark Zwickau 1989 (Schön 124b)
Briefmarken zu 20, 85 Pfennig
Illustration: Ausschnitt »Müntzer in der Schlacht mit gesenkter Fahne« aus dem Monumentalgemälde in Bad Frankenhausen
Grafiker: Prof. Werner Tübke, Leipzig
(* 50 000 Ex.)   40,—   60,—

N9 »Museum für Deutsche Geschichte im Zeughaus«
6. März 1990
Münze 5 Mark Zeughaus 1990
(Schön 132b)
Briefmarken zu 40, 70 Pfennig
Illustration: Trophäengruppe von Andreas Schlüter 1700 an der Südfassade des Zeughauses
Grafiker: Wilfried Ebert, Frankfurt/Oder
(* 50 000 Ex.)   40,—   60,—

Halbamtliche Ausgabe des VEB Philatelie Wermsdorf
(ursprünglich vom MPF als amtliche Ausgabe geplant)

N10 »500 Jahre Postwesen«
28. August 1990
Münze 5 Mark Postwesen 1990
(Schön 131b)
Briefmarken zu 30, 50, 70, 100 Pfennig
Illustration: Briefbote und Kutschenwagen
(* 60 000 Ex.)   50,—

* projektierte Auflagenzahlen.
Die Auflagen der vorstehenden Numisbriefe sind in den Prägezahlen vorne im Katalog enthalten.

Private Ausgaben

Alle weiteren Numisbriefe mit Münzen der DDR sind private Ausgaben.

Danzig

Fläche: 1966 km², 407 500 Einwohner (1938).
1793 kam bei der 2. Teilung Polens die bisher ziemlich autonome Stadt Danzig an Preußen, wurde jedoch durch den Frieden von Tilsit 1807 wieder staatsrechtlich »Freie Stadt«. Preußen erhielt 1814 die Stadt zurück. Nach dem 1. Weltkrieg 1914–1918 wurde Danzig vom Deutschen Reich getrennt und 1920 wiederum zur Freien Stadt erklärt, was Danzig bis zur Eingliederung ins Reich 1939 blieb. Nach dem 2. Weltkrieg wurde die Stadt 1945 polnischer Verwaltung unterstellt. Bis 1923 galt in Danzig die im Deutschen Reich bestehende Währung; die Nrn. 1 und 2 sind Notmünzen auf Mark-Basis, die in der Gewehrfabrik Danzig hergestellt worden sind. Nach der Inflation wurde 1923 der Danziger Gulden eingeführt, der sich am englischen Pfund (25 Danziger Gulden = 1 Pfund Sterling) orientierte. Nach dem Anschluß ans Reich galt wieder die Reichswährung.

10 Pfennig	1920	Zn	2.000 g	⌀ 22 mm
1 Pfennig	1923–1937	Cu 95/Sn 04/Zn 01	1.667 g	⌀ 17 mm
2 Pfennige	1923–1937	Cu 95/Sn 04/Zn 01	2.500 g	⌀ 19.5 mm
5 Pfennige	1923–1928	Cu 75/Ni 25	2.000 g	⌀ 17.5 mm
10 Pfennige	1923	Cu 75/Ni 25	4.000 g	⌀ 21.5 mm
½ Gulden	1923–1927	Ag 750/Cu 250	2.500 g	⌀ 19.5 mm
1 Gulden	1923	Ag 750/Cu 250	5.000 g	⌀ 23.5 mm
2 Gulden	1923	Ag 750/Cu 250	10.000 g	⌀ 26.5 mm
5 Gulden	1923–1927	Ag 750/Cu 250	25.000 g	⌀ 35 mm
25 Gulden	1923–1930	Au 916⅔/Cu 083⅓	7.988 g	⌀ 22 mm
5 Pfennig	1932	Cu 915/Al 085	2.000 g	⌀ 17.5 mm
10 Pfennig	1932	Cu 915/Al 085	3.500 g	⌀ 21.5 mm
½ Gulden	1932	Ni	3.000 g	⌀ 19.5 mm
1 Gulden	1932	Ni	5.000 g	⌀ 23.5 mm
2 Gulden	1932	Ag 500/Cu 500	10.000 g	⌀ 26 mm
5 Gulden	1932	Ag 500/Cu 500	15.000 g	⌀ 30 mm
5 Gulden	1935	Ni	11.000 g	⌀ 29 mm
10 Gulden	1935	Ni	17.000 g	⌀ 34 mm

100 Pfennig = 1 Mark

A1   10 Pfennig (Me) o. J. (1920). Rundes Danziger Wappen mit Schildhaltern. Rs. Ziffern in Wertkästchen (Fantasieprägung?)   —,—

1 [D 1a] 10 Pfennig (Zink) 1920. Ovales Danziger Wappenfeld, umrahmt von stark zerschnittener Kartusche, darüber Engelskopf. Jahreszahl. Rs. Ziffern in Wertkästchen (876 000 Ex.)

	S	SS	VZ
	20,—	70,—	115,—

Silberabschlag, 4.65 g (27 Ex.) —,—
einseitiger Silberabschlag der Wappenseite —,—
Kupferabschlag, gelocht (1 Ex. bekannt) —,—

2 [D 1b] 10 Pfennig (Zink) 1920. Stadtwappen und Jahreszahl. Rs. Große Wertziffern (124 000 Ex.)   200,—   500,—   850,—

Die Zinkmünzen kommen in zahlreichen Varianten vor.

NEUE WÄHRUNG: 100 Pfennig(e) = 1 Danziger Gulden

3 [D 2] 1 Pfennig (Bro) 1923 ~ 1937. Wappenbild. Rs. Wertangabe:

1923	(4 000 000 Ex.)	5,—	10,—	18,—
1926	(1 500 000 Ex.)	5,—	10,—	20,—
1929	(1 000 000 Ex.)	8,—	15,—	22,—
1930	(2 000 000 Ex.)	4,—	8,—	15,—
1937	(3 000 000 Ex.)	6,—	12,—	18,—

Pol. Platte, 1923: 185,—

				S	**SS**	**VZ**
4	[D 3]	2 Pfennige (Bro) 1923 ~ 1937. Typ wie Nr. 3:				
		1923	(1 000 000 Ex.)	5,—	10,—	16,—
		1926	(1 750 000 Ex.)	5,—	10,—	16,—
		1937	(500 000 Ex.)	8,—	15,—	24,—

Nr. 4 auch mit zwei Wertseiten vorkommend, VZ *1500,—*

Messingprobe von 1927 in abweichender Zeichnung vorkommend, ⌀ 21,5 mm

5	[D 4]	5 Pfennige (K–N) 1923, 1928. Wappenbild und Jahreszahl innerhalb eines gotischen Pfeilergrundrisses:				
		1923	(3 000 000 Ex.)	5,—	10,—	18,—
		1928	(1 000 000 Ex.)	8,—	15,—	28,—

Pol. Platte, 1923: 250,—
Nr. 5 von 1923 auch in Bronze vorkommend, VZ *800,—*
Ungültig ab 1. 10. 1932.

6 [D 5] 10 Pfennige (K–N) 1923 (5 000 000 Ex.)   6,—   12,—   22,—

Pol. Platte 400,—
Nr. 6 auch in Bronze vorkommend, VZ *1200,—*
Ungültig ab 1. 10. 1932.

			S	**SS**	**VZ**
7	[D 6]	½ Gulden (S) 1923, 1927. Rs. Kogge:			
		1923 (1 000 000 Ex.)	35,—	70,—	110,—
		1927 (400 000 Ex.)	45,—	85,—	150,—

Pol. Platte, 1923: 400,—
Ungültig ab 1. 4. 1932.

8 [D 7] 1 Gulden (S) 1923. Gezackter Danziger Wappenschild, von Löwen gehalten und von einem Stern überhöht. Rs. Wertangabe, Kogge, darüber Stern (3 500 500 Ex.) 35,— 75,— 120,—

Pol. Platte 600,—

Goldabschläge wurden für Mitglieder des Senats hergestellt (20 Ex.).

Ungültig ab 1. 4. 1932.

9 [D 8] 2 Gulden (S) 1923. Typ wie Nr. 8 (1 250 000 Ex.) 75,— 160,— 240,—

Pol. Platte 650,—

Ungültig ab 1. 4. 1932.

10 [D 9] 5 Gulden (S) 1923, 1927. Rs. Marienkirche:

		S	**SS**	**VZ**
1923	(700 500 Ex.)	185,—	300,—	550,—
1927	(160 000 Ex.)	275,—	600,—	900,—

Pol. Platte, 1923: 900,—
Ungültig ab 1. 4. 1932.

11 [D 10] 25 Gulden (G) 1923. Wappenbild zwischen zwei Säulen und zwei steigenden Löwen. Rs. Neptun mit Dreizack, Detail vom Neptunsbrunnen (1000 Ex.)

ST	**PP**
9000,—	11 000,—

Von den 1000 Ex. der Nr. 11 wurden 800 Ex. in Proof hergestellt. Die restlichen 200 Ex. wurden dann vermutlich als Normalprägungen mit denselben polierten Stempeln hergestellt, so daß sich die zwei Herstellungsarten nur wenig voneinander unterscheiden.

12 [D 12] 5 Pfennig (Al–Bro) 1932. Ostatlantischer Steinbutt oder Tarbutt (Bothus = Rhombus = Scophtalmus maximus – Bothidae). Rs. Wert (4 000 000 Ex.)

S	**SS**	**VZ**
3,—	6,—	15,—

13 [D 13] 10 Pfennig (Al–Bro) 1932. Atlantischer Kabeljau (Gadus morrhua – Gadidae). Rs. Wert (5 000 000 Ex.)   3,—   6,—   15,—

			S	**SS**	**VZ**

14 [D 14] ½ Gulden (N) 1932 (1 400 000 Ex.)   35,—   80,—   120,—

15 [D 15] 1 Gulden (N) 1932 (2 500 000 Ex.)   35,—   80,—   120,—

16 [D 16] 2 Gulden (S) 1932. Danziger Wappen, von widersehenden Löwen gehalten. Rs. Kogge und Stern nach dem Stadtsiegel von 1399 (1 250 000 Ex.)   200,—   380,—   850,—
Ungültig ab 1. 10. 1935.

17 [D 17] 5 Gulden (S) 1932. Rs. Marienkirche (430 000 Ex.)   285,—   750,—   1300,—
Ungültig ab 1. 10. 1935.

| **18** [D 18] | 5 Gulden (S) 1932. Rs. Krantor (430 000 Ex.) Ungültig ab 1. 10. 1935. | **S** 400,— | **SS** 1000,— | **VZ** 1650,— |

| **19** [D 19] | 5 Gulden (N) 1935. Ovaler Danziger Wappenschild, von widersehenden Löwen gehalten. Rs. Kogge, wie Nr. 16 (800 000 Ex.) | 280,— | 500,— | 880,— |

| **20** [D 20] | 10 Gulden (N) 1935. Ovaler Danziger Wappenschild, von widersehenden Löwen gehalten. Rs. Rathaus (380 000 Ex.) | 650,— | 1400,— | 2500,— |

| **21** [D 11] | 25 Gulden (G) 1930. Gezackter Danziger Wappenschild, von Löwen gehalten. Rs. Neptun mit Dreizack, Detail vom Neptunsbrunnen (4000 Ex.) | **VZ** 22 000,— | **ST** 28 000,— |

Die Gesamtauflage von 4000 Ex. soll vollständig bei der Deutschen Reichsbank in Berlin verblieben sein, dennoch sind Stücke zur Ausgabe gekommen. Die Nr. 21 wurde auch in einem mit Bernstein-Intarsienarbeit versehenen silbernen Geschenketui mit dem Gedenktext »Zur Erinnerung an die Wiedervereinigung Danzigs mit dem Großdeutschen Reich — Danzig, den 1. September 1939 — Albert Forster (Namenszug), Gauleiter« in wenigen Stücken als Präsent an verdiente Persönlichkeiten verteilt.

Saarland

Fläche: 2559 km²; 948 000 Einwohner (1950).
Im Jahre 1946 wurde das Saarland aus der französischen Besatzungszone ausgegliedert und politisch wie wirtschaftlich mit Frankreich verbunden. 1954 kam es zu Vereinbarungen über ein europäisches Saarstatut im Rahmen der gleichzeitig gegründeten Westeuropäischen Union (WEU). Die Bevölkerung des Saarlandes lehnte dieses Statut am 23. Oktober 1955 mit großer Mehrheit ab, wodurch die Rückkehr zu Deutschland und die politische Eingliederung als Bundesland am 1. Januar 1957 ermöglicht wurde; die wirtschaftliche Eingliederung konnte am 6. Juli 1959 vollzogen werden. Die Nrn. 1– 4 waren in Paris nach französischem System geprägt worden. Goldabschläge der Nrn. 2 und 4 (je 50 Ex.) wurden im Auftrag der damaligen Saar-Regierung hergestellt.

100 Centimen (Centimes) = 1 Französischer Franken (Franc)

				SS	**VZ**
1	[801]	10	Franken (Al-Bro) 1954. Zechenanlage, Wappen (11 000 000 Ex.)	4,—	10,—
2	[802]	20	Franken (Al-Bro) 1954. Typ wie Nr. 1 (12 950 000 Ex.)	5,—	12,—

| **3** | [803] | 50 | Franken (Al-Bro) 1954. Typ wie Nr. 1 (5 300 000 Ex.) | 30,— | 45,— |

4 [804] 100 Franken (K–N) 1955. Wappen auf radartiger Zeichnung (11 000 000 Ex.)   **SS** 10,—   **VZ** 18,—

Deutsch Neuguinea

Fläche: 242 000 km^2; ca. 600 000 Einwohner (1914). Um britischen Maßnahmen zuvorzukommen, ließ Bismarck am 16. 11. 1884 die deutsche Flagge an der Nordküste von Neuguinea hissen. Mit Großbritannien getroffene Abmachungen grenzten sodann die gegenseitigen Interessen ab. Im Mai 1885 erhielt die deutsche Neuguinea-Compagnie einen kaiserlichen Schutzbrief, 1899 trat sie aber ihre Hoheitsbefugnisse an das Deutsche Reich ab. Im Ersten Weltkrieg wurde Deutsch Neuguinea (bestehend aus Kaiser-Wilhelm-Land auf der Hauptinsel, dem Bismarck-Archipel und den Nordsalomonen) von Australien besetzt; 1921 wurde die von Australien als Besatzungsmacht ausgeübte deutsche Hoheit durch ein Völkerbundsmandat ersetzt, mit dem Australien betraut wurde; 1975 wurde Neuguinea mit dem südlichen Nachbarland (Papua) zusammen in die Unabhängigkeit entlassen. Die Münzen wurden in Berlin geprägt; mit Ausnahme der Nr. 3 entsprachen sie dem deutschen Münzsystem.
Die Nrn. 1–9 wurden ab 1. 4. 1911 für ungültig erklärt; von diesem Zeitpunkt an galt die Reichswährung.

Von den Münzen der Nrn. 1–7 sind beträchtliche Stückzahlen eingeschmolzen worden.

1 Pfennig	1894	Cu 95/Sn 04/Zn 01	2.000 g	⌀ 17.5 mm
2 Pfennig	1894	Cu 95/Sn 04/Zn 01	3.333 g	⌀ 20 mm
10 Pfennig	1894	Cu 95/Sn 04/Zn 01	10.000 g	⌀ 30 mm
½ Mark	1894	Ag 900/Cu 100	2.778 g	⌀ 20 mm
1 Mark	1894	Ag 900/Cu 100	5.556 g	⌀ 24 mm
2 Mark	1894	Ag 900/Cu 100	11.111 g	⌀ 28 mm
5 Mark	1894	Ag 900/Cu 100	27.778 g	⌀ 38 mm
10 Mark	1895	Au 900/Cu 100	3.982 g	⌀ 19.5 mm
20 Mark	1895	Au 900/Cu 100	7.965 g	⌀ 22.5 mm

100 Neu-Guinea Pfennig = 1 Neu-Guinea Mark;
ab 16. April 1911: 100 Pfennig = 1 Mark

				SS	VZ	ST
1	[701]	1	Neu-Guinea-Pfennig (K) 1894. NEU-GUINEA/COMPAGNIE, gekreuzte Palmzweige (500 000 Ex.)	100,—	180,—	280,—

Pol. Platte —,—

2	[702]	2	Neu-Guinea-Pfennig (K) 1894. Typ wie Nr. 1 (250 000 Ex.)	120,—	200,—	300,—

Pol. Platte —,—

3	[703]	10	Neu-Guinea-Pfennig (K) 1894. Großer Paradiesvogel (Paradisea apoda – Paradisaeidae). Rs. Wertangabe zwischen Palmzweigen (100 000 Ex.)	150,—	250,—	360,—

Pol. Platte 800,—

4	[704]	½	Neu-Guinea-Mark (S) 1894. Typ wie Nr. 3 (20 000 Ex.)	185,—	320,—	580,—

Pol. Platte 800,—

5	[705]	1	Neu-Guinea-Mark (S) 1894. Typ wie Nr. 3 (45 000 Ex.)	200,—	360,—	600,—

Pol. Platte —,—

6	[706]	2	Neu-Guinea-Mark (S) 1894. Typ wie Nr. 3 (15 000 Ex.)	500,—	900,—	1 400,—

Pol. Platte —,—

7	[707]	5	Neu-Guinea-Mark (S) 1894. Typ wie Nr. 3 (23 000 Ex.)	1 400,—	2 400,—	3 600,—

Pol. Platte —,—

8	[708]	10 Neu-Guinea-Mark (G) 1895. Typ wie		**SS**	**VZ**	**ST**
		Nr. 3	(2 000 Ex.)	8 000,—	15 000,—	22 000,—
		Pol. Platte 30 000,—				
9	[709]	20 Neu-Guinea-Mark (G) 1895. Typ wie				
		Nr. 3	(1500 Ex.)	10 000,—	17 000,—	25 000,—
		Pol. Platte 34 000,—				

Deutsch Ostafrika

Fläche: 995 000 km^2; 7 650 000 Einwohner (1914).
Der europäische Einfluß in Ostafrika ist zuerst von Deutschen ausgeübt worden, indem vor allem Karl Peters sich um 1884 von eingeborenen Häuptlingen in Usambara Hoheitsrechte abtreten ließ. In einem deutsch-britischen Abkommen wurde 1886 dem Sultan von Sansibar ein Küstenstreifen zugebilligt, das Hinterland in Interessensphären aufgeteilt; der Sultan von Sansibar gab 1888 den Küstenstreifen frei, so daß die Deutsch-Ostafrikanische Gesellschaft Wirtschaft und Hoheitsrechte im ganzen späteren Tanganjika vermengen konnte. Aufstände führten zur Erklärung des Gebiets zum Schutzgebiet durch die Deutsche Regierung 1891, die erst 1907 eine zivile Kolonialverwaltung errichtete, aber nach einer guerillakriegsartigen Verteidigung im Ersten Weltkrieg das Schutzgebiet im Vertrag von Versailles dem Völkerbund herausgeben mußte, der es an Großbritannien als Mandatsgebiet unter den Namen Tanganyika Territory weitergab.

1 Pesa	1890–1892	Cu	6.520 g	⌀ 25.2 mm
½ Heller	1904–1906	Cu 95/Sn 04/Zn 01	2.500 g	⌀ 17.5 mm
1 Heller	1904–1913	Cu 95/Sn 04/Zn 01	4.000 g	⌀ 20 mm
5 Heller	1908–1909	Cu 95/Sn 04/Zn 01	20.000 g	⌀ 37 mm
5 Heller	1913–1914	Cu 75/Ni 25	3.125 g	⌀ 21 mm
10 Heller	1908–1914	Cu 75/Ni 25	6.250 g	⌀ 26 mm
¼ Rupie	1891–1914	Ag 916⅔/Cu 083⅓	2.916 g	⌀ 19.2 mm
½ Rupie	1891–1914	Ag 916⅔/Cu 083⅓	5.832 g	⌀ 24.4 mm
1 Rupie	1890–1914	Ag 916⅔/Cu 083⅓	11.664 g	⌀ 30.5 mm
2 Rupien	1893–1894	Ag 916⅔/Cu 083⅓	23.328 g	⌀ 35 mm
5 Heller	1916	Cu/Zn	4.000 g	⌀ 23 mm
20 Heller	1916	Cu/Zn	11.500 g	⌀ 29 mm
20 Heller	1916	Cu	11.500 g	⌀ 29 mm
15 Rupien	1916	Au 750/Ag/Cu	7.100 g	⌀ 22.5 mm

AUSGABEN DER DEUTSCH-OSTAFRIKANISCHEN GESELLSCHAFT

Ab 1. Januar 1897: 64 Pesa = 1 Rupie (Rupee);
ab 28. Februar 1904: 100 Heller = 1 Rupie
(Währungsparität ab 28. Februar 1904: 15 Rupien = 20 Mark)

				SS	VZ	ST
1	[710]	1	Pesa (K) n.H. 1307/1890–1309/1892. Reichsadler, Name der Gesellschaft. Rs. Inschrift »Sharikat Almanya« in kiSwahili, darunter »sanat« und Jahreszahl:			
			1890 (1 000 000 Ex.)	8,—	18,—	60,—
			1891 (12 550 946 Ex.)	10,—	20,—	50,—
			1892 (27 541 389 Ex.)	10,—	20,—	40,—
			Ungültig ab 1. 4. 1910.			

2	[711]	¼ Rupie (S) 1891 ~ 1901. Kaiser Wilhelm II. (1859–1941), in der Uniform der Garde du Corps. Rs. Wappen mit Palme und schreitendem Löwen:				
		1891	(76 688 Ex.)	40,—	75,—	200,—
		1898	(100 000 Ex.)	50,—	140,—	280,—
		1901	(350 000 Ex.)	50,—	100,—	250,—

3	[712]	½ Rupie (S) 1891 ~ 1901. Typ wie Nr. 2:				
		1891	(68 342 Ex.)	75,—	160,—	320,—
		1897	(75 000 Ex.)	100,—	220,—	400,—
		1901	(215 000 Ex.)	90,—	180,—	360,—

					SS	**VZ**	**ST**
4	[713]	1 Rupie (S) 1890~1902. Typ wie Nr. 2:					
		1890	(154 394 Ex.)		45,—	100,—	240,—
		1891	(126 258 Ex.)		45,—	120,—	300,—
		1892	(359 735 Ex.)		45,—	110,—	230,—
		1893	(142 355 Ex.)		85,—	200,—	400,—
		1894	(48 200 Ex.)		300,—	700,—	1300,—
		1897	(244 030 Ex.)		70,—	180,—	350,—
		1898	(356 722 Ex.)		70,—	180,—	350,—
		1899	(226 754 Ex.)		80,—	160,—	350,—
		1900	(209 289 Ex.)		70,—	165,—	350,—
		1901	(319 022 Ex.)		65,—	140,—	300,—
		1902	(151 019 Ex.)		100,—	200,—	400,—
5	[714]	2 Rupien (S) 1893, 1894. Typ wie Nr. 2:					
		1893	(32 854 Ex.)		480,—	1650,—	3000,—
		1894	(18 000 Ex.)		700,—	2000,—	3700,—

Die Silbermünzen zu ¼, ½ und 1 Rupie kommen auch mit Gegenstempel PM (mit und ohne portugiesische Krone) für Mosambik (Provincia de Moçambique) vor.

AUSGABEN DES AUSWÄRTIGEN AMTES

NEUE WÄHRUNG: 100 Heller = 1 Rupie

6	[715]	½ Heller (Bro) 1904–1906. Bebänderte Kaiserkrone. Rs. Wertangabe im Lorbeerkranz:					
		1904 A	(1 200 858 Ex.)		10,—	25,—	60,—
		1905 A	(7 192 410 Ex.)		12,—	30,—	75,—
		1905 J	(4 000 000 Ex.)		12,—	30,—	75,—
		1906 J	(6 000 000 Ex.)		10,—	25,—	60,—

Pol. Platte, 1904 A 125,—
Pol. Platte, 1906 A

7 [716] 1 Heller (Bro) 1904–1913. Typ wie Nr. 6:

	SS	**VZ**	**ST**
1904 A (10 255 763 Ex.)	5,—	12,—	35,—
1904 J (2 500 000 Ex.)	6,—	15,—	40,—
1905 A (3 759 519 Ex.)	6,—	15,—	40,—
1905 J (7 556 000 Ex.)	5,—	12,—	35,—
1906 A (3 003 694 Ex.)	6,—	15,—	40,—
1906 J (3 066 000 Ex.)	8,—	20,—	60,—
1907 J (17 790 000 Ex.)	10,—	25,—	70,—
1908 J (12 205 366 Ex.)	5,—	10,—	30,—
1909 J (1 698 000 Ex.)	10,—	25,—	70,—
1910 J (5 096 000 Ex.)	5,—	10,—	30,—
1911 J (6 420 000 Ex.)	5,—	10,—	30,—
1912 J (7 011 789 Ex.)	5,—	10,—	30,—
1913 A (6 000 000 Ex.)	5,—	10,—	30,—
1913 J (5 186 457 Ex.)	5,—	10,—	30,—

Pol. Platte, 1904 A: 170,—
Pol. Platte, 1905 A (95 Ex.) 265,—
Pol. Platte, 1906 A (15 Ex.)

8 [717] 5 Heller (Bro) 1908, 1909. Typ wie Nr. 6:

1908 J (600 000 Ex.)	60,—	110,—	360,—
1909 J (756 106 Ex.)	60,—	110,—	360,—

				SS	VZ	ST
9	[718]	5	Heller (K–N) 1913, 1914. Bebänderte Kaiserkrone, geteilte Jahreszahl. Rs. Wertangabe, Lorbeerzweige (mit Loch):			
			1913 A (1 000 000 Ex.)	25,—	50,—	140,—
			1913 J (1 000 000 Ex.)	25,—	50,—	140,—
			1914 J (1 000 000 Ex.)	25,—	50,—	140,—

10	[719]	10	Heller (K–N) 1908~1914. Typ wie Nr. 9 (mit Loch):			
			1908 J (ca. 12 000 Ex.)	25,—	60,—	150,—
			1909 J (1 988 526 Ex.)	25,—	60,—	150,—
			1910 J (500 000 Ex.)	35,—	85,—	180,—
			1911 A (500 000 Ex.)	35,—	85,—	180,—
			1914 J (200 000 Ex.)	60,—	150,—	300,—

Pol. Platte, 1908 J: 425,—
Pol. Platte, 1911 A: 425,—

10P   10 Heller 1908, Motivprobe ohne Zweige, ohne Mzz., PP

11	[720]	¼	Rupie (S) 1904~1914. Kaiser Wilhelm II., in der Uniform der Garde du Corps:			
			1904 A (400 000 Ex.)	35,—	85,—	180,—
			1906 A (300 000 Ex.)	35,—	85,—	180,—
			1906 J (100 000 Ex.)	70,—	150,—	300,—
			1907 J (200 000 Ex.)	50,—	100,—	220,—
			1909 A (300 000 Ex.)	40,—	120,—	240,—
			1910 J (600 000 Ex.)	40,—	100,—	200,—
			1912 J (400 000 Ex.)	40,—	100,—	200,—
			1913 A (200 000 Ex.)	60,—	120,—	250,—
			1913 J (400 000 Ex.)	40,—	100,—	200,—
			1914 J (200 000 Ex.)	75,—	125,—	280,—

Pol. Platte, 1904 A (150 Ex.) 300,—
Pol. Platte, 1906 A (118 Ex.) 320,—

12 [721] ½ Rupie (S) 1904~1914. Typ wie Nr. 11:

		SS	**VZ**	**ST**
1904 A	(400 000 Ex.)	80,—	160,—	300,—
1906 A	(50 000 Ex.)	180,—	350,—	650,—
1906 J	(50 000 Ex.)	180,—	350,—	650,—
1907 J	(140 000 Ex.)	90,—	180,—	350,—
1909 A	(100 000 Ex.)	140,—	250,—	500,—
1910 J	(300 000 Ex.)	90,—	190,—	350,—
1912 J	(200 000 Ex.)	90,—	190,—	360,—
1913 A	(100 000 Ex.)	140,—	250,—	500,—
1913 J	(200 000 Ex.)	90,—	180,—	350,—
1914 J	(100 000 Ex.)	120,—	200,—	400,—

Pol. Platte, 1904 A (150 Ex.) 360,—
Pol. Platte, 1906 A (58 Ex.) 750,—

13 [722] 1 Rupie (S) 1904–1914. Typ wie Nr. 11:

1904 A	(1 000 000 Ex.)	50,—	100,—	240,—
1905 A	(300 000 Ex.)	90,—	185,—	350,—
1905 J	(1 000 000 Ex.)	60,—	120,—	250,—
1906 A	(950 000 Ex.)	75,—	135,—	300,—
1906 J	(700 000 Ex.)	80,—	150,—	300,—
1907 J	(880 000 Ex.)	60,—	120,—	250,—
1908 J	(500 000 Ex.)	60,—	120,—	250,—
1909 A	(200 000 Ex.)	100,—	180,—	400,—
1910 J	(270 000 Ex.)	90,—	240,—	400,—
1911 A		90,—	200,—	300,—
1911 J	(1 400 000 Ex.)	60,—	110,—	240,—
1912 J	(300 000 Ex.)	100,—	200,—	400,—
1913 A		90,—	200,—	300,—
1913 J	(1 400 000 Ex.)	50,—	90,—	220,—
1914 J	(500 000 Ex.)	90,—	200,—	400,—

Pol. Platte, 1904 A (150 Ex.) 420,—
Pol. Platte, 1906 A (60 Ex.) 650,—

Nr. 13 von 1913 A auch als Aluminiumprobe vorkommend.

Die Silbermünzen zu ¼, ½ und 1 Rupie kommen auch mit Gegenstempel PM (mit und ohne portugiesische Krone) für Mosambik (Provincia de Moçambiquo) vor.

NOTPRÄGUNGEN

Die Nrn. 14–19 wurden 1916 in der Eisenbahnwerkstätte Tabora (Mzz. T) unter Leitung des Bergbauexperten Friedrich Schumacher geprägt. Die Nr. 14 besteht aus Sekenke-Gold; für die Kleinmünzen dienten alte Patronen- und Granathülsen sowie Rohre, Beschläge und Bleche aus Schiffswracks als Rohmaterial.

			SS	VZ	ST
14	[728]	15 Rupien (G) 1916. Rs. Afrikanischer Elefant (Loxodonta africana – Elephantidae) vor dem Kilimandscharo:			
		a) kleine Arabeske unter A von OST-AFRIKA (6 395 Ex.)	1800,—	2500,—	3500,—
		b) große Arabeske unter TA von OSTAFRIKA (9 803 Ex.)	1800,—	2500,—	3500,—

15	[723]	5 Heller (Me) 1916. Kaiserkrone über Jahreszahl und Abkürzung D.O.A. für Deutsch Ostafrika. Rs. Wertangabe zwischen gekreuzten Zweigen (302 000 Ex.)	15,—	30,—	80,—

			SS	VZ
16	[724]	20 Heller. 1916. Typ wie Nr. 15. Bebänderte große Krone:		
		a) (Me)	30,—	50,—
		b) (K)	90,—	200,—

17 [725] 20 Heller. 1916. Typ wie Nr. 16, jedoch unter HELLER nur je ein Blatt am Zweig: **SS**   **VZ**
    a) (Me)   20,—   35,—
    b) (K)   —,—   —,—

18 [726] 20 Heller. 1916. Typ wie Nr. 16, jedoch bebänderte kleine Krone:
    a) (Me)   18,—   30,—
    b) (K)   —,—   —,—

19 [727] 20 Heller. 1916. Typ wie Nr. 18, jedoch unter HELLER nur je ein Blatt am Zweig: **S**   **SS**   **VZ**
    a) (Me)   8,—   25,—   50,—
    b) (K)   8,—   25,—   50,—

Die Notmünzen zu 20 Heller kommen auch mit Gegenstempel M für Mosambik vor.

Von den Münzen zu 20 Heller (alle Varianten zusammen) wurden 1 634 700 Ex. geprägt, davon 80% in Messing (Cu 69–84%, Rest Zn und geringe Mengen anderer Metalle),

20% in Reinkupfer (Cu 99%). Die Erstauflage bestand nur aus Messingprägungen. Als die Messingbestände knapp zu werden begannen, prägte man die 20 Heller nur noch aus Reinkupfer.
Eine Unterscheidung zwischen Messing und Kupfer ist bei den Notmünzen aus Tabora nach dem Augenschein (Farbunterschied) nicht möglich, wohl aber durch Dichtebestimmung.

Literatur:
E. Balke: *Die Notmünzen von Deutsch Ostafrika.* mt 3 (1988) 10–18.

Kiautschou

Fläche: 303 km^2; 200 000 Einwohner (1914).
Zur Vergeltung für die Ermordung zweier Missionare in Schantung 1897 besetzte Deutschland militärisch die Bucht von Kiautschou in der Provinz Schantung (Shandong) an der Gelben See; das Gebiet (303 km^2) wurde daraufhin von China an das Deutsche Reich auf 99 Jahre verpachtet. Der Hauptort Tsingtau (Qingdao) wurde 1899 zum Freihafen erklärt, mußte am 7. November 1914 vor dem japanischen Angriff kapitulieren und blieb in japanischer Gewalt, bis Kiautschou 1922 an China zurückgegeben wurde.

100 Cent (Fen) = 1 Mexikanischer Peso (Dollar, Piaster, Yuan)

			SS	VZ	ST
1	[729]	5 Cent (K–N) 1909. Reichsadler auf Anker (Marineadler). Rs. Chinesische Schriftzeichen (611 431 Ex.)	120,—	200,—	300,—
2	[730]	10 Cent (K–N) 1909. Typ wie Nr. 1 (670 412 Ex.)	120,—	200,—	300,—

DEUTSCHE BESATZUNGSAUSGABEN IN DEN BESETZTEN GEBIETEN 1914/1918

Belgien

Im Ersten Weltkrieg war fast ganz Belgien von deutschen Truppen besetzt. Am 26. 8. 1914 (6 Tage nach dem Einmarsch in Brüssel) wurde durch Kabinettsorder ein Generalgouverneur für die besetzten Gebiete Belgiens in der Person eines Freiherrn von der Goltz ernannt; er wurde am 10. 12. 1914 durch Moritz Frhr. von Bissing (* 1844, † 18. 4. 1917) ersetzt, auf den nach dessen Tode Frhr. von Falkenhausen bis zum Zusammenbruch (November 1918) folgte. Unter dem 21. 3. 1917 wurde Belgien in zwei Regionen geteilt, um die Sprachverschiedenheit zwischen Flamen und Wallonen auszunützen. Die deutsche Besatzung versuchte sich auf den am 4. 2. 1917 gegründeten »Raad van Vlaanderen« zu stützen.
Die seinerzeit ausgegebenen, in Brüssel geprägten Münzen wurden erst am 13. August 1922 außer Kurs gesetzt.

100 Centimen (Centiemen, Centimes) = 1 Belgischer Franken (Frank, Franc)

			SS	**VZ**	**ST**
1	[608]	5 Centimen (Zink) 1915, 1916. Wappenlöwe. Rs. Wert:			
		1915 (10 199 200 Ex.)	6,—	10,—	20,—
		1916 (45 414 600 Ex.)	4,—	9,—	15,—

2 [609] 10 Centimen (Zink) 1915–1917. Typ wie Nr. 1:
1915 (9 681 242 Ex.)	6,—	15,—	30,—
1916 (37 282 011 Ex.)	4,—	8,—	20,—
1917 (1 447 300 Ex.)	45,—	75,—	135,—

Nickelabschlag 1916: 900,—

3 [610] 25 Centimen (Zink) 1915–1918. Typ wie Nr. 1:
1915 (8 079 538 Ex.)	6,—	10,—	20,—
1916 (10 671 132 Ex.)	6,—	10,—	20,—
1917 (3 554 868 Ex.)	10,—	20,—	45,—
1918 (5 409 200 Ex.)	8,—	12,—	30,—

4 [611] 50 Centimen (Zink) 1918. Fünfstrahliger Stern. Rs. Wappenschild über Lorbeerzweig (mit Loch) (7 397 000 Ex.)   10,—   25,—   55,—

Stadt Gent

Die Prägung der Notmünzen wurde im Jahre 1915 durch Ratsbeschluß genehmigt; Münzstätte Geeraert, Gent.

			SS	VZ	ST
1 [612]	50 Centiemen (E, Wappenseite messing plattiert, Wertseite kupferplattiert) 1915. Flämischer Löwe. Rs. Wertangabe (512 773 Ex.)		30,—	60,—	100,—

Nr. 1 auch beidseitig messingplattiert vorkommend.

| 2 [613] | 1 Frank (E, Wappenseite messing plattiert, Wertseite kupferplattiert) 1915. Rs. Wertangabe (rund) (370 186 Ex.) | 35,— | 70,— | 120,— |

| 3 [617 I] | 1 Frank (K, vergoldet) 1915. Typ wie Nr. 2 (viereckig) | 600,— | 900,— | 1400,— |

| 4 [614] | 2 Frank (E, messing- und kupferplattiert) 1915. Typ wie Nr. 2 (viereckig) (313 709 Ex.) | 45,— | 80,— | 140,— |

5 [617 II] 2 Frank (K, vergoldet) 1918. Typ wie Nr. 2 (rund)   **SS** 400,—   **VZ** 750,—   **ST** 1100,—

6 [615] 5 Francs/Franken (E, messing- und kupferplattiert) 1917. Rs. Wertangabe, Jahreszahl (108 494 Ex.)   65,—   110,—   200,—

7 [616] 5 Frank (E, messing- und kupferplattiert) 1918. Rs. Wertangabe, Jahreszahl (339 406 Ex.)   55,—   90,—   150,—

Gebiet des Oberbefehlshabers Ost

Das Gebiet des Oberbefehlshabers Ost umfaßte die von den deutschen Truppen besetzten Teile des Russischen Reichs, insbesondere Kurland, Livland und Litauen.

Münzstätten: A = Berlin, J = Hamburg

100 Kopeken = 1 Rubel

				SS	VZ	ST
1	[601]	1	Kopeke (E) 1916. Inschrift »Gebiet des Oberbefehlshabers Ost«, Eichenzweige. Rs. Wert und Jahreszahl in Eisernem Kreuz:			
			1916 (11 942 046 Ex.)	8,—	18,—	35,—
			1916 (7 682 000 Ex.)	10,—	20,—	40,—
2	[602]	2	Kopeken (E) 1916. Typ wie Nr. 1:			
			1916 (6 972 574 Ex.)	12,—	25,—	55,—
			1916 (8 017 000 Ex.)	10,—	20,—	50,—
3	[603]	3	Kopeken (E) 1916. Typ wie Nr. 1:			
			1916 (8 670 000 Ex.)	8,—	18,—	50,—
			1916 (7 903 000 Ex.)	10,—	25,—	60,—
3P		3	Kopeken (S) 1916 A. Materialprobe für Präsentationszwecke. Silber, 12.9 g			—,—

DEUTSCHE BESATZUNGSAUSGABEN IN DEN BESETZTEN GEBIETEN 1939–1945

Allgemeine Ausgaben

Rechtsgrundlage für die Ausgaben von Reichskreditkassenmünzen war die Verordnung über Reichskreditkassen vom 3. Mai 1940 in der Fassung vom 15. Mai 1940. Die ursprüngliche Fassung hatte nur die Ausgabe von Reichskreditkassenscheinen für die besetzten Gebiete in Dänemark und Norwegen vorgesehen; unter dem 15. Mai wurde die Ausgabe von Reichskreditkassenmünzen unter Ausdehnung des Geltungsbereichs der erwähnten Verordnung vom 3. Mai auf Belgien, Frankreich, Luxemburg und die Niederlande gleichzeitig mit dem Erlaß der Verordnung über die Errichtung und den Geschäftskreis von Reichskreditkassen in den besetzten Gebieten autorisiert. Die Ausdehnung auf die eingegliederten Ostgebiete erfolgte unter dem 20. Mai 1940 (Reichsgesetzblatt Teil I, S. 743, 770–774).

1 [618] 5 Reichspfennig (Zink) 1940–1941. Hakenkreuz. Rs. Adlerkopf, Eichenblätter mit Eicheln, Wertangabe (mit Loch): **VZ**

	A	B	D	E	F	G	J
1940	60,—	800,—	135,—	660,—	750,—	—,—	700,—
1941	1500,—				—,—		

Jahrgang 1940 auch als Probe ohne Msz.

2 [619] 10 Reichspfennig (Zink) 1940–1941. Typ wie Nr. 1 (mit Loch):

	A	B	D	E	F	G	J
1940	60,—	—,—	—,—	8000,—	2000,—	500,—	650,—
1941	3000,—				—,—		

Jahrgang 1940 auch ohne Msz. mit Inschrift »Probe« auf dem Randstab vorkommend. In abweichender Zeichnung existiert eine weitere Probe von 1940 A ohne Loch.

Protektorat Böhmen und Mähren
(Čechy a Morava)

Einen Tag nach dem am 15. März 1939 erfolgten militärischen Einmarsch in die Tschechoslowakei, die bereits am 10. Oktober 1938 die sudetendeutschen Randgebiete an das Deutsche Reich hatte abtreten müssen, erklärte Adolf Hitler in Prag die Tschechoslowakische Republik für beendet und ein Protektorat Böhmen und Mähren an deren Stelle für errichtet. Die deutsche Besatzung von Prag kapitulierte am 8. Mai 1945 vor den Aufständischen. Die mit deutscher und tschechischer Umschrift versehenen Münzen wurden in Lissa von der Firma Vichr geprägt.

100 Heller (Halérů) = 1 Krone (Koruna)

1 [620] 10 Heller (Zink) 1940–1944. Wappenlöwe. Rs. Karlsbrücke in Prag:

	SS	VZ	ST
1940	4,—	8,—	20,—
1941	4,—	7,—	16,—
1942 (82 100 000 Ex.)	4,—	7,—	16,—
1943	5,—	10,—	18,—
1944	5,—	15,—	35,—

2 [621] 20 Heller (Zink) 1940–1944. Wappenlöwe. Rs. Weizengarbe, Sichel, Lindenblätter:

	SS	VZ	ST
1940	3,—	5,—	18,—
1941	3,—	5,—	15,—
1942 (105 600 000 Ex.)	3,—	6,—	16,—
1943	5,—	8,—	18,—
1944	6,—	10,—	20,—

3 [622] 50 Heller (Zink) 1940–1944. Wappenlöwe.   **SS**   **VZ**   **ST**
Rs. Lindenzweige und Weizenähren:

		SS	VZ	ST
1940		4,—	9,—	15,—
1941		4,—	9,—	15,—
1942	(53 300 000 Ex.)	3,—	10,—	20,—
1943		6,—	15,—	30,—
1944		4,—	12,—	25,—

4 [623] 1 Krone (Zink) 1941–1944. Wappenlöwe. Rs. Lindenzweige:

		SS	VZ	ST
1941		4,—	8,—	15,—
1942	(1 028 000 000 Ex.)	4,—	7,—	12,—
1943		4,—	7,—	12,—
1944		5,—	10,—	20,—

Generalgouvernement
für die besetzten polnischen Gebiete

Nach dem zwischen Molotow und Ribbentrop am 28. 9. 1939 unterzeichneten Protokoll wurde der Rest des polnischen Staates, den das Deutsche Reich und die Sowjetunion übriggelassen hatten, zu einem »Generalgouvernement« ohne ethnischen Namen unter deutscher Verwaltung erklärt, dessen Hauptstadt Krakau war. Das Generalgouvernement zerfiel in vier Distrikte: Krakau, Warschau, Lublin und Radom. Münzstätte: Warschau (Msz. Pfeil). Ausgabe mit Bekanntmachung vom 23. 4. 1940.

100 Groszy = 1 Zloty

1 [624] 1 Grosz (Zink) 1939. Polnischer Adler.   **SS**   **VZ**   **ST**
Rs. Wertangabe (33 909 000 Ex.)   5,—   12,—   40,—

Próba (200 Ex.) 150,—
Mit alten Stempeln in den Jahren 1941–1944 geprägt.
Für ein 2 Grosze 1939 in Zink existieren Proben.

2 [620] 5 Groszy (Zink) 1939. Rs. Wertangabe zwischen Zweigen (mit Loch) (15 324 000 Ex.)   6,—   15,—   50,—

ohne Loch —,—
Próba (mit Loch), Riffelrand (200 Ex.) 150,—
In den Jahren 1941–1944 geprägt.
Auch als Probe mit verkleinertem Motiv ohne Loch.

				SS	**VZ**	**ST**
3	[625]	10	Groszy (Zink) 1923. Polnischer Adler. Rs. Wertangabe im Kranz (42 175 000 Ex.)	1,—	3,—	15,—

Mit alten Stempeln in den Jahren 1941–1944 geprägt.
Bronzeproben zu 10 Groszy 1938 stammen aus der Zeit vor der Besatzung.

4	[626]	20	Groszy (Zink) 1923. Typ wie Nr. 3 (40 025 000 Ex.)	2,—	3,—	12,—

Mit alten Stempeln in den Jahren 1941–1944 geprägt.
Proben zu 20 Groszy 1938 in Eisen vernickelt stammen aus der Zeit vor der Besatzung.

5	[627]	50	Groszy 1938. Typ wie Nr. 3 (32 000 000 Ex.)			
			a) 1938 (E, vernickelt), mit Pfeil	6,—	15,—	40,—
			b) 1938 (E, vernickelt), ohne Pfeil	6,—	15,—	40,—
			c) 1938 (E), ohne Pfeil	6,—	15,—	45,—

Nr. 5 soll im Posener Raum bereits im Frühjahr 1939 von der Zahlstelle des 37. polnischen Infanterieregiments ausgegeben worden sein, siehe Geldgeschichtliche Nachrichten, Mai 1988, S. 142.

Getto Litzmannstadt

Fläche: 4 km^2; 160 000 Einwohner (1940).

Litzmannstadt (Łódź) lag im Reichsgau Wartheland, dessen Hauptstadt Posen war. Für den eigenen Bedarf wurden im Getto von Litzmannstadt von der jüdischen Selbstverwaltung 1942–1943 Münzen herausgegeben.

1		10	Pfennig (Mg) 1942. Davidstern mit Ähren, umgeben von Inschrift Litzmannstadt-Getto.			

			SS	VZ
	1942. Rs. Wert und Inschrift DER ÄLTESTE DER JUDEN sowie Eichenblätter mit kleinem Davidstern. ⌀ 21.2 mm (ca. 100 000 Ex.)		1200,—	—,—

Nr. 1 wurde zurückgezogen, weil der Reichsstatthalter im Wartheland Anstoß an der Rückseite nahm, die dem deutschen 10-Pfennig-Stück ähnelte.

2	10 Pfennig (Mg) 1942. Davidstern mit Jahreszahl im Kreis, Rundinschrift wie Nr. 1. Rs. Wert und Rundinschrift QUITTUNG ÜBER · PFENNIG, ⌀ 18.9 mm, 0.74 g (1 000 000 Ex.)	700,—	—,—

3	5 Mark 1943. Großer gefüllter Davidstern schräg über runder Schmuckeinfassung, daneben Inschrift GETTO 1943. Rs. Wertangabe mit darüberliegendem Schriftband QUITTUNG ÜBER, Rundinschrift DER ÄLTESTE DER JUDEN · IN LITZMANNSTADT. ⌀ 22.6 mm (800 000 Ex.):		
	a) (Mg) 1.0 g	600,—	—,—
	b) (Al) 1.5 g	120,—	180,—

4	10 Mark 1943. Typ wie Nr. 3. ⌀ 28.2 mm (100 000 Ex.):		
	a) (Mg) 1.7 g	750,—	—,—
	b) (Al):		
	1. 2.6 g	100,—	160,—
	2. 3.4 g	100,—	160,—
5	20 Mark (Al) 1943. Typ wie Nr. 3. ⌀ 33.4 mm, 7.0 g (600 Ex.)	1200,—	2000,—

Nrn. 2–4 auch als Abschläge in Silber vorkommend.
Von allen Münzen existieren mehr Fälschungen als Originale.
In Zeichnung der Nr. 2 existieren zahlreiche Fantasieprägungen in den verschiedensten Metallen.

Literatur:
G. Franquinet/P. Hammer/H. u. L. Schoenawa: Litzmannstadt. Ein Kapitel deutscher Geldgeschichte. Crailsheim 1994.

STAATLICHE NOTMÜNZEN 1918–1923

Herzogtum Anhalt

				SS	VZ	ST
1	[N1]	25 Pfennig (E) o. J. Gekröntes Wappen. Rs. Wertangabe		25,—	50,—	85,—
1P		25 Pfennig (Zink) o. J. Typ wie Nr. 1		250,—	500,—	850,—

Herzogtum Braunschweig

2	[N2]	5 Pfennig (E) 1918. Sachsenroß. Rs. Wertangabe	6,—	12,—	35,—

3	[N3a]	10 Pfennig (E) 1918, 1920. Typ wie Nr. 2	4,—	10,—	35,—
4	[N3b]	10 Pfennig (Zink) 1918. Typ wie Nr. 2	5,—	20,—	45,—
5	[N4]	50 Pfennig (E) 1918, 1920. Typ wie Nr. 2:			
		1918	5,—	15,—	40,—
		1920	15,—	40,—	70,—

Prägungen der Nrn. 2–5 von 1918 mit erhobenem Roßschweif sind Proben.

Staatsbank Braunschweig

6	[N5]	10 Pfennig (Zink) 1920, 1921. Sachsenroß. Rs. Wertangabe, bogig NOT – GELD	5,—	20,—	50,—
7	[N6]	50 Pfennig (E) 1920. Rs. Wertangabe, bogig KRIEGSNOTGELD	8,—	20,—	50,—

			SS	**VZ**	**ST**
8	[N6a]	50 Pfennig (E) 1921. Rs. Wertangabe, bogig NOTGELD	20,—	45,—	80,—

Schwarzburg-Sondershausen

9 [N7] 10 Pfennig (E) o. J. Wappen. Rs. Wertangabe   20,—   45,—   85,—

10 [N8] 20 Pfennig (E) o. J. Typ wie Nr. 9   20,—   55,—   90,—

Freistaat Sachsen

Notmünzen aus braunem Böttger-Steinzeug, mit Stahlstempeln hergestellt.
Hersteller: Staatliche Porzellanmanufaktur Meißen; kenntlich an den gekreuzten Kurschwertern. Diese Notmünzen waren kurzfristig im Zahlungsverkehr und konnten bis zum 14. Januar 1922 eingelöst werden.

11 [N53] 20 Pfennig 1920, 1921. Wertangabe, bogig SACHSEN. Rs. Sichel und Ähren: **ST**
1920 (4 200 Ex.)   50,—
1921 (641 000 Ex.)   0,—

12 [N54] 50 Pfennig 1920, 1921. Rs. Weintraube und Spaten:
1920 (4 200 Ex.)   50,—
1921 (493 000 Ex.)   8,—

13 [N55] 1 Mark 1920, 1921. Rs. Segelschiff: **ST**
1920 (4 200 Ex.) 70,—
1921 (546 000 Ex.) 10,—

14 [N56] 2 Mark 1920, 1921. Rs. Adler im Horst:
1920 (4 200 Ex.) 90,—
1921 (576 000 Ex.) 8,—

15 [N57] 5 Mark 1920, 1921. Rs. Putto zwischen Ähren
(mit Golddekor):
1920 (4 000 Ex.) 140,—
1921 (72 000 Ex.) 50,—

16 [N58] 10 Mark 1920, 1921. Rs. Landwirt mit Sichel und
Getreidegarbe (mit Golddekor):
1920 (3 900 Ex.) 150,—
1921 (74 000 Ex.) 50,—

17	[N59]	20 Mark 1920, 1921. Rs. Mutter und Kind (mit Golddekor):		**ST**
		1920 (5 000 Ex.)		180,—
		1921 (67 000 Ex.)		70,—

Provinz Westfalen

Ausgabe der Landesbank der Provinz Westfalen (keine Zahlungsmittel). Alle Prägungen von 1921 wurden mit mattierter Oberfläche hergestellt.

			SS	**VZ**	**ST**
18	[N9]	50 Pfennig (Al) 1921. Westfalenroß, Wertangabe. Rs. Carl Reichsfreiherr vom und zum Stein (1757–1831), Staatsmann (258 023 Ex.)	8,—	15,—	25,—
19	[N10]	1 Mark (Al) 1921. Typ wie Nr. 18 (173 191 Ex.)	6,—	12,—	20,—
20	[N11]	5 Mark (Al) 1921. Typ wie Nr. 18; ⌀ 32 mm (120 753 Ex.)	10,—	20,—	30,—

21	[N12]	5 Mark (Me) 1921. Typ wie Nr. 18; ⌀ 38 mm (4 035 Ex.)	300,—	550,—	900,—

Auch Silberabschlag vorkommend.

Nr.	[Ref]		Beschreibung	SS	VZ	ST
22	[N13]	10	Mark (Bro) 1921. Typ wie Nr. 18 (116 489 Ex.)	15,—	30,—	45,—
23	[N14]	100	Mark (Bro, vergoldet) 1922. Typ wie Nr. 18 (97 435 Ex.)	18,—	30,—	55,—
			Auch als Silberabschlag vorkommend.			
24	[N15]	500	Mark (Bro, vergoldet) 1922. Typ wie Nr. 18 (57 593 Ex.)	18,—	35,—	65,—
			Auch als Silberabschlag vorkommend.			
25	[N20a]	10 000	Mark (Me, vergoldet) 1923. Typ wie Nr. 18; Kopf in hohem Relief, breiter Randstab (315 809 Ex.)	18,—	35,—	65,—
26	[N20b]	10 000	Mark (Bro, vergoldet) 1923. Typ wie Nr. 18; Kopf in flachem Relief, schmaler Randstab (199 657 Ex.)	20,—	45,—	75,—
			Fehlende Vergoldung vorkommend. Auch als Silberabschlag vorkommend.			
27	[N24]	¼	Million Mark (Al) 1923. Typ wie Nr. 18 (219 675 Ex.)	12,—	20,—	35,—
			Auch als Silberabschlag vorkommend.			
28	[N25]	2	Millionen Mark (Al) 1923. Typ wie Nr. 18 (390 089 Ex.)	12,—	25,—	45,—
			Auch als Silberabschlag vorkommend.			
29	[N22]	5	Millionen Mark (K, vergoldet) 1923. Typ wie Nr. 18; Wertangabe zweizeilig mit »Mark« (114 936 Ex.)	20,—	45,—	75,—
			Auch als Probe in Aluminium, 7.0 g, und als Abschlag in Silber vorkommend.			
30	[N21]	5	Millionen Mark (Me, vergoldet) 1923. Typ wie Nr. 18; Wertangabe dreizeilig mit »Mk« (8 095 Ex.)	250,—	400,—	700,—
			Auch als Silberabschlag vorkommend.			
31	[N23b]	50	Millionen Mark (K, vergoldet) 1923. Typ wie Nr. 18; schmaler Randstab (37 664 Ex.)	120,—	200,—	400,—
32	[N23a]	50	Millionen Mark (Me, vergoldet) 1923. Typ wie Nr. 18; breiter Randstab (106 060 Ex.)	20,—	40,—	70,—
33	[N27]	50	Millionen Mark (Al) 1923. Typ wie Nr. 18; ⌀ 44 mm (78 464 Ex.)	20,—	45,—	80,—
34	[N26]	50	Millionen Mark (Al) 1923. Typ wie Nr. 18; ⌀ 38 mm (995 000 Ex.)	8,—	18,—	30,—
			Auch als Silberabschlag vorkommend.			
35		1	Billion Mark (Me, vergoldet) 1923. Typ wie Nr. 18; ⌀ 60 mm (500 Ex.)	1000,—	1600,—	2500,—
			Materialproben in Bronze bzw. Tombak vorkommend.			

| 36 | [N28] | 1 | Billion Mark (Neusilber, versilbert) 1923. Typ wie Nr. 18; ⌀ 60 mm (11 113 Ex.) | **SS** 350,— | **VZ** 700,— | **ST** 1100,— |

Nr. 36 wurde erst nach der Inflation geprägt.

| 37 | [N16] | 50 | Mark (Al) 1923. Rs. Annette von Droste-Hülshoff (1797–1848), Schriftstellerin (92 587 Ex.) | 8,— | 15,— | 25,— |

Auch als Silberabschlag vorkommend.

| 38 | [N18] | 100 | Mark (Bro) 1923. Typ wie Nr. 37; ⌀ 26 mm (94 778 Ex.) | 12,— | 28,— | 45,— |

Auch als Silberabschlag vorkommend.

| 39 | [N17] | 100 | Mark (Al) 1923. Typ wie Nr. 37 (95 149 Ex.) | 10,— | 18,— | 30,— |
| 40 | [N19] | 500 | Mark (Bro) 1923. Typ wie Nr. 37 (65 117 Ex.) | 20,— | 40,— | 70,— |

Auch als Silberabschlag vorkommend.

Medaille mit den gekoppelten Rückseiten von vom Stein und Droste-Hülshoff, ⌀ 44 mm, vorkommend.

Freie und Hansestadt Hamburg

Prägungen zu ½, 1, 3 und 5 Mark 1922 J in verschiedenen Metallen sind Proben.

| 41 | [N33] | 200 000 | Mark (Al) 1923. Behelmtes Wappen mit Schildhaltern. Rs. Wertangabe (2 500 000 Ex.) | 4,— | 8,— | 15,— |

| 42 | [N34] | ½ | Million Mark (Al) 1923. Typ wie Nr. 41 (2 000 000 Ex.) | 4,— | 8,— | 15,— |

Hamburgische Bank von 1923 A.G.

| 43 | [N35] | 1/100 | Verrechnungsmarke (Al) o. J. (1923). Behelmtes Wappen. Rs. Wertangabe (9 128 000 Ex.) | 6,— | 15,— | 25,— |

Auch als Probe in Neusilber mit zwei Wappenseiten vorkommend.

| 44 | [N36] | 5/100 | Verrechnungsmarke (Al) o. J. (1923). Typ wie Nr. 43 (8 100 000 Ex.) | 15,— | 25,— | 40,— |

Auch als Probe in Neusilber mit zwei Wappenseiten vorkommend.

			SS	**VZ**	**ST**
45 [N37]	¹⁄₁₀	Verrechnungsmarke (Al) o. J. (1923). Typ wie Nr. 43 (8 600 000 Ex.)	6,—	15,—	25,—

Auch als Probe in Neusilber mit zwei Wappenseiten vorkommend.

Provinz Schleswig-Holstein

Gold-Girobank Schleswig-Holstein A.G.

46 [N38]	⁵⁄₁₀₀	Gutschriftsmarke (Al) 1923. Wappen. Rs. Wertangabe; 1.7 g (3 330 000 Ex.)	8,—	18,—	35,—
		Abschlag auf dickem Schrötling 200,—			
		Einseitiger Abschlag der Vorderseite 600,—			
		Einseitiger Abschlag der Rückseite 600,—			

| **47** [N39] | ¹⁰⁄₁₀₀ | Gutschriftsmarke (Al) 1923. Typ wie Nr. 46 (4 500 000 Ex.) | 8,— | 18,— | 30,— |

Freie Hansestadt Bremen

48 [N40]	2	Bremer Verrechnungspfennig (Me) o. J. (1924). Stadtschlüssel. Rs. Wertangabe (500 790 Ex.)	18,—	50,—	90,—
		Silberabschlag —,—			
49 [N41]	5	Bremer Verrechnungspfennig (Al) o. J. (1924). Typ wie Nr. 48 (669 150 Ex.)	8,—	25,—	60,—
		Silberabschlag —,—			

				SS	**VZ**	**ST**
50	[N42]	10	Bremer Verrechnungspfennig (Al) o. J. (1924). Typ wie Nr. 48 (695 450 Ex.)	20,—	45,—	80,—

Silberabschlag —,—

51 [N43] 20 Bremer Verrechnungspfennig (Al) o. J. (1924). Typ wie Nr. 48 (381 600 Ex.)   20,—   55,—   100,—

Silberabschlag —,—

52 [N44] 50 Bremer Verrechnungspfennig (Al) o. J. (1924). Stadtwappen mit Löwen als Schildhalter (483 000 Ex.)   100,—   165,—   270,—

Silberabschlag, 6.9 g —,—

53 [N45] 1 Bremer Verrechnungsmark (E, Al plattiert) o.J. (1924). Stadtwappen mit widersehenden Löwen als Schildhalter. Rs. Wertzahl (495 660 Ex.)   280,—   400,—   650,—

Deutschland/Staatliche Notmünzen

				SS	VZ	ST
53P	[N45]	1	Bremer Verrechnungsmark (E, Al plattiert) o. J. (1924). Motivprobe, große Wertzahl im Kreis (wenige Ex.)			—,—

Liechtenstein   # Liechtenstein   **Liechtenstein**

Fläche: 160 km^2; 32 000 Einwohner (1998).
Die reichsunmittelbaren Herrschaften Schellenberg und Vaduz wurden am 23. Januar 1719 durch Kaiser Karl VI. zum Fürstentum Liechtenstein erhoben. Von 1815 bis 1866 gehörte Liechtenstein zum Deutschen Bund und bildete 1852 bis 1919 mit dem österreichischen Vorarlberg ein Zoll- und Steuergebiet; 1920/23 Zoll- und förmlicher Währungsanschluß an die Schweiz. Hauptstadt: Vaduz.

60 Kreuzer = 1 Rheinischer Gulden;
ab 1857: 100 Neukreuzer = 1 Gulden (Florin);
ab 1892: 100 Heller = 1 Krone (Corona);
seit 1920: 100 Rappen = 1 Schweizer Franken

1 Vereinstaler	1862	Ag 900/Cu 100	18.518 g	⌀ 33 mm
1 Krone	1898–1915	Ag 835/Cu 165	5.000 g	⌀ 23 mm
2 Kronen	1912–1915	Ag 835/Cu 165	10.000 g	⌀ 27 mm
5 Kronen	1898–1915	Ag 900/Cu 100	24.000 g	⌀ 36 mm
10 Kronen	1898–1900	Au 900/Cu 100	3.387 g	⌀ 19 mm
20 Kronen	1898	Au 900/Cu 100	6.775 g	⌀ 21 mm
½ Franken	1924	Ag 835/Cu 165	2.500 g	⌀ 18 mm
1 Franken	1924	Ag 835/Cu 165	5.000 g	⌀ 23 mm
2 Franken	1924	Ag 835/Cu 165	10.000 g	⌀ 27 mm
5 Franken	1924	Ag 900/Cu 100	25.000 g	⌀ 37 mm
10 Franken	1930–1946	Au 900/Cu 100	3.226 g	⌀ 19 mm
10 Franken	1988–1990	Ag 500/Cu 100	30.000 g	⌀ 37.3 mm
20 Franken	1930–1946	Au 900/Cu 100	6.451 g	⌀ 21 mm
25 Franken	1956–1961	Au 900/Cu 100	5.645 g	⌀ 20 mm
50 Franken	1956–1961	Au 900/Cu 100	11.290 g	⌀ 25 mm
50 Franken	1988–1990	Au 900/Ag 054/Cu046	10.000 g	⌀ 22.3 mm
100 Franken	1952	Au 900/Cu100	32.258 g	⌀ 35 mm

Frühere Ausgaben siehe im Deutschen Münzkatalog 18. Jahrhundert.

JOHANN II. 1858–1929

1 [1] 1 Vereinstaler (S) 1862. Johann II. (1840– **SS** **VZ**
1929), Kopfbild nach rechts, Titelumschrift.
Rs. Wappen auf gekröntem Wappenmantel.
Randschrift »Klar und fest«. 900er Silber,
18.518 g [Wien] (1920 Ex.)   2600,—   4500,—

Nr. 1 hatte bei Ausgabe einen Kurswert von 1½ Florin gleich 150 Neukreuzern und wurde 1893 gegen 3.53 Kronen außer Kurs gesetzt (in Deutschland gültig bis 1907 als 3 Mark).

Auch als Abschläge in Zinn, Bronze und Gold (29.6 g).
Nachprägung mit Münzstättenzeichen M (München) in Silber, Gold und Platin vorkommend (geprägt 1966).

WÄHRUNGSREFORM 1892: 1 Florin = 2 Kronen
NEUE WÄHRUNG: 100 Heller = 1 Krone

2 [2] 1 Krone (S) 1900~1915. Johann II., **S** **SS** **VZ**
Kopfbild nach links, Titelumschrift. Rs.
Gekröntes Wappen zwischen Lorbeer-
zweigen, Wertangabe, Jahreszahl.
Randschrift »Klar und fest« [Wien]:

1900	(50 000 Ex.)	20,—	45,—	65,—
1904	(75 000 Ex.)	20,—	35,—	50,—
1910	(50 000 Ex.)	20,—	45,—	65,—
1915	(75 000 Ex.)	22,—	50,—	70,—

				S	SS	VZ
2P		1	Krone (S) 1898. Motivprobe, mit Signatur am Halsabschnitt. Rs. Gekrönte Wertzahl 1 zwischen Lorbeerzweigen [Paris] (125 Ex.)			1500,—
3	[3]	2	Kronen (S) 1912, 1915. Typ wie Nr. 2 [Wien]:			
			1912 (50 000 Ex.)	25,—	50,—	90,—
			1915 (37 500 Ex.)	28,—	55,—	120,—

4	[4]	5	Kronen (S) 1900 ~ 1915. Typ wie Nr. 2 [Wien]:			
			1900 (5 000 Ex.)	280,—	600,—	950,—
			1904 (15 000 Ex.)	150,—	280,—	380,—
			1910 (10 000 Ex.)	200,—	380,—	480,—
			1915 (10 000 Ex.)	250,—	480,—	500,—
4P		5	Kronen (S) 1898. Motivprobe, mit Signatur am Halsabschnitt, Inschrift »Essai«, erhabene Randschrift [Paris] (100 Ex.)			—,—

5	[5]	10	Kronen (G) 1900. Typ wie Nr. 2 [Wien] (1500 Ex.)		5000,—	7000,—
5P		10	Kronen (G) 1898. Motivprobe, mit Signatur am Halsabschnitt, Inschrift »Essai«, Riffelrand [Paris] (30 Ex.)			—,—

				SS	**VZ**
6	[6]	20	Kronen (G) 1898. Typ wie Nr. 2 [Wien] (1500 Ex.)	4500,—	6500,—
6P		20	Kronen (G) 1898. Motivprobe, mit Signatur am Halsabschnitt, Inschrift »Essai« [Paris] (30 Ex.)		—,—

Außer Kurs seit 28. August 1920.

WÄHRUNGSUMSTELLUNG 1920
NEUE WÄHRUNG: 100 Rappen = 1 Franken

7	[7]	½	Franken (S) 1924. Typ wie Nr. 2, Wertangabe in Franken. Riffelrand [Bern] (30 000 Ex.)	115,—	165,—
8	[8]	1	Franken (S) 1924. Typ wie Nr. 7, Randschrift »Klar und fest« [Bern] (60 000 Ex.)	75,—	100,—
9	[9]	2	Franken (S) 1924. Typ wie Nr. 8 [Bern] (50 000 Ex.)	115,—	165,—

10	[10]	5	Franken (S) 1924. Typ wie Nr. 8, erhabene Randschrift [Bern] (15 000 Ex.)	650,—	950,—

Außer Kurs seit 2. April 1931.

FRANZ I. 1929–1938

11	[11]	10	Franken (G) 1930. Franz I. (1853–1938), Kopfbild nach rechts. Rs. Wappen [Bern] (2500 Ex.)	1500,—	2000,—
12	[12]	20	Franken (G) 1930. Typ wie Nr. 11 [Bern] (2500 Ex.)	1800,—	2400,—

FRANZ JOSEF II. 1938–1989

				SS	**VZ**		
13	[13]	10	Franken (G) 1946. Franz Josef II. (1906–1989), Kopfbild nach links. Rs. Wappen, von 11 Sternen umgeben, Wertangabe. Riffelrand [Bern] (10 000 Ex.)	320,—	400,—		
14	[14]	20	Franken (G) 1946. Typ wie Nr. 13, Randschrift »Ad legem anni MCMXXXI« [Bern] (10 000 Ex.)	400,—	480,—		
				SS	**VZ**	**ST**	**PP**
15	[16]	25	Franken (G) 1956. Franz Josef II. und Georgine (Gina) von Liechtenstein, geb. von Wilczek (1921–1989). Rs. Wappen, Wertangabe [Bern] (15 000 Ex.)	250,—	350,—	500,—	—,—

16	[17]	50	Franken (G) 1956. Typ wie Nr. 15 [Bern] (15 000 Ex.)	400,—	550,—	750,—	—,—

17	[15]	100	Franken (G) 1952. Typ wie Nr. 15 (4000 Ex.) [Bern]	4000,—	5500,—	7500,—	

100 JAHRE LIECHTENSTEINISCHE LANDESBANK (2)

				ST
18	[18]	25 Franken (G) 1961. Franz Josef II., Kopfbild nach rechts. Rs. Staatswappen. 900er Gold, 5.645 g (20 000 Ex.) [Bern]		360,—
19	[19]	50 Franken (G) 1961. Typ wie Nr. 18. 900er Gold, 11.29 g (20 000 Ex.) [Bern]		550,—

Nrn. 18–19 wurden 1986 zum 125. Jahrestag der Liechtensteinischen Landesbank ausgegeben.

50. JAHRESTAG DER THRONBESTEIGUNG (2)

				PP
20	[20]	10 Franken (S) 1988. Franz Josef II., Kopfbild nach rechts. Rs. Staatswappen. 900er Silber, 30 g, HF (35 000 Ex.)		40,—

| **21** | [21] | 50 Franken (G) 1988. Typ wie Nr. 20. 900er Gold, 10 g, HF (35 000 Ex.) | | 400,— |

HANS ADAM II. SEIT 1989

ZUR ERBHULDIGUNG (15. August 1990) (2)

| **22** | [22] | 10 Franken (S) 1990. Hans Adam II., Kopfbild nach links. Rs. Wappen auf gekröntem Wappenmantel. 900er Silber, 30 g, HF (35 000 Ex.) | | 40,— |

23 [23] 50 Franken (G) 1990. Typ wie Nr. 22. 900er
Gold, 10 g, HF (25000 Ex.) 400,—

Nrn. 11–23 sind derzeit als gesetzliche Zahlungsmittel gültig.

Prägungen mit Wertangaben in ECU sind private Medaillen, siehe »ECU/Euro Katalog Münzen und Medaillen« von Gerhard Schön.

Austria # Österreich **Autriche**

Fläche: 83 858 km²; 8 078 000 Einwohner (1998).
Über Jahrhunderte waren die Geschicke Österreichs und Deutschlands als Teile des Heiligen Römischen Reiches Deutscher Nation aufs engste verbunden. Das Haus Habsburg stellte bis zur Auflösung des Heiligen Römischen Reiches Deutscher Nation im Jahre 1806 sowie für das Kaisertum Österreich ab 1804 eine Reihe hervorragender Herrscher. Nach dem Zerfall der Donaumonarchie in einzelne Nationalstaaten und dem Regierungsverzicht Kaiser Karls I. wurde 1918 die Republik ausgerufen. Hauptstadt: Wien.

100 Heller = 1 Krone (Corona); ab 1. Januar 1925: 100 Groschen = 1 Schilling;
seit 1. Januar 1999: 100 Eurocent (Cent) = 1 Euro

1 Dukat	1872–1915	Au 986⅔/Cu 013⅓	3.491 g	⌀ 19.75 mm
4 Dukaten	1872–1915	Au 986⅔/Cu 013⅓	13.964 g	⌀ 39.5 mm
1 Heller	1892–1916	Cu 95/Sn 04/Zn 01	1.667 g	⌀ 17 mm
2 Heller	1892–1915	Cu 95/Sn 04/Zn 01	3.333 g	⌀ 19 mm
2 Heller	1916–1918	Fe	2.778 g	⌀ 17 mm
10 Heller	1892–1911	Ni	3.000 g	⌀ 19 mm
10 Heller	1915–1916	Cu/Ni/Zn	3.000 g	⌀ 19 mm
20 Heller	1892–1914	Ni	4.000 g	⌀ 21 mm
20 Heller	1915–1918	Fe	3.333 g	⌀ 21 mm
1 Krone	1892–1916	Ag 835/Cu 165	5.000 g	⌀ 23 mm
2 Kronen	1912–1913	Ag 835/Cu 165	10.000 g	⌀ 27 mm
5 Kronen	1900–1909	Ag 900/Cu 100	24.000 g	⌀ 36 mm
10 Kronen	1892–1912	Au 900/Cu 100	3.387 g	⌀ 19 mm
20 Kronen	1892–1924	Au 900/Cu 100	6.775 g	⌀ 21 mm
100 Kronen	1908–1924	Au 900/Cu 100	33.875 g	⌀ 37 mm
100 Kronen/1 Groschen	1923–1938	Cu 95/Sn 04/Zn 01	1.667 g	⌀ 17 mm
200 Kronen/2 Groschen	1924–1938	Cu 95/Sn 04/Zn 01	3.333 g	⌀ 19 mm
5 Groschen	1931–1938	Cu/Ni	3.000 g	⌀ 17 mm
1000 Kronen/10 Groschen	1924–1929	Cu/Ni	4.500 g	⌀ 22 mm
½ Schilling	1924–1926	Ag 640/Cu 360	3.000 g	⌀ 19 mm
50 Groschen	1934–1936	Cu/Ni	5.500 g	⌀ 24 mm
1 Schilling	1924	Ag 800/Cu 200	7.000 g	⌀ 26 mm
1 Schilling	1925–1932	Ag 640/Cu 360	6.000 g	⌀ 25 mm
1 Schilling	1934–1935	Cu/Ni	7.000 g	⌀ 26 mm
2 Schilling	1928–1937	Ag 640/Cu 360	12.000 g	⌀ 29 mm
5 Schilling	1934–1936	Ag 835/Cu 165	15.000 g	⌀ 31 mm

25 Schilling	1926–1938	Au 900/Cu 100	5.881 g	⌀ 21 mm
100 Schilling	1926–1938	Au 900/Cu 100	23.523 g	⌀ 33 mm
1 Groschen	1947	Zn	1.800 g	⌀ 17 mm
2 Groschen	1950–1994	Al 985/Mg 015	0.900 g	⌀ 18 mm
5 Groschen	1948–1994	Zn	2.500 g	⌀ 19 mm
10 Groschen	1947–1949	Zn	3.500 g	⌀ 21 mm
10 Groschen	1951–2001	Al 985/Mg 015	1.100 g	⌀ 20 mm
20 Groschen	1950–1954	Cu 915/Al 085	4.500 g	⌀ 22 mm
50 Groschen	1946–1955	Al 985/Mg 015	1.400 g	⌀ 22 mm
50 Groschen	1959–2001	Cu 915/Al 085	3.000 g	⌀ 19.5 mm
1 Schilling	1946–1957	Al 985/Mg 015	2.000 g	⌀ 25 mm
1 Schilling	1959–2001	Cu 915/Al 085	4.200 g	⌀ 22.5 mm
2 Schilling	1946–1952	Al 985/Mg 015	2.800 g	⌀ 28 mm
5 Schilling	1952–1957	Al 985/Mg 015	4.000 g	⌀ 31 mm
5 Schilling	1960–1968	Ag 640/Cu 360	5.200 g	⌀ 23.5 mm
5 Schilling	1968–2001	Cu 75/Ni 25	4.800 g	⌀ 23.5 mm
10 Schilling	1957–1973	Ag 640/Cu 360	7.500 g	⌀ 27 mm
10 Schilling	1974–2001	Magnimat®	6.200 g	⌀ 26 mm
20 Schilling	1980–2001	Cu/Al/Ni	8.000 g	⌀ 27.7 mm
25 Schilling	1955–1973	Ag 800/Cu 200	13.000 g	⌀ 30 mm
50 Schilling	1959–1973	Ag 900/Cu 100	20.000 g	⌀ 34 mm
50 Schilling	1974–1978	Ag 640/Cu 360	20.000 g	⌀ 34 mm
50 Schilling	1996–2001	Duplex	8.500 g	⌀ 26.5 mm
100 Schilling	1974–1979	Ag 640/Cu 360	24.000 g	⌀ 36 mm
500 Schilling	1980–1982	Ag 640/Cu 360	24.000 g	⌀ 38 mm
500 Schilling	1983–2001	Ag 925/Cu 075	24.000 g	⌀ 37 mm
1000 Schilling	1976–2001	Au 900/Cu 100	13.500 g	⌀ 27 mm

Sondergedenkmünzen

100 Schilling	1991–2001	Ag 900/Cu 100	20.000 g	⌀ 34 mm
100 Schilling	2000–2001	{ Ag 900/Cu 100 Ti	10.000 g 3.750 g }	⌀ 34 mm
200 Schilling	1995	Ag 925/Cu 075	33.625 g	⌀ 40 mm
500 Schilling	1991–1996	Au 986/Cu 014	8.113 g	⌀ 22 mm
500 Schilling	1997–1999	Au 995/Cu 005	8.040 g	⌀ 22 mm
500 Schilling	2000–2001	Au 986/Cu 014	10.142 g	⌀ 22 mm
500 Schilling	1995	{ Ag 900/Cu 100 Au 986/Cu 014	5.220 g 8.113 g }	⌀ 30 mm
1000 Schilling	1991–2001	Au 986/Cu 014	16.227 g	⌀ 30 mm
1000 Schilling	1997–1999	Au 995/Cu 005	16.080 g	⌀ 30 mm
1000 Schilling	1994	{ Ag 900/Cu 100 Au 986/Cu 014	24.000 g 13.000 g }	⌀ 40 mm
1000 Schilling	1995	Au 9167/Cu 0430/Ag 0403	16.965 g	⌀ 28 mm

Goldbarrenmünzen

200 Schilling	1991–2001	Au 9999	3.110 g	⌀ 16 mm
500 Schilling	1989–2001	Au 9999	7.776 g	⌀ 22 mm
1000 Schilling	1994–2001	Au 9999	15.552 g	⌀ 30 mm
2000 Schilling	1989–2001	Au 9999	31.103 g	⌀ 37 mm

Kaiserreich

FRANZ JOSEPH I. 1848–1916

Frühere Ausgaben siehe im Weltmünzkatalog 19. Jahrhundert.

				SS	VZ
1	[344]	1	Dukat (G) 1872–1915. Franz Joseph I. (1830–1916), belorbeertes Kopfbild nach rechts. Rs. Doppeladler. 986⅙er Gold, 3.4909 g:		
			1872–1902, 1904, 1906–1914	140,—	200,—
			1903 (380 014 Ex.)	185,—	300,—
			1905 (391 538 Ex.)	185,—	300,—
			1915 (laufende amtliche Neuprägungen)		*MW+ 10 %*
			1951 (Fehlprägung)		400,—

Die Jahrgänge 1914 und 1915 wurden in Belgrad bis 1931 mit dem Feingehaltsstempel »Schwert« punziert.

2	[345]	4	Dukaten (G) 1872–1915. Typ wie Nr. 1, jedoch belorbeertes Brustbild. 986⅙er Gold, 13.9636 g:		
			1872–1914	700,—	800,—
			1915 (laufende amtliche Neuprägungen)		*MW+8 %*

Die Jahrgänge 1914 und 1915 wurden in Belgrad bis 1931 mit dem Feingehaltsstempel »Schwert« punziert.

3 [372] 1 Heller (Bro) 1892~1916. Doppeladler mit dreifeldigem Brustschild. Rs. Wertangabe:

		SS	**VZ**	**ST**
1892	(wenige Ex.)	400,—	650,—	1000,—
1893	(29 022 000 Ex.)	2,—	8,—	18,—
1894	(30 120 000 Ex.)	3,—	8,—	20,—
1895	(49 515 000 Ex.)	2,—	6,—	18,—
1896	(15 600 000 Ex.)	8,—	15,—	40,—
1897	(12 465 000 Ex.)	10,—	20,—	50,—
1898	(6 780 000 Ex.)	30,—	65,—	120,—
1899	(1 901 000 Ex.)	50,—	110,—	230,—
1900	(26 981 000 Ex.)	2,—	8,—	15,—
1901	(52 096 000 Ex.)	1,—	3,—	6,—
1902	(20 553 000 Ex.)	2,—	6,—	12,—
1903	(13 779 000 Ex.)	3,—	8,—	15,—
1909	(12 668 000 Ex.)	1,—	4,—	8,—
1910	(21 941 000 Ex.)	1,—	4,—	8,—
1911	(18 387 000 Ex.)	1,—	2,—	5,—
1912	(27 053 000 Ex.)	1,—	2,—	5,—
1913	(8 782 000 Ex.)	1,—	2,—	5,—
1914	(9 906 000 Ex.)	1,—	2,—	5,—
1915	(5 673 000 Ex.)	1,—	2,—	5,—
1916	(in Nr. 26 enthalten)	2,—	5,—	10,—

4 [373] 2 Heller (Bro) 1892–1915. Typ wie Nr. 3:

1892	(260 000 Ex.)	300,—	550,—	950,—
1893	(41 507 000 Ex.)	2,—	8,—	15,—
1894	(78 036 000 Ex.)	2,—	5,—	12,—
1895	(25 610 000 Ex.)	4,—	10,—	18,—
1896	(43 080 000 Ex.)	2,—	5,—	12,—
1897	(98 055 000 Ex.)	1,—	4,—	11,—
1898	(10 720 000 Ex.)	5,—	15,—	35,—
1899	(42 734 000 Ex.)	2,—	4,—	10,—
1900	(7 942 000 Ex.)	3,—	10,—	30,—
1901	(12 157 000 Ex.)	15,—	35,—	60,—
1902	(18 760 000 Ex.)	2,—	8,—	15,
1903	(26 983 000 Ex.)	3,—	10,—	20,—
1904	(12 863 000 Ex.)	2,—	8,—	15,—
1905	(6 679 000 Ex.)	5,—	15,—	40,—
1906	(20 104 000 Ex.)	3,—	10,—	20,—
1907	(23 804 000 Ex.)	1,—	2,—	6,—
1908	(21 984 000 Ex.)	1,—	2,—	6,—
1909	(25 975 000 Ex.)	1,—	2,—	6,—
1910	(28 406 000 Ex.)	3,—	8,—	16,—

	SS	VZ	ST
1911 (50 007 058 Ex.)	1,—	3,—	6,—
1912 (74 234 000 Ex.)	1,—	2,—	5,—
1913 (27 432 000 Ex.)	2,—	6,—	18,—
1914 (60 674 000 Ex.)	1,—	2,—	5,—
1915 (7 871 000 Ex.)	1,—	2,—	6,—

5 [374] 10 Heller (N) 1892~1911. Rs. Wert in Kartusche:

1892 (wenige Ex.)	850,—	1500,—	2200,—
1893 (43 524 000 Ex.)	2,—	6,—	12,—
1894 (45 558 000 Ex.)	2,—	4,—	10,—
1895 (79 918 000 Ex.)	2,—	8,—	20,—
1907 (8 662 000 Ex.)	2,—	10,—	20,—
1908 (7 772 000 Ex.)	3,—	10,—	20,—
1909 (20 462 000 Ex.)	1,—	2,—	6,—
1910 (10 164 000 Ex.)	1,—	2,—	4,—
1911 (3 634 000 Ex.)	6,—	15,—	30,—

6 [375] 20 Heller (N) 1892~1914. Typ wie Nr. 5:

1892 (1 500 000 Ex.)	70,—	125,—	260,—
1893 (41 457 000 Ex.)	4,—	8,—	20,—
1894 (50 116 000 Ex.)	3,—	7,—	15,—
1895 (32 927 000 Ex.)	4,—	8,—	15,—
1907 (7 650 000 Ex.)	5,—	15,—	35,—
1908 (7 469 000 Ex.)	5,—	15,—	35,—
1909 (7 590 000 Ex.)	8,—	20,—	50,—
1911 (19 560 000 Ex.)	2,—	5,—	12,—
1914 (2 342 000 Ex.)	20,—	40,—	90,—

7 [376] 1 Krone (S) 1892–1907. Franz Joseph I. (1830–1916), belorbeertes Kopfbild nach rechts. Rs. Gekrönte Wertzahl zwischen Lorbeerzweigen:

		SS	VZ	ST
1892	(235 000 Ex.)	250,—	600,—	1200,—
1893	(50 124 000 Ex.)	9,—	18,—	35,—
1894	(28 002 500 Ex.)	10,—	20,—	40,—
1895	(15 115 000 Ex.)	10,—	28,—	75,—
1896	(3 068 000 Ex.)	28,—	65,—	150,—
1897	(2 142 000 Ex.)	65,—	160,—	300,—
1898	(5 855 000 Ex.)	10,—	30,—	65,—
1899	(11 820 000 Ex.)	6,—	15,—	30,—
1900	(3 068 000 Ex.)	10,—	18,—	45,—
1901	(10 387 000 Ex.)	6,—	15,—	30,—
1902	(2 947 000 Ex.)	10,—	20,—	60,—
1903	(2 198 000 Ex.)	12,—	22,—	55,—
1904	(993 000 Ex.)	22,—	60,—	100,—
1905	(505 000 Ex.)	35,—	85,—	180,—
1906	(164 500 Ex.)	340,—	600,—	900,—
1907	(244 000 Ex.)	185,—	320,—	650,—

8 [377] 5 Kronen (S) 1900, 1907. Rs. Doppeladler, von fünf Kaiserkronen und Lorbeerzweigen umgeben:

1900	(8 961 416 Ex.)	20,—	50,—	135,—
1907	(1 539 200 Ex.)	25,—	65,—	180,—

9 [378] 10 Kronen (G) 1892~1906. Rs. Doppeladler:

1892	(wenige Ex.)			*6000,—*
1893	(Existenz?)			—
1896	(210 734 Ex.)	100,—	135,—	200,—
1897	(1 803 270 Ex.)	80,—	110,—	140,—
1905	(1 933 230 Ex.)	80,—	110,—	140,—
1906	(1 081 161 Ex.)	80,—	110,—	140,—

			S	SS	VZ
10 [379]	20 Kronen (G) 1892–1905. Typ wie Nr. 9:				
	1892	(652 909 Ex.)	150,—	175,—	260,—
	1893	(7 872 023 Ex.)	140,—	165,—	220,—
	1894	(6 713 890 Ex.)	140,—	165,—	220,—
	1895	(2 265 926 Ex.)	140,—	165,—	240,—
	1896	(6 867 570 Ex.)	140,—	165,—	220,—
	1897	(5 132 829 Ex.)	140,—	165,—	220,—
	1898	(1 873 789 Ex.)	140,—	165,—	220,—
	1899	(98 408 Ex.)	200,—	300,—	450,—
	1900	(26 537 Ex.)	600,—	900,—	1200,—
	1901	(48 677 Ex.)	550,—	800,—	1100,—
	1902	(440 751 Ex.)	200,—	250,—	300,—
	1903	(322 679 Ex.)	200,—	250,—	300,—
	1904	(494 356 Ex.)	200,—	250,—	300,—
	1905	(146 097 Ex.)	220,—	270,—	320,—

60. JAHRESTAG DER THRONBESTEIGUNG (5)

11 [396] 1 Krone (S) 1908. Franz Joseph I., Kopfbild nach rechts. Rs. Gekröntes Monogramm, Jahreszahlen 1848–1908 (4 784 992 Ex.)   3,—   9,—   20,—

			S	SS	VZ
12	[397]	5 Kronen (S) 1908. Rs. Eilende Ruhmesgestalt, Jahreszahlen 1848–1908 (3 941 600 Ex.)	18,—	35,—	100,—

| 13 | [398] | 10 Kronen (G) 1908. Rs. Doppeladler, seitlich Jahreszahlen 1848–1908 (654 022 Ex.) | 90,— | 120,— | 150,— |

| 14 | [399] | 20 Kronen (G) 1908. Rs. Doppeladler, oben bogig Jahreszahlen 1848–1908 (188 346 Ex.) | 285,— | 420,— | 500,— |

| 15 | [400] | 100 Kronen (G) 1908. Rs. Lagernde Ruhmesgestalt auf Wolken mit Lorbeerkranz und Wappenschild (16 026 Ex.)
Pol. Platte 5000,— | 1200,— | 1700,— | 2500,— |
| 16 | [380] | 5 Kronen (S) 1909. Typ wie Nr. 8, jedoch Kopfbild ohne Lorbeer (1 708 800 Ex.) | 25,— | 45,— | 150,— |

			S	**SS**	**VZ**
17	[381]	10 Kronen (G) 1909. Schmales Kopfbild ohne Lorbeer (2 319 872 Ex.)	75,—	100,—	140,—

18	[382]	20 Kronen (G) 1909. Typ wie Nr. 17 (227 754 Ex.)	1000,—	1700,—	2500,—

19 [383] 1 Krone (S) 1912–1916. Franz Joseph I., Kopfbild nach rechts, Signatur. Rs. Gekrönte Wertzahl zwischen Lorbeerzweigen:

		1912 (8 457 000 Ex.)	4,—	10,—	20,—
		1913 (9 345 000 Ex.)	3,—	7,—	12,—
		1914 (37 897 000 Ex.)	3,—	6,—	10,—
		1915 (23 000 134 Ex.)	3,—	6,—	10,—
		1916 (12 415 404 Ex.)	3,—	6,—	10,—
19P		1 Krone (Al) 1916. Materialprobe			250,—

			S	SS	VZ
20 [384]	2 Kronen (S) 1912, 1913. Rs. Doppeladler, Wertangabe:				
	1912	(10 244 500 Ex.)	5,—	10,—	18,—
	1913	(7 256 002 Ex.)	6,—	14,—	22,—
20P	2 Kronen (Al) 1913. Materialprobe				500,—
21 [385]	5 Kronen (S) 1909. Typ wie Nr. 16, jedoch schmales Kopfbild und »St. Schwartz« am Halsabschnitt (1 775 787 Ex.)		20,—	35,—	110,—

22 [386]	10 Kronen (G) 1909–1912. »St. Schwartz«:				
	1909	(192 135 Ex.)		100,—	160,—
	1910	(1 005 387 Ex.)		80,—	110,—
	1911	(1 285 667 Ex.)		80,—	110,—
	1912 (laufende amtliche Neuprägungen)				*MW+ 10 %*

23 [387]	20 Kronen (G) 1909–1916. Typ wie Nr. 22:				
	1909	(102 404 Ex.)	1500,—	2400,—	3800,—
	1910	(386 031 Ex.)	365,—	480,—	650,—
	1911	(59 313 Ex.)	600,—	800,—	1200,—
	1912	(4 460 Ex.)	700,—	1100,—	1600,—
	1913	(28 058 Ex.)	950,—	1600,—	2000,—
	1914	(82 104 Ex.)	480,—	700,—	1100,—
	1915 (laufende amtliche Neuprägungen)				*MW+ 5 %*
	1916 (in Nr. 28 enthalten)			*8000,—*	*11 000,—*

				S	**SS**	**VZ**

24 [388] 100 Kronen (G) 1909–1915. Rs. ähnlich wie Nr. 22:

			S	SS	VZ
1909	(3 203 Ex.)		850,—	1500,—	2000,—
1910	(3 074 Ex.)		850,—	1500,—	2000,—
1911	(11 165 Ex.)		850,—	1250,—	1800,—
1912	(3 591 Ex.)		850,—	1500,—	2300,—
1913	(2 696 Ex.)		850,—	1550,—	2400,—
1914	(1 195 Ex.)			2000,—	3000,—
1915 (laufende amtliche Neuprägungen)					*MW+ 2 %*

Die amtlichen Neuprägungen der Nrn. 22–24 lassen sich von den Originalen desselben Jahrgangs kaum unterscheiden.

25 [389] 10 Heller (K-N-Zk) 1915, 1916. Doppeladler. Rs. Wert im Kranz:

1915	(18 366 000 Ex.)	—,70	2,—
1916	(27 487 000 Ex.)	—,50	2,—

26 [390] 1 Heller (K) 1916. Typ wie Nr. 3, jedoch Doppeladler jetzt mit Bindenschild (12 484 000 Ex.*)   8,—   15,—   30,—

* einschließlich Nr. 3 von 1916.

26P   1 Heller (E) 1916. Materialprobe   400,—

27 [391] 10 Heller (K-N-Zk) 1916. Typ wie Nr. 25, jedoch Doppeladler jetzt mit Bindenschild (14 804 000 Ex.)   1,50   4,—

27P   10 Heller (Al) 1916. Materialprobe   400,—

			S	**SS**	**VZ**
28	[392]	20 Kronen (G) 1916. Typ wie Nr. 23, jedoch Doppeladler jetzt mit Bindenschild (71 763 Ex.*)	950,—	1500,—	1800,—

* einschließlich Nr. 23 von 1916.

29	[393]	2 Heller (E) 1916. Doppeladler mit Bindenschild. Rs. Wert, von Lorbeerzweigen umgeben (61 909 000 Ex.)	1,—	2,50	8,—

In gleicher Zeichnung: Nr. 31.

30	[394]	20 Heller (E) 1915, 1916. Doppeladler. Rs. Wert im Kranz:			
		1915 (wenige Ex.)			*950,—*
		1916 (130 770 000 Ex.)	—,50	2,—	4,—

In gleicher Zeichnung: Nr. 32.

KARL I. 1916–1918

31	[393]	2 Heller (E) 1917, 1918. Typ wie Nr. 29:			
		1917 (81 186 000 Ex.)	1,—	2,—	3,50
		1918 (66 353 000 Ex.)	—,75	1,50	2,50

				S	**SS**	**VZ**
32	[394]	20	Heller (E) 1917, 1918. Typ wie Nr. 30:			
			1917 (127 420 000 Ex.)	—,50	2,—	4,—
			1918 (48 985 000 Ex.)	—,50	1,—	2,—
32P		20	Heller (Al) 1918. Materialprobe			400,—

				ST
33	[418]	20	Kronen (G) 1918. Karl I. (1887–1922), Kopfbild nach rechts. Rs. Doppeladler mit Bindenschild. Randschrift »Omnia cum populo meo«. 900er Gold, 6.775 g (2000 Ex.*)	—,—

* Von Nr. 33 existiert nur mehr 1 Exemplar, das sich im Münzkabinett des Kunsthistorischen Museums in Wien befindet. Alle übrigen Stücke wurden eingeschmolzen.

REPUBLIK ÖSTERREICH

Bundesländer

Burgenland   Kärnten   Nieder- österreich   Oberösterreich   Salzburg

Steiermark   Tirol   Vorarlberg   Wien

ERSTE REPUBLIK 1918–1938

34 [419] 100 Kronen (Bro) 1923, 1924. Adlerkopf.   **S**   **SS**   **VZ**
Rs. Wert und Eichenblätter:
1923 (6 403 680 Ex.)   8,—   25,—   50,—
1924 (42 898 820 Ex.)   1,—   2,—   3,—

35 [420] 200 Kronen (Bro) 1924. Krückenkreuz.
Rs. Wert (57 160 000 Ex.)   1,—   2,50   5,—

Nrn. 34 und 35 blieben ab 1925 als 1 und 2 Groschen im Umlauf und waren vom 23. April 1938 bis 28. Februar 1942 auch in ganz Deutschland als 1 und 2 Reichspfennig gültig.

36 [421] 1000 Kronen (K–N) 1924. Tirolerin. Rs. Wert im Kranz (72 353 000 Ex.)

	S	SS	VZ
	2,—	5,—	12,—

37 [422] 20 Kronen (G) 1923, 1924. Gekrönter Adler mit Landeswappenschild auf der Brust und Symbolen des Bauern- und Arbeiterstandes in den Fängen, am 8. 5. 1919 eingeführt. Rs. Wert im Kranz:
1923 (6 988 Ex.)   1500,—   2400,—   3000,—
1924 (10 337 Ex.)   1500,—   2200,—   2800,—

38 [423] 100 Kronen (G) 1923, 1924. Typ wie Nr. 37:

	S	SS	VZ	PP
1923 (617 Ex.)	2500,—	4000,—	5500,—	7500,—
1924 (2851 Ex.)	2400,—	3500,—	4500,—	

WÄHRUNGSREFORM 1. Januar 1925: 10 000 Kronen = 1 Schilling
NEUE WÄHRUNG: 100 Groschen = 1 Schilling

				S	SS	VZ
39	[424]	1 Groschen (Bro) 1925–1938. Adlerkopf. Rs. Wert:				
		1925	(30 465 000 Ex.)	—,70	2,—	5,—
		1926	(15 487 000 Ex.)	—,50	1,—	3,—
		1927	(9 318 000 Ex.)	—,70	2,—	4,—
		1928	(17 189 000 Ex.)	—,50	1,—	2,—
		1929	(11 400 000 Ex.)	—,50	1,—	3,—
		1930	(8 893 000 Ex.)	1,—	3,—	8,—
		1931	(971 000 Ex.)	25,—	60,—	150,—
		1932	(3 041 000 Ex.)	6,—	20,—	50,—
		1933	(3 940 000 Ex.)	4,—	12,—	20,—
		1934	(4 232 000 Ex.)	1,50	4,—	10,—
		1935	(3 741 000 Ex.)	2,—	5,—	11,—
		1936	(6 027 000 Ex.)	1,—	3,—	8,—
		1937	(5 830 000 Ex.)	1,—	3,—	8,—
		1938	(1 652 000 Ex.)	5,—	16,—	35,—

40	[425]	2 Groschen (Bro) 1925~1938. Krückenkreuz. Rs. Wert:				
		1925	(29 892 000 Ex.)	—,70	2,—	5,—
		1926	(17 782 000 Ex.)	—,70	2,—	5,—
		1927	(7 757 000 Ex.)	2,—	5,—	12,—
		1928	(19 478 000 Ex.)	—,30	1,—	2,—
		1929	(16 184 000 Ex.)	—,30	1,—	2,50
		1930	(5 708 000 Ex.)	2,—	5,—	10,
		1934	(812 000 Ex.)	10,—	32,—	60,—
		1935	(3 148 000 Ex.)	2,—	6,—	12,—
		1936	(4 412 000 Ex.)	—,70	2,—	4,—
		1937	(3 791 000 Ex.)	—,70	2,—	5,—
		1938	(864 000 Ex.)	8,—	18,—	35,—

Nrn. 39 und 40 waren vom 23. April 1938 bis 28. Februar 1942 auch in ganz Deutschland als 1 und 2 Reichspfennig gültig.

41 [426]	5 Groschen (K–N) 1931~1938. Typ wie Nr. 40:	**S**	**SS**	**VZ**
	1931 (16 631 000 Ex.)	—,70	2,—	6,—
	1932 (4 701 000 Ex.)	1,—	3,—	10,—
	1934 (3 210 000 Ex.)	2,—	6,—	15,—
	1936 (1 240 000 Ex.)	8,—	16,—	35,—
	1937 (1 548 000 Ex.)	50,—	90,—	185,—
	1938 (876 000 Ex.)	170,—	400,—	950,—

42 [427]	10 Groschen (K–N) 1925~1929. Tirolerin. Rs. Wert im Kranz:			
	1925 (66 199 000 Ex.)	1,—	3,—	4,—
	1928 (11 468 000 Ex.)	8,—	20,—	50,—
	1929 (12 020 000 Ex.)	2,—	5,—	10,—

43 [428]	½ Schilling (S) 1924–1926. Wappen. Rs. Wert:			
	1924 (wenige Ex.)			*3000,—*
	1925 (18 370 000 Ex.)	1,—	6,—	10,—
	1926 (12 370 000 Ex.)	5,—	15,—	40,—

44 [429] 1 Schilling (S) 1924~1932. Wien: Parlamentsgebäude. Rs. Bindenschild auf Zweigen, Wert:

			S	**SS**	**VZ**
	a) 1924. 800er Silber, 7 g, ⌀ 26 mm (11 086 000 Ex.)		5,—	10,—	18,—
	b) 1925. 640er Silber, 6 g, ⌀ 25 mm (38 209 000 Ex.)		3,—	6,—	12,—
	c) 1926. 640er Silber, 6 g, ⌀ 25 mm (20 157 000 Ex.)		4,—	10,—	20,—
	d) 1932. 640er Silber, 6 g, ⌀ 25 mm (700 000 Ex.)		110,—	170,—	300,—

44P   1   Schilling (S) 1924, Motivprobe, Inschrift »Schilling« zwischen Bindenschild und Eichenzweig   1800,—

45 [436]   25 Schilling (G) 1926~1934. Gekrönter Adler mit Bindenschild auf der Brust und Symbolen des Bauern- und Arbeiterstandes in den Fängen. Rs. Wert und Lorbeerzweige:

1926	(276 705 Ex.)	150,—	200,—	260,—
1927	(72 572 Ex.)	160,—	260,—	300,—
1928	(134 041 Ex.)	150,—	220,—	270,—
1929	(243 269 Ex.)	150,—	220,—	260,—
1930	(129 595 Ex.)	165,—	250,—	300,—
1931	(160 003 Ex.)	150,—	240,—	270,—
1933	(4 944 Ex.)	1250,—	1850,—	2800,—
1934	(9 383 Ex.)	800,—	950,—	1400,—

45P   25 Schilling (S) 1929, 1934. Materialproben   —,—

46 [437]   100 Schilling (G) 1926~1934. Rs. ähnlich wie Nr. 45:

1926	(63 795 Ex.)	500,—	680,—	900,—
1927	(68 746 Ex.)	500,—	680,—	900,—

			S	**SS**	**VZ**
	1928	(40 188 Ex.)	550,—	850,—	1000,—
	1929	(74 628 Ex.)	500,—	700,—	900,—
	1930	(24 849 Ex.)	550,—	800,—	1100,—
	1931	(101 935 Ex.)	480,—	650,—	900,—
	1933	(4 727 Ex.)	1500,—	2300,—	3200,—
	1934	(9 383 Ex.)	650,—	900,—	1300,—
46P1	100	Schilling (S) 1927, 1930. Materialproben			—,—
46P2	100	Schilling (K) 1931, Materialprobe			—,—

100. TODESTAG VON FRANZ SCHUBERT

47 [430] 2 Schilling (S) 1928. Wertangabe im Wappenkranz: Wappen der neun Bundesländer, überragt vom Bindenschild. Rs. Franz Schubert (1797–1828), Komponist (siehe auch Nrn. 137 und 235) (6 900 000 Ex.)

SS	VZ	ST	PP
12,—	25,—	45,—	800,—

100. GEBURTSTAG VON THEODOR BILLROTH

48 [431] 2 Schilling (S) 1929. Rs. Prof. Dr. Theodor Billroth (1829–1894), Chirurg (2 000 000 Ex.)

25,—	45,—	75,—	—,—

700. TODESTAG VON WALTHER VON DER VOGELWEIDE

		SS	VZ	ST	PP
49 [432]	2 Schilling (S) 1930. Rs. Walther von der Vogelweide (um 1170–1230), Minnesänger (500 000 Ex.)	15,—	25,—	45,—	250,—

Zum gleichen Anlaß (in gleicher Bildseitenzeichnung): Deutsches Reich Nr. 67.
Zum 750. Todestag: Bundesrepublik Deutschland Nr. 151.

175. GEBURTSTAG VON WOLFGANG AMADEUS MOZART

50 [433]	2 Schilling (S) 1931. Rs. Wolfgang Amadeus Mozart (1756–1791), Komponist (500 000 Ex.)	45,—	70,—	90,—	600,—

Weitere Münzausgaben auf Wolfgang Amadeus Mozart:
Nrn. 74, 193–196, 283.

200. GEBURTSTAG VON JOSEPH HAYDN

| 51 [434] | 2 Schilling (S) 1932. Rs. Joseph Haydn (1732–1809), Komponist (siehe auch Nr. 154) (300 000 Ex.) | **SS** 150,— | **VZ** 220,— | **ST** 300,— | **PP** 950,— |

Zum 250. Geburtstag: Nr. 154.

1. TODESTAG VON IGNAZ SEIPEL

| 52 [435] | 2 Schilling (S) 1933. Rs. Ignaz Seipel (1876–1932), Bundeskanzler 1922–1924 und 1926–1929 (400 000 Ex.) | 60,— | 100,— | 150,— | 700,— |

| 53 [438] | 50 Groschen (K–N) 1934. Nimbierter doppelköpfiger Adler mit Landeswappenschild, ohne Symbole in den Fängen, am 1. 5. 1934 eingeführt, Jahreszahl. Rs. Wert im Quadrat (»Nachtschilling«) (8 224 822 Ex.) | **S** 40,— | **SS** 100,— | **VZ** 175,— |

54 [440] 50 Groschen (K–N) 1935, 1936. Doppelköpfiger Adler wie Nr. 53, von Landesnamen umgeben. Rs. Wert:

	S	**SS**	**VZ**
1935 (11 435 000 Ex.)	4,—	8,—	15,—
1936 (1 000 000 Ex.)	50,—	130,—	230,—

55 [439] 1 Schilling (K–N) 1934, 1935. Vs. wie Nr. 53. Rs. Wert und Ähren:

1934 (30 641 000 Ex.)	2,—	6,—	12,—
1935 (11 987 000 Ex.)	8,—	28,—	50,—

56 [445] 5 Schilling (S) 1934–1936. Rs. Madonna von Mariazell:

1934 (3 066 000 Ex.)	25,—	65,—	100,—
1935 (5 377 000 Ex.)	25,—	55,—	100,—
1936 (1 557 000 Ex.)	80,—	160,—	250,—

57 [446] 25 Schilling (G) 1935–1938. Rs. Leopold III. der Heilige, Markgraf von Österreich 1096–1136, mit Kirchenmodell:

1935 (2 880 Ex.)	950,—	1200,—	1500,—
1936 (7 267 Ex.)	900,—	1100,—	1400,—
1937 (7 665 Ex.)	900,—	1100,—	1400,—
1938 (1 357 Ex.)		*12 500,—*	*25 000,—*

Österreich/1. Republik

* *Der Jahrgang 1938 wurde bis auf wenige Exemplare wieder eingeschmolzen.*

			S	**SS**	**VZ**
57P1	25 Schilling (G) 1935. Motivprobe, mit Signatur »J. Prinz«				—,—
57P2	25 Schilling (S) 1935. Materialprobe				—,—

58 [447] 100 Schilling (G) 1935–1938. Rs. Madonna von Mariazell:

1935	(951 Ex.)	4000,—	4500,—	6000,—
1936	(12 417 Ex.)	1800,—	2500,—	3000,—
1937	(2 936 Ex.)	2200,—	2800,—	4000,—
1938	(1 433 Ex.)		*17 000,—*	*24 000,—*

Der Jahrgang 1938 wurde bis auf wenige Exemplare wieder eingeschmolzen.

58P 100 Schilling (G) 1935. Motivprobe, mit Signatur »J. Prinz« —,—

ZUM TODE VON ENGELBERT DOLLFUSS

			SS	**VZ**	**ST**	**PP**
59	[441]	2 Schilling (S) 1934. Rs. Engelbert Dollfuß (1892–1934), Bundeskanzler 1932–1934 (1 500 000 Ex.)	25,—	40,—	75,—	500,—

25. TODESTAG VON KARL LUEGER

60 [442] 2 Schilling (S) 1935. Rs. Dr. Karl Lueger (1844 bis 1910), Politiker, kommunalpolitischer Reformer (500 000 Ex.)

SS	VZ	ST	PP
40,—	60,—	90,—	500,—

200. TODESTAG VON PRINZ EUGEN VON SAVOYEN

61 [443] 2 Schilling (S) 1936. Rs. Prinz Eugen von Savoyen (1663–1736), kaiserlicher Generalfeldmarschall (500 000 Ex.)   25,—   40,—   65,—   450,—

Weitere Münzausgaben auf Prinz Eugen: Nrn. 86, 173.

200. JAHRESTAG DER VOLLENDUNG DER KARLSKIRCHE ZU WIEN

62 [444]	2 Schilling (S) 1937. Rs. Wien: Karlskirche, erbaut von Johann Bernhard Fischer von Erlach (1656–1723), vollendet 1737 von seinem Sohn Joseph Emanuel (500 000 Ex.)	**SS** 25,—	**VZ** 40,—	**ST** 65,—	**PP** 350,—

WÄHRUNGSUMSTELLUNG 18. März 1938: 1½ Schilling = 1 Reichsmark
NEUE WÄHRUNG: 100 Reichspfennig = 1 Reichsmark

Prägungen der Münzstätte Wien von 1938 bis 1944 siehe im Katalogteil Deutschland.

ZWEITE REPUBLIK SEIT 1945

WÄHRUNGSUMSTELLUNG 21. Dezember 1945: 1 Reichsmark = 1 Schilling <ATS>
NEUE WÄHRUNG: 100 Groschen = 1 Schilling

63 [448]	1 Groschen (Zink) 1947. Staatswappen, am 1. 5. 1945 eingeführt. Rs. Wert, Jahr (*m* bis 1980)	**VZ** —,50	**ST** 2,—

Spiegelglanz (Erstabschlag?) 200,—

Zum Kurswert von 1 Groschen blieben auch die Münzen zu 1 Reichspfennig (Deutschland Nrn. 91 und 96) nach 1945 in Österreich gültig.

64 [449]	2 Groschen (Al) 1950 ~ 1994. Staatswappen. Rs. Wert, Jahr:	**ST**	**PP**
	1950 (21 652 000 Ex.)	3,—	55,—
	1951 (7 377 000 Ex.)	5,—	
	1952 (37 851 000 Ex.)	2,—	60,—
	1954 (46 167 000 Ex.)	2,—	90,—
	1957 (26 923 000 Ex.)	2,—	90,—
	1962 (6 692 000 Ex.)	2,—	52,—
	1964 (173 000 Ex.) (nur PP)		18,—
	1965 (14 475 000 Ex.)	1,—	8,—

			ST	**PP**
1966	(7 454 000 Ex.)		1,—	15,—
1967	(13 000 Ex.)	(nur PP)		220,—
1968	(1 825 000 Ex.)		2,—	18,—
1969	(57 000 Ex.)	(nur PP)		15,—
1970	(260 000 Ex.)	(nur PP)		5,—
1971	(145 000 Ex.)	(nur PP)		6,—
1972	(2 895 000 Ex.)		—,50	3,—
1973	(6 032 000 Ex.)		—,50	3,—
1974	(1 480 000 Ex.)		—,30	3,—
1975	(1 148 000 Ex.)		—,30	2,—
1976	(2 800 000 Ex.)		—,30	2,—
1977	(1 884 000 Ex.)		—,30	2,—
1978	(1 571 000 Ex.)		—,30	2,—
1979	(2 478 000 Ex.)		—,30	2,—
1980	(1 941 000 Ex.)		—,30	25,—
1981	(999 000 Ex.)		—,30	25,—
1982	(4 000 000 Ex.)		—,20	8,—
1983	(2 730 000 Ex.)		—,20	5,—
1984	(565 000 Ex.)		2,—	5,—
1985	(1 109 000 Ex.)		—,20	12,—
1986	(1 840 000 Ex.)		—,20	28,—
1987	(1 000 000 Ex.)		—,20	8,—
1988	(1 100 000 Ex.)		—,20	5,—
1989	(980 000 Ex.)		—,20	5,—
1990	(35 000 Ex.)	(nur PP)		50,—
1991	(27 000 Ex.)	(nur PP)		12,—
1992	(25 000 Ex.)	(nur ST/H)	—,—	
1993	(28 000 Ex.)	(nur ST/H)	—,—	
1994	(25 000 Ex.)	(nur ST/H)	—,—	

Nr. 64 von 1968 auch als einseitige Probe vorkommend.

65 [450] 5 Groschen (Zink) 1948 ~ 1994. Typ wie Nr. 63:

1948	(17 269 000 Ex.)	20,—	
1950	(19 426 431 Ex.)	10,—	*350,—*
1951	(12 454 569 Ex.)	10,—	60,—
1953	(14 931 000 Ex.)	6,—	
1955	(12 288 000 Ex.)	6,—	
1957	(26 809 000 Ex.)	6,—	90,—
1961	(3 429 000 Ex.)	10,—	55,—
1962	(5 999 000 Ex.)	5,—	90,—
1963	(13 293 000 Ex.)	5,—	65,—
1964	(4 659 000 Ex.)	3,—	8,—
1965	(13 704 000 Ex.)	1,—	7,—
1966	(9 348 000 Ex.)	—,50	15,—

			ST	PP
1967	(4 404 000 Ex.)		—,50	25,—
1968	(31 434 000 Ex.)		—,50	15,—
1969	(44 000 Ex.)	(nur PP)		30,—
1970	(144 000 Ex.)	(nur PP)		6,—
1971	(125 000 Ex.)	(nur PP)		4,—
1972	(11 095 000 Ex.)		—,30	3,—
1973	(10 456 000 Ex.)		—,30	2,—
1974	(2 998 000 Ex.)		—,30	2,—
1975	(7 153 000 Ex.)		—,30	2,—
1976	(8 124 000 Ex.)		—,30	2,—
1977	(1 645 000 Ex.)		—,30	2,—
1978	(2 701 000 Ex.)		—,30	2,—
1979	(4 971 000 Ex.)		—,30	2,—
1980	(3 148 000 Ex.)		—,30	15,—
1981	(499 000 Ex.)		3,—	15,—
1982	(4 000 000 Ex.)		—,30	6,—
1983	(566 000 Ex.)		3,—	4,—
1984	(1 053 000 Ex.)		2,—	5,—
1985	(1 959 000 Ex.)		—,30	8,—
1986	(1 050 000 Ex.)		—,30	12,—
1987	(1 500 000 Ex.)		—,30	6,—
1988	(1 300 000 Ex.)		—,30	5,—
1989	(2 630 000 Ex.)		—,20	4,—
1990	(2 610 000 Ex.)		—,50	12,—
1991	(2 400 000 Ex.)		1,—	10,—
1992	(670 000 Ex.)		1,50	
1993	(28 000 Ex.)	(nur ST/H)	—,—	
1994	(25 000 Ex.)	(nur ST/H)	—,—	

66 [451] 10 Groschen (Zink) 1947–1949. Typ wie Nr. 63:

		VZ	ST	PP
1947	(6 844 580 Ex.)	20,—	50,—	135,—
1948	(66 205 000 Ex.)	3,—	12,—	120,—
1949	(51 202 000 Ex.)	3,—	12,—	130,—

Ungültig ab 1951.

67 [452] 10 Groschen (Al) 1951 ~ 2000. Staatswappen, von Wertzahlen flankiert. Rs. Wert, Jahr:

Jahr		VZ	ST	PP
1951	(9 573 000 Ex.)	3,—	15,—	175,—
1952	(45 911 400 Ex.)		6,—	80,—
1953	(22 577 600 Ex.)		6,—	340,—
1955	(51 707 000 Ex.)		6,—	55,—
1957	(33 509 000 Ex.)		6,—	360,—
1959	(80 719 000 Ex.)		6,—	85,—
1961	(11 283 000 Ex.)		15,—	
1962	(24 635 000 Ex.)		3,—	80,—
1963	(38 062 000 Ex.)		3,—	85,—
1964	(34 928 000 Ex.)		1,—	3,—
1965	(40 615 000 Ex.)		—,80	3,—
1966	(24 991 000 Ex.)		—,80	12,—
1967	(32 553 000 Ex.)		—,50	25,—
1968	(42 412 000 Ex.)		—,30	15,—
1969	(19 980 000 Ex.)		—,50	10,—
1970	(37 100 000 Ex.)		—,30	2,—
1971	(57 532 000 Ex.)		—,30	2,—
1972	(75 742 000 Ex.)		—,30	2,—
1973	(60 341 000 Ex.)		—,30	2,—
1974	(56 002 000 Ex.)		—,30	2,—
1975	(60 625 000 Ex.)		—,30	2,—
1976	(39 401 000 Ex.)		—,30	2,—
1977	(53 654 000 Ex.)		—,30	2,—
1978	(57 900 000 Ex.)		—,30	2,—
1979	(103 730 000 Ex.)		—,30	2,—
1980	(79 896 000 Ex.)		—,30	8,—
1981	(92 317 000 Ex.)		—,30	8,—
1982	(100 000 000 Ex.)		—,20	4,—
1983	(93 833 000 Ex.)		—,20	4,—
1984	(86 668 000 Ex.)		—,20	4,—
1985	(86 349 000 Ex.)		—,20	4,—
1986	(108 954 000 Ex.)		—,20	4,—
1987	(114 100 000 Ex.)		—,20	3,—
1988	(114 500 000 Ex.)		—,20	2,—
1989	(127 810 000 Ex.)		—,20	2,—
1990	(182 050 000 Ex.)		—,20	2,—
1991	(145 000 000 Ex.)		—,20	2,—
1992	(120 000 000 Ex.)		—,20	
1993	(120 028 000 Ex.)		—,20	
1994	(110 025 000 Ex.)		—,20	
1995	(110 027 000 Ex.)		—,20	
1996	(100 025 000 Ex.)		—,20	
1997	(80 025 000 Ex.)		—,20	
1998	(35 025 000 Ex.)		—,20	
1999			—,—	
2000			—,—	
2001			—,—	

68 [453] 20 Groschen (Al-Bro) 1950 ~ 1954:

		VZ	**ST**	**PP**
1950	(1 619 000 Ex.)	10,—	25,—	85,—
1951	(7 781 000 Ex.)	4,—	11,—	75,—
1954	(5 343 000 Ex.)	5,—	11,—	500,—

Ungültig ab 1959.

69 [454] 50 Groschen (Al) 1946 ~ 1955:

1946	(13 058 000 Ex.)	2,—	15,—	*500,—*
1947	(26 990 000 Ex.)	1,—	7,—	55,—
1952	(7 455 000 Ex.)	6,—	18,—	110,—
1955	(10 543 000 Ex.)	3,—	9,—	125,—

Ungültig ab 1961.

70 [455] 1 Schilling (Al) 1946 ~ 1957. Rs. Säender Landmann:

1946	(27 336 000 Ex.)	6,—	35,—	*850,—*
1947	(35 838 000 Ex.)	2,—	9,—	80,—
1952	(23 331 000 Ex.)	3,—	11,—	110,—
1957	(28 649 000 Ex.)	5,—	15,—	265,—

Ungültig ab 1961.

70P 1 Schilling (K-N) 1947. Materialprobe —,—

71 [456]	2 Schilling (Al) 1946~1952. Rs. Weintrauben und Ähren:	**VZ**	**ST**	**PP**
	1946 (10 082 000 Ex.)	8,—	45,—	*1800,—*
	1947 (20 140 000 Ex.)	8,—	35,—	90,—
	1952 (148 500 Ex.)	265,—	750,—	1600,—
	Ungültig ab 1957			

72 [457]	5 Schilling (Al) 1952, 1957:			
	1952 (29 872 600 Ex.)	9,—	30,—	80,—
	1957 (240 200 Ex.)	460,—	900,—	1500,—
	Ungültig ab 1961.			

WIEDERERÖFFNUNG DER BUNDESTHEATER

73 [458]	25 Schilling (S) 1955. Wertangabe im Wappenkranz der neun Bundesländer. Rs. Muse mit Maske und Lyra, der Vorhang wird geöffnet (1 500 000 Ex.)	**ST**	**PP**
		70,—	190,—

200. GEBURTSTAG VON WOLFGANG AMADEUS MOZART

74 [459] 25 Schilling (S) 1956. Rs. Denkmal auf Wolfgang Amadeus Mozart (1756–1791) im Burggarten in Wien (5 000 000 Ex.)   **ST** 16,—   **PP** 750,—

Weitere Münzausgaben auf Wolfgang Amadeus Mozart: Nrn. 50, 193–196, 283.

800 JAHRE MARIAZELL

75 [460] 25 Schilling (S) 1957. Rs. Basilika von Mariazell (5 000 000 Ex.)   16,—   650,—

76 [491] 50 Groschen (Al-Bro) 1959–2001. Bindenschild. Rs. Wert:

Jahr	Auflage	ST	PP
1959	(14 122 000 Ex.)	18,—	50,—
1960	(22 404 000 Ex.)	18,—	180,—
1961	(19 891 000 Ex.)	15,—	120,—
1962	(10 008 000 Ex.)	15,—	100,—
1963	(9 483 000 Ex.)	20,—	95,—
1964	(5 331 000 Ex.)	2,—	5,—
1965	(15 007 000 Ex.)	2,—	5,—
1966	(7 322 000 Ex.)	2,—	22,—

		ST	PP
1967	(8 237 000 Ex.)	1,—	30,—
1968	(7 757 000 Ex.)	1,—	18,—
1969	(7 096 000 Ex.)	1,—	15,—
1970	(3 123 000 Ex.)	1,—	5,—
1971	(14 301 000 Ex.)	—,50	2,—
1972	(17 447 000 Ex.)	—,30	2,—
1973	(17 992 000 Ex.)	—,30	2,—
1974	(15 928 000 Ex.)	—,30	2,—
1975	(7 775 000 Ex.)	—,50	2,—
1976	(11 194 000 Ex.)	—,30	2,—
1977	(7 302 000 Ex.)	—,50	2,—
1978	(12 450 000 Ex.)	—,30	2,—
1979	(16 395 000 Ex.)	—,30	2,—
1980	(29 932 000 Ex.)	—,30	8,—
1981	(13 042 000 Ex.)	—,30	8,—
1982	(10 000 000 Ex.)	—,30	3,—
1983	(15 247 000 Ex.)	—,20	3,—
1984	(20 807 000 Ex.)	—,20	3,—
1985	(15 699 000 Ex.)	—,20	5,—
1986	(17 058 000 Ex.)	—,20	4,—
1987	(7 300 000 Ex.)	—,20	3,—
1988	(16 300 000 Ex.)	—,20	3,—
1989	(17 380 000 Ex.)	—,20	3,—
1990	(29 650 000 Ex.)	—,20	3,—
1991	(44 990 000 Ex.)	—,20	3,—
1992	(20 000 000 Ex.)	—,20	
1993	(15 028 000 Ex.)	—,20	
1994	(10 025 000 Ex.)	—,20	
1995	(20 027 000 Ex.)	—,20	
1996	(15 025 000 Ex.)	—,20	
1997	(10 000 000 Ex.)	—,20	
1998		—,20	
1999		—,—	
2000		—,—	
2001		—,—	

77 [492]   1 Schilling (Al-Bro) 1959–2001. Wertangabe, Landesname. Rs. Edelweiß (Leontopodium alpinum – Compositae):

1959	(46 726 000 Ex.)	28,—	40,—
1960	(46 111 000 Ex.)	28,—	320,—
1961	(51 115 000 Ex.)	26,—	750,—

		ST	PP
1962	(9 303 000 Ex.)	30,—	130,—
1963	(24 845 000 Ex.)	25,—	85,—
1964	(11 709 000 Ex.)	12,—	30,—
1965	(23 925 000 Ex.)	6,—	25,—
1966	(18 688 000 Ex.)	5,—	25,—
1967	(22 214 000 Ex.)	5,—	25,—
1968	(30 877 000 Ex.)	5,—	22,—
1969	(9 183 000 Ex.)	4,—	12,—
1970	(10 779 000 Ex.)	1,—	5,—
1971	(28 056 000 Ex.)	—,50	4,—
1972	(54 655 000 Ex.)	—,50	2,—
1973	(41 422 000 Ex.)	—,50	2,—
1974	(43 789 000 Ex.)	—,50	2,—
1975	(14 038 000 Ex.)	—,50	2,—
1976	(28 792 000 Ex.)	—,30	2,—
1977	(19 628 000 Ex.)	—,30	2,—
1978	(35 675 000 Ex.)	—,30	2,—
1979	(64 846 000 Ex.)	—,30	2,—
1980	(49 903 000 Ex.)	—,30	10,—
1981	(37 551 000 Ex.)	—,30	10,—
1982	(30 000 000 Ex.)	—,30	4,—
1983	(38 251 000 Ex.)	—,30	3,—
1984	(31 956 000 Ex.)	—,30	3,—
1985	(49 199 000 Ex.)	—,30	3,—
1986	(57 620 000 Ex.)	—,30	3,—
1987	(44 200 000 Ex.)	—,30	3,—
1988	(51 600 000 Ex.)	—,30	3,—
1989	(62 850 000 Ex.)	—,30	3,—
1990	(103 710 000 Ex.)	—,30	3,—
1991	(117 700 000 Ex.)	—,30	3,—
1992	(55 000 000 Ex.)	—,30	
1993	(60 028 000 Ex.)	—,30	
1994	(50 025 000 Ex.)	—,30	
1995	(70 027 000 Ex.)	—,30	
1996	(65 025 000 Ex.)	—,30	
1997		—,30	
1998		—,30	
1999		—,—	
2000		—,—	
2001		—,—	

77P   1 Schilling (Al-Bro) 1959. Motivprobe, Bindenschild   —,—

78 [493] 5 Schilling (S) 1960–1968. Spanische Hofreitschule, Wien: Reiter in der Levade. Rs. Bindenschild und Wert:

	VZ	ST	PP
1960 (12 618 000 Ex.)	8,—	20,—	130,—
1961 (17 902 000 Ex.)	6,—	12,—	65,—
1962 (6 771 000 Ex.)	6,—	12,—	85,—
1963 (1 811 000 Ex.)	10,—	45,—	240,—
1964 (4 030 000 Ex.)	3,—	8,—	10,—
1965 (4 759 000 Ex.)	3,—	8,—	10,—
1966 (4 481 000 Ex.)	3,—	8,—	20,—
1967 (1 900 000 Ex.)	8,—	18,—	35,—
1968 (4 812 000 Ex.)	4,—	8,—	20,—

Ungültig ab 1969.

In gleicher Zeichnung: Nr. 98.

79 [494] 10 Schilling (S) 1957–1959, 1964–1973. Bindenschild. Rs. Kopf einer Wachauerin mit Goldhaube in Seitenansicht:

	VZ	ST	PP
1957 (15 635 500 Ex.)	8,—	25,—	140,—
1958 (27 280 000 Ex.)	8,—	25,—	1400,—
1959 (4 739 000 Ex.)	7,—	25,—	100,—
1964 (187 000 Ex.)	30,—	80,—	70,—
1965 (1 721 000 Ex.)		15,—	20,—
1966 (3 430 500 Ex.)		12,—	25,—
1967 (1 393 500 Ex.)		12,—	35,—
1968 (1 525 000 Ex.)		12,—	20,—
1969 (1 337 500 Ex.)		12,—	20,
1970 (4 583 000 Ex.)		8,—	12,—
1971 (7 400 500 Ex.)		8,—	12,—
1972 (14 285 500 Ex.)		8,—	10,—
1973 (14 639 000 Ex.)		8,—	10,—

Ungültig ab 1974.

In ähnlicher Zeichnung: Nr. 112.

100. GEBURTSTAG AUER VON WELSBACHS

				ST	PP
80	[461]	25	Schilling (S) 1958. Rs. Carl Freiherr Auer von Welsbach (1858–1929), Chemiker (5 000 000 Ex.)	16,—	2500,—

150. JAHRESTAG DES TIROLER FREIHEITSKÄMPFERS

81	[462]	50	Schilling (S) 1959. Tiroler Adler mit dem Ehrenkränzl, von den Wappen der übrigen acht Bundesländer umgeben. Rs. Andreas Hofer (1767 bis 1810), Führer des Aufstandes gegen die Besetzung Tirols (3 000 000 Ex.)	30,—	800,—

100. TODESTAG VON ERZHERZOG JOHANN

			ST	PP
82 [463]	25	Schilling (S) 1959. Der heraldische Panther der Steiermark zwischen den Wappen der übrigen Bundesländer. Rs. Erzherzog Johann (1782 bis 1859), Heerführer in den Franzosenkriegen, setzte sich für die kulturelle und wirtschaftliche Erschließung, vor allem der Steiermark, ein; Gründer des Joanneums in Graz (siehe auch Nr. 216) (1 900 000 Ex.)	18,—	580,—

40. JAHRESTAG DER VOLKSABSTIMMUNG IN KÄRNTEN

83 [464]	25	Schilling (S) 1960. Rs. Paar in Kärntner Volkstracht an der Wahlurne (1 600 000 Ex.)	20,—	650,—

40 JAHRE BURGENLAND

84 [465]	25	Schilling (S) 1961. Rs. Haydn-Kirche in Eisenstadt (1 400 000 Ex.)	35,—	420,—

ANTON BRUCKNER

				ST	**PP**
85	[466]	25 Schilling (S) 1962. Rs. Anton Bruckner (1824–1896), Komponist (2 400 000 Ex.)		18,—	450,—

300. GEBURTSTAG VON PRINZ EUGEN VON SAVOYEN

86 [467] 25 Schilling (S) 1963. Rs. Prinz Eugen von Savoyen (1663–1736), kaiserlicher Generalfeldmarschall (2 000 000 Ex.)   18,—   200,—

Weitere Münzausgaben auf Prinz Eugen: Nrn. 61, 173.

600 JAHRE TIROL BEI ÖSTERREICH

87 [468] 50 Schilling (S) 1963. Rs. Wappenschilde von Österreich und Tirol, durch Kette verbunden (3 000 000 Ex.)   25,—   265,—

IX. OLYMPISCHE WINTERSPIELE 1964 IN INNSBRUCK

			ST	**PP**
88	[469]	50 Schilling (S) 1964. Rs. Skispringer vor Berglandschaft, olympische Ringe (2 900 000 Ex.)	30,—	60,—

Olympiamünzen mit allen Proben und Varianten siehe Olympia-Weltmünzkatalog von Gerhard Schön.

FRANZ GRILLPARZER

89	[470]	25 Schilling (S) 1964. Wertangabe, vom Staatswappen überhöht und von den Wappen der neun Bundesländer umgeben. Rs. Franz Grillparzer (1791–1872), Dichter (1 700 000 Ex.)	18,—	25,—
89F		25 Schilling (S) 1964. Wertausgabe im Kreis von neun Wappen (wie Nr. 73). Rs. Franz Grillparzer (3660 Ex.)		800,—

Zum 200. Geburtstag von Franz Grillparzer: Nr. 192.

600 JAHRE UNIVERSITÄT WIEN

90	[471]	50 Schilling (S) 1965. Rs. Rudolf IV. der Stifter, Herzog von Österreich 1358–1365 (2 200 000 Ex.)	20,—	70,—

150 JAHRE TECHNISCHE HOCHSCHULE WIEN

				ST	**PP**
91	[472]	25	Schilling (S) 1965. Rs. Johann Joseph Ritter von Prechtl (1778–1854), Technologe, Direktor des Polytechnischen Instituts zu Wien, Kopfbild nach links (1 600 000 Ex.)	18,—	55,—

150 JAHRE ÖSTERREICHISCHE NATIONALBANK

92	[473]	50	Schilling (S) 1966. Rs. Wien: Gebäude der Nationalbank (1 800 000 Ex.)	20,—	140,—

130. TODESTAG VON FERDINAND RAIMUND

93	[474]	25	Schilling (S) 1966. Rs. Ferdinand Raimund (1790–1836), Dichter (1 400 000 Ex.)	16,—	140,—

94 [475] 25 Schilling (S) 1967. Rs. Maria Theresia (1717–1780), Erzherzogin von Österreich, Königin von Ungarn und Böhmen ab 1740, römische Kaiserin ab 1745 als Gemahlin von Franz Stephan (2 500 000 Ex.)

ST **PP**

15,— 70,—

Weitere Münzausgaben auf Maria Theresia: Nr. 145, 210.

95 [476] 50 Schilling (S) 1967. Rs. Johann Strauß jr. (1825–1899), Halbporträt des »Walzerkönigs«, nach Bronzestatue im Strauß-Denkmal (Marmorner Musenbogen), 1923 enthüllt im Wiener Stadtpark am Parkring, Bildhauer: Edmund Hellmer (3 000 000 Ex.) 20,— 140,—

Weitere Münzausgaben auf Johann Strauß jr.: Nrn. 117, 205, 250, 256.

50 JAHRE REPUBLIK ÖSTERREICH

96 [478] 50 Schilling (S) 1968. Rs. Wien: Parlamentsgebäude, erbaut von Theophil Hansen, dänischer Architekt; mit Pallas-Athene-Brunnen von Karl Kundmann (siehe auch Nr. 161) (1 700 000 Ex.)

ST **PP**

20,— 70,—

Mattierungsvariante »Beleuchtetes Parlament« (Säulenzwischenräume spiegelnd) PP 300,—

300. GEBURTSTAG VON LUKAS VON HILDEBRANDT (1668–1745)

97 [477] 25 Schilling (S) 1968. Rs. Wien: Hauptportal zum Schloß Belvedere mit Oberen-Belvedere-Garten (1 300 000 Ex.)   22,— 50,—

Weitere Münzausgaben mit Schloß Belvedere: Nrn. 144, 281.

98 [493a] 5 Schilling (K–N) 1968–2001. Typ wie Nr. 78, glatter Rand:

1968	(2 075 000 Ex.)	10,—	
1969	(41 243 000 Ex.)	2,—	12,—
1970	(15 863 000 Ex.)	2,—	8,—
1971	(21 506 000 Ex.)	2,—	5,—
1972	(5 505 000 Ex.)	1,—	4,—
1973	(8 346 000 Ex.)	1,—	4,—
1974	(18 032 000 Ex.)	1,—	4,—
1975	(6 898 000 Ex.)	1,—	4,—
1976	(1 502 000 Ex.)	5,—	10,—
1977	(6 467 000 Ex.)	1,—	4,—
1978	(9 950 000 Ex.)	1,—	4,—
1979	(11 651 000 Ex.)	1,—	4,—
1980	(14 946 000 Ex.)	1,—	8,—
1981	(13 886 000 Ex.)	1,—	8,—

		ST	PP
1982	(5 000 000 Ex.)	1,—	5,—
1983	(9 333 000 Ex.)	1,—	4,—
1984	(13 828 000 Ex.)	1,—	4,—
1985	(12 799 000 Ex.)	1,—	5,—
1986	(16 600 000 Ex.)	1,—	5,—
1987	(9 800 000 Ex.)	1,—	5,—
1988	(10 200 000 Ex.)	1,—	3,—
1989	(24 070 000 Ex.)	1,—	3,—
1990	(36 510 000 Ex.)	1,—	3,—
1991	(24 000 000 Ex.)	1,—	3,—
1992	(20 000 000 Ex.)	1,—	
1993	(20 028 000 Ex.)	1,—	
1994	(10 025 000 Ex.)	1,—	
1995	(20 027 000 Ex.)	1,—	
1996	(10 025 000 Ex.)	1,—	
1997	(10 025 000 Ex.)	1,—	
1998	(10 025 000 Ex.)	1,—	
1999		—,—	
2000		—,—	
2001		—,—	

450. TODESTAG VON KAISER MAXIMILIAN I.

99 [480] 50 Schilling (S) 1969. Rs. Maximilian I. (1459 bis 1519), Kaiser, reg. 1493–1519; Entwurf nach einer zeitgenössischen Medaille (2 100 000 Ex.)   20,—   50,—

PETER ROSEGGER

		ST	**PP**

100 [479] 25 Schilling (S) 1969. Rs. Peter Rosegger (1843–1918), volkstümlicher Dichter und Schriftsteller; eines seiner bekanntesten Werke: »Als ich noch ein Waldbauernbub war.« (1 400 000 Ex.)   15,—   40,—

100. GEBURTSTAG VON FRANZ LEHÁR

101 [481] 25 Schilling (S) 1970. Rs. Franz Lehár (1870–1948), Komponist, erfolgreicher Vertreter der Wiener Operette. Bekannteste Werke: Die lustige Witwe, Der Graf von Luxemburg, Zarewitsch, Land des Lächelns (1 800 000 Ex.)   15,—   20,—

300 JAHRE LEOPOLD-FRANZENS-UNIVERSITÄT IN INNSBRUCK

102 [482] 50 Schilling (S) 1970. Rs. Ältestes Siegel der Universität von 1673, dem Jahr der Fertigstellung aller vier Fakultäten (1669 Philosophie, 1671 Theologie und Jura, 1673 Medizin). In der Mitte der Namenspatron des Stifters Kaiser Leopolds I., der Babenberger Markgraf Leopold III. der Heilige. In dessen Rechten Modell des Stifts Klosterneuburg, in seiner Linken, halbeingerollt, das Fünf-Adler-Banner. Rechts von ihm Wappen mit Tiroler Adler, davor Buch mit Inschrift: LEVPOLDO FELICI, links von ihm der kaiserliche Doppeladler in der Kette des Goldenen Vlieses, überhöht mit Rudolfinischer Kaiserkrone. Hintergrund: Baldachin, darüber Taube, das Symbol des Heiligen Geistes (2 200 000 Ex.)   18,—   22,—

100. GEBURTSTAG VON KARL RENNER

			ST	PP
103 [483]	50 Schilling (S) 1970. Rs. Karl Renner (1870–1950), Bundespräsident 1945–1950 (2 500 000 Ex.)		18,—	22,—

200 JAHRE WIENER BÖRSE

104 [484] 25 Schilling (S) 1971. Rs. Börse in Wien (2 000 000 Ex.)   12,—   18,—

80. GEBURTSTAG VON JULIUS RAAB

105 [485] 50 Schilling (S) 1971. Rs. Julius Raab (1891–1964), Bundeskanzler 1953–1961 (2 500 000 Ex.)   18,—   22,—

350 JAHRE UNIVERSITÄT SALZBURG

			ST	PP
106 [487]	50	Schilling (S) 1972. Rs. Siegel der Universität Salzburg. Das Buchstabenpaar »PA« und »SF« weist auf den Gründer PARIS Lodron, Erzbischof (ARCHIEPISCOPUS), von Salzburg (SALZBURGENSIS FUNDATOR), hin. Die linke römische Zahl im Siegel bedeutet das Jahr der Gründung 1622, die rechte römische Zahl 1962 zeigt das Jahr der Wiedererrichtung an (3 000 000 Ex.)	18,—	22,—

50. TODESTAG VON CARL MICHAEL ZIEHRER

| **107** [486] | 25 | Schilling (S) 1972. Rs. Carl Michael Ziehrer (1843–1922), Operettenkomponist; komponierte auch Tänze und Märsche. Er hatte den kaiserlichen Titel eines »Hofballmusikdirektors« (2 100 000 Ex.) | 12,— | 18,— |

100 JAHRE HOCHSCHULE FÜR BODENKULTUR IN WIEN

108 [488]   50 Schilling (S) 1972. Rs. Gesamtansicht des Gebäudes der Hochschule. In die Umschrift sind Wappen hineinkomponiert, welche die Fakultäten »Landwirtschaft«, »Forst- und Holzwirtschaft«, »Kulturtechnik und Wasserwirtschaft« und »Lebensmittel- und Gärungstechnologie« versinnbildlichen (2 000 000 Ex.)   18,—   22,—

500 JAHRE BUMMERLHAUS IN STEYR

109 [489]   50 Schilling (S) 1973. Rs. Im gotischen Stil erbautes, ehemaliges Gasthaus, welches zum »Goldenen Löwen« benannt war. Da jedoch die über dem Eingang befindliche Löwenfigur sehr klein geraten war und eher einem kleinen Hund, welcher im Volksmund »Bummerl« genannt wurde, glich, hieß das Haus von alters her das »Bummerlhaus« (3 000 000 Ex.)   **ST**   **PP**

                                                                                                                    18,—   22,—

100. GEBURTSTAG VON MAX REINHARDT

110 [490] 25 Schilling (S) 1973. Rs. Max Reinhardt (1873 bis 1943), Regisseur und Theaterleiter (2 500 000 Ex.)

	ST	PP
	12,—	18,—

100. GEBURTSTAG VON THEODOR KÖRNER

111 [511] 50 Schilling (S) 1973. Rs. Theodor Körner (1873 bis 1957), Bundespräsident 1951–1957 (3 000 000 Ex.)   18,—   22,—

112   10 Schilling (N, K–N plattiert) 1974–2001. Bundeswappen, Landesname. Rs. Kopf einer Wachauerin mit Goldhaube, wie Nr. 79:

Jahr	Auflage		
1974	(59 952 500 Ex.)	3,—	10,—
1975	(16 918 500 Ex.)	3,—	10,—
1976	(13 503 500 Ex.)	3,—	10,—
1977	(3 848 000 Ex.)	3,—	4,—
1978	(6 856 000 Ex.)	2,—	4,—
1979	(11 746 000 Ex.)	2,—	4,—

		ST	PP
1980	(10 932 000 Ex.)	2,—	15,—
1981	(9 519 000 Ex.)	2,—	15,—
1982	(3 520 000 Ex.)	2,—	4,—
1983	(9 058 000 Ex.)	2,—	4,—
1984	(8 001 000 Ex.)	2,—	4,—
1985	(9 054 000 Ex.)	2,—	4,—
1986	(8 810 000 Ex.)	2,—	3,—
1987	(9 300 000 Ex.)	2,—	3,—
1988	(9 050 000 Ex.)	2,—	3,—
1989	(16 260 000 Ex.)	2,—	3,—
1990	(27 150 000 Ex.)	2,—	3,—
1991	(18 000 000 Ex.)	2,—	3,—
1992	(10 950 000 Ex.)	2,—	
1993	(12 528 000 Ex.)	2,—	
1994	(15 025 000 Ex.)	2,—	
1995	(12 527 000 Ex.)	2,—	
1996	(12 525 000 Ex.)	2,—	
1997	(11 025 000 Ex.)	2,—	
1998	(5 025 000 Ex.)	2,—	
1999		—,—	
2000		—,—	
2001		—,—	

WIENER INTERNATIONALE GARTENSCHAU 1974

113 50 Schilling (S) 1974. Rs. Freie Komposition mit pflanzlichen Formen (2 500 000 Ex.)   15,—   20,—

125 JAHRE GENDARMERIE IN OSTERREICH

		ST	PP
114	50 Schilling (S) 1974. Rs. Das eichenlaubumkränzte Bundeswappen als Emblem der Gendarmerie, darüber zwei flammende Handgranaten, die auf das Korpsabzeichen der Gendarmerie hinweisen (2 500 000 Ex.)	15,—	20,—

1200 JAHRE DOM ZU SALZBURG

115	50 Schilling (S) 1974. Rs. Die Bischöfe Rupert und Virgil mit dem Dommodell und das Landeswappen von Salzburg (2 500 000 Ex.)	15,—	20,—

50 JAHRE ÖSTERREICHISCHER RUNDFUNK

116	50 Schilling (S) 1974. Rs. Das vom ORF verwendete Zeichen, das sogenannte ORF-Auge, in welches die Ansicht eines Parabol-Radioteleskopes hineinkomponiert ist (2 500 000 Ex.)	15,—	20,—

150. GEBURTSTAG VON JOHANN STRAUSS JR.

			ST	PP
117	100	Schilling (S) 1975. Rs. Johann-Strauß-Denkmal im Wiener Stadtpark (2 855 000 Ex.)	20,—	25,—

Weitere Münzausgaben auf Johann Strauß jr.: Nrn. 95, 205, 250, 256.

20 JAHRE STAATSVERTRAG

118	100	Schilling (S) 1975. Rs. Vier Ringe, die von einem Rechteck, auf dem der runde Bindenschild und die Jahreszahl 1975 angebracht sind, durchdrungen werden. (Symbolisch für den Abschluß des Staatsvertrages mit den vier Signatarstaaten) (3 440 000 Ex.)	20,—	25,—

50 JAHRE SCHILLINGWÄHRUNG

Österreich/2. Republik

		ST	PP
119	100 Schilling (S) 1975. Rs. Kniende Figur, die in Haltung und Gestik einen Sämann symbolisiert. Der erhobene Kopf der Figur in Richtung Sonne, eine Hand weist auf das Wort »Jahre«, die andere auf das Wort »Schilling« hin; im Hintergrund von Bäumen begrenzte Ackerlandschaft (3 435 000 Ex.)	20,—	25,—

XII. OLYMPISCHE WINTERSPIELE IN INNSBRUCK 1976
(4. 2. bis 15. 2. 1976) (7)

120	100 Schilling (S) 1976. Rs. Emblem der Olympischen Winterspiele (*m* 1974) (3 200 000 Ex.)	25,—	30,—

121	100 Schilling (S) 1976. Rs. Innsbrucker Stadtturm mit einer Zeile charakteristischer Häuser der Altstadt. Mzst. Wien, Msz. Wappen der Bundeshauptstadt (2 950 000 Ex.)	25,—	35,—
122	100 Schilling (S) 1976. Typ wie Nr. 121. Mzst. Hall, Msz. Adler des Bundeslandes Tirol (2 915 000 Ex.)	25,—	35,—

			ST	PP
123	100	Schilling (S) 1976. Rs. Skirennläufer in ungewohnter künstlerischer Darstellung. Mzst. Wien, Msz. Wappen (2 825 000 Ex.)	25,—	35,—
124	100	Schilling (S) 1976. Typ wie Nr. 123. Mzst. Hall, Msz. Adler des Bundeslandes Tirol (2 815 000 Ex.)	25,—	35,—
125	100	Schilling (S) 1976. Berg-Isel-Schanze. Mzst. Wien, Msz. Wappen (2 815 000 Ex.)	25,—	35,—

126	100	Schilling (S) 1976. Typ wie Nr. 125. Mzst. Hall, Msz. Adler (2 790 000 Ex.)	25,—	35,—

Olympiamünzen mit allen Proben und Varianten siehe Olympia-Weltmünzkatalog von Gerhard Schön.

200 JAHRE BURGTHEATER IN WIEN

Österreich/2. Republik **387**

			ST	PP
127	100 Schilling (S) 1976. Rs. Ansicht des Burgtheaters, von Jubiläumszahlen und dem damaligen Staatswappen überhöht (1 850 000 Ex.)		20,—	25,—

1000 JAHRE KÄRNTEN

128   100 Schilling (S) 1976. Rs. Herzogstuhl und Kärntener Wappen (1 800 000 Ex.)   20,—   25,—

1000. JAHRESTAG DER BELEHNUNG DER BABENBERGER MIT DER OSTMARK DES HERZOGTUMS BAYERN

129   1000 Schilling (G) 1976. Rs. Reitersiegel Herzog Friedrichs II. 900er Gold, 13.5 g (1 800 000 Ex.)   350,—

Nr. 129 kommt aufgrund unterschiedlicher Oberflächenbehandlung bei der Herstellung in Farbvarianten vor. Alle Prägungen bestehen aus Gold 90 % und Kupfer 10 %.

Die Katalogpreise sind durchschnittliche Handelspreise in DM und als solche den täglichen Schwankungen des Marktes unterworfen.

175. GEBURTSTAG VON JOHANN NESTROY

			ST	**PP**
130		100 Schilling (S) 1976. Rs. Johann Nestroy (1801–1862), Schauspieler und Sänger (1 900 000 Ex.)	20,—	25,—

1200 JAHRE STIFT KREMSMÜNSTER

| **131** | 100 Schilling (S) 1977. Rs. Tassilokelch im Stift Kremsmünster (2 000 000 Ex.) | 20,— | 32,— |

900 JAHRE FESTUNG HOHENSALZBURG

		ST	**PP**
132	100 Schilling (S) 1977. Rs. Festung Hohensalzburg (2 000 000 Ex.)	20,—	30,—

500 JAHRE MÜNZSTÄTTE HALL IN TIROL

133 100 Schilling (S) 1977. Rs. Nachbildung des Probetalers von Weidenpusch aus der Zeit um 1480 (2 000 000 Ex.) 20,— 50,—

700 JAHRE STADT GMUNDEN

134 100 Schilling (S) 1978. Rs. Schloß Orth in Gmunden (2 000 000 Ex.) 20,— 25,—

700. JAHRESTAG DER SCHLACHT VON DÜRNKRUT UND JEDENSPEIGEN

		ST	PP
135	100 Schilling (S) 1978. Neun menschliche Figuren in radialer Anordnung, die Verbundenheit der österreichischen Bundesländer symbolisierend. Rs. Brustbild Rudolfs I., im Hintergrund Landschaft des Marchfeldes und Schlachtszene (1 800 000 Ex.)	20,—	30,—

1100 JAHRE VILLACH

136	100 Schilling (S) 1978. Rs. Stadtansicht von Villach mit dem Stadtsiegel und dem Wappen des Bundeslandes Kärnten (1 700 000 Ex.)	20,—	25,—

150. TODESTAG VON FRANZ SCHUBERT

137	50 Schilling (S) 1978. Rs. Franz Schubert (1797–1828), Komponist (siehe auch Nrn. 17 und 235) (2 000 000 Ex.)	15,—	20,—

Die Katalogpreise sind durchschnittliche Handelspreise in DM und als solche den täglichen Schwankungen des Marktes unterworfen.

ERÖFFNUNG DES ARLBERG-STRASSENTUNNELS

		ST	PP
138	100 Schilling (S) 1978. Rs. Stilisiertes Arlbergmassiv mit dem Straßentunnel in der Form zweier sich reichender Hände (2 000 000 Ex.)	20,—	25,—

700 JAHRE DOM ZU WIENER NEUSTADT

139	100 Schilling (S) 1979. Rs. Wiener Neustädter Dom, Gedenkinschrift, Jahreszahl (2 000 000 Ex.)	20,—	25,—
139P	100 Schilling (S) 1979. Motivprobe, Westwerk des Domes zwischen Wappenschilden	—,—	

200 JAHRE INNVIERTEL BEI ÖSTERREICH

140   100 Schilling (S) 1979. Rs. Innvierteler Vierseithof   **ST**   **PP**
            (2 000 000 Ex.)   20,—   25,—

ERÖFFNUNG DES INTERNATIONALEN ZENTRUMS WIEN (UNO-CITY)

141   100 Schilling (S) 1979. Rs. Gebäude für Organi-
            sationen der UNO (2 000 000 Ex.)   20,—   25,—

ERÖFFNUNG DES FESTSPIEL- UND KONGRESSHAUSES IN BREGENZ

142   100 Schilling (S) 1979. Rs. Festspiel- und Kon-
            greßhaus in Bregenz (1 735 000 Ex.)   20,—   25,—

1000 JAHRE STEYR

| 143 | 500 Schilling (S) 1980. Rs. Ansicht der mittelalterlichen Stadt Steyr mit der Styraburg (1 000 000 Ex.) | **ST/N** 80,— | **ST/H** 90,— | **PP** 110,— |

25 JAHRE STAATSVERTRAG

| 144 | 500 Schilling (S) 1980. Rs. Schloß Belvedere mit der zum Park gerichteten Front (1 000 000 Ex.) | 80,— | 90,— | 110,— |

Weitere Münzausgaben mit Schloß Belvedere: Nrn. 97, 281.

200. TODESTAG VON MARIA THERESIA

| 145 | 500 Schilling (S) 1980. Rs. Maria Theresia (1717–1780) (1 100 000 Ex.) | 80,— | 90,— | 110,— |

Weitere Münzausgaben auf Maria Theresia: Nrn. 94, 210.

100 JAHRE ÖSTERREICHISCHES ROTES KREUZ

146	500 Schilling (S) 1980. Rs. Henri Dunant (1828–1910), Gründer des Roten Kreuzes; Friedensnobelpreis 1901 (1 500 000 Ex.)	**ST/N** 80,—	**ST/H** 90,—	**PP** 110,—

147	20 Schilling (Al-N-Bro) 1980~1993. Neun Personen mit dem Bindenschild, die Bundesländer symbolisierend (vgl. Nr. 135). Rs. Wertangabe, Jahreszahl:	**VZ**	**ST**	**PP**
	a) Ornamentrand:			
	1980 (9 899 500 Ex.)	4,—	10,—	35,—
	1981 (499 500 Ex.)	6,—	18,—	50,—
	1991 (140 000 Ex.)	4,—	15,—	
	b) Rand glatt:			
	1992 (ST/N: 100 000 Ex., ST/H: 25 000 Ex.)	4,—	15,—	
	1993 (ST/N: 180 000 Ex., ST/H: 28 000 Ex.)	4,—	15,—	

800 JAHRE VERDUNER ALTAR IN KLOSTERNEUBURG

			ST/N	ST/H	PP
148	500	Schilling (S) 1981. Rs. Tafelbild des Verduner Altars, darstellend »Samson mit dem Löwen«, vor Altarhintergrund (1 150 000 Ex.)	80,—	90,—	110,—

100. GEBURTSTAG VON ANTON WILDGANS

| 149 | 500 | Schilling (S) 1981. Rs. Anton Wildgans (1881–1932), Schriftsteller (1 150 000 Ex.) | 80,— | 90,— | 110,— |

100. GEBURTSTAG VON OTTO BAUER

			ST/N	**ST/H**	**PP**
150	500	Schilling (S) 1981. Rs. Otto Bauer (1881–1938), führender Politiker der Sozialdemokratie (1 000 000 Ex.)	80,—	90,—	110,—

200 JAHRE TOLERANZPATENT

151	500	Schilling (S) 1981. Rs. Kreuz, in den Winkeln Jahreszahlen, Bibel und Kelch, symbolisch für das Toleranzpatent Josephs II. (1 000 000 Ex.)	80,—	90,—	110,—

1500. TODESTAG DES HL. SEVERIN

152	500	Schilling (S) 1982. Rs. Hl. Severin († 482) (1 000 000 Ex.)	80,—	90,—	110,—

500 JAHRE DRUCKHANDWERK IN ÖSTERREICH

| 153 | 500 Schilling (S) 1982. Rs. Alte Druckerpresse um 1500 (750 000 Ex.) | ST/N 80,— | ST/H 90,— | PP 110,— |

BUNDESLÄNDER – 1. AUSGABE
BURGENLAND
250. GEBURTSTAG VON JOSEPH HAYDN

154 20 Schilling (Al-N-Bro) 1982~1993. Rs. Joseph Haydn (1732–1809), Komponist:

		VZ	ST	PP
a) Ornamentrand:				
	1982 (3 140 000 Ex.)	4,—	6,—	20,—
	1991 (140 000 Ex.)	4,—	10,—	
b) Rand glatt:				
	1992 (100 000 Ex.)	4,—	12,—	
	1993 (180 000 Ex.)	4,—	10,—	

Zum 200. Geburtstag von Joseph Hayden: Nr. 51.

825 JAHRE MARIAZELL

		ST/N	ST/H	PP
155	500 Schilling (S) 1982. Rs. Magna Mater im Strahlenkranz, zu Füßen der Madonna Blumenspenden und Jahreszahl (750 000 Ex.)	80,—	90,—	110,—

80. GEBURTSTAG VON LEOPOLD FIGL

156	500 Schilling (S) 1982. Rs. Leopold Figl (1902–1965), Politiker, 1953–1959 österreichischer Außenminister (500 000 Ex.)	80,—	90,—	110,—

BUNDESLÄNDER – 2. AUSGABE
KÄRNTEN

157	20 Schilling (Al-N-Bro) 1983 ~ 1993. Rs. Burg Hochosterwitz in Kärnten, Sitz der Fürsten von Khevenhüller:	**VZ**	**ST**	**PP**
	a) Ornamentrand:			
	1983 (1 067 000 Ex.)	4,—	6,—	15,—
	1991 (140 000 Ex.)	4,—	10,—	
	b) Rand glatt:			
	1992 (100 000 Ex.)	4,—	12,—	
	1993 (180 000 Ex.)	4,—	10,—	

WELTCUP DER SPRINGREITER 1983 IN WIEN

158	500 Schilling (S) 1983. Rs. Springreiter (500 000 Ex.)	**ST/N** 80,—	**ST/H** 90,—	**PP** 110,—

100 JAHRE WIENER RATHAUS

159	500 Schilling (S) 1983. Rs. Wiener Rathaus mit einem Teil des Rathausparks (600 000 Ex.)	80,—	90,—	110,—

APOSTOLISCHE VISITE VON PAPST JOHANNES PAUL II.
ZUM ÖSTERREICHISCHEN KATHOLIKENTAG

		ST/N	ST/H	PP
160	500 Schilling (S) 1983. Rs. Papst Johannes Paul II. mit segnender Geste, hinter dem Papst das Zeichen des Katholikentages mit Jahreszahl »1983« (siehe auch Nr. 182) (800 000 Ex.)	80,—	90,—	110,—

100 JAHRE PARLAMENTSGEBÄUDE

161	500 Schilling (S) 1983. Rs. Parlamentsgebäude mit der Statue der Pallas Athene und der Auffahrtsrampe (siehe auch Nr. 96) (600 000 Ex.)	80,—	90,—	110,—

BUNDESLÄNDER – 3. AUSGABE
NIEDERÖSTERREICH

Österreich/2. Republik 401

162	20 Schilling (Al-N-Bro) 1984~1993. Rs. Nordfassade des Schlosses Grafenegg, Niederösterreich:	**VZ**	**ST**	**PP**
	a) Ornamentrand:			
	1984 (1 268 000 Ex.)	4,—	6,—	15,—
	1991 (140 000 Ex.)	4,—	10,—	
	b) Rand glatt:			
	1992 (100 000 Ex.)	4,—	12,—	
	1993 (180 000 Ex.)	4,—	10,—	

175. JAHRESTAG DES TIROLER FREIHEITSKAMPFES

163	500 Schilling (S) 1984. Rs. Andreas Hofer (1767–1810), Führer des Freiheitskampfes von 1809, in Tiroler Landestracht mit Fahne, nach dem Denkmal am Berg Isel (siehe auch Nr. 81) (600 000 Ex.)	**ST/N**	**ST/H**	**PP**
		80,—	90,—	110,—

100 JAHRE BODENSEESCHIFFAHRT

164	500 Schilling (S) 1984. Rs. Passagierschiff »Vorarlberg« (600 000 Ex.)	80,—	90,—	110,—

700 JAHRE STIFT STAMS IN TIROL

		ST/N	ST/H	PP
165	500 Schilling (S) 1984. Rs. Stift Stams, Tirol (600 000 Ex.)	80,—	90,—	110,—

100. TODESTAG VON FANNY ELSSLER

166	500 Schilling (S) 1984. Rs. Fanny Elßler (1810–1884), Tänzerin (600 000 Ex.)	80,—	90,—	110,—

BUNDESLÄNDER – 4. AUSGABE
OBERÖSTERREICH
200 JAHRE DIÖZESE LINZ

		VZ	ST	PP
167	20 Schilling (Al-N-Bro) 1985 ~ 1993. Rs. Auf einer Fensterrose des Linzer Doms das oberösterreichische Landeswappen und das Diözesanwappen:			
	a) Ornamentrand:			
	1985 (859 000 Ex.)	4,—	10,—	25,—
	1991 (140 000 Ex.)	4,—	10,—	
	b) Rand glatt:			
	1992 (100 000 Ex.)	4,—	12,—	
	1993 (180 000 Ex.)	4,—	10,—	

400 JAHRE KARL-FRANZENS-UNIVERSITÄT GRAZ

		ST/N	ST/H	PP
168	500 Schilling (S) 1985. Rs. Erzherzog Karl von Österreich, Brustbild des Gründers (600 000 Ex.)	80,—	90,—	110,—

40 JAHRE FRIEDEN IN ÖSTERREICH

| 169 | 500 Schilling (S) 1985. Rs. Weibliche Figur mit Mauerkrone und Palmzweig (500 000 Ex.) | 80,— | 90,— | 110,— |

2000 JAHRE BREGENZ

		ST/N	ST/H	PP
170	500 Schilling (S) 1985. Rs. Römischer Denar mit dem Kopfbild des Kaisers Tiberius und Bregenzer Stadtsiegel aus dem 16. Jh. (500 000 Ex.)	80,—	90,—	110,—

500. JAHRESTAG DER HEILIGSPRECHUNG VON MARKGRAF LEOPOLD III.

| 171 | 500 Schilling (S) 1985. Rs. Leopold III. »der Heilige«, Markgraf von Österreich 1096–1136, mit Kirchenmodell (500 000 Ex.) | 80,— | 90,— | 110,— |

BUNDESLÄNDER – 5. AUSGABE
STEIERMARK
800. JAHRESTAG DER GEORGENBERGER HANDFESTE

172 20 Schilling (Al-N-Bro) 1986~1993. Rs. Leopold V. »der Strenge«, Herzog von Österreich 1177–1194 aus der Dynastie der Babenberger, und Ottokar (Otakar) VIII., Herzog der Steiermark ab 1180, beim Abschluß der Georgenberger Handfeste zu Enns 1186:

	VZ	ST	PP
a) Ornamentrand:			
1986 (843 000 Ex.)	4,—	10,—	35,—
1991 (140 000 Ex.)	4,—	10,—	
b) Rand glatt:			
1992 (100 000 Ex.)	4,—	12,—	
1993 (180 000 Ex.)	4,—	10,—	

250. TODESTAG VON PRINZ EUGEN VON SAVOYEN

173 500 Schilling (S) 1986. Rs. Prinz Eugen von Savoyen (1663–1736), kaiserlicher Generalfeldmarschall (500 000 Ex.)

ST/N	ST/H	PP
80,—	90,—	110,—

Weitere Münzausgaben auf Prinz Eugen: Nrn. 61, 86.

500 JAHRE HALLER TALERMÜNZEN

174 500 Schilling (S) 1986. Rs. Ursprüngliche Talermünze mit der Gestalt des Erzherzogs (500 000 Ex.)   80,—   90,—   110,—

300 JAHRE STIFT ST. FLORIAN

| 175 | 500 Schilling (S) 1986. Rs. Ansicht der Stiftsanlage und Stiftswappen (400 000 Ex.) | ST/N 80,— | ST/H 90,— | PP 110,— |

3. FOLGETREFFEN DER KONFERENZ FÜR SICHERHEIT UND ZUSAMMENARBEIT IN EUROPA (KSZE) AB 1986 IN WIEN

| 176 | 500 Schilling (S) 1986. Rs. Landkarte Europas (400 000 Ex.) | 80,— | 90,— | 110,— |

BUNDESLÄNDER – 6. AUSGABE
SALZBURG
300. JAHRESTAG DES REGIERUNGSANTRITTS VON ERZBISCHOF JOHANN ERNST VON THUN UND HOHENSTEIN

177   20 Schilling (Al-N-Bro) 1987 ~ 1993. Rs. Das Wahlsiegel des Erzbischofs Johann Ernst von Thun und Hohenstein (1687–1709):

	VZ	ST	PP
a) Ornamentrand:			
1987 (550 000 Ex.)	4,—	8,—	25,—
1991 (140 000 Ex.)	4,—	10,—	
b) Rand glatt:			
1992 (100 000 Ex.)	4,—	12,—	
1993 (180 000 Ex.)	4,—	10,—	

400. JAHRESTAG DES REGIERUNGSANTRITTS DES SALZBURGER ERZBISCHOFS WOLF DIETRICH VON RAITENAU

178   500 Schilling (S) 1987. Rs. Wolf Dietrich von Raitenau (1559–1617), Erzbischof von Salzburg 1587–1612 (300 000 Ex.)

ST/N	ST/H	PP
80,—	90,—	110,—

150 JAHRE EISENBAHN IN ÖSTERREICH

		ST/N	ST/H	PP
179	500 Schilling (S) 1987. Rs. In Linien geführtes Bundesbahnemblem, in dessen oberer Hälfte eine moderne Elektrolokomotive und in der unteren Hälfte die erste Dampflokomotive »Austria« dargestellt ist (300 000 Ex.)	80,—	90,—	110,—

800 JAHRE STIFTSKIRCHE HEILIGENKREUZ

180	500 Schilling (S) 1987. Vorderansicht der romanischen Kirche des Stiftes mit der Dreifaltigkeitssäule und dem barocken Kirchturm (300 000 Ex.)	80,—	90,—	110,—

850 JAHRE BENEDIKTINERABTEI ST. GEORGENBERG-FIECHT

181	500 Schilling (S) 1988. Rs. Benediktinerabtei St. Georgenberg, in der unteren Hälfte das Stift Fiecht (300 000 Ex.)	80,—	90,—	110,—

APOSTOLISCHE VISITE VON PAPST JOHANNES PAUL II.
IN ÖSTERREICH

182	500 Schilling (S) 1988. Rs. Papst Johannes Paul II., Kopfbild mit festlicher Stola (siehe auch Nr. 160) (300 000 Ex.)	ST/N 80,—	ST/H 90,—	PP 110,—

100. JAHRESTAG DES EINIGUNGSPARTEITAGS
DER ÖSTERREICHISCHEN SOZIALDEMOKRATIE IN HAINFELD

183	500 Schilling (S) 1988. Rs. Victor Adler (300 000 Ex.)	80,—	90,—	110,—

BUNDESLÄNDER – 7. AUSGABE
TIROL
180. JAHRESTAG DES TIROLER FREIHEITSKAMPFES

		VZ	ST	PP
184	20 Schilling (Al-N-Bro) 1989 ~ 1993. Rs. Tiroler Adler mit dem »Ehrenkränzl«, nach den Vorderseiten der Tiroler Prägungen von 1809:			
	a) Ornamentrand:			
	1989 (280 000 Ex.)	4,—	10,—	20,—
	1991 (140 000 Ex.)	4,—	12,—	
	b) Rand glatt:			
	1992 (100 000 Ex.)	4,—	15,—	
	1993 (180 000 Ex.)	4,—	12,—	

GOLDBARRENMÜNZEN »WIENER PHILHARMONIKER« – 1. AUSGABE (4)

			ST/N
A185	200 Schilling (G) 1991–2001. Orgel aus dem »Goldenen Saal« des Wiener Musikvereinsgebäudes. Rs. Instrumente der Wiener Philharmoniker. 999.9er Gold, 3.11 g:		
	1991		*MW + 15 %*
	1992		*MW + 15 %*
	1993		*MW + 15 %*
	1994		*MW + 15 %*
	1995		*MW + 15 %*
	1996		*MW + 15 %*
	1997	(59 000 Ex.)	*MW + 15 %*
	1998		*MW + 15 %*
	1999		*MW + 15 %*
	2000		*MW + 15 %*
	2001		*MW + 15 %*
185	500 Schilling (G) 1989–2001. Typ wie Nr. A185. 999.9er Gold, 7.7759 g:		
	1989	(568 000 Ex.)	*MW + 11 %*
	1990	(162 000 Ex.)	*MW + 11 %*
	1991		*MW + 11 %*
	1992		*MW + 11 %*
	1993		*MW + 11 %*
	1994		*MW + 11 %*
	1995		*MW + 11 %*
	1996		*MW + 11 %*
	1997	(66 000 Ex.)	*MW + 11 %*
	1998		*MW + 11 %*
	1999		*MW + 11 %*
	2000		*MW + 11 %*
	2001		*MW + 11 %*
A186	1000 Schilling (G) 1994–2001. Typ wie Nr A185. 999.9er Gold, 15.55 g:		
	1994		*MW + 7 %*
	1995		*MW + 7 %*
	1996		*MW + 7 %*
	1997	(65 500 Ex.)	*MW + 7 %*
	1998		*MW + 7 %*
	1999		*MW + 7 %*

		ST/N
	2000	*MW + 7 %*
	2001	*MW + 7 %*

186 2000 Schilling (G) 1989–2001. Typ wie Nr. A185.
999.9er Gold, 31.1035 g:

1989	(468 000 Ex.)	*MW + 5 %*
1990	(485 000 Ex.)	*MW + 5 %*
1991		*MW + 5 %*
1992		*MW + 5 %*
1993		*MW + 5 %*
1994		*MW + 5 %*
1995		*MW + 5 %*
1996		*MW + 5 %*
1997	(381 000 Ex.)	*MW + 5 %*
1998		*MW + 5 %*
1999		*MW + 5 %*
2000		*MW + 5 %*
2001		*MW + 5 %*

In ähnlicher Zeichnung: Nrn. 285–288.

Seit 1989 wird die Herstellungsart »handgehoben« (Zweifachschlag, leicht mattiert, Spalte »ST/H«) von der Münze Österreich AG als »Stempelglanz« bezeichnet, im Gegensatz zur Normalprägung (Einfachschlag, Ausgabe [außer bei Gold] zum Nennwert, Spalte »ST/N«).

	ST/N	ST/H	PP
187 500 Schilling (S) 1989. Gustav Klimt (1862–1918), Maler und Zeichner, Vertreter des Wiener Jugendstils. Rs. »Judith«, Ausschnitt aus dem Gemälde »Judith mit dem Haupte des Holofernes« (1910) (ST/N: 185 200 Ex., ST/H: 53 000 Ex., PP: 88 000 Ex.)	85,—	105,—	115,—

	ST/N	ST/H	PP
188 500 Schilling (S) 1989. Koloman Moser (1868–1918), Gründungsmitglied der Wiener Werkstätte. Rs. »Die Kunst« in Form eines geflügelten weiblichen Genius, nach dem Entwurf für sein Glasfenster (1898) (ST/N: 180 200 Ex., ST/H: 52 000 Ex., PP: 83 200 Ex.)	85,—	105,—	115,—

	ST/N	ST/H	PP
189 500 Schilling (S) 1990. Egon Schiele (1890–1918), Maler, Vertreter des frühen Expressionismus, nach einer Photographie (1914) von Josef Anton Trčka. Rs. »Mutter mit zwei Kindern« (1915–1917) (ST/N: 199 800 Ex., ST/H: 46 600 Ex., PP: 81 800 Ex.)	85,—	105,—	115,—

Österreich/2. Republik

190	500 Schilling (S) 1990. Oskar Kokoschka (1886–1980), Vertreter des Expressionismus. Rs. »Die Baumwollpflückerin«, Plakatentwurf zur Kunstschau 1908 (ST/N: 201 900 Ex., ST/H: 45 200 Ex., PP: 81 000 Ex.)	**ST/N** 85,—	**ST/H** 105,—	**PP** 115,—

BUNDESLÄNDER – 8. AUSGABE
VORARLBERG

191	20 Schilling (Al-N-Bro) 1990–1993. Rs. Martins-Turm in Bregenz:	**VZ**	**ST**	**PP**
	a) Ornamentrand:			
	1990 (ST: 250 000 Ex., PP: 35 000 Ex.)	4,—	10,—	20,—
	1991 (140 000 Ex.)	4,—	12,—	
	b) Rand glatt:			
	1992 (100 000 Ex.)	4,—	20,—	
	1993 (180 000 Ex.)	4,—	12,—	

Die Katalogpreise sind durchschnittliche Handelspreise in DM und als solche den täglichen Schwankungen des Marktes unterworfen.

BUNDESLÄNDER – 9. AUSGABE
WIEN
200. GEBURSTAG VON FRANZ GRILLPARZER

192   20 Schilling (Al-N-Bro) 1991–1993. Rs. Franz Grillparzer (1791–1872) vor der Fassade des Burgtheaters in Wien:

	VZ	ST	PP
a) Ornamentrand:			
1991 (ST/N: 600 000 Ex., ST/H: 10 000 Ex., PP: 27 000 Ex.)	4,—	10,—	25,—
b) Rand glatt:			
1992 (100 000 Ex.)	4,—	12,—	
1993 (180 000 Ex.)	4,—	10,—	

Numisbrief mit Nr. 192 siehe am Schluß des Österreich-Teils.
Weitere Münzausgabe auf Franz Grillparzer: Nr. 89.

200. TODESTAG VON WOLFGANG AMADEUS MOZART (4)

193   100 Schilling (S) 1991. Der Dom zu Salzburg vor Bauwerken der Stadt und der Festung Hohensalzburg. Rs. Wolfgang Amadé am Spinett, von seinem Vater Leopold auf der Violine begleitet. Ausschnitt aus einem Klebebild von L. C. de Carmontel (1773). 900er Silber, 20 g (100 000 Ex.)   **PP**   100,—

194 100 Schilling (S) 1991. Altes Burgtheater in Wien vor Bauwerken der Stadt. Rs. Mozart mit Federkiel und Notenpapier beim Komponieren am Spinett (100 000 Ex.) **PP** 80,—

195 500 Schilling (G) 1991. Wolfgang Amadeus Mozart (1756–1791), nach dem Gemälde von Barbara Krafft. Rs. Don Giovanni beim Lautenspiel, aus der gleichnamigen Oper. 986⅙er Gold, 8.1136 g (50 000 Ex.) 550,—

196 1000 Schilling (G) 1991. Mozart nach der Silberstiftzeichnung von Dora Stock (1789), von Orgelpfeifen, Violine und Spinettastatur umgeben. Rs. Tamino, von Pamina begleitet, mit Hilfe der Zauberflöte die Feuerprobe im Prüfungstempel bestehend, aus der Oper »Die Zauberflöte«. 986er Gold, 16.2272 g (30 000 Ex.) 1100,—

Weitere Münzausgaben auf Wolfgang Amadeus Mozart: Nrn. 50, 74, 283.

BERÜHMTE DIRIGENTEN DER WIENER PHILHARMONIKER
1. AUSGABE

		ST/N	ST/H	PP
197	500 Schilling (S) 1991. Herbert von Karajan (1908–1989). Rs. Festspielhaus in Salzburg (ST/N: 200000 Ex., ST/H: 40000 Ex., PP: 74400 Ex.)	85,—	105,—	115,—

2. AUSGABE

| 198 | 500 Schilling (S) 1991. Karl Böhm (1894–1981). Rs. Opernhaus in Wien (ST/N: 200000 Ex., ST/H: 40000 Ex., PP: 71400 Ex.) | 85,— | 105,— | 115,— |

Die Katalogpreise sind durchschnittliche Handelspreise in DM und als solche den täglichen Schwankungen des Marktes unterworfen.

1000 JAHRE »OSTARRÎCHI« – 1. AUSGABE
700. TODESTAG VON RUDOLF I. VON HABSBURG

199   100 Schilling (S) 1991. Rudolf I. auf dem Königsthron, von seinen Söhnen Albrecht und Rudolf flankiert. Rs. König Rudolf I. mit Szepter und Reichsapfel, nach einem zeitgenössischen Relief. 900er Silber, 20 g (75 000 Ex.)   **PP**

300,—

1000 JAHRE »OSTARRÎCHI« – 2. AUSGABE

200   100 Schilling (S) 1992. Philipp I., der Schöne (1478–1506), Sohn Maximilians I., und seine Gemahlin Johanna von Kastilien, Ausspruch von Matthias I. Corvinus »Tu felix Austria nube« (Du, glückliches Österreich, heirate). Rs. Kaiser Maximilian I., Hüftbild mit Szepter und Schwert (75 000 Ex.)

150,—

BERÜHMTE DIRIGENTEN DER WIENER PHILHARMONIKER
3. AUSGABE

			ST/N	ST/H	PP
201		500 Schilling (S) 1992. Gustav Mahler (1860–1911). Rs. Muse mit Lyra vor dem Hintergrund stilisierter Notenlinien (ST/N: 200 000 Ex., ST/H: 37 000 Ex., PP: 64 000 Ex.)	85,—	105,—	115,—

BERÜHMTE DIRIGENTEN DER WIENER PHILHARMONIKER
4. AUSGABE

202		500 Schilling (S) 1992. Richard Strauss (1864–1949). Rs. Octavian bei der Übergabe der Rose an Sophie, Szene aus der Oper »Der Rosenkavalier« (ST/N: 200 000 Ex., ST/H: 36 000 Ex., PP: 62 900 Ex.)	85,—	105,—	115,—

150 JAHRE WIENER PHILHARMONIKER (3)

203	100 Schilling (S) 1992. Kärntnertortheater in Wien, nach einem Stich von 1825. Rs. Carl Otto Ehrenfried Nicolai (1810–1849), Gründer der Wiener Philharmoniker, nach einer Lithographie von 1842 (75 000 Ex.)	**PP** 75,—

204	500 Schilling (G) 1992. Innenansicht der Wiener Staatsoper mit Instrumenten im Orchestergraben. Rs. Signet und Instrumente der Wiener Philharmoniker (50 000 Ex.)	 400,—

205	1000 Schilling (G) 1992. Gebäude des Wiener Musikvereins, Sitz der Wiener Philharmoniker. Rs. Johann Strauß jr. beim Violinspiel auf einem Neujahrskonzert vor der blumengeschmückten Orgel im Goldenen Saal des Wiener Musikvereins (50 000 Ex.)	 800,—

Weitere Münzausgaben auf Johann Strauß jr.: Nrn. 95, 117, 250, 256.

1000 JAHRE »OSTARRÎCHI« – 3. AUSGABE

206 100 Schilling (S) 1992. Philipp II. (1527–1598) und Ferdinand I. (1503–1564). Rs. Karl V. (1500–1558), Erzherzog von Österreich, König von Spanien, römischer Kaiser (75 000 Ex.)

PP

80,—

1000 JAHRE »OSTARRÎCHI« – 4. AUSGABE

207 500 Schilling (G) 1993. Kunsthistorisches Museum in Wien. Rs. Kaiser Rudolf II., Erzherzog Ferdinand II. und Erzherzog Leopold Wilhelm. 986er Gold, 8.1136 g (50 000 Ex.)

850,—

1000 JAHRE »OSTARRÎCHI« – 5. AUSGABE

208	100 Schilling (S) 1993. Schlacht am Kahlenberg vor Wien gegen die Türken 1683. Rs. Kaiser Leopold I. (75 000 Ex.)		**PP** 70,—

ÖSTERREICH UND SEIN VOLK – 1. AUSGABE
SEENREGION

		ST/N	**ST/H**	**PP**
209	500 Schilling (S) 1993. Hallstatt. Rs. Fronleichnamsprozession auf dem See. 925er Silber, 24 g (ST/N: 180 000 Ex., ST/H: 40 000 Ex., PP: 60 000 Ex.)	85,—	105,—	115,—

1000 JAHRE »OSTARRÎCHI« – 6. AUSGABE

210	1000 Schilling (G) 1993. Schloß Schönbrunn in Wien mit Blick auf die Gloriette. Rs. Maria Theresia (1717–1780), nach einem Stich von Martin von Meytens. 986er Gold, 16.2272 g (50 000 Ex.)	**PP** 900,—

Zum 250. Geburtstag von Maria Theresia: Nr. 94.
Zum 200. Todestag: Nr. 145.

ÖSTERREICH UND SEIN VOLK – 2. AUSGABE
ALPENREGION

		ST/N	ST/H	PP
211	500 Schilling (S) 1993. Heiligenblut. Rs. Imster Schemenlauf (ST/N: 180 000 Ex., ST/H: 40 000 Ex., PP: 60 000 Ex.)	85,—	105,—	115,—

1000 JAHRE »OSTARRÎCHI« – 7. AUSGABE

		PP
212	500 Schilling (G) 1994. Clemens Wenzel Fürst von Metternich für Österreich, Lord Castlereagh für England, Fürst Rassumowsky für Rußland, Fürst von Hardenberg für Preußen und Herzog Talleyrand-Périgord für Frankreich beim Wiener Kongreß 1814–1815. Rs. Franz I. (1768–1835), Kaiser von Österreich 1804–1835 (50 000 Ex.)	450,—

800 JAHRE MÜNZSTÄTTE WIEN – 1. AUSGABE

| 213 | 20 Schilling (Al-N-Bro) 1994. Fassade des Hauptmünzamtes. Rs. Wert (ST/N: 2 000 000 Ex., ST/H: 37 000 Ex.) | **ST/N** 8,— | **ST/H** 40,— |

Numisbrief mit Nr. 213 siehe am Schluß des Österreich-Teils.

ÖSTERREICH UND SEIN VOLK – 3. AUSGABE
PANNONISCHE REGION

| 214 | 500 Schilling (S) 1994. Burgenländisches Bauernhaus in Apetlon am Neusiedler See, Maisfelder, Ziehbrunnen, Schilfgarben und Silberreiher. Rs. Volkstanzgruppe, flankiert von Maiskolben (ST/N: 160 000 Ex., ST/H: 30 000 Ex., PP: 60 000 Ex.) | **ST/N** 85,— | **ST/H** 105,— | **PP** 115,— |

800 JAHRE MÜNZSTÄTTE WIEN – 2. AUSGABE

| 215 | 1000 Schilling (S/G) 1994. Rs. Motiv eines Wiener Pfennigs unter Leopold VI., umgeben von der Entwicklung der Münztechnik im Verlauf der Zeit. Ring 900er Silber, 24 g / Zentrum 986er Gold, 13 g, gesamt 37 g (50 000 Ex.) | **PP** 700,— |

1000 JAHRE »OSTARRÎCHI« – 8. AUSGABE

| 216 | 100 Schilling (S) 1994. Revolutionsszene 1848. Rs. Erzherzog Johann (1782–1859), Heerführer, wurde am 29. Juni 1848 zum Reichsverweser über Deutschland gewählt (siehe auch Nr. 82) (75 000 Ex.) | **PP** 75,— |

ÖSTERREICH UND SEIN VOLK – 4. AUSGABE
FLUSSREGION

| 217 | 500 Schilling (S) 1994. Donaulandschaft mit Stift Melk und Schloß Schönbühel. Rs. Erntedankfest in historischen Trachten (ST/N: 160 000 Ex., ST/H: 30 000 Ex., PP: 60 000 Ex.) | **ST/N** 85,— | **ST/H** 105,— | **PP** 115,— |

1000 JAHRE »OSTARRÎCHI« – 9. AUSGABE

218   100 Schilling (S) 1994. Dampflokomotive und Donaudampfschiff vor Fabrikgebäuden im Zeitalter der Industrialisierung. Rs. Franz Joseph I. (1830–1916), Kaiser von Österreich 1848–1916 (75 000 Ex.)   **PP**

75,—

100 JAHRE OLYMPISCHE SPIELE DER NEUZEIT (3)

219   200 Schilling (S) 1995. Bindenschild, von zehn stilisierten Männern und Frauen umgeben. Rs. Slalomläufer Thomas Stangassinger. 925er Silber, 33.63 g (64 750 Ex.)

90,—

220	200 Schilling (S) 1995. Rs. Rhythmische Sportgymnastin, deren Band einen Violinschlüssel bildet, die Verbindung von Kunst, Musik und Sport symbolisierend (65 137 Ex.)	**PP** 90,—

221   1000 Schilling (G) 1995. Mitteltrakt des Parlamentsgebäudes, Bindenschild. Rs. Kopf des Zeus. 916⅔er Gold, 16.97 g (25 247 Ex.)   660,—

Olympiamünzen mit allen Proben und Varianten siehe Olympia Weltmünzkatalog von Gerhard Schön.

1000 JAHRE KREMS

222	20 Schilling (Al-N-Bro) 1995. Rs. Piaristenkirche, Steinertor und Pulverturm in Krems (ST/N: 2 000 000 Ex., ST/H: 27 000 Ex.)	**ST/N** 8,—	**ST/H** 20,—

ÖSTERREICH ALS NEUES MITGLIED DER EUROPÄISCHEN UNION

| 223 | 500 Schilling (G / S) 1995. Sternenband und Bindenschild in der Form der Buchstaben EU. Rs. Europabrücke und Wahrzeichen der neun Landeshauptstädte. Ring 986er Gold, 8.1136 g / Zentrum 900er Silber, 5.22 g (mit zwölf sternförmigen Löchern) (50 000 Ex.) | **PP** 400,— |

ÖSTERREICH UND SEIN VOLK – 5. AUSGABE
STEIRISCHES HÜGELLAND

| 224 | 500 Schilling (S) 1995. Kürbisse, Maisfelder und Reben, von klapperndem Windrad bewacht, im Hintergrund das ehemalige Kloster Schloß Stainz. Rs. Bäuerin beim Auslösen von Kürbiskernen, steirischer Volksmusikant mit Knopfharmonika (ST/N: 160 000 Ex., ST/H: 30 000 Ex., PP: 60 000 Ex.) | **ST/N** 85,— | **ST/H** 105,— | **PP** 115,— |

1000 JAHRE »OSTARRÎCHI« – 10. AUSGABE
ERSTE REPUBLIK

| 225 | 100 Schilling (S) 1995. Menschenmenge vor dem Parlamentsgebäude in Wien. Rs. Schillingmünze, Briefmarken und Embleme vor Bauwerken aus der Zeit der Ersten Republik (75 000 Ex.) | **PP** 75,— |

ÖSTERREICH UND SEIN VOLK – 6. AUSGABE
ALPENVORLAND

226	500 Schilling (S) 1995. Stadtansicht von Waidhofen an der Ybbs, Dreifaltigkeitskirche und Vierseithof zwischen Obstbaumallee, Feldern und Waldflächen vor Alpensilhouette. Rs. Forstwirt, einen mit Baumstämmen beladenen Schlitten über einen verschneiten Waldweg ins Tal lenkend (ST/N: 160 000 Ex., ST/H: 30 000 Ex., PP: 60 000 Ex.)	**ST/N** 85,—	**ST/H** 105,—	**PP** 115,—

1000 JAHRE »OSTARRÎCHI« – 11. AUSGABE
50 JAHRE ZWEITE REPUBLIK

227	1000 Schilling (G) 1995. Präsentation des Staatsvertrages auf dem Balkon von Schloß Belvédère. Rs. Mahnmal von Mauthausen, Wiederaufbau der Albertina, Signet der Salzburger Festspiele, Internationales Zentrum in Wien. 986er Gold, 16.2272 g (50 000 Ex.)	**PP** 700,—

1000 JAHRE »OSTARRÎCHI« – 12. AUSGABE

228	500	Schilling (G) 1996. Kaiser Friedrich I. »Barbarossa« mit seinem Gefolge beim Ritt durch Wien 1165. Rs. Heinrich II. »Jasomirgott« (um 1107–1177), Markgraf von Österreich ab 1141, nach dem Glasgemälde im Stift Heiligenkreuz, mit der Erhebungsurkunde der Mark Österreich zum Herzogtum 1156 (privilegium minus). 986er Gold, 8.1136 g (50 000 Ex.)	**PP** 450,—

100. TODESTAG VON ANTON BRUCKNER

229	20	Schilling (Al-N-Bro) 1996. Rs. Anton Bruckner (1824–1896), Komponist, Orgel der Stiftskirche Sankt Florian (ST/N: 1 500 000 Ex., ST/H: 35 000 Ex.)	**ST/N** 8,—	**ST/H** 25,—

Numisbrief mit Nr. 229 siehe am Schluß des Österreich-Teils.

ÖSTERREICH UND SEIN VOLK – 7. AUSGABE
MÜHLVIERTEL

230 500 Schilling (S) 1996. Flußlauf mit alter Mühle, im Hintergrund Schloß Weinberg und die Kirche von Kefermarkt. Rs. Flachsbrechen (ST/N: 160 000 Ex., ST/H: 30 000 Ex., PP: 60 000 Ex.)

ST/N	ST/H	PP
85,—	105,—	115,—

1000 JAHRE »OSTARRÎCHI« – 13. AUSGABE

231 100 Schilling (S) 1996. Rs. Leopold III. »der Heilige«, Markgraf von Österreich 1096–1136, mit Bindenschild (75 000 Ex.)

PP

80,—

1000 JAHRE »OSTARRÎCHI« – 14. AUSGABE

232 1000 Schilling (G) 1996. Schenkungsurkunde von Kaiser Otto III. tur Bischof Gottschalk von Freising mit der erstmaligen Erwähnung von »Ostarrîchi« (996) in freier Gestaltung mit Bindenschild. Rs. Thronbild von Kaiser Otto III. nach einem Evangeliar aus der Reichenauer Malerschule. 986er Gold, 16.2272 g (50 000 Ex.)

880,—

1000 JAHRE »OSTARRÎCHI« – 15. AUSGABE

			ST/N	**ST/H**
233		50 Schilling (Al-N-Bro/N, K-N plattiert) 1996. Wertzahl, von den Wappen der neun Bundesländer umgeben. Rs. Heinrich I., Markgraf der bayerischen Ostmark (Österreich) 994–1018, zu Pferde, darunter Bindenschild mit Inschrift »Ostarrîchi« (ST/N: 900 000 Ex., ST/H: 100 000 Ex.)	10,—	50,—

ÖSTERREICH UND SEIN VOLK – 8. AUSGABE
STÄDTE

			ST/N	**ST/H**	**PP**
234		500 Schilling (S) 1996. Stadtansicht von Innsbruck. Rs. Viktualienmarkt (ST/N: 160 000 Ex., ST/H: 30 000 Ex., PP: 60 000 Ex.)	85,—	105,—	115,—

WIENER MUSIKLEGENDEN – 1. AUSGABE
200. GEBURTSTAG VON FRANZ SCHUBERT

235   500 Schilling (G) 1997. Rs. Franz Schubert (1797–1828), Komponist (siehe auch Nrn. 47 und 137). 995er Gold, 8.04 g (50 000 Ex.)   **PP**   380,—

850 JAHRE DOM ZU SANKT STEPHAN IN WIEN

236   20 Schilling (Al-N-Bro) 1997. Rs. Dom zu Sankt Stephan (ST/N: 700 000 Ex., ST/H: 25 000 Ex.)

	ST/N	**ST/H**
	8,—	20,—

ÖSTERREICH UND SEIN VOLK – 9. AUSGABE KUNSTHANDWERK

237   500 Schilling (S) 1997. Ziehbrunnen mit Schmiedeeisenkorb von 1620 vor dem Kornmesserhaus in Bruck an der Mur. Rs. Kunstschmied bei der Arbeit. 925er Silber, 24 g (ST/N: 125 000 Ex., ST/H: 25 000 Ex., PP: 50 000 Ex.)

ST/N	**ST/H**	**PP**
85,—	105,—	115,—

SCHICKSALE IM HAUSE HABSBURG – 1. AUSGABE

238	1000	Schilling (G) 1997. Erzherzogin Maria Antonia (1755–1793) als Königin Marie Antoinette von Frankreich 1774–1792, nach einem Gemälde (1783) von Madame Vigée-Lebrun. Rs. Marie Antoinette als Witwe Capet vor dem Tribunal der Revolution 1793 in Paris, nach einer Zeichnung von Bovi. 995er Gold, 16.08 g (50 000 Ex.)	**PP** 750,—

ÖSTERREICH UND SEIN VOLK – 10. AUSGABE
KUNSTHANDWERK

			ST/N	**ST/H**	**PP**
239	500	Schilling (S) 1997. Kanzel im Dom zu Sankt Stephan in Wien. Rs. Steinmetz auf einbeinigem Schemel bei der Arbeit (ST/N: 125 000 Ex., ST/H: 25 000 Ex., PP: 50 000 Ex.)	85,—	105,—	115,—

Die Katalogpreise sind durchschnittliche Handelspreise in DM und als solche den täglichen Schwankungen des Marktes unterworfen.

100 JAHRE KUNSTMUSEUM »WIENER SECESSION«

240 50 Schilling (Al-N-Bro / N, K-N plattiert) 1997. **ST/N** **ST/H**
Rs. Portal der Wiener Secession mit der Blätterkuppel als Latentbild (ST/N: 1 500 000 Ex., ST/H: 100 000 Ex.) 10,— 25,—

Weitere Münzausgabe auf die Wiener Secession: Nr. 282.

SCHICKSALE IM HAUSE HABSBURG – 2. AUSGABE

241 100 Schilling (S) 1997. Rs. Erzherzog Ferdinand **PP**
Maximilian (1832–1867) als Kaiser Maximilian
von Mexiko 1864–1867. Rs. S.M.S. »Novara«
vor dem Schloß Miramar bei Triest. 900er Silber, 20 g (65 000 Ex.) 75,—

WIENER MUSIKLEGENDEN – 2. AUSGABE
500 JAHRE WIENER SÄNGERKNABEN

242 500 Schilling (G) 1998. New Yorker Skyline und
Goldener Pavillion von Kyoto. Rs. Wiener
Sängerknaben vor der Apsis der Wiener Hofburgkapelle. 995er Gold, 8.04 g (50 000 Ex.) 380,—

500. TODESTAG VON MICHAEL PACHER

243	20 Schilling (Al-N-Bro) 1998. Rs. Altar von Michael Pacher in der Wallfahrtskirche von Sankt Wolfgang im Salzkammergut (ST/N: 200 000 Ex., ST/H: 25 000 Ex.)	**ST/N** 16,—	**ST/H** 30,—

ÖSTERREICH UND SEIN VOLK – 11. AUSGABE KUNSTHANDWERK

244	500 Schilling (S) 1998. Stiftsbibliothek Admont. Rs. Zwei Buchdrucker bei der Qualitätsprüfung des Druckwerkes und dem Einfärben der Druckplatte für den nächsten Abzug (ST/N: 125 000 Ex. ST/H: 25 000 Ex., PP: 50 000 Ex.)	**ST/N** 85,—	**ST/H** 105,—	**PP** 115,—

ÖSTERREICHISCHE PRÄSIDENTSCHAFT IM RAT DER EUROPÄISCHEN UNION
(JULI – DEZEMBER 1998)

245   50 Schilling (Al-N-Bro / N, K-N plattiert) 1998.   **ST/N**   **ST/H**
Rs. Mittelportal der Wiener Hofburg, Emblem der Präsidentschaft (ST/N: 1 200 000 Ex., ST/H: 100 000 Ex.)   10,—   18,—

Numisbrief mit Nr. 245 siehe am Schluß des Österreich-Teils.

SCHICKSALE IM HAUSE HABSBURG – 3. AUSGABE

246   100 Schilling (S) 1998. Rs. Kronprinz Rudolf (1858–1889) in der Galauniform eines ungarischen Generals, nach einem Bild (1886) von Wilhelm Gause. Rs. Abfahrt des Leichenwagens, von Fackelträgern begleitet, vom Jagdschloß von Mayerling 1889, nach einer Zeitungsillustration von K. Trill (50 000 Ex.)   **PP**   75,—

SCHICKSALE IM HAUSE HABSBURG – 4. AUSGABE
100. TODESTAG VON KAISERIN ELISABETH

247   1000 Schilling (G) 1998. Elisabeth (»Sisi«) Amalie Eugenie Prinzessin in Bayern (1837–1898), Kaiserin von Österreich, Königin von Ungarn. Rs. Elisabeth und Irma Gräfin Sztáray am Genfer See 1898. 995er Gold, 16.08 g (50 000 Ex.)   700,—

25. JAHRESTAG DER VERLEIHUNG DES NOBELPREISES AN KONRAD LORENZ

			ST/N	ST/H
248	50	Schilling (Al-N-Bro/N, K-N plattiert) 1998. Rs. Konrad Lorenz (* 1903) mit drei Graugänsen, Nobelpreis für Medizin 1973 (ST/N: 1 200 000 Ex., ST/H: 100 000 Ex.)	10,—	18,—

ÖSTERREICH UND SEIN VOLK – 12. AUSGABE
KUNSTHANDWERK

			ST/N	ST/H	PP
249	500	Schilling (S) 1998. Ministerialenkelch des Salzburger Erzstiftes St. Peter, im Hintergrund Kirche St. Peter und Gebäude. Rs. Goldschmiedin bei ihrer Arbeit mit einem Lötkolben (ST/N: 125 000 Ex., ST/H: 25 000 Ex., PP: 50 000 Ex.)	85,—	105,—	115,—

WIENER MUSIKLEGENDEN – 3. AUSGABE
150. TODESTAG VON JOHANN STRAUSS SR.
100. TODESTAG VON JOHANN STRAUSS JR.

250 500 Schilling (G) 1999. Paar in zeitgenössischer Ballkleidung einen Strauß-Walzer tanzend. Rs. Johann Strauß sr. (1804–1849) und Johann Strauß jr. (1825–1899), Brustbilder. 995er Gold, 8.04 g (50000 Ex.) **PP**

380,—

Weitere Münzausgaben auf Johann Stauß jr.: Nrn. 95, 117, 205, 256.

70. TODESTAG VON HUGO VON HOFMANNSTHAL

251 20 Schilling (Al-N-Bro) 1999. Hugo von Hofmannsthal (1874–1929), Schriftsteller, vor Szene aus dem Mysterienspiel »Jedermann« (ST/N: 400000 Ex., ST/H: 25000 Ex.)

ST/N	ST/H
8,—	18,—

ÖSTERREICH UND SEIN VOLK – 13. AUSGABE

252 500 Schilling (S) 1999. Falke vor der Rosenburg im niederösterreichischen Kamptal. Rs. Turnierritter (ST/N: 125000 Ex., ST/H: 25000 Ex., PP: 50000 Ex.)

ST/N	ST/H	PP
85,—	105,—	115,—

EUROPÄISCHE WÄHRUNGSUNION

			ST/N	**ST/H**	**PP**
253	50	Schilling (Al-N-Bro/N, K–N plattiert) 1999. Rs. Währungssymbol und aufgefächerte Banknoten (ST/N: 1 200 000 Ex., ST/H: 100 000 Ex.)	10,—	16,—	

SCHICKSALE IM HAUSE HABSBURG – 5. AUSGABE

			PP
254	100	Schilling (S) 1999. Erzherzog Franz Ferdinand in der Uniform eines Feldmarschalls und Herzogin Sophie. Rs. Das Paar vor dem Rathaus in Sarajevo, kurz vor dem Attentat am 28. Juni 1914 (50 000 Ex.)	75,—

ÖSTERREICH UND SEIN VOLK – 14. AUSGABE

		ST/N	ST/H	PP
255	500 Schilling (S) 1999. Burg Lockenhaus im Burgenland. Rs. Zwei Ritter des Templerordens mit Tatzenkreuzen auf den Waffenröcken und mit Standarten (ST/N: 125 000 Ex., ST/H: 25 000 Ex., PP: 50 000 Ex.)	85,—	105,—	115,—

100. TODESTAG VON JOHANN STRAUSS JR.

		ST/N	ST/H	PP
256	50 Schilling (Al-N-Bro/N, K–N plattiert) 1999. Rs. Johann Strauß jr. (1825–1899), Komponist (ST/N: 600 000 Ex., ST/H: 100 000 Ex.)	10,—	16,—	

Weitere Münzausgaben auf Johann Strauß jr.: Nrn. 95, 117, 205, 250.

SCHICKSALE IM HAUSE HABSBURG – 6. AUSGABE

		PP
257	1000 Schilling (G) 1999. Karl I. (1887–1922), Kaiser von Österreich 1916–1918, als Allerhöchster Kriegsherr in der Uniform eines Feldmarschalls. Rs. Kapuzinergruft mit dem Sarkophag von Maria Theresia und Franz Stephan. 995er Gold, 16.08 g (50 000 Ex.)	700,—

Die Katalogpreise sind durchschnittliche Handelspreise in DM und als solche den täglichen Schwankungen des Marktes unterworfen.

TECHNOLOGIE ZUR JAHRTAUSENDWENDE – 1. AUSGABE

258   100 Schilling (S/Titan) 2000. Mikrochip über Wertzahl. Rs. Digitaler Schriftzug »Millennium 2000« über Weltkarte, von Motiven der Telekommunikationstechnik umgeben. 900er Silber, 10 g/Titan, 3.75 g (max. 50 000 Ex.)   **PP**   120,—

150 JAHRE ÖSTERREICHISCHE BRIEFMARKEN

259   20 Schilling (Al-N-Bro) 2000. Rs. Postwertzeichen zu 9 Kreuzer (1850) (ST/N: 400 000 Ex., ST/H: 85 000 Ex.)   **ST/N** 8,—   **ST/H** 15,—

Numisbrief mit Nr. 259 siehe am Schluß des Österreich-Teils.

2000 JAHRE CHRISTENTUM

260   500 Schilling (G) 2000. Jesus Christus. Rs. Hl. drei Könige bei Maria und dem Jesuskind. 986er Gold, 10.14 g (max. 50 000 Ex.)   **ST/N**   **ST/H** 350,—   **PP**

100. JAHRESTAG DER TRAUMDEUTUNG VON SIGMUND FREUD

261   50 Schilling (Al-N-Bro/N, K-N plattiert) 2000. Rs. Sigmund Freud (1856–1939), Neurologe und Psychiater (ST/N: 600 000 Ex., ST/H: 100 000 Ex.)

ST/N **ST/H** **PP**

10,— 16,—

ÖSTERREICH UND SEIN VOLK – 15. AUSGABE

262   500 Schilling (S) 2000. Rs. Burg Hochosterwitz in Kärnten. Rs. Walther von der Vogelweide, nach Miniatur in der Liederhandschrift »Codex Manesse« (ST/N: 95 000 Ex., ST/H: 25 000 Ex., PP: 50 000 Ex.)

85,— 105,— 115,—

ÖSTERREICH IM WANDEL DER ZEIT – 1. AUSGABE

		ST/N	ST/H	PP
263	100 Schilling (S) 2000. Keltische Bergmann beim Salzabbau. Rs. Lanzenreiter nach einer Münze des keltischen Fürsten Adnamati (max. 50 000 Ex.)			75,—

ÖSTERREICH IM WANDEL DER ZEITEN – 2. AUSGABE
DIE RÖMER

| 264 | 100 Schilling (S) 2000. Römische Legionäre bei der Donauüberquerung auf einer Pontonbrücke aus Booten. Rs. Marcus Aurelius (121–180), römischer Kaiser ab 161 (max. 50 000 Ex.) | | | 75,— |

ÖSTERREICH UND SEIN VOLK – 16. AUSGABE
BURG HOHENWERFEN

| 265 | 500 Schilling (S) 2000. Burg Hohenwerfen. Rs. Falkenjagd (ST/N: 95 000 Ex., ST/H: 25 000 Ex., PP: 50 000 Ex.) | 85,— | 105,— | 115,— |

125. GEBURTSTAG VON FERDINAND PORSCHE

266 50 Schilling (Al-N-Bro/N, K-N plattiert) 2000. Rs. Ferdinand Porsche (1875–1951), Automobilkonstrukteur, Elektromobil »Lohner-Porsche« (1900) (ST/N: 600 000 Ex., ST/H: 100 000 Ex.)

ST/N **ST/H** **PP**

10,— 16,—

KUNSTSCHÄTZE ÖSTERREICHS – 1. AUSGABE

267 1000 Schilling (G) 2000. Heidentor von Carnuntum zwischen Petronell und Bad Deutsch Altenburg, flankiert vom Torso einer tanzenden Mänade. Rs. Constantius II., römischer Kaiser 337–361. 986er Gold, 16.2272 g (max. 30 000 Ex.)

600,—

TECHNOLOGIE ZUR JAHRTAUSENDWENDE – 2. AUSGABE

			ST/N	ST/H	PP
268	100 Schilling (S/Titan) 2001. Rs. Mobilität. 900er Silber, 9 g/Titan, 3.75 g (max. 50 000 Ex.)				75,—

200. GEBURTSTAG VON JOHANN NESTROY

| 269 | 20 Schilling (Al-N-Bro) 2001. Rs. Johann Nestroy | 8,— | 12,— | |

200. JAHRE CHRISTENTUM – 2. AUSGABE

| 270 | 500 Schilling (G) 2001. Rs. Heilige Schrift. 986er Gold, 10.14 g (max. 50 000 Ex.) | | | 300,— |

ABSCHIED VON DER SCHILLINGWÄHRUNG

| 271 | 50 Schilling (Al-N-Bro/N, K-N plattiert) 2001 (ST/N: 600 000 Ex., ST/H: 100 000 Ex.) | 10,— | 12,— | |

ÖSTERREICH UND SEIN VOLK – 17. AUSGABE

| 272 | 500 Schilling (S) 2001. Festung Kufstein (ST/N: nach Bedarf, ST/H: max. 25 000 Ex., PP: max. 50 000 Ex.) | 85,— | 105,— | 115,— |

ÖSTERREICH IM WANDEL DER ZEIT – 3. AUSGABE

| 273 | 100 Schilling (S) 2001. Heiliges Römisches Reich. 900er Silber, 20 g (max. 50 000 Ex.) | | | 75,— |

ÖSTERREICH IM WANDEL DER ZEIT – 4. AUSGABE

| 274 | 100 Schilling (S) 2001. Mittelalter (max. 50 000 Ex.) | | | 75,— |

ÖSTERREICH UND SEIN VOLK – 18. AUSGABE

| 275 | 500 Schilling (S) 2001. Schattenburg (ST/N: nach Bedarf, ST/H: max. 25 000 Ex., PP: max. 50 000 Ex.) | 85,— | 105,— | 115,— |

KUNSTSCHÄTZE ÖSTERREICHS – 2. AUSGABE

| 276 | 1000 Schilling (G) 2001. Buchmalerei. 986er Gold, 16.2272 g (max. 30 000 Ex.) | | | 600,— |

WÄHRUNGSUMSTELLUNG 1. Januar 1999:
13.7603 Schilling <ATS> = 1 Euro <EUR>
NEUE WÄHRUNG: 100 Eurocent (Cent) = 1 Euro

Die Ausgabe der neuen Umlaufmünzen ist zum 1. Januar 2002 vorgesehen. Die auf Schilling und Groschen lautenden Münzen werden dann bis spätestens 1. Juli 2002 außer Kurs gesetzt, können aber auch danach ohne zeitliche Beschränkung in Euro umgetauscht werden.

1 Cent	2002–	Fe, Cu galvanisiert	2.20 g	⌀ 16.25 mm
2 Cent	2002–	Fe, Cu galvanisiert	3.00 g	⌀ 18.75 mm
5 Cent	2002–	Fe, Cu galvanisiert	3.90 g	⌀ 21.75 mm
10 Cent	2002–	Cu 89 / Al 05 / Zn 05 / Sn 01	4.10 g	⌀ 19.75 mm
20 Cent	2002–	Cu 89 / Al 05 / Zn 05 / Sn 01	5.70 g	⌀ 22.25 mm
50 Cent	2002–	Cu 89 / Al 05 / Zn 05 / Sn 01	7.00 g	⌀ 24.25 mm
1 Euro	2002–	Ring Cu 75 / Zn 20 / Ni 05, Zentrum Ni, Cu 75 / Ni 25 galvanisiert	7.50 g	⌀ 23.25 mm
2 Euro	2002–	Ring Cu 75 / Ni 25, Zentrum Ni, Cu 75 / Zn 20 / Ni 05 galvanisiert	8.50 g	⌀ 25.75 mm

277   1 Cent (St, K galvanisiert) 2002. Enzian. Rs. Europa in der Welt, zwölf Sterne, Wertangabe   **VZ**   **ST**
—,—   —,—

278   2 Cent (St, K galvanisiert) 2002. Edelweiß. Rs. wie Nr. 277
—,—   —,—

279   5 Cent (St, K galvanisiert) 2002. Schlüsselblume. Rs. wie Nr. 277
—,—   —,—

280   10 Cent (Al-Bro) 2002. Dom zu Sankt Stephan in Wien. Rs. Europa der Nationen, zwölf Sterne, Wertangabe
—,—   —,—

		VZ	ST
281	20 Cent (Al-Bro) 2002. Hauptportal zum Schloß Belvedere in Wien. Rs. wie Nr. 280 (rund mit sieben Kerben)	—,—	—,—

| 282 | 50 Cent (Al-Bro) 2002. Portal des Kunstmuseums »Wiener Secession«. Rs. wie Nr. 280 | —,— | —,— |

| 283 | 1 Euro (N-Me / N, K–N galvanisiert) 2002. Wolfgang Amadeus Mozart (1756–1791). Rs. Europa ohne Grenzen, zwölf Sterne, Wertangabe | —,— | —,— |

| 284 | 2 Euro (K–N / N, N–Me galvanisiert) 2002. Bertha Freifrau von Suttner (1843–1914), Schriftstellerin, Friedensnobelpreis 1905. Rs. wie Nr. 283 | —,— | —,— |

Nrn. 277–284 sind als Umlaufmünzen im gesamten Euroland (Teilnehmerstaaten der europäischen Währungsunion) als gesetzliche Zahlungsmittel kursfähig.

Die nachfolgenden Gedenkmünzen ab Nr. 285 besitzen nur innerhalb der Republik Österreich gesetzliche Zahlungskraft.

GOLDBARRENMÜNZEN »WIENER PHILHARMONIKER« – 2. AUSGABE (4)

285	10 Euro (G) 2002. Typ wie Nr. A185, mit Sternenkranz. 999.9er Gold, 3.11 g	**ST/N**	*MW + 15 %*
286	25 Euro (G) 2002. Typ wie Nr. 285. 999.9er Gold, 7.78 g		*MW + 11 %*
287	50 Euro (G) 2002. Typ wie Nr. 285. 999.9er Gold, 15.55 g		*MW + 7 %*
288	100 Euro (G) 2002. Typ wie Nr. 285. 999.9er Gold, 31.1035 g		*MW + 5 %*

2000 JAHRE CHRISTENTUM – 3. AUSGABE

289	50 Euro (G) 2002. Orden und die Welt. 986er Gold, 10.14 g	**ST/H** —,—	**PP**

ÖSTERREICH IM WANDEL DER ZEIT – 5. AUSGABE

—	10 Euro (S) 2002. 900er Silber, 20 g	—,—

ÖSTERREICH IM WANDEL DER ZEIT – 6. AUSGABE

—	10 Euro (S) 2002. 900er Silber, 20 g	—,—

KUNSTSCHÄTZE ÖSTERREICHS – 3. AUSGABE

—	100 Euro (G) 2002. 986er Gold, 16.2272 g	—,—

2000 JAHRE CHRISTENTUM – 3. AUSGABE

—	50 Euro (G) 2003. Nächstenliebe. 986er Gold, 10.14 g	—,—

ÖSTERREICH IM WANDEL DER ZEIT – 7. AUSGABE

—	10 Euro (S) 2003. 900er Silber, 20 g	—,—

ÖSTERREICH IM WANDEL DER ZEIT – 8. AUSGABE

—	10 Euro (S) 2003. 900er Silber, 20 g	—,—

KUNSTSCHÄTZE ÖSTERREICHS – 4. AUSGABE

—	100 Euro (G) 2003. 986er Gold, 16.2272 g	—,—

Kleinmünzensätze

Von 1964 bis 1979 (und 1988): 2 Groschen bis 10 Schilling,
ab 1980 (außer 1988): 2 Groschen bis 20 Schilling,
seit 1995: 10 Groschen bis 20 Schilling

	Auflage	ST/H	PP
1964			100,—
1965			25,—
1966			180,—
1967			400,—
1968	20000		185,—
1969	21000		100,—
1970	92000		20,—
1971	84000		20,—
1972	75000		20,—
1973	87000		20,—
1974	76000		15,—
1975	49000		15,—
1976	44000		22,—
1977	44000		20,—
1978	43000		20,—
1979	44000		22,—
1980	48000		100,—
1981	49000		80,—
1982	50000		30,—
1983	65000		25,—
1984	65000		25,—
1985	45000		40,—
1986	42000		60,—
1987	42000		45,—
1988	39000		25,—
1989	38000		30,—
1990	35000		70,—
1991	27000		45,—
1992	25000	70,—	
1993	28000	100,—	
1994	25000	190,—	
1995	27000	75,—	
1996	25000	95,—	
1997	25000	95,—	
1998	25000	250,—	
1999	35000	120,—	
2000	75000	50,—	
2001	75000	50,—	

Auch nach der Einführung des Euro-Bargeldes bleibt der Nennwert der auf Schilling lautenden Münzen garantiert. Die österreichische Nationalbank wechselt diese Stücke ohne zeitliche Beschränkung in Euro ein. Die Währungsunion ist daher kein Anlaß, Sammlungen von Münzen der Republik Österreich aufzulösen.

MARIA-THERESIEN-TALER

Der Konventionstaler Maria Theresias mit Jahreszahl 1780 aus der Münzstätte Günzburg (siehe Burgau Nr. 10 im Deutschen Münzkatalog 18. Jahrhundert) wurde als Handelsmünze im 19. und 20. Jahrhundert von verschiedenen Münzstätten nachgeprägt. Die hier genannten Preise gelten für die Neuprägungen des Österreichischen Hauptmünzamtes und der Münze Österreich AG in Wien.

		ST	PP
MT	1 Konventionstaler (S) 1780. 833⅓er Silber, 28.06 g (laufende Neuprägungen)	15,—	25,—

In ähnlicher Zeichnung existieren Medaillen zu 5 Unzen Feinsilber und 5 Unzen Feingold von 1986, die beim Österreichischen Hauptmünzamt in fremdem (privatem) Auftrag geprägt wurden.

NUMISBRIEFE

Ausgaben der Generalpostdirektion und der Münze Österreich AG

200. GEBURTSTAG VON FRANZ GRILLPARZER

N1	Ersttagsstempel 15. Januar 1991 Münze zu 20 Schilling Grillparzer 1991, Briefmarke zu 4.50 Schilling, Illustration Theaterzettel »König Ottokar's Glück und Ende« (10 000 Ex.)	15,—

800 JAHRE MÜNZSTÄTTE WIEN

N2	Ersttagsstempel 18. Februar 1994 Münze zu 20 Schilling Münzstätte Wien 1994, Briefmarke zu 6 Schilling, Illustration »Mittelalterliche Prägeszene« (12 000 Ex.)	40,—

100. TODESTAG VON ANTON BRUCKNER

N3 Ersttagsstempel 26. April 1996
Münze zu 20 Schilling Bruckner 1996, Briefmarke zu 5.50 Schilling, Illustration »Bruckner-Orgel« und eine Notenfolge aus der »Missa solemnis« (10000 Ex.)   35,—

ÖSTERREICHISCHE PRÄSIDENTSCHAFT IM RAT DER EUROPÄISCHEN UNION

N4 Ersttagsstempel 1. Juli 1998
Münze zu 50 Schilling EU-Präsidentschaft 1998, Briefmarke zu 7 Schilling (4000 Ex.)   40,—

150 JAHRE ÖSTERREICHISCHE BRIEFMARKEN

N5 Ersttagsstempel 1. Juni 2000
Münze zu 20 Schilling 2000, Briefmarke zu 7 Schilling (10000 Ex.)   35,—

GRINZING-GULDEN

Die »Grinzing-Gulden«, im Auftrag Grinzinger Geschäftsleute seit 1983 geprägt, sind lokale Wertmarken, keine gesetzlichen Zahlungsmittel. Diese Prägungen werden in Grinzing zum Nennwert in Zahlung genommen, jedoch nur gegen Aufpreis abgegeben.

200 Schilling	Ag 835/Cu 165	13.68 g	⌀ 32 mm
200 Schilling	Ag 900/Cu 100	13.68 g	⌀ 32 mm
2000 Schilling	Au 900	17.27 g	⌀ 32 mm

		ST	PP

PAPST JOHANNES PAUL II. IN GRINZING

T1   200 Schilling (S) 1983. Grinzinger Weinbauer. Rs. Papst Johannes Paul II. (max. 10 000 Ex.)   60,—

200 JAHRE BUSCHENSCHANK

T2   200 Schilling (S) 1984. Rs. Abbildung eines Föhrenbuschen und zweier Henkelgläser (4000 Ex.)   60,—

EUROPÄISCHES JAHR DER MUSIK 1985

T3   200 Schilling (S) 1985. Rs. Ludwig van Beethoven (1770–1827), Komponist (3980 Ex.)   60,—   250,—

GRINZINGER GÄNSEPOLIZEI

T4   200 Schilling (S) 1986. Rs. Sieben Gänse mit einer Gänsemagd (1850 Ex.)   60,—   250,—

150 JAHRE EISENBAHN IN ÖSTERREICH

T5   200 Schilling (S) 1987. Rs. Grinzinger Zahnradbahn (3350 Ex.)   60,—   250,—

RONALD REAGAN UND MICHAEL GORBATSCHOW IN GRINZING (2)

T6   200 Schilling (S) 1988. Rs. Ronald W. Reagan und Michail Gorbatschow (3350 Ex.)   60,—   250,—
T7   2000 Schilling (G) 1988. Typ wie Nr. T6 (150 Ex.)   1000,—

TAGUNG DES INTERNATIONALEN OLYMPISCHEN KOMITEES IN GRINZING

			ST	**PP**
T8		200 Schilling (S) 1989. Rs. Fackelläuferin, olympische Ringe (ST: 3000 Ex., PP: 300 Ex.)	60,—	250,—

Ausgaben zu den Olympischen Spielen mit allen Varianten und Proben siehe Olympia Weltmünzkatalog von Gerhard Schön.

ZUM TODE VON BRUNO KREISKY

T9   200 Schilling (S) 1990. Bruno Kreisky, Bundeskanzler (2500 Ex.)   60,—

200. TODESTAG VON WOLFGANG AMADEUS MOZART

T10   200 Schilling (S) 1991. Rs. Wolfgang Amadeus Mozart (1756–1791)   60,—

FRANZ WENNINGER

T11   200 Schilling (S) 1992   60,—

HELMUT KAND

T12   200 Schilling (S) 1993   60,—

HANS MOSER

T13   200 Schilling (S) 1994   60,—

ÖSTERREICH ALS NEUES MITGLIED IN DER EUROPÄISCHEN UNION

T14   200 Schilling ≈ 15 ECU (S) 1995. Rs. Europa auf dem Stier   60,—

1000 JAHRE »OSTARRÎCHI«

T15   200 Schilling (S) 1996   60,—

200. GEBURTSTAG VON FRANZ SCHUBERT

T16   200 Schilling (S) 1997   60,—

Switzerland   **Schweiz**   **Suisse**
Helvetia

Fläche: 41 285 km²; 7 106 000 Einwohner (1998).
Die 1499 erfolgte faktische Loslösung der Eidgenossenschaft vom Heiligen Römischen Reich Deutscher Nation wurde im Westfälischen Frieden 1648 anerkannt. Die Urkantone Uri, Schwyz und Unterwalden bildeten die Keimzelle einer unabhängigen Schweiz, die durch die Bewahrung strikter Neutralität Sitz zahlreicher internationaler Organisationen ist. Frankenwährung im Dezimalsystem seit 1798; in den Jahren 1865 bis 1926 Mitglied der Lateinischen Münzunion. Hauptstadt: Bern.

Seit 1798: 100 Rappen (Centimes) = 10 Batzen (Decimes) = 1 Schweizer Franken (Franc suisse, Franco svizzero)
(Silberparität ab 19. März 1799: 1 Schweizer Franken = 6.61494 g Feinsilber, ab 11. März 1803: 1 Schweizer Franken = 6.77025 g Feinsilber) (Goldparität ab 27. September 1936: 1 Schweizer Franken = $^{63}/_{310}$ g Feingold, ab 10. Mai 1971: 1 Schweizer Franken = $^{47}/_{216}$ g Feingold, am 22. Januar 1973 aufgehoben)

Kantone

Aargau   Appenzell*   Basel-Land   Basel-Stadt   Bern   Freiburg

Genf   Glarus   Graubünden   Jura   Luzern   Neuenburg   Nidwalden

Obwalden   St. Gallen   Schaffhausen   Schwyz   Solothurn   Tessin

Thurgau   Uri   Waadt   Wallis   Zug   Zürich

* Appenzell-Außerrhoden; bei Appenzell-Innerrhoden und beim Gesamtkanton entfallen die Buchstaben VR

Münzstätten

A = Paris
AB = Straßburg
B = Bern
B• = Brüssel
BB = Straßburg
o. Mzz. = ohne Münzzeichen

5 Rappen	1850–1877	Ag 050/Cu 600/Zn 250/Ni 100 Ag 050/Cu 850/Zn 050/Ni 050 Ag 050/Cu 650/Zn 200/Ni 100	1.667 g	⌀ 17 mm
10 Rappen	1850–1876	Ag 100/Cu 550/Zn 250/Ni 100 Ag 100/Cu 800/Zn 050/Ni 050 Ag 100/Cu 650/Zn 150/Ni 100	2.500 g	⌀ 19 mm
20 Rappen	1850–1859	Ag 150/Cu 500/Zn 250/Ni 100 Ag 150/Cu 750/Zn 050/Ni 050 Ag 150/Cu 650/Zn 100/Ni 100	3.250 g	⌀ 21 mm
½ Franken	1875–1967	Ag 835/Cu 165	2.500 g	⌀ 18 mm
1 Franken	1875–1967	Ag 835/Cu 165	5.000 g	⌀ 23 mm
2 Franken	1874–1967	Ag 835/Cu 165	10.000 g	⌀ 27 mm
5 Franken	1850–1928	Ag 900/Cu 100	25.000 g	⌀ 37 mm
	1931–1969	Ag 835/Cu 165	15.000 g	⌀ 31 mm
20 Franken	1991–2001	Ag 835/Cu 165	20.000 g	⌀ 33 mm
10 Franken	1911–1922	Au 900/Cu 100	3.226 g	⌀ 19 mm
20 Franken	1883–1949	Au 900/Cu 100*	6.451 g	⌀ 21 mm
25 Franken	1955–1959	Au 900/Cu 100	5.645 g	⌀ 20 mm
50 Franken	1955–2001	Au 900/Cu 100	11.290 g	⌀ 25 mm
100 Franken	1925	Au 900/Cu 100	32.258 g	⌀ 35 mm
100 Franken	1998–2000	Au 900/Cu 100	22.580 g	⌀ 28 mm
250 Franken	1991	Au 900/Cu 100	8.000 g	⌀ 23 mm

* Prägungen aus Gondo-Gold bestehen aus etwa Au 924/Ag 047/Cu 029.

Frühere Ausgaben siehe im Weltmünzkatalog 19. Jahrhundert.

				SS	VZ
1	[18]	1	Rappen (Bro) 1850~1941. Mit Federbarett besetztes Wappen zwischen Lorbeer- und Eichenzweig, Jahreszahl. Rs. Wert im Lorbeerkranz:		
			1850 A ⎫ 1851 A ⎭ (5 000 000 Ex.)	140,— 75,—	220,— 150,—
			1853 B breites Kreuz (2 008 000 Ex.)	110,—	190,—
			1853 B schmales Kreuz	1850,—	3600,—
			1855 B (500 000 Ex.)	750,—	1200,—

		SS	VZ
1856 B	(2 500 000 Ex.)	60,—	110,—
1857 B	(1 587 000 Ex.)	100,—	160,—
1863 B	(501 000 Ex.)	450,—	700,—
1864 B	(501 000 Ex.)	500,—	800,—
1866 B	(1 000 000 Ex.)	200,—	360,—
1868 B	(2 000 000 Ex.)	40,—	100,—
1870 B	(500 000 Ex.)	350,—	500,—
1872 B	(2 080 000 Ex.)	40,—	110,—
1875 B	(975 000 Ex.)	85,—	150,—
1876 B	(1 000 000 Ex.)	80,—	125,—
1877 B	(923 000 Ex.)	80,—	125,—
1878 B	(981 000 Ex.)	80,—	130,—
1879 B	(998 000 Ex.)	75,—	110,—
1880 B	(992 000 Ex.)	80,—	115,—
1882 B	(1 000 000 Ex.)	75,—	110,—
1883 B	(1 000 000 Ex.)	45,—	70,—
1884 B	(1 000 000 Ex.)	50,—	80,—
1887 B	(1 504 000 Ex.)	35,—	50,—
1889 B	(500 000 Ex.)	190,—	300,—
1890 B	(1 000 000 Ex.)	40,—	65,—
1891 B	(2 000 000 Ex.)	40,—	65,—
1892 B	(1 000 000 Ex.)	45,—	65,—
1894 B	(1 000 000 Ex.)	45,—	80,—
1895 B	(2 000 000 Ex.)	18,—	35,—
1896 B	(36 Ex.)		*12000,—*
1897 B	(500 000 Ex.)	60,—	110,—
1898 B	(1 500 000 Ex.)	18,—	35,—
1899 B	(1 500 000 Ex.)	18,—	40,—
1900 B	(2 000 000 Ex.)	18,—	40,—
1902 B	(950 000 Ex.)	130,—	220,—
1903 B	(1 000 000 Ex.)	50,—	110,—
1904 B	(1 000 000 Ex.)	50,—	110,—
1905 B	(2 000 000 Ex.)	18,—	40,—
1906 B	(1 000 000 Ex.)	40,—	65,—
1907 B	(2 000 000 Ex.)	20,—	40,—
1908 B	(3 000 000 Ex.)	12,—	20,—
1909 B	(1 000 000 Ex.)	40,—	70,—
1910 B	(1 500 000 Ex.)	20,—	30,—
1911 B	(1 500 000 Ex.)	20,—	40,—
1912 B	(2 000 000 Ex.)	12,—	20,—
1913 B	(3 000 000 Ex.)	7,—	10,—
1914 B	(3 500 000 Ex.)	6,—	10,—
1915 B	(3 000 000 Ex.)	6,—	10,—
1917 B	(2 000 000 Ex.)	15,—	25,—
1018 D	(3 000 000 Ex.)	6,—	10,—
1919 B	(3 000 000 Ex.)	6,—	10,—
1920 B	(1 000 000 Ex.)	15,—	22,—
1921 B	(3 000 000 Ex.)	5,—	10,—
1924 B	(2 000 000 Ex.)	11,—	20,—
1925 B	(2 500 000 Ex.)	6,—	12,—
1926 B	(2 000 000 Ex.)	8,—	15,—

		SS	VZ
1927 B	(1 500 000 Ex.)	15,—	22,—
1928 B	(2 000 000 Ex.)	6,—	12,—
1929 B	(4 000 000 Ex.)	2,—	6,—
1930 B	(2 500 000 Ex.)	5,—	12,—
1931 B	(5 000 000 Ex.)	1,—	4,—
1932 B	(5 000 000 Ex.)	1,—	4,—
1933 B	(3 000 000 Ex.)	1,—	6,—
1934 B	(3 000 000 Ex.)	1,—	6,—
1936 B	(2 000 000 Ex.)	7,—	15,—
1937 B	(2 400 000 Ex.)	2,—	5,—
1938 B	(5 300 000 Ex.)	1,—	5,—
1939 B	(10 000 Ex.)	45,—	100,—
1940 B	(3 027 000 Ex.)	6,—	10,—
1941 B	(12 794 000 Ex.)	1,—	2,—

Außer Kurs seit 1. März 1951.
In gleicher Zeichnung (Zink): Nr. 34.

2 [19] 2 Rappen (Bro) 1850 ~ 1941. Typ wie Nr. 1:

		SS	VZ
1850 A ⎫ 1851 A ⎭	(11 000 000 Ex.)	18,— 18,—	40,— 50,—
1866 B	(1 000 000 Ex.)	35,—	50,—
1870 B	(540 000 Ex.)	80,—	140,—
1875 B	(984 000 Ex.)	25,—	45,—
1879 B	(990 000 Ex.)	20,—	40,—
1883 B	(1 000 000 Ex.)	18,—	30,—
1886 B	(1 000 000 Ex.)	16,—	25,—
1888 B	(500 000 Ex.)	75,—	150,—
1890 B	(1 000 000 Ex.)	15,—	30,—
1893 B	(2 000 000 Ex.)	7,—	18,—
1896 B	(20 Ex.)		*10000,—*
1897 B	(487 000 Ex.)	55,—	90,—
1898 B	(500 000 Ex.)	55,—	85,—
1899 B	(1 000 000 Ex.)	15,—	30,—
1900 B	(1 000 000 Ex.)	16,—	25,—
1902 B	(500 000 Ex.)	65,—	110,—
1903 B	(500 000 Ex.)	55,—	90,—
1904 B	(500 000 Ex.)	50,—	90,—
1906 B	(500 000 Ex.)	45,—	80,—
1907 B	(1 000 000 Ex.)	15,—	22,—
1908 B	(1 000 000 Ex.)	12,—	20,—
1909 B	(1 000 000 Ex.)	15,—	25,—
1910 B	(500 000 Ex.)	60,—	110,—
1912 B	(1 000 000 Ex.)	15,—	28,—

			SS	VZ
1913 B	(1 000 000 Ex.)		16,—	28,—
1914 B	(1 000 000 Ex.)		15,—	25,—
1915 B	(1 000 000 Ex.)		12,—	20,—
1918 B	(1 000 000 Ex.)		12,—	20,—
1919 B	(2 000 000 Ex.)		5,—	10,—
1920 B	(500 000 Ex.)		60,—	110,—
1925 B	(1 250 000 Ex.)		6,—	15,—
1926 B	(750 000 Ex.)		35,—	80,—
1927 B	(500 000 Ex.)		50,—	100,—
1928 B	(500 000 Ex.)		50,—	100,—
1929 B	(750 000 Ex.)		20,—	35,—
1930 B	(1 000 000 Ex.)		8,—	12,—
1931 B	(1 288 000 Ex.)		8,—	12,—
1932 B	(1 500 000 Ex.)		5,—	8,—
1933 B	(1 000 000 Ex.)		8,—	15,—
1934 B	(500 000 Ex.)		30,—	80,—
1936 B	(500 000 Ex.)		18,—	45,—
1937 B	(1 200 000 Ex.)		5,—	8,—
1938 B	(1 369 000 Ex.)		6,—	15,—
1941 B	(3 448 000 Ex.)		2,—	5,—

Außer Kurs seit 1. März 1951.
In gleicher Zeichnung (Zink): Nr. 35.

3 [20] 5 Rappen (S) 1850~1877. Wappen auf Ähren, Jahreszahl. Rs. Wert im Rebenkranz. 050er Silber, 1.667 g:

		S	SS	VZ
1850 AB		85,—	200,—	900,—
1850 BB	(20 012 066 Ex.)	15,—	35,—	60,—
1850 o. Mzz.		600,—	1200,—	3000,—
1851 BB		350,—	900,—	2000,—
1872 B (1 212 800 Ex.)		35,—	80,—	140,—
1873 B (1 622 200 Ex.)		30,—	70,—	120,—
1874 B (1 700 000 Ex.)		30,—	70,—	120,—
1876 B (989 500 Ex.)		55,—	110,—	180,—
1877 B (978 000 Ex.)		55,—	110,—	200,—

Außer Kurs seit 1. Januar 1887.

				S	SS	VZ
4	[21]	10 Rappen (S) 1850~1876. Wappen auf Eichenzweigen, Jahreszahl. Rs. Wert im Eichenkranz. 100er Silber, 2.5 g:				

1850 BB } (13 316 548 Ex.)　　　　15,— 　　40,— 　100,—
1851 BB 　　　　　　　　　　　　　　35,— 　130,— 　260,—
1871 B　(844 000 Ex.)　　　　　　　40,— 　 90,— 　175,—
1873 B (1 398 100 Ex.)　　　　　　 25,— 　 70,— 　150,—
1875 B　(174 000 Ex.)　　　　　　 600,— 1100,— 1900,—
1876 B (1 962 000 Ex.)　　　　　　 25,— 　 80,— 　140,—

Außer Kurs seit 1. Januar 1887.

5　[22]　20 Rappen (S) 1850~1859. Wappen auf Alpenrosenzweigen, Jahreszahl. Rs. Wert im Alpenrosenkranz. 150er Silber, 3.25 g:

1850 BB } (11 559 783 Ex.)　　　　12,— 　 35,— 　 100,—
1851 BB 　　　　　　　　　　　　　 140,— 　400,— 　1000,—
1858　(1 547 860 Ex.)　　　　　　　30,— 　 70,— 　 160,—
1859　(2 775 965 Ex.)　　　　　　　18,— 　 40,— 　　90,—

Außer Kurs seit 1. Januar 1887.

6　[26]　½ Franken (S) 1850, 1851. Sitzende Helvetia vor Gebirgslandschaft. Rs. Wert und Jahreszahl im Kranz unten gebundener Eichen- und Alpenrosenzweige. 900er Silber, 2.5 g:

1850 A } (4 500 000 Ex.)　　　　　140,— 　280,— 　550,—
1851 A 　　　　　　　　　　　　　 125,— 　240,— 　500,—

Außer Kurs seit 2. Januar 1869.

7 [27] 1 Franken (S) 1850~1861. Typ wie   **S**   **SS**   **VZ**
Nr. 6:
a) 900er Silber, 5 g:
1850 A ⎫ (5 750 000 Ex.)   140,—   300,—   600,—
1851 A ⎭   140,—   320,—   650,—
1857 B   (526 Ex.)   *10 000,— 17 000,—*
b) 800er Silber, 5 g:
1860 B (515 288 Ex.)   300,—   550,—   1800,—
1861 B (3 002 270 Ex.)   50,—   130,—   300,—

8 [28] 2 Franken (S) 1850~1863. Typ wie
Nr. 6:
a) 900er Silber, 10 g:
1850 A (2 500 000 Ex.)   300,—   650,—   1300,—
1857 B   (622 Ex.)   *9000,— 15 000,—*
b) 800er Silber, 10 g:
1860 B (2 000 760 Ex.)   90,—   180,—   500,—
1862 B (1 000 000 Ex.)   120,—   200,—   600,—
1863 B (500 000 Ex.)   280,—   550,—   1800,—

9 [29] 5 Franken (S) 1850~1874. Typ wie
Nr. 6. 900er Silber, 25 g:
1850 A ⎫ (500 000 Ex.)   360,—   600,—   1000,—
1851 A ⎭   300,—   450,—   800,—

Jahrgang 1855 B siehe unter Schützentaler im Weltmünzkatalog 19. Jahrhundert.

1873 B   (30 500 Ex.)   1300,—   2000,—   4000,—
1874 B (195 650 Ex.)   300,—   500,—   850,—
1874 B. (1 400 000 Ex.)   240,—   320,—   650,—

Außer Kurs seit 1. Januar 1926.

10 [23] 5 Rappen (K–N) 1879~1931, 1940~1980. Frauenkopf nach rechts, Jahreszahl. Rs. Wertangabe im Rebenkranz:

	S	SS	VZ
1879 B (1 000 000 Ex.)	20,—	55,—	160,—
1880 B (2 000 000 Ex.)	10,—	20,—	70,—
1881 B (2 000 000 Ex.)	8,—	15,—	60,—
1882 B (3 000 000 Ex.)	3,—	6,—	40,—
1883 B (3 000 000 Ex.)	3,—	5,—	35,—
1884 B (2 000 000 Ex.)	8,—	15,—	50,—
1885 B (3 000 000 Ex.)	3,—	12,—	40,—
1887 B (500 000 Ex.)	60,—	140,—	300,—
1888 B (1 500 000 Ex.)	10,—	18,—	55,—
1889 B (500 000 Ex.)	50,—	110,—	280,—
1890 B (1 000 000 Ex.)	10,—	25,—	65,—
1891 B (1 000 000 Ex.)	10,—	25,—	65,—
1892 B (1 000 000 Ex.)	10,—	25,—	65,—
1893 B (2 000 000 Ex.)	3,—	10,—	40,—
1894 B (2 000 000 Ex.)	3,—	10,—	45,—
1895 B (2 000 000 Ex.)	3,—	10,—	40,—
1896 B (16 Ex.)		*8000,—*	*12000,—*
1897 B (500 000 Ex.)	15,—	50,—	130,—
1898 B (2 500 000 Ex.)	5,—	10,—	40,—
1899 B (1 500 000 Ex.)	12,—	30,—	80,—
1900 B (2 000 000 Ex.)	6,—	25,—	70,—
1901 B (3 000 000 Ex.)	6,—	25,—	70,—
1902 B (1 000 000 Ex.)	15,—	35,—	100,—
1903 B (2 000 000 Ex.)	6,—	20,—	50,—
1904 B (1 000 000 Ex.)	12,—	40,—	130,—
1905 B (1 000 000 Ex.)	12,—	25,—	70,—
1906 B (3 000 000 Ex.)	5,—	10,—	25,—
1907 B (5 000 000 Ex.)	2,—	8,—	20,—
1908 B (3 000 000 Ex.)	3,—	10,—	25,—
1909 B (2 000 000 Ex.)	3,—	10,—	35,—
1910 B (1 000 000 Ex.)	8,—	30,—	70,—
1911 B (2 000 000 Ex.)	5,—	12,—	35,—
1912 B (3 000 000 Ex.)	3,—	6,—	25,—
1913 B (3 000 000 Ex.)	3,—	6,—	25,—
1914 B (3 000 000 Ex.)	3,—	6,—	25,—
1915 B (3 000 000 Ex.)	5,—	10,—	30,—
1917 B (1 000 000 Ex.)	8,—	30,—	80,—
1919 B (6 000 000 Ex.)	2,—	5,—	12,—
1920 B (5 000 000 Ex.)	2,—	5,—	12,—
1921 B (3 000 000 Ex.)	3,—	8,—	18,—
1922 B (4 000 000 Ex.)	2,—	6,—	20,—
1925 B (3 000 000 Ex.)	3,—	6,—	18,—

	S	SS	VZ
1926 B (3 000 000 Ex.)	3,—	6,—	18,—
1927 B (2 000 000 Ex.)	3,—	8,—	20,—
1928 B (2 000 000 Ex.)	3,—	8,—	15,—
1929 B (2 000 000 Ex.)	2,—	5,—	12,—
1930 B (3 000 000 Ex.)	2,—	5,—	12,—
1931 B (5 037 000 Ex.)	1,—	4,—	10,—
1940 B (1 416 000 Ex.)	3,—	5,—	25,—
1942 B (5 080 000 Ex.)	1,—	2,—	8,—
1943 B (6 591 000 Ex.)	1,—	2,—	7,—
1944 B (9 981 000 Ex.)	1,—	2,—	5,—
1945 B (985 000 Ex.)	3,—	10,—	30,—
1946 B (6 179 000 Ex.)	2,—	5,—	15,—
1947 B (5 125 000 Ex.)	2,—	5,—	15,—
1948 B (4 710 000 Ex.)	2,—	5,—	15,—
1949 B (4 589 000 Ex.)	2,—	5,—	15,—
1950 B (920 000 Ex.)	2,—	8,—	20,—
1951 B (2 141 000 Ex.)	2,—	5,—	10,—
1952 B (4 690 000 Ex.)	2,—	5,—	12,—
1953 B (9 131 000 Ex.)	1,—	2,—	5,—
1954 B (8 038 000 Ex.)	1,—	2,—	5,—
1955 B (19 943 000 Ex.)	—,50	1,—	4,—
1957 B (10 147 000 Ex.)	—,50	1,—	4,—
1958 B (10 217 000 Ex.)	—,50	1,—	4,—
1959 B (11 085 000 Ex.)	—,50	1,—	4,—
1962 B (23 840 000 Ex.)		1,—	3,—
1963 B (29 730 000 Ex.)		1,—	3,—
1964 B (17 080 000 Ex.)		1,—	3,—
1965 B (1 430 000 Ex.)		5,—	10,—
1966 B (10 010 000 Ex.)		1,—	3,—
1967 B (13 610 000 Ex.)		1,—	3,—
1968 B (10 020 000 Ex.)		1,—	3,—
1969 B (32 990 000 Ex.)		1,—	3,—
1970 (34 800 000 Ex.)		1,—	3,—
1971 (40 020 000 Ex.)		1,—	3,—
1974 (30 002 000 Ex.)		1,—	3,—
1975 (34 005 000 Ex.)		1,—	3,—
1976 (12 005 000 Ex.)		1,—	3,—
1977 (14 012 000 Ex.)		1,—	3,—
1978 (16 415 000 Ex.)		1,—	3,—
1979 (27 010 000 Ex.)		1,—	3,—
1980 (15 510 000 Ex.)		1,—	3,—

Ungültig ab 1. 1. 1984.

A 10   5 Rappen (N) 1932 ~ 1941. Typ wie Nr. 10:

1932 B (6 000 000 Ex.)	2,—	4,—
1933 B (3 000 000 Ex.)	2,—	4,—
1934 B (4 000 000 Ex.)	2,—	4,—
1936 B (1 000 000 Ex.)	3,—	6,—
1937 B (2 000 000 Ex.)	2,—	5,—

			S	SS	VZ
	1938 B	(1 000 000 Ex.)		3,—	5,—
	1939 B	(10 048 000 Ex.)		2,—	5,—
	1941 B	(3 087 100 Ex.)		5,—	15,—

Außer Kurs seit 1. Januar 1984.

B 10 5 Rappen (Al–N–Bro) 1979 ~ 2001.
Typ wie Nr. 10:

		VZ	ST
1979	(wenige Ex.)		—,—
1981	(79 030 000 Ex.)	—,30	—,50
1982	(75 350 000 Ex.)	—,30	—,50
1983	(92 757 000 Ex.)	—,10	—,50
1984	(69 974 000 Ex.)	—,10	—,50
1985	(60 044 000 Ex.)	—,10	—,50
1986 B	(55 041 000 Ex.)	—,10	—,50
1987 B	(39 828 000 Ex.)	—,10	—,50
1988 B	(55 044 000 Ex.)	—,10	—,50
1989 B	(45 031 500 Ex.)	—,10	—,50
1990 B	(16 042 000 Ex.)	—,10	—,50
1991 B	(35 036 000 Ex.)	—,10	—,50
1992 B	(35 027 000 Ex.)	—,10	—,50
1993 B	(38 022 000 Ex.)	—,10	—,50
1994 B	(35 023 400 Ex.)	—,10	—,50
1995 B	(20 024 100 Ex.)	—,10	—,50
1996 B	(25 020 000 Ex.)	—,10	—,50
1997 B	(25 020 000 Ex.)	—,10	—,50
1998 B		—,10	—,50
1999 B		—,10	—,50
2000 B		—,10	—,50
2001 B		—,10	—,50

In gleicher Zeichnung (Messing): Nr. 21.

11 [24] 10 Rappen (K–N) 1879 ~ 1931, 1940 ~ 2001. Frauenkopf nach rechts, Jahreszahl Rs. Wert im Eichenkranz:

		S	SS	VZ
1879 B	(1 000 000 Ex.)	12,—	35,—	100,—
1880 B	(2 000 000 Ex.)	8,—	25,—	80,—
1881 B	(3 000 000 Ex.)	6,—	20,—	60,—
1882 B	(3 000 000 Ex.)	5,—	15,—	50,—
1883 B	(2 000 000 Ex.)	6,—	30,—	90,—
1884 B	(3 000 000 Ex.)	5,—	15,—	50,—
1885 B	(3 000 000 Ex.)	5,—	15,—	50,—
1894 B	(1 000 000 Ex.)	10,—	30,—	80,—
1895 B	(2 000 000 Ex.)	5,—	16,—	50,—

		S	SS	VZ
1896 B	(16 Ex.)			*12000,—*
1897 B	(500 000 Ex.)	8,—	20,—	75,—
1898 B	(1 000 000 Ex.)	12,—	40,—	120,—
1899 B	(500 000 Ex.)	15,—	30,—	110,—
1900 B	(1 500 000 Ex.)	5,—	15,—	40,—
1901 B	(1 000 000 Ex.)	8,—	20,—	60,—
1902 B	(1 000 000 Ex.)	8,—	20,—	70,—
1903 B	(1 000 000 Ex.)	8,—	20,—	70,—
1904 B	(1 000 000 Ex.)	8,—	25,—	85,—
1906 B	(1 000 000 Ex.)	8,—	25,—	60,—
1907 B	(2 000 000 Ex.)	3,—	8,—	25,—
1908 B	(2 000 000 Ex.)	3,—	8,—	25,—
1909 B	(2 000 000 Ex.)	3,—	8,—	25,—
1911 B	(1 000 000 Ex.)	4,—	12,—	35,—
1912 B	(1 500 000 Ex.)	2,—	6,—	18,—
1913 B	(2 000 000 Ex.)	2,—	6,—	15,—
1914 B	(2 000 000 Ex.)	2,—	6,—	15,—
1915 B	(1 200 000 Ex.)	3,—	10,—	60,—
1919 B	(3 000 000 Ex.)	1,—	5,—	15,—
1920 B	(3 500 000 Ex.)		4,—	8,—
1921 B	(3 000 000 Ex.)		4,—	8,—
1922 B	(2 000 000 Ex.)		4,—	8,—
1924 B	(2 000 000 Ex.)		4,—	8,—
1925 B	(3 000 000 Ex.)		4,—	8,—
1926 B	(3 000 000 Ex.)		4,—	8,—
1927 B	(2 000 000 Ex.)		4,—	8,—
1928 B	(2 000 000 Ex.)		4,—	8,—
1929 B	(2 000 000 Ex.)		1,—	3,—
1930 B	(2 000 000 Ex.)		1,—	3,—
1931 B	(2 224 000 Ex.)		1,—	3,—
1940 B	(2 000 000 Ex.)	1,—	3,—	10,—
1942 B	(2 110 000 Ex.)	1,—	3,—	10,—
1943 B	(3 176 000 Ex.)	1,—	3,—	10,—
1944 B	(6 133 000 Ex.)		2,—	5,—
1945 B	(993 000 Ex.)	1,—	3,—	12,—
1946 B	(4 010 000 Ex.)		2,—	5,—
1947 B	(3 152 000 Ex.)		2,—	5,—
1948 B	(1 000 000 Ex.)	1,—	4,—	12,—
1949 B	(2 269 000 Ex.)		2,—	5,—
1950 B	(3 200 000 Ex.)		2,—	5,—
1951 B	(3 430 000 Ex.)		2,—	5,—
1952 B	(4 451 000 Ex.)		2,—	5,—
1953 B	(6 149 000 Ex.)		2,—	5,—
1954 B	(3 200 000 Ex.)		2,—	5,—
1955 B	(11 795 000 Ex.)		2,—	3,—
1957 B	(10 092 000 Ex.)		2,—	3,—
1958 B	(10 040 000 Ex.)		2,—	3,—
1959 B	(13 053 000 Ex.)		2,—	3,—
1960 B	(4 040 000 Ex.)		2,—	5,—
1961 B	(7 949 000 Ex.)		2,—	3,—

	VZ	ST
1962 B (34 965 000 Ex.)		2,—
1964 B (16 340 000 Ex.)		2,—
1965 B (14 190 000 Ex.)		2,—
1966 B (4 025 000 Ex.)		3,—
1967 B (10 000 000 Ex.)		2,—
1968 B (14 065 000 Ex.)		2,—
1969 B (28 855 000 Ex.)		2,—
1970 (40 020 000 Ex.)		2,—
1972 (7 877 000 Ex.)	1,—	3,—
1973 (30 350 000 Ex.)		2,—
1974 (30 007 000 Ex.)		2,—
1975 (25 002 000 Ex.)		2,—
1976 (19 012 000 Ex.)		2,—
1977 (10 007 000 Ex.)		2,—
1978 (19 957 000 Ex.)		2,—
1979 (18 010 000 Ex.)		2,—
1980 (18 015 000 Ex.)		2,—
1981 (30 150 000 Ex.)		2,—
1982 (50 120 000 Ex.)		2,—
1983 (40 044 000 Ex.)		2,—
1984 (22 036 000 Ex.)		2,—
1985 (3 044 000 Ex.)	1,—	5,—
1986 B (2 324 000 Ex.)	2,—	6,—
1987 B (5 028 000 Ex.)	1,—	2,—
1988 B (5 029 000 Ex.)	1,—	2,—
1989 B (41 031 000 Ex.)	—,20	1,—
1990 B (40 032 000 Ex.)	—,20	1,—
1991 B (35 046 000 Ex.)	—,20	1,—
1992 B (18 027 000 Ex.)	—,20	1,—
1993 B (27 022 000 Ex.)	—,20	1,—
1994 B (18 023 400 Ex.)	—,20	1,—
1995 B (5 024 100 Ex.)	1,—	3,—
1996 B (18 020 000 Ex.)	—,20	—,50
1997 B (15 020 000 Ex.)	—,20	—,50
1998 B	—,20	—,50
1999 B	—,20	—,50
2000 B	—,20	—,50
2001 B	—,20	—,50

A 11 10 Rappen (N) 1932 ~ 1939. Typ wie Nr. 11:

	VZ	ST
1932 B (3 500 000 Ex.)	4,—	6,—
1933 B (2 000 000 Ex.)	4,—	8,—
1934 B (3 000 000 Ex.)	4,—	8,—
1936 B (1 500 000 Ex.)	5,—	10,—
1937 B (1 000 000 Ex.)	5,—	10,—
1938 B (1 000 000 Ex.)	5,—	10,—
1939 B (10 022 000 Ex.)	4,—	6,—

In gleicher Zeichnung (Messing): Nr. 22.

12	[25]	20 Rappen (N) 1881 ~ 1938. Frauenkopf nach rechts, Jahreszahl. Rs. Wert im Alpenrosenkranz:	**S**	**SS**	**VZ**
		1881 B (1 000 000 Ex.)	5,—	15,—	50,—
		1883 B (2 500 000 Ex.)	2,—	10,—	40,—
		1884 B (4 000 000 Ex.)	2,—	8,—	35,—
		1885 B (3 000 000 Ex.)	2,—	8,—	40,—
		1887 B (500 000 Ex.)	10,—	30,—	100,—
		1891 B (1 000 000 Ex.)	2,—	8,—	40,—
		1893 B (1 000 000 Ex.)	2,—	8,—	40,—
		1894 B (1 000 000 Ex.)	2,—	8,—	40,—
		1896 B (1 000 000 Ex.)	2,—	8,—	40,—
		1897 B (500 000 Ex.)	6,—	20,—	70,—
		1898 B (500 000 Ex.)	8,—	20,—	80,—
		1899 B (500 000 Ex.)	8,—	20,—	70,—
		1900 B (1 000 000 Ex.)	2,—	8,—	35,—
		1901 B (1 000 000 Ex.)	2,—	8,—	35,—
		1902 B (1 000 000 Ex.)	2,—	8,—	35,—
		1903 B (1 000 000 Ex.)	2,—	8,—	35,—
		1906 B (1 000 000 Ex.)	2,—	8,—	30,—
		1907 B (1 000 000 Ex.)	2,—	8,—	30,—
		1908 B (1 500 000 Ex.)	2,—	6,—	25,—
		1909 B (2 000 000 Ex.)	2,—	6,—	25,—
		1911 B (1 000 000 Ex.)	2,—	6,—	25,—
		1912 B (2 000 000 Ex.)	2,—	6,—	22,—
		1913 B (1 500 000 Ex.)	2,—	6,—	25,—
		1919 B (1 500 000 Ex.)	2,—	6,—	20,—
		1920 B (3 100 000 Ex.)	2,—	6,—	10,—
		1921 B (2 500 000 Ex.)	2,—	6,—	10,—
		1924 B (1 100 000 Ex.)	3,—	8,—	18,—
		1925 B (1 500 000 Ex.)	2,—	6,—	12,—
		1926 B (1 500 000 Ex.)	2,—	6,—	10,—
		1927 B (500 000 Ex.)	10,—	20,—	60,—
		1929 B (2 000 000 Ex.)	2,—	5,—	10,—
		1930 B (2 000 000 Ex.)	2,—	5,—	10,—
		1931 B (2 250 000 Ex.)	2,—	5,—	10,—
		1932 B (2 000 000 Ex.)	2,—	5,—	10,—
		1933 B (1 500 000 Ex.)	2,—	6,—	10,—
		1934 B (2 000 000 Ex.)	2,—	5,—	10,—
		1936 B (1 000 000 Ex.)	3,—	6,—	12,—
		1938 B (2 805 000 Ex.)	2,—	5,—	10,—
A 12		20 Rappen (K–N) 1939 ~ 2001. Typ wie Nr. 12:			

	VZ	ST
1939 B (8 100 000 Ex.)	2,—	8,—
1943 B (10 173 000 Ex.)	2,—	5,—
1944 B (7 139 000 Ex.)	2,—	5,—
1945 B (1 992 000 Ex.)	3,—	8,—
1947 B (5 131 000 Ex.)	2,—	3,—
1950 B (5 970 000 Ex.)	2,—	3,—
1951 B (3 640 000 Ex.)	2,—	3,—
1952 B (3 075 000 Ex.)	2,—	3,—
1953 B (6 958 000 Ex.)	2,—	3,—
1954 B (1 504 000 Ex.)	5,—	12,—
1955 B (9 103 000 Ex.)	2,—	3,—
1956 B (5 111 000 Ex.)	2,—	3,—
1957 B (2 535 000 Ex.)	2,—	3,—
1958 B (5 037 000 Ex.)	3,—	5,—
1959 B (10 136 000 Ex.)	2,—	3,—
1960 B (15 469 000 Ex.)	2,—	3,—
1961 B (8 234 000 Ex.)	2,—	3,—
1962–1984		2,—
1985 (40 039 000 Ex.)		3,—
1986 B (10 299 000 Ex.)		2,—
1987 B (10 028 000 Ex.)		2,—
1988 B (25 029 000 Ex.)		2,—
1989 B (20 031 500 Ex.)		2,—
1990 B (6 534 000 Ex.)		3,—
1991 B (48 076 000 Ex.)		1,—
1992 B (12 627 000 Ex.)		1,—
1993 B (32 522 000 Ex.)		1,—
1994 B (20 023 400 Ex.)		1,—
1995 B (8 024 100 Ex.)		1,—
1996 B (4 020 000 Ex.)		1,—
1997 B		1,—
1998 B		1,—
1999 B		1,—
2000 B		1,—
2001 B		1,—

13 [30] ½ Franken (S) 1875~1967. Stehende Helvetia mit Wappenschild, von zweiundzwanzig Sternen für die Kantone umgeben. Rs. Wertangabe und Jahreszahl im Kranz unten gebundener Zweige. 835er Silber, 2.5 g:

	S	SS	VZ
1875 B (1 000 000 Ex.)	55,—	150,—	450,—
1877 B (1 000 000 Ex.)	70,—	180,—	700,—
1878 B (1 000 000 Ex.)	70,—	180,—	700,—

	S	SS	VZ
1879 B (1 000 000 Ex.)	50,—	110,—	320,—
1881 B (1 000 000 Ex.)	25,—	55,—	250,—
1882 B (1 000 000 Ex.)	25,—	85,—	300,—
1894 A (800 000 Ex.)	55,—	130,—	300,—
1896 B (28 Ex.)			*20 000,—*
1898 B (1 600 000 Ex.)	8,—	20,—	70,—
1899 B (400 000 Ex.)	15,—	40,—	200,—
1900 B (400 000 Ex.)	20,—	45,—	200,—
1901 B (200 000 Ex.)	60,—	160,—	600,—
1903 B (800 000 Ex.)	6,—	15,—	60,—
1904 B (400 000 Ex.)	20,—	55,—	360,—
1905 B (600 000 Ex.)	6,—	15,—	120,—
1906 B (1 000 000 Ex.)	6,—	15,—	90,—
1907 B (1 200 000 Ex.)	6,—	15,—	80,—
1908 B (800 000 Ex.)	6,—	15,—	100,—
1909 B (1 000 000 Ex.)	6,—	12,—	70,—
1910 B (1 000 000 Ex.)	6,—	12,—	70,—
1913 B (800 000 Ex.)	6,—	12,—	50,—
1914 B (2 000 000 Ex.)	5,—	10,—	35,—
1916 B (800 000 Ex.)	6,—	12,—	50,—
1920 B (5 400 000 Ex.)	3,—	8,—	25,—
1921 B (6 000 000 Ex.)	3,—	8,—	25,—
1928 B (1 000 000 Ex.)	5,—	10,—	35,—
1929 B (2 000 000 Ex.)	3,—	8,—	25,—
1931–1967	2,—	5,—	8,—

Außer Kurs seit 1. Oktober 1971.

In gleicher Zeichnung: Nrn. 43, 57.

14 [31] 1 Franken (S) 1875~1967. Typ wie Nr. 13. 035er Silber, 5 g:

1875 B (1 036 000 Ex.)	35,—	170,—	500,—
1876 B (2 500 000 Ex.)	18,—	65,—	350,—
1877 B (2 520 000 Ex.)	18,—	80,—	450,—
1880 B (945 000 Ex.)	25,—	185,—	800,—
1886 B (1 000 000 Ex.)	12,—	40,—	180,—
1887 B (1 000 000 Ex.)	12,—	40,—	180,—
1894 A (1 200 000 Ex.)	12,—	40,—	170,—
1896 B (28 Ex.)			*18 000,—*
1898 B (400 000 Ex.)	15,—	40,—	250,—
1899 B (400 000 Ex.)	15,—	40,—	250,—
1900 B (400 000 Ex.)	18,—	45,—	300,—
1901 B (400 000 Ex.)	18,—	45,—	550,—

	S	SS	VZ
1903 B (1 000 000 Ex.)	10,—	25,—	150,—
1904 B (400 000 Ex.)	25,—	70,—	600,—
1905 B (700 000 Ex.)	10,—	25,—	110,—
1906 B (700 000 Ex.)	10,—	25,—	170,—
1907 B (800 000 Ex.)	10,—	25,—	110,—
1908 B (1 200 000 Ex.)	8,—	20,—	90,—
1909 B (900 000 Ex.)	8,—	20,—	80,—
1910 B (1 000 000 Ex.)	8,—	20,—	70,—
1911 B (1 200 000 Ex.)	8,—	20,—	60,—
1912 B (1 200 000 Ex.)	8,—	20,—	50,—
1913 B (1 200 000 Ex.)	8,—	20,—	50,—
1914 B (4 200 000 Ex.)	6,—	15,—	50,—
1916 B (1 000 000 Ex.)	8,—	20,—	65,—
1920 B (3 300 000 Ex.)	5,—	15,—	20,—
1921 B (3 800 000 Ex.)	5,—	15,—	20,—
1928 B (1 500 000 Ex.)	5,—	15,—	20,—
1931 B (1 000 000 Ex.)	5,—	15,—	20,—
1932 B (500 000 Ex.)	6,—	18,—	50,—
1934 B (500 000 Ex.)	6,—	18,—	50,—
1936 B (500 000 Ex.)	6,—	18,—	50,—
1937–1967	3,—	6,—	10,—

Außer Kurs seit 1. Oktober 1971.

In gleicher Zeichnung: Nrn. 44, 58.

15 [32] 2 Franken (S) 1874~1967. Typ wie Nr. 13.
835er Silber, 10 g:

	S	SS	VZ
1874 B (1 000 000 Ex.)	25,—	75,—	550,—
1875 B (982 000 Ex.)	25,—	100,—	800,—
1878 B (1 500 000 Ex.)	18,—	65,—	450,—
1879 B (518 000 Ex.)	25,—	100,—	1000,—
1886 B (1 000 000 Ex.)	15,—	40,—	180,—
1894 A (700 000 Ex.)	15,—	40,—	350,—
1896 B (20 Ex.)			*26 000,—*
1901 B (50 000 Ex.)	240,—	600,—	3000,—
1903 B (300 000 Ex.)	12,—	25,—	160,—
1904 B (200 000 Ex.)	18,—	55,—	650,—
1905 B (300 000 Ex.)	10,—	30,—	160,—
1906 B (400 000 Ex.)	8,—	30,—	160,—
1907 B (300 000 Ex.)	10,—	35,—	280,—
1908 B (200 000 Ex.)	18,—	60,—	750,—
1909 B (300 000 Ex.)	10,—	18,—	160,—

	S	SS	VZ
1910 B (250 000 Ex.)	10,—	25,—	350,—
1911 B (400 000 Ex.)	8,—	18,—	90,—
1912 B (400 000 Ex.)	8,—	18,—	90,—
1913 B (300 000 Ex.)	8,—	18,—	90,—
1914 B (1 000 000 Ex.)	6,—	18,—	60,—
1916 B (250 000 Ex.)	10,—	25,—	300,—
1920 B (2 300 000 Ex.)	5,—	8,—	25,—
1921 B (2 000 000 Ex.)	5,—	8,—	25,—
1922 B (400 000 Ex.)	10,—	20,—	80,—
1928 B (750 000 Ex.)	5,—	10,—	40,—
1931 B (500 000 Ex.)	5,—	10,—	40,—
1932 B (250 000 Ex.)	8,—	18,—	100,—
1936 B (250 000 Ex.)	8,—	15,—	70,—
1937 B (250 000 Ex.)	7,—	12,—	60,—
1939 B (1 455 000 Ex.)	5,—	8,—	20,—
1940 B (2 503 000 Ex.)	6,—	8,—	12,—
1941 B (1 192 000 Ex.)	6,—	8,—	12,—
1943 B (2 098 000 Ex.)	6,—	8,—	11,—
1944 B (6 276 000 Ex.)	5,—	7,—	11,—
1945 B (1 340 000 Ex.)	6,—	8,—	15,—
1946 B (1 629 000 Ex.)	5,—	7,—	10,—
1947 B (500 000 Ex.)	6,—	8,—	18,—
1948 B (920 000 Ex.)	5,—	7,—	10,—
1953 B (438 000 Ex.)	6,—	8,—	18,—
1955 B (1 032 000 Ex.)	4,—	7,—	10,—
1957 B (2 298 000 Ex.)	4,—	7,—	10,—
1958 B (650 000 Ex.)	5,—	10,—	15,—
1959 B (2 095 000 Ex.)	5,—	7,—	10,—
1960 B (1 980 000 Ex.)	5,—	7,—	10,—
1961 B (4 653 000 Ex.)	4,—	6,—	10,—
1963 B (8 030 000 Ex.)	4,—	7,—	10,—
1964 B (4 558 000 Ex.)	4,—	7,—	10,—
1965 B (8 526 000 Ex.)	4,—	7,—	10,—
1967 B (4 132 000 Ex.)	4,—	7,—	10,—

Außer Kurs seit 1. Oktober 1971.

In gleicher Zeichnung: Nrn. 45, 59.

			S	SS	VZ
16 [33]	5 Franken (S) 1888~1916. Frauenkopf nach links. Rs. Wappenschild und Wertangabe im Kranz unten gebundener Eichen- und Lorbeerzweige. 900er Silber, 25 g:				
	1888 B	(25 000 Ex.)	550,—	1100,—	3000,—
	1889 B	(225 000 Ex.)	200,—	450,—	800,—
	1890 B	(305 000 Ex.)	180,—	400,—	750,—
	1891 B	(150 000 Ex.)	220,—	475,—	850,—
	1892 B	(190 000 Ex.)	180,—	420,—	750,—
	1894 B	(34 000 Ex.)	850,—	2200,—	4000,—
	1895 B	(46 000 Ex.)	500,—	1100,—	3000,—
	1896 B	(2 000 Ex.)		30 000,—	50 000,—
	1900 B	(33 000 Ex.)	800,—	1500,—	3000,—
	1904 B	(40 000 Ex.)	700,—	1200,—	2200,—
	1907 B	(277 000 Ex.)	200,—	400,—	800,—
	1908 B	(200 000 Ex.)	225,—	450,—	850,—
	1909 B	(120 000 Ex.)	300,—	450,—	850,—
	1912 B	(11 000 Ex.)	3000,—	6000,—	9000,—
	1916 B	(22 000 Ex.)	1550,—	2200,—	3600,—

Außer Kurs seit 1. August 1934.

			SS	VZ
17 [40]	20 Franken (G) 1883–1896. Frauenkopf nach links. Rs. Wappenschild, Wertangabe und Jahreszahl im Kranz unten gebundener Lorbeer- und Eichenlaubzweige. 900er Gold, 6.4516 g:			
	a) Riffelrand, 1883		225,—	300,—
	b) Randschrift »Dominus providebit«, 1886		225,—	300,—
	1887 B	(176 Ex.)	—,—	—,—
	1888 B	(4224 Ex.)	*12 000,—*	*20 000,—*
	1889 B – 1896 B		225,—	300,—
	c) Zusätzliches Kreuz im Schweizerkreuz (Gondo-Gold):			
	1893 B	(25 Ex.)		*60 000,—*
	1895 B	(19 Ex.)		*60 000,—*

Nrn. 1, 2, 10–17 von 1896 wurden anläßlich der Schweizerischen Landesausstellung in Genf geprägt.

18 [41] 20 Franken (G) 1897–1949. »Vreneli«, nach dem Bildnis der Françoise Kramer, geb. Egli (1859–1946). Rs. Wappenschild vor Zweigen, Wertangabe, Jahreszahl. 900er Gold, 6.4516 g:

		SS	**VZ**
a) »Vreneli« mit frivoler Stirnlocke, 1897 B (12 Ex.)		—,—	
b) Zusätzliches Kreuz im Schweizerkreuz (Gondo-Gold), 1897 B (29 Ex.)			*60 000,—*
c) 1897–1916, 1922, 1925, 1927, 1930, 1935		165,—	220,—
1926 (50 000 Ex.)		400,—	550,—
d) »L 1935 B« (Lingot, Bern) (geprägt 1945, 1946, 1948)			200,—
e) Randschrift »Ad legem anni MCMXXXI«, 1947, 1949		165,—	220,—

19 [42] 10 Franken (G) 1911∼1922. Rs. Schweizerkreuz von Strahlen umgeben, Wertangabe, Jahreszahl, Edelweiß. 900er Gold, 3.2258 g:

		SS	VZ
1911 B	(100 000 Ex.)	300,—	550,—
1912 B	(200 000 Ex.)	180,—	250,—
1913 B	(600 000 Ex.)	150,—	200,—
1914 B	(200 000 Ex.)	180,—	250,—
1915 B	(400 000 Ex.)	150,—	200,—
1916 B	(130 000 Ex.)	200,—	300,—
1922 B	(1 020 000 Ex.)	150,—	200,—

20 [43] 100 Franken (G) 1925 B. Typ wie Nr. 19. 900er Gold, 32.258 g (5000 Ex.)   8000,— 12 000,—

21 [23b] 5 Rappen (Me) 1917, 1918. Typ wie Nr. 10:

		S	SS	VZ
1917 B	(wenige Ex.)			*5500,—*
1918 B	(6 000 000 Ex.)	15,—	40,—	60,—

Außer Kurs seit 1. Januar 1924.

22 [24b] 10 Rappen (Me) 1918, 1919. Typ wie Nr. 11: **S** **SS** **VZ**
1918 B (6 000 000 Ex.) 30,— 60,— 90,—
1919 B (3 000 000 Ex.) 100,— 180,— 280,—
Außer Kurs seit 1. Januar 1924.

23 [34] 5 Franken (S) 1922, 1923. Hirtenbüste nach rechts. Rs. Wappenschild zwischen Zweigen, Wertangabe »5 Fr.«, Jahreszahl. 900er Silber, 25 g, ⌀ 37 mm:
1922 B (2 400 000 Ex.) 120,— 240,— 400,—
1923 B (11 300 000 Ex.) 90,— 165,— 250,—

Außer Kurs seit 1. August 1934.

24 [34a] 5 Franken (S) 1924 ~ 1928. Typ wie Nr. 23, jedoch Wertangabe »5 FR.«, Randschrift: DOMINUS ***/PROVIDEBIT/**********:
1924 B (182 000 Ex.) 500,— 860,— 1500,—
1925 B (2 830 000 Ex.) 160,— 270,— 450,—
1926 B (2 000 000 Ex.) 185,— 300,— 500,—
1928 B (23 791 Ex.) 9000,— 17 000,—

Außer Kurs seit 1. August 1934.

24F Fehlprägung (Versuchsprägung?) 5 Franken 1926, Messing, abgeschichtete Ronde, Randschrift PROVIDEBIT/DOMINUS ***/**********, 20.49 g (1 Ex. bekannt) —,—

Die Katalogpreise sind durchschnittliche Handelspreise in DM und als solche den täglichen Schwankungen des Marktes unterworfen.

25	[36]	5 Franken (S) 1931~1969. Typ wie Nr. 24. 835er Silber, 15 g, ⌀ 31 mm:	**S**	**SS**	**VZ**
		1931 B (3 520 000 Ex.)	10,—	22,—	65,—
		1932 B (10 580 000 Ex.)	8,—	12,—	30,—
		1933 B (5 900 000 Ex.)	8,—	12,—	30,—
		1935 B (3 000 000 Ex.)	8,—	13,—	32,—
		1937 B (645 000 Ex.)	8,—	18,—	40,—
		1939 B (2 197 000 Ex.)	8,—	12,—	20,—
		1940 B (1 601 000 Ex.)	8,—	12,—	25,—
		1948 B (416 000 Ex.)	9,—	15,—	30,—
		1949 B (407 000 Ex.)	9,—	15,—	40,—
		1950 B (482 000 Ex.)	9,—	15,—	35,—
		1951 B (1 096 000 Ex.)	8,—	12,—	25,—
		1952 B (154 850 Ex.)	35,—	90,—	200,—
		1953 B (3 403 000 Ex.)	8,—	12,—	25,—
		1954 B (6 600 000 Ex.)	8,—	12,—	20,—
		1965 B (5 021 000 Ex.)	8,—	10,—	15,—
		1966 B (9 016 000 Ex.)	8,—	10,—	15,—
		1967 B (13 817 000 Ex.)	7,—	9,—	12,—
		1968 B (wenige Ex.*)	—,—	—,—	—,—
		1969 B (8 637 000 Ex.)	8,—	10,—	15,—

Außer Kurs seit 1. Oktober 1971.

* Jahrgang 1968 als Normalausgabe in Kupfernickel siehe Nr. 46.

Medaillen in Silber (5 Franken) und Gold (100 Franken) zum Eidgenössischen Schützenfest 1934 in Freiburg (während der Veranstaltung einlösbar zum Nennwert) siehe Nrn. T18–T19 am Schluß des Schweiz-Teils.

Nrn. 26–27 fallen aus.

EIDGENÖSSISCHE WEHRANLEIHE

				VZ	ST
28	[46]	5	Franken (S) 1936 B. Kniendes Mädchen mit Schwert und Taube. Rs. Stahlhelm über Zweckinschrift. 835er Silber, 15 g (200 000 Ex.)	65,—	100,—

Medaillen in Silber (5 Franken) und Gold (100 Franken) zum Eidgenössischen Schützenfest 1939 in Luzern (während der Veranstaltung einlösbar zum Nennwert) siehe Nrn. T20–T21 am Schluß des Schweiz-Teils.

Nrn. 29–30 fallen aus.

600. JAHRESTAG DER SCHLACHT VON LAUPEN

31	[49]	5	Franken (S) 1939 B. Krieger mit einer Steinschleuder. Rs. Schweizerkreuz. 835er Silber, 15 g (30 600 Ex.)	750,—	1200,—
31P		5	Franken (S) 1939 B. Probe mit breitem Randstab		4000,—

Medaillen in Silber (5 Franken) zur Schweizerischen Landesausstellung 1939 in Zürich (während der Veranstaltung einlösbar zum Nennwert) siehe Nr. T22 am Schluß des Schweiz-Teils.

Nrn. 32 fällt aus.

650 JAHRE SCHWEIZERISCHE EIDGENOSSENSCHAFT

33	[51]	5	Franken (S) 1941 B. Schwur der Urkantone Uri, Schwyz und Unterwalden. Rs. Lateinisches Zitat aus dem Bundesbrief von 1291, übersetzt: »Sie versprachen sich gegenseitig hilfreich beizustehen«. 835er Silber, 15 g (100 150 Ex.)	120,—	200,—

34	[18a]	1 Rappen (Zink) 1942–1946. Typ wie Nr. 1:	**S**	**SS**	**VZ**
		1942 B (17 969 000 Ex.)	—,50	1,—	3,—
		1943 B (8 647 000 Ex.)	—,70	2,—	6,—
		1944 B (11 825 000 Ex.)	—,50	2,—	6,—
		1945 B (2 800 000 Ex.)	8,—	15,—	35,—
		1946 B (12 063 000 Ex.)	—,50	2,—	6,—

35	[19a]	2 Rappen (Zink) 1942–1946. Typ wie Nr. 2:			
		1942 B (8 954 000 Ex.)	—,50	2,—	5,—
		1943 B (4 499 000 Ex.)	1,—	5,—	12,—
		1944 B (8 086 000 Ex.)	—,50	2,—	6,—
		1945 B (3 640 000 Ex.)	2,—	8,—	20,—
		1946 B (1 393 000 Ex.)	10,—	25,—	60,—

500. JAHRESTAG DER SCHLACHT BEI SANKT JAKOB AN DER BIRS

36	[52]	5 Franken (S) 1944 B. Kniender Krieger, der mit der Rechten einen Stein schleudert und sich mit der Linken einen Pfeil aus der Brust zieht. Rs. Inschrift. 835er Silber, 15 g (101 680 Ex.)	**VZ**	**ST**
			100,—	180,—

100 JAHRE SCHWEIZERISCHER BUNDESSTAAT

				VZ	ST
37	[53]	5	Franken (S) 1948 B. Mutter und Kind. Rs. Inschrift, Schweizerkreuz. 900er Gold, (500 400 Ex.)	30,—	50,—
37 P		5	Franken (G) 1948 B. Materialprobe für Präsentationszwecke. 900er Gold (15 Ex.)		—,—

38		25	Franken (G) 1955, 1958, 1959. Rs. Wilhelm Tell mit Armbrust. 900er Gold, 5.645 g	—,—	—,—
38 P		25	Franken (S) 1955. Materialprobe, Silber, 3.35 g		*22 500,—*

39		50	Franken (G) 1955, 1958, 1959. Rs. Schwur der Vertreter der Urkantone Uri, Schwyz und Unterwalden auf der Rütliwiese am Vierwaldstätter See. 900er Gold, 11.29 g	—,—	—,—
39 P1		50	Franken (S) 1955. Materialprobe, Silber, 6.7 g		*25 000,—*
38 P2		50	Franken (Al) 1955. Materialprobe		—,—

Nrn. 38 und 39 wurden bisher nicht ausgegeben.

40	[54]	1	Rappen (Bro) 1948 ~ 2001. Schweizerkreuz. Rs. Wertzahl und Ähre:		
			1948 B (10 500 000 Ex.)	2,—	10,—
			1949 B (11 100 000 Ex.)	2,—	10,—
			1950 B (3 610 000 Ex.)	8,—	18,—

	VZ	ST
1951 B (22 624 000 Ex.)	2,—	10,—
1952 B (11 520 000 Ex.)	2,—	10,—
1953 B (5 947 000 Ex.)	2,—	10,—
1954 B (5 175 000 Ex.)	2,—	10,—
1955 B (5 282 000 Ex.)	2,—	10,—
1956 B (4 960 000 Ex.)	2,—	10,—
1957–1959, 1962, 1963, 1966–1971, 1973–1984		3,—
1985 (3 039 000 Ex.)		2,—
1986 B (2 031 000 Ex.)		2,—
1987 B (1 028 000 Ex.)		2,—
1988 B (2 029 000 Ex.)		1,—
1989 B (2 031 000 Ex.)		1,—
1990 B (1 032 000 Ex.)		1,—
1991 B (536 000 Ex.)		2,—
1992 B (527 000 Ex.)		2,—
1993 B (522 000 Ex.)		2,—
1994 B (2 023 400 Ex.)		1,—
1995 B (6 024 100 Ex.)		—,50
1996 B (1 020 000 Ex.)		—,50
1997 B (1 020 000 Ex.)		—,20
1998 B		—,20
1999 B		—,20
2000 B		—,20
2001 B		—,20

41 [55] 2 Rappen (Bro) 1948 ~ 1974. Typ wie Nr. 40:

	VZ	ST
1948 B (10 197 000 Ex.)	2,—	15,—
1951 B (9 622 000 Ex.)	2,—	12,—
1952 B (1 916 000 Ex.)	8,—	30,—
1953 B (2 007 000 Ex.)	5,—	15,—
1954 B (2 539 000 Ex.)	5,—	15,—
1955 B (2 493 000 Ex.)	3,—	12,—
1957 B (8 099 000 Ex.)	1,—	6,—
1958 B (6 078 000 Ex.)	1,—	6,—
1963 B (10 065 000 Ex.)	1,—	3,—
1966 B (2 510 000 Ex.)	1,—	3,—
1967 B (1 510 000 Ex.)	1,—	6,—
1968 B (2 865 000 Ex.)	—,50	2,—
1969 (6 200 000 Ex.)	—,50	1,—
1970 (3 115 000 Ex.)	—,50	1,—
1974 (3 539 900 Ex.)	—,50	1,—

Außer Kurs seit 1977.

100 JAHRE ROTES KREUZ

				VZ	ST
42	[56]	5	Franken (S) 1963 B. Rs. Stehende Krankenschwester und Verwundete, ins Kreuz gestellt. 835er Silber, 15 g (623 000 Ex.)	30,—	45,—
42 P		5	Franken (G) 1963 B. Materialprobe für Präsentationszwecke. 900er Gold (15 Ex.)	—,—	

43 [30a] ½ Franken (K–N) 1968–1982. Typ wie Nr. 13 (zweiundzwanzig Sterne):
    a) ↓↑, 1968–1981   —,90   2,—
    b) ↑↑, 1982   —,90   2,—
44 [31a] 1 Franken (K–N) 1968–1982. Typ wie Nr. 13 (zweiundzwanzig Sterne):
    a) ↓↑, 1968–1971, 1973–1981   1,60   3,—
    b) ↑↑, 1982   1,60   3,—

45 [32a] 2 Franken (K–N) 1968–1982. Typ wie Nr. 13 (zweiundzwanzig Sterne):
    a) ↓↑, 1968–1970, 1972–1981   3,—   4,—
    b) ↑↑, 1982   3,—   4,—

In ähnlicher Zeichnung: Nrn. 57–59.

46 [36a] 5 Franken (K–N) 1968 ~ 2001. Typ wie Nr. 25. **VZ** **ST**
Kupfernickel, 13.2 g:
a) ↓↑, Randschrift erhaben, 1968, 1970,
1973–1981   8,—   10,—

Bei der ab 1981 verwendeten Verpackung der Münzsätze störte die uneinheitliche Stellung der Münzen das Erscheinungsbild. Aus diesem Grunde werden seit 1982 alle Nominale gleichständig (↑↑) geprägt.

b) ↑↑, Randschrift erhaben, 1982–1984   8,—   10,—

Von den Herstellungskosten abgesehen, war die erhabene Randschrift der Abnutzung zu stark ausgesetzt und erforderte daher eine größere Durchmessertoleranz mit der Folge einer geringeren Automatensicherheit.

c) ↑↑, Randschrift vertieft:
1985 (4 050 000 Ex.)   8,—   10,—
1986 (7 083 000 Ex.)   7,50   10,—
1987 (7 028 000 Ex.)   7,50   10,—
1988 (7 029 000 Ex.)   7,50   10,—
1989 (5 031 500 Ex.)   7,50   10,—
1990 (1 049 000 Ex.)   7,50   10,—
1991   (544 000 Ex.)   120,—   230,—
1992 (5 034 000 Ex.)   7,—   8,—
1993 (5 022 000 Ex.)   130,—   240,—

Aufgrund der Vereinfachung der Rändelungswerkzeuge tauchten ab 1993 falsche Fünffrankenstücke mit vertiefter Randschrift (Jahrgänge 1986, 1987, 1989, 1991) aus einer norditalienischen Fälscherwerkstatt auf. Durch die 1994 neu konzipierte erhabene Randprägung konnte das Problem der Abnutzung deutlich reduziert werden. Die Fünffrankenstücke mit der vertieften Randschrift werden von der Finanzverwaltung einbehalten und durch solche mit erhabener Randschrift ersetzt.

d) ↑↑, Randschrift erhaben:
1994 (12 023 400 Ex.)   7,50
1995 (12 024 100 Ex.)   7,50
1996 (12 020 000 Ex.)   7,50
1997 (9 020 000 Ex.)   7,50
1998   7,50
1999   7,50
2000   7,50
2001   —,—

Schweiz **481**

100. JAHRESTAG DER VERFASSUNGSREVISION (29. 5. 1874)

				ST	PP
47	[57]	5 Franken (K–N) 1974. Rs. Drei Frauengestalten und Schweizerkreuz (ST: 3 709 000 Ex., PP: 130 000 Ex.)		10,—	20,—

EUROPÄISCHES DENKMALSCHUTZJAHR 1975

| 48 | [58] | 5 Franken (K–N) 1975. Rs. Zwei schützend erhobene Hände bringen den Gedanken der Denkmalpflege zum Ausdruck, Leitspruch HEREDIO NOSTRO FUTURUM (Unserem Erbe eine Zukunft), Jahreszahl (ST: 2 500 000 Ex., PP: 60 000 Ex.) | 10,— | 40,— |

500. JAHRESTAG DER SCHLACHT VON MURTEN (22. 6. 1476)

| 49 | [59] | 5 Franken (K–N) 1976. Rs. Mit Langspießen bewaffnete Eidgenossen in Angriffsaktion, Jubiläumszahlen, Umschrift »Muratum« (Murten) (ST: 1 506 000 Ex., PP: 100 900 Ex.) | 10,— | 20,— |

150. TODESTAG VON JOHANN HEINRICH PESTALOZZI

50 [60] 5 Franken (K–N) 1977. Rs. Johann Heinrich Pestalozzi (1746–1827), Erzieher und Sozialreformer (ST: 802 200 Ex., PP: 50 260 Ex.)

ST **PP**
12,— 50,—

Unbefugte Prägungen in Nickel vorkommend (ca. 6 Ex.).

150. GEBURTSTAG VON HENRY DUNANT

51 [61] 5 Franken (K–N) 1978. Rs. Henry Dunant (1828–1910) opferte sein Vermögen zur Gründung des Internationalen Roten Kreuzes, erhielt 1901 den Friedensnobelpreis (ST: 903 000 Ex., PP: 60 000 Ex.) 12,— 30,—

100. GEBURTSTAG VON ALBERT EINSTEIN (2)

52 [62] 5 Franken (K–N) 1979. Rs. Albert Einstein (1879–1955), Physiker (ST: 900 000 Ex., PP: 35 000 Ex.) 12,— 120,—

| 53 | [63] | 5 Franken (K–N) 1979. Rs. Integralgleichungen zur Relativitätstheorie in der Handschrift Einsteins (ST: 902 000 Ex., PP: 35 000 Ex.) | **ST** 12,— | **PP** 120,— |

FERDINAND HODLER

| 54 | [64] | 5 Franken (K–N) 1980. Rs. Ferdinand Hodler (1853–1918), Maler (ST: 951 000 Ex., PP: 50 000 Ex.) | 10,— | 50,— |

500 JAHRE STANSER VERKOMMNIS

| 55 | [65] | 5 Franken (K–N) 1981. Rs. Porträt von Nikolaus von Flüe und dessen Handgeste (ST: 900 000 Ex., PP: 50 260 Ex.) | 10,— | 40,— |

100 JAHRE GOTTHARDBAHN

			VZ	ST
56	[66]	5 Franken (K–N) 1982. Rs. Gotthardmassiv als Freiplastik (ST: 1 105 000 Ex., PP: 65 110 Ex.)	12,—	50,—

57 [30b] ½ Franken (K–N) 1983–2001. Typ wie Nr. 43, mit dreiundzwanzigstem Stern für den Kanton Jura, ↑↑:

	VZ	ST
1983 (22 031 000 Ex.)	1,—	2,—
1984 (20 050 000 Ex.)	1,—	2,—
1985 (6 038 000 Ex.)	1,—	3,—
1986 B (5 031 000 Ex.)	1,—	3,—
1987 B (10 028 000 Ex.)	1,—	3,—
1988 B (5 029 000 Ex.)	1,—	3,—
1989 B (10 031 500 Ex.)	—,80	2,—
1990 B (20 032 000 Ex.)	—,80	2,—
1991 B (10 036 000 Ex.)	—,80	2,—
1992 B (30 027 000 Ex.)	—,80	1,—
1993 B (13 022 000 Ex.)	—,80	1,—
1994 B (15 023 400 Ex.)	—,80	1,—
1995 B (10 024 100 Ex.)	—,80	1,—
1996 B (8 020 000 Ex.)	—,80	1,—
1997 B (6 020 000 Ex.)	—,80	1,—
1998 B	—,80	1,—
1999 B	—,80	1,—
2000 B	—,80	1,—
2001 B	—,80	1,—

Schweiz

58 [31b] 1 Franken (K–N) 1983–2001. **VZ** **ST**
Typ wie Nr. 57, ↑↑:

		VZ	ST
1983	(7 029 000 Ex.)	1,50	3,—
1984	(3 042 000 Ex.)	2,—	4,—
1985	(20 054 000 Ex.)	1,50	3,—
1986 B	(17 997 000 Ex.)	1,50	2,—
1987 B	(17 028 000 Ex.)	1,50	2,—
1988 B	(18 029 000 Ex.)	1,50	2,—
1989 B	(15 031 500 Ex.)	1,50	2,—
1990 B	(2 032 000 Ex.)	2,50	6,—
1991 B	(9 036 000 Ex.)	1,50	2,—
1992 B	(12 027 750 Ex.)	1,30	2,—
1993 B	(12 022 700 Ex.)	1,30	2,—
1994 B	(10 023 400 Ex.)	1,30	2,—
1995 B	(13 024 100 Ex.)	1,30	2,—
1996 B	(3 020 000 Ex.)	1,30	2,—
1997 B	(3 020 000 Ex.)	1,30	2,—
1998 B		1,30	2,—
1999 B		1,30	2,—
2000 B		1,30	2,—
2001 B		1,30	2,—

59 [32b] 2 Franken (K–N) 1983–2001.
Typ wie Nr. 57, ↑↑:

1983	(3 034 000 Ex.)	3,—	5,—
1984	(2 043 000 Ex.)	3,—	5,—
1985	(3 034 000 Ex.)	3,—	5,—
1986 B	(3 032 000 Ex.)	3,—	5,—
1987 B	(8 028 000 Ex.)	3,—	5,—
1988 B	(10 029 000 Ex.)	3,—	5,—
1989 B	(8 031 500 Ex.)	3,—	5,—
1990 B	(5 045 000 Ex.)	3,—	5,—
1991 B	(12 036 000 Ex.)	3,—	4,—
1992 B	(10 027 000 Ex.)	2,70	3,—
1993 B	(13 049 000 Ex.)	2,70	3,—
1994 B	(16 023 400 Ex.)	2,70	3,—
1995 B	(7 024 100 Ex.)	2,70	3,—
1996 B	(5 020 000 Ex.)	2,70	3,—
1997 B	(5 020 000 Ex.)	2,70	3,—
1998 B		2,70	3,—

	VZ	ST
1999 B	2,70	3,—
2000 B	2,70	3,—
2001 B	2,70	3,—

Die Katalogpreise sind durchschnittliche Handelspreise in DM und als solche den täglichen Schwankungen des Marktes unterworfen.

100. GEBURTSTAG VON ERNEST ANSERMET

			ST	PP
60	[67]	5 Franken (K–N) 1983. Rs. Ernest Ansermet (1883–1969), Dirigent und Komponist im Profil, zusammen mit dem Partituranfang von »L'Histoire du Soldat« (ST: 951000 Ex., PP: 60160 Ex.)	9,—	40,—

100. GEBURTSTAG VON AUGUSTE PICCARD

| **61** | [70] | 5 Franken (K–N) 1984. Rs. Auguste Piccard (1884–1962), Physiker; Stratosphärenballon und das Unterseeboot »Batyskaph« (ST: 1012000 Ex., PP: 75000 Ex.) | 9,— | 35,— |

EUROPÄISCHES JAHR DER MUSIK 1985

			ST	**PP**
62	[73]	5 Franken (K–N) 1985. Rs. Das Thema der Musik wird durch sich ausbreitende Schallwellen und durch fünf Notenlinien symbolisiert (ST: 1 156 000 Ex., PP: 84 000 Ex.)	9,—	25,—

600. JAHRESTAG DER SCHLACHT BEI SEMPACH (9. JULI 1386)

| **63** | [74] | 5 Franken (K–N) 1986. Rs. Langspieße und Hellebarden mit Schweizerkreuz (ST: 1 082 000 Ex., PP: 75 000 Ex.) | 9,— | 30,— |

100. GEBURTSTAG VON LE CORBUSIER

| **64** | [80] | 5 Franken (K–N) 1987 B. Rs. Maßsystem »Modulor« des Architekten, Malers und Bildhauers Charles Edouard Jeanneret »Le Corbusier« (1887–1965) (ST: 960 000 Ex., PP: 62 000 Ex.) | 9,— | 40,— |

OLYMPISCHE BEWEGUNG

65   5 Franken (K–N) 1988 B. Rs. Taube mit olympischen Ringen inmitten sich ausbreitender Kreise, symbolisch für die olympische Bewegung und die Suche nach dem Weltfrieden (ST: 1 026 000 Ex., PP: 68 500 Ex.)   **ST**   **PP**

15,—   50,—

Ausgaben zu den Olympischen Spielen mit allen Varianten und Proben siehe Olympia Weltmünzkatalog von Gerhard Schön.

50. JAHRESTAG DER MOBILMACHUNG VON 1939

66   5 Franken (K–N) 1989 B. Rs. General Henri Guisan (1874–1960), Oberkommandierender der Schweizerischen Armee 1939–1945 (ST: 1 270 000 Ex., PP: 69 000 Ex.)   9,—   35,—

100. TODESTAG VON GOTTFRIED KELLER

| 67 | 5 Franken (K–N) 1990 B. Rs. Gottfried Keller (1819–1890), Dichter (ST: 1 100 000 Ex., PP: 69 400 Ex.) | **ST** 9,— | **PP** 25,— |

700 JAHRE SCHWEIZERISCHE EIDGENOSSENSCHAFT (2)

| 68 | 20 Franken (S) 1991 B. Rs. Vier fragmentierte Schweizerkreuze für die vier Sprachregionen in räumlich progressiver Anordnung als Symbol für die Zeitspanne zwischen 1291 und 1991. 835er Silber, 20 g (ST: 2 440 000 Ex., PP: 100 000 Ex.) | 35— | 50,— |

| 69 | 250 Franken (G) 1991 B. Landesname und Wertangabe, ins Kreuz gestellt. Rs. Jahreszahl 1291, durch Drehspiegelung in 1991 übergehend. 900er Gold, 8 g: | | |
| | a) Randschrift mit »1291–1991« (296 741 Ex.*) | 350,— | |

Eingeschmolzen bis auf 108 222 Ex.

| | b) Randschrift mit »1291 ÷ 1991« (193 259 Ex.**) | 350,— | |

**Eingeschmolzen bis auf 91 249 Ex.*

20. TODESTAG VON GERTRUD KURZ

| 70 | 20 Franken (S) 1992 B. Rs. Stacheldraht, durch Inschrift durchbrochen, symbolisch für das Lebenswerk von Gertrud Kurz (1890–1972). 835er Silber, 20 g (ST: 325 000 Ex., PP: 36 000 Ex.) | 40,— | 60,— |

500. GEBURTSTAG VON PARACELSUS

			ST	**PP**
71	20	Franken (S) 1993 B. Rs. Philippus Aureolus Theophrastus Bombastus »Paracelsus« von Hohenheim (1493–1541), Naturforscher und Erneuerer der Heilkunde (ST: 260 000 Ex., PP: 30 000 Ex.)	40,—	65,—

SAGENUMWOBENE LANDSCHAFTEN DER SCHWEIZ (4)

72	20	Franken (S) 1994 B. Rs. Teufelsbrücke über die Reuß in der Schöllenen im Kanton Uri (ST: 240 000 Ex., PP: 32 200 Ex.)	40,—	70,—

73	20	Franken (S) 1995 B. Rs. Rätische Schlangenkönigin aus dem Bündnerland als Sinnbild für die Naturgesetze (ST: 235 000 Ex., PP: 30 700 Ex.)	40,—	70,—

		ST	**PP**
74	20 Franken (S) 1996 B. Rs. Riese Gargantua beim Austrinken des Doubs im Neuenburger Jura (ST: 206 000 Ex., PP: 30 000 Ex.)	40,—	70,—

| 75 | 20 Franken (S) 1996 B. Rs. Drache von Breno (ST: 190 000 Ex., PP: 26 700 Ex.) | 40,— | 70,— |

150 JAHRE SCHWEIZERISCHE BAHNEN

| 76 | 20 Franken (S) 1997 B. Rad der Lokomotive »Re 460«. Rs. Rad der Dampflokomotive »Limmat« von 1847 (ST: 215 000 Ex., PP: 19 000 Ex.) | 40,— | 80,— |

200. GEBURTSTAG VON JEREMIAS GOTTHELF

		ST	**PP**
77	20 Franken (S) 1997 B. Rs. Albert Bitzius alias »Jeremias Gotthelf« (1797–1854), evangelischer Pfarrer und Volksdichter (ST: 160 000 Ex., PP: 20 000 Ex.)	40,—	80,—

200. JAHRESTAG DER HELVETISCHEN REVOLUTION (2)

| **78** | 20 Franken (S) 1998 B. Fünfundzwanzig Schweizerkreuze als Symbol für die Kantone und Halbkantone von 1850. Rs. Motiv der Münze zu 40 Batzen 1798 der Helvetischen Republik. 835er Silber, 20 g (ST: 108 000 Ex., PP: 15 500 Ex.) | 40,— | 80,— |

| **78 E** | 20 Franken (S) 1998 B. Essai, Beizeichen »E« und Schweizerkreuz im Kreis (250 Ex.) | 900,— |

Nr. 78 E wurde auf der Europa-Münzenmesse in Basel ausgegeben.

79   100 Franken (G) 1998 B. Typ wie Nr. 78. 900er Gold, 22.58 g (2500 Ex.)   **ST**   **PP** 1200,—

150 JAHRE SCHWEIZERISCHER BUNDESSTAAT (2)

80   20 Franken (S) 1998 B. Rs. Motiv der Münze zu 5 Franken von 1850. 835er Silber, 20 g (ST: 109 000 Ex., PP: 15 500 Ex.)   40,—   80,—

80 E   Essai, Beizeichen »E« und Schweizerkreuz im Kreis (250 Ex.)   900,—

Nr. 80 E wurde auf der Europa-Münzenmesse in Basel ausgegeben.

81   100 Franken (G) 1998 B. Typ wie Nr. 80. 900er Gold, 22.58 g (2500 Ex.)   *1200,—*

100. TODESTAG VON CONRAD F. MEYER

			ST	**PP**
82	20	Franken (S) 1998 B. Rs. Conrad Ferdinand Meyer (1825–1898), Erzähler und Lyriker (ST: 108 000 Ex., PP: 14 500 Ex.)	40,—	80,—

82 E	20	Franken (S) 1998 B. Essai, Beizeichen »E« und Schweizerkreuz im Kreis (500 Ex.)		500,—

150 JAHRE SCHWEIZERISCHE POST

83	20	Franken (S) 1999 B. Rs. Postillion bei der Zustellung eines Liebesbriefes. 835er Silber, 20 g (ST: 91 000 Ex., PP: 12 000 Ex.)	40,—	80,—

Numisbrief mit Nr. 83 siehe am Schluß des Schweiz-Teils.

SCHWEIZERISCHE VOLKSBRÄUCHE – 1. AUSGABE
WINZERFESTSPIELE 1999 IN VIVIS (VEVEY) (2)

			ST	PP
84		5 Franken (K–N/Al–Bro) 1999 B. Fauna des Rebberges. Rs. Weintraube. (ST: 160 000 Ex., PP: 16 000 Ex.)	12,—	35,—

84 E	5 Franken (Al–Bro/K–N) 1999 B. Essai Beizeichen »E« und Schweizerkreuz im Kreis (765 Ex.)	250,—

85	100 Franken (G) 1999 B. Fuchs beim Anblick von Weinreben, nach der Fabel von Jean de La Fontaine. Rs. Fuchs beim Verzehr einer Traube. 900er Gold, 22.58 g (3000 Ex.)	800,—

500. JAHRESTAG DER SCHLACHT BEI DORNACH

86   20 Franken (S) 1999 B. Rs. Schwert gegen Adler, von zehn Schweizerkreuzen umgeben, als Symbol für die von der zehnörtigen Eidgenossenschaft erkämpften besonderen Freiheiten innerhalb des Heiligen Römischen Reiches. 835er Silber, 20 g (ST: 85 000 Ex., PP: 11 000 Ex.)

ST   **PP**

40,—   80,—

SCHWEIZERISCHE VOLKSBRÄUCHE – 2. AUSGABE
BASLER FASNACHT

87   5 Franken (K–N/Al–Bro) 2000 B. Rs. Tambourmajor mit piccolopfeifender Rappenspaltertruppe beim Fasnachtsumzug in der Basler Altstadt (ST: 170 000 Ex., PP: 20 000 Ex.)   12,—   35,—

HEILIGES JAHR 2000 – 1. AUSGABE

88 20 Franken (S) 2000 B. Olivenzweig. Rs. Erzengel Gabriel bei der Verkündigung an die Menschen, Inschrift »Pax in terra« (Frieden auf Erden) (Lk 2,14). 835er Silber, 20 g (ST: 100 000 Ex., PP: 15 000 Ex.)

ST **PP**

40,— 80,—

150. JAHRESTAG DER MÜNZREFORM VON 1850

89 5 Franken (K–N/Al–Bro) 2000 B. Blattstruktur. Rs. Honigwaben, von Bienen umgeben (ST: 150 000 Ex., PP: 15 000 Ex.)

12,— 35,—

HEILIGES JAHR 2000 – 2. AUSGABE

90 20 Franken (S) 2000 B. Rs. Jesus Christus als das Licht der Welt, Inschrift »Lumen Christi«. 835er Silber, 20 g (ST: 85 000 Ex., PP: 14 000 Ex.)

40,— 80,—

90E	20	Franken (S) 2000 B. Essai, Beizeichen »E« und Schweizerkreuz im Kreis (max. 750 Ex.)	**ST**	**PP** 350,—

HEILIGES JAHR 2000 – 3. AUSGABE

91	100	Franken (G) 2000 B. Landesname und Wertangabe, ins Kreuz gestellt. Rs. Jesuskind. 900er Gold, 22.58 g (3000 Ex.)	750,—

SCHWEIZERISCHE VOLKSBRÄUCHE – 3. AUSGABE
ZÜRCHER SECHSELÄUTEN

92	5	Franken (K–N/Al–Bro) 2000 B. Reiter der Zünfte auf dem nach dem ersten Sechsuhrläuten des Großmünsters in Zürich benannten Trachtenumzug zum Frühlingsanfang. Rs. Brennende Strohpuppe in Gestalt eines Schneemanns auf dem Sechseläutenplatz am Zürichsee (ST: 170 000 Ex., PP: 20 000 Ex.)	12,—	35,—

UNESCO WELTKULTURERBE – 1. AUSGABE
KLOSTER SANKT JOHANN IN MÜSTAIR

			ST	PP
93		20 Franken (S) 2001 B. Grundriß der Klosterkirche (um 800). Rs. Ansicht des Klosters Sankt Johann in Müstair. 835er Silber, 20 g (ST: 100 000 Ex., PP: 15 000 Ex.)	40,—	80,—
93E		20 Franken (S) 2001 B. Essai, Beizeichen »E« und Schweizerkreuz im Kreis (600 Ex.)		350,—

100. TODESTAG VON JOHANNA SPYRI (2)

94	20	Franken (S) 2001 B. Rs. Johanna Spyri, geb. Heußer (1827–1901), Erzählerin. 835er Silber, 20 g	—,—	—,—
95	50	Franken (G) 2001 B. Berglandschaft. Rs. Heidi mit Ziege. 900er Gold, 11.29 g		—,—

Die Essai Ausgaben Nrn. 78E, 80E, 82E, 84E, 90E, 93E haben gesetzliche Zahlungskraft wie die Normalprägungen.

Münzsätze

von 1 Rappen bis 5 Franken, seit 1999 mit zusätzlicher Bimetallmünze zu 5 Franken

	Auflage	ST	Auflage	PP
1974	10 000	110,—	2 400	900,—
1975	10 000	90,—	10 000	100,—
1976	10 000	70,—	5 130	150,—
1977	10 000	60,—	7 030	100,—
1978	10 000	45,—	10 000	85,—
1979	10 000	45,—	10 000	80,—
1980	10 000	70,—	10 000	80,—
1981	15 000	70,—	10 000	80,—
1982	15 600	100,—	10 000	180,—
1983	15 740	75,—	11 390	80,—
1984	20 000	50,—	14 000	75,—
1985	22 140	45,—	12 060	75,—
1986	21 400	45,—	10 000	75,—
1987	19 100	80,—	8 800	110,—
1988	20 700	55,—	9 000	100,—
1989	22 700	45,—	8 800	90,—
1990	23 100	45,—	8 900	90,—
1991	26 100	250,—	9 900	250,—
1992	20 300	40,—	7 450	75,—
1993	16 200	250,—	6 200	220,—
1994	17 300	45,—	6 100	100,—
1995	18 000	45,—	6 100	90,—
1996	17 300	45,—	6 100	90,—
1997	16 500	45,—	5 500	90,—
1998	16 000	45,—	4 800	90,—
1999 Vivis	16 000	90,—	5 000	120,—
2000 Basel	18 000	60,—	5 500	110,—
2000 Münzreform	2 000	250,—	500	600,—
2001 Zürich	22 000	45,—	6 000	90,—

Numisbrief

Ausgabe der Schweizerischen Post und der Eidgenössischen Münzstätte (Swiss Mint)

150 JAHRE SCHWEIZERISCHE POST

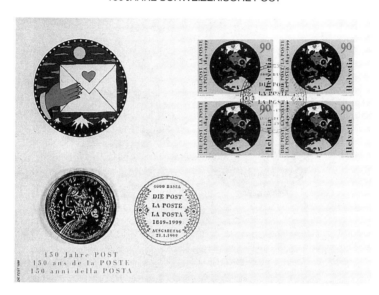

N1 Ersttagsstempel 21. Januar 1999
Münze zu 20 Franken Postwesen 1999, Viererblock der Sonderbriefmarke zu 90 Rappen
(20 000 Ex.) 80,—

Medaillen mit Nennwerten in Franken

(während der Veranstaltung einlösbar zum Nennwert,
keine gesetzlichen Zahlungsmittel)

Frühere Schützentaler (Nrn. T1–T17, darunter auch Münzen mit gesetzlicher Zahlungskraft) siehe im Weltmünzkatalog 19. Jahrhundert.

EIDGENÖSSISCHES SCHÜTZENFEST 1934 IN FREIBURG (2)

				ST	Mattprägung
T18	[44]	5	Franken (S) 1934 B. Gardist. Rs. Gekröntes Kantonswappen im Kranz. 835er Silber, 15 g	160,—	750,—
T19	[45]	100	Franken (G) 1934 B. Typ wie Nr. T18. 900er Gold, 25.9 g (2000 Ex.)	4500,—	

Vorsicht vor Fälschung der Nr. T19 zum Schaden der Sammler!

EIDGENÖSSISCHES SCHÜTZENFEST 1939 IN LUZERN (2)

T20	[47]	5 Franken (S) 1939 B. Sportschütze, kniend. Rs. Motto »Einer für alle, alle für einen«. 835er Silber, 15 g (40 000 Ex.)	120,—

T21 [48] 100 Franken (G) 1939 B. Typ wie Nr. T20. 900er Gold, 17.5 g (6000 Ex.) **ST** 1300,— Matt-prägung

SCHWEIZERISCHE LANDESAUSSTELLUNG 1939 IN ZÜRICH

T22 [50] 5 Franken (S) 1939 HF. Rs. Arbeitsszene aus der Landwirtschaft, darunter Handschlag. 835er Silber, 19.5 g, Riffelrand (150 Kerben) (60000 Ex.) 350,— 2000,—

Ausgegeben auf der Landesausstellung vom 6. Mai bis 29. Oktober 1939. Einlösbar bis 30. November 1939.

T22P1 5 Franken (S) 1939 HF. Probeprägung, 835er Silber, 15 g, Riffelrand (146 Kerben) —,—

T22P2 5 Franken (S) 1939 HF. Piedfort, 22.8 g, Rand glatt —,—

Nr. T22 auch als Prägeprobe in Messing vorkommend.

EIDGENÖSSISCHES FELDSCHIESSEN 1984 IN OBERHASLI (2)

			ST	PP
T23	50	Franken (S) 1984. Denkmal auf Wilhelm Tell in Altdorf. Rs. Sitzende Helvetia mit Schild. 900er Silber, 25 g [Singapore Mint] (ST: 5800 Ex., PP: 200 Ex.)	120,—	600,—
T23E	50	Franken (G) 1984. Typ wie Nr. T23. 900er Gold, 50 g (6 Ex.)		5500,—
T24	1000	Franken (G) 1984. Typ wie Nr. T23. 900er Gold, 26 g (300 Ex.): a) 900er Gold, 26 g (300 Ex.)		2200,—
T24E	1000	Franken (G) 1984. Typ wie Nr. T23. Piedfort, 900er Gold, 52 g (6 Ex.)		6500,—

URNER KANTONALSCHÜTZENFEST 1985 IN ALTDORF (2)

T25	50	Franken (S) 1985. Gekreuzte Gewehre. Rs. Armbrustschütze. Randschrift: »Gut für fünfzig Franken am Schützenfest« (3500 Ex.)		300,—
T25E	50	Franken (G) 1985. Typ wie Nr. T25 (6 Ex.)		5500,—
T26	1000	Franken (G) 1985. Typ wie Nr. T25. 900er Gold, 26 g (300 Ex.)		1800,—
T26E	1000	Franken (G) 1985. Typ wie Nr. T25. Piedfort, 900er Gold, 52 g (6 Ex.)		6500,—

EIDGENÖSSISCHES FELDSCHIESSEN 1986 IN APPENZELL (2)

			ST	**PP**
T27	50	Franken (S) 1986. Wappenbär von Appenzell im Kreis von 23 Sternen. Rs. Schütze in Gebirgslandschaft, Kriegstrophäen aus dem 19. Jh. Wertangabe in der Randschrift (3700 Ex.)		200,—
T27E	50	Franken (G) 1986. Typ wie Nr. T27 (6 Ex.)		5500,—
T28	1000	Franken (G) 1986. Typ wie Nr. T27. 900er Gold, 26 g (350 Ex.)		*1700,—*
T28E	1000	Franken (G) 1986. Typ wie Nr. T27. Piedfort, 900er Gold, 52 g (6 Ex.)		*6500,—*

700 JAHRE SCHWEIZERISCHE EIDGENOSSENSCHAFT – 1. AUSGABE
WILHELM-TELL-SCHIESSEN IN ALTDORF

T29	100	Franken (Platin) 1986, 1987. Bundeswappen im Kreis der Kantonswappen, gekreuzte Gewehre. Rs. Denkmal auf Wilhelm Tell in Altdorf. 999er Platin, 31.10 g		2000,—

EIDGENÖSSISCHES FELDSCHIESSEN 1987 IN GLARUS (2)

T30	50	Franken (S) 1987. Adler mit Glarusschild. Rs. Helvetia mit Gewehr und Fahne. 900er Silber, 25 g (3200 Ex.)		180,—
T30E	50	Franken (G) 1987. Typ wie Nr. T30. 900er Gold, 50 g (6 Ex.)		*5500,—*

			ST	PP
T31		1000 Franken (G) 1987. Typ wie Nr. T30. 900er Gold, 26 g (300 Ex.)		*1650,—*
T31E		1000 Franken (G) 1987. Typ wie Nr. T30. Piedfort, 900er Gold, 52 g (6 Ex.)		*6500,—*

AARGAUISCHES KANTONALSCHÜTZENFEST 1988 IN BRUGG (2)

T32	50 Franken (S) 1988 (3000 Ex.)	300,—
T32E	50 Franken (G) 1988. Typ wie Nr. T32 (6 Ex.)	*5500,—*
T33	1000 Franken (G) 1988. Typ wie Nr. T32. 900er Gold, 26 g (400 Ex.)	*1600,—*
T33E	1000 Franken (G) 1988. Typ wie Nr. T32. Piedfort, 900er Gold, 52 g (6 Ex.)	*6500,—*

700 JAHRE SCHWEIZERISCHE EIDGENOSSENSCHAFT – 2. AUSGABE WILHELM-TELL-SCHIESSEN IN ALTDORF

T34	100 Franken (Platin) 1988. Rs. Porträt von Wilhelm Tell. 999er Platin. 31.10 g	2000,—

ZUGER KANTONALSCHÜTZENFEST 1989 IN MENZINGEN (2)

T35	50 Franken (S) 1989. 900er Silber, 25 g (2200 Ex.)	150,—
T35E	50 Franken (G) 1989. Typ wie Nr. T35 (6 Ex.)	—,—

T36	1000 Franken (G) 1989. Typ wie Nr. T35. 900er Gold, 26 g (250 Ex.)	*1800,—*

| T36E | 1000 Franken (G) 1989. Typ wie Nr. T35. Piedfort, 900er Gold, 52 g (6 Ex.) | **ST** | **PP** *6500,—* |

700 JAHRE SCHWEIZERISCHE EIDGENOSSENSCHAFT – 3. AUSGABE WILHELM-TELL-SCHIESSEN IN ALTDORF

| T37 | 50 Franken (Palladium) 1989–1991. Rs. Tellknabe mit Armbrust und Apfel. 999er Palladium, 31.10 g | *2500,—* |

EIDGENÖSSISCHES SCHÜTZENFEST 1990 IN WINTERTHUR (2)

| T38 | 50 Franken (S) 1990. 900er Silber, 25 g (max. 5000 Ex.) | 100,— |
| T38E | 50 Franken (G) 1990. Typ wie Nr. T38. 900er Gold, 50 g (6 Ex.) | *5500,—* |

| T39 | 1000 Franken (G) 1990. Typ wie Nr. T38. 900er Gold, 26 g (400 Ex.) | *1650,—* |
| T39E | 1000 Franken (G) 1990. Typ wie Nr. T38. Piedfort, 900er Gold, 52 g (6 Ex.) | *6500,—* |

BERNER KANTONALSCHÜTZENFEST 1991 IN LANGENTHAL (2)

| T40 | 50 Franken (S) 1991. 900er Silber, 25 g (4000 Ex.) | 150,— |
| T40E | 50 Franken (G) 1991. Typ wie Nr. 40. 900er Gold, 50 g (6 Ex.) | *5500,—* |

		ST	**PP**
T41	1000 Franken (G) 1991. Typ wie Nr. T40. 900er Gold, 26 g (400 Ex.)		*1500,—*
T41E	1000 Frankfurt (G) 1991. Typ wie Nr. T40. Piedfort, 900er Gold, 52 g (6 Ex.)		*6500,—*

ZÜRCHER KANTONALSCHÜTZENFEST 1992 IN DIELSDORF (2)

T42	50 Franken (S) 1992. 900er Silber, 25 g (1750 Ex.)	200,—
T42E	50 Franken (G) 1992. Typ wie Nr. T42. 900er Gold, 50 g (6 Ex.)	*5500,—*
T43	1000 Franken (G) 1992. Typ wie Nr. T42. 900er Gold, 26 g (175 Ex.)	*1500,—*
T43E	1000 Franken (G) 1992. Typ wie Nr. T42. Piedfort, 900er Gold, 52 g (6 Ex.)	*6500,—*

THURGAUER KANTONALSCHÜTZENFEST 1993 IN WEINFELDEN (2)

T44	50 Franken (S) 1993. 900er Silber, 25 g (2000 Ex.)	150,—
T44E	50 Franken (G) 1993. Typ wie Nr. T44. 900er Gold, 50 g (6 Ex.)	*5500,—*

T45	1000 Franken (G) 1993. Typ wie Nr. T44. 900er Gold, 26 g (175 Ex.)	*1500,—*
T45E	1000 Franken (G) 1993. Typ wie Nr. T44. Piedfort, 900er Gold, 52 g (6 Ex.)	*6500,—*

SANKTGALLER KANTONALSCHÜTZENFEST (2)

T46	50 Franken (S) 1994. 900er Silber, 25 g (2200 Ex.)	120,—
T46E	50 Franken (G) 1994. Typ wie Nr. T46. 900er Gold, 50 g (6 Ex.)	*5500,—*

T47	1000 Franken (G) 1994. Typ wie Nr. T46. 900er Gold, 26 g (200 Ex.)	**ST**	**PP** *1500,—*
T47E	1000 Franken (G) 1994. Typ wie Nr. T46. Piedfort, 900er Gold, 52 g (6 Ex.)		*6500,—*

EIDGENÖSSISCHES SCHÜTZENFEST 1995 IN THUN (2)

T48	50 Franken (S) 1995. 900er Silber, 25 g (max. 5000 Ex.)	120,—
T48E	50 Franken (G) 1995. Typ wie Nr. T48. 900er Gold, 50 g (6 Ex.)	—,—
T49	1000 Franken (G) 1995. Typ wie Nr. T48. 900er Gold, 26 g (200 Ex.)	*1500,—*
T49E	1000 Franken (G) 1995. Typ wie Nr. T48. Piedfort, 900er Gold, 52 g (6 Ex.)	*6500,—*

LUZERNER KANTONALSCHÜTZENFEST 1996 (2)

T50	50 Franken (S) 1996 (1500 Ex.)	120,—
T51	500 Franken (G) 1996 (96 Ex.)	900,—

SCHAFFHAUSER KANTONALSCHÜTZENFEST 1997 IN SEMPACH (2)

T52	50 Franken (S) 1997 (1500 Ex.)	120,—
T53	500 Franken (G) 1997. 900er Gold, 13 g (97 Ex.)	900,—

SCHWYZER KANTONALSCHÜTZENFEST 1998 (2)

		ST	PP
T54	50 Franken (S) 1998 (1500 Ex.)		100,—
T55	500 Franken (G) 1998 (98 Ex.)		900,—

WALLISER KANTONALSCHÜTZENFEST 1999 IN SITTEN (SION) (2)

| T56 | 50 Franken (S) 1999 (1500 Ex.) | | 100,— |
| T57 | 500 Franken (G) 1999. 999.9er Gold, 13 g (99 Ex.) | | 900,— |

Lokalausgaben

(Prägungen von Huguenin Médailleurs SA, verwendbar als Zahlungsmittel auf freiwilliger Basis innerhalb des Kantons, ausgegeben und während der Gültigkeitsdauer einlösbar durch die jeweilige Kantonalbank)

NEUENBURG (NEUCHÂTEL)
150. JAHRESTAG DER AUSRUFUNG DER REPUBLIK (3)

L1	10 Franken (K–N/Al–N–Bro) 1998. Kantonswappen, Motto »Keiner kann zwei Herren dienen«. Rs. Jubiläumsemblem, Münzbezeichnung »Alexis« nach Alexis-Marie Piaget (max. 40 000 Ex.)	18,—	25,—
L2	10 Franken (S) 1998. Typ wie Nr. L1. 999er Silber, 25 g (max. 4000 Ex.)		85,—
L3	150 Franken (G) 1998. Typ wie Nr. L1. 900er Gold, 13 g (max. 400 Ex.)		600,—

Ausgegeben ab 1. Dezember 1997, einlösbar bis 12. September 1998 bei der Neuenburger Kantonalbank.

TESSIN (TICINO)
200. JAHRESTAG DER UNABHÄNGIGKEIT (3)

			ST	**PP**
L4	10	Franken (K–N/Al–N–Bro) 1998. Kantonswappen. Rs. Jubiläumsemblem, Münzbezeichnung »Scudo« (max. 80 000 Ex.)	18,—	25,—
L5	10	Franken (S) 1998. Typ wie Nr. L4. 999er Silber, 25 g (max. 5000 Ex.)		65,—
L6	150	Franken (G) 1998. Typ wie Nr. L4. 900er Gold, 13 g (max. 800 Ex.)		600,—

Ausgegeben ab 1. Juli 1998, einlösbar bis 31. Dezember 1998 bei der Tessiner Kantonalbank.

WALLIS (VALAIS)
XX. OLYMPISCHE WINTERSPIELE 2006 IN SITTEN (SION) (3)

| L7 | 10 | Franken (K–N/Al–N–Bro) 1999. Kantonswappen. Rs. Emblem der Bewerbung um die Ausrichtung der Winterspiele 2006, Münzbezeichnung »Farinet« nach dem Münzfälscher Joseph-Samuel Farinet (ST: max. 100 000 Ex., PP: max. 10 000 Ex.) | 18,— | 25,— |
| L8 | 10 | Franken (S) 1999. Typ wie Nr. L7. 999er Silber, 25 g (max. 5000 Ex.) | | 65,— |

				ST	**PP**
L9		150 Franken (G) 1999. Typ wie Nr. L7. 900er Gold, 13 g (max. 1500 Ex.)			600,—

Ausgegeben ab 1. November 1998, einlösbar bis 17. April 1999 bei der Walliser Kantonalbank.

GENF (GENÈVE)
CHRISTLICHE JAHRTAUSENDWENDE 2000 (3)

L10	10 Franken (K–N/Al–N–Bro) 2000. Kantonswappen. Rs. Sanduhr und Sonnenuhr auf Zifferblatt, Münzbezeichnung »Sablier«:	
	1. Sonnenuhr mit Zahl VII statt VIII (20 000 Ex.)	18,—
	2. Sonnenuhr mit Zahl VIII (ST: max. 80 000 Ex., PP: max. 10 000 Ex.)	18,— 25,—
L11	10 Franken (S) 2000. Typ wie Nr. L10. 2. 999er Silber, 25 g (max. 3000 Ex.)	65,—
L12	100 Franken (G) 2000. Typ wie Nr. L10. 2. 900er Gold, 8 g (max. 1000 Ex.)	425,—

Ausgegeben ab 15. September 1999, einlösbar bis 15. Januar 2000 bei der Genfer Kantonalbank.

BASEL
500. JAHRESTAG DES BEITRITTS ZUR EIDGENOSSENSCHAFT (3)

			ST	PP
L13	10	Franken (K–N/Al–N–Bro) 2001. Wappenschilde an Baum mit Landkarte der beiden Halbkantone. Rs. Jubiläumsemblem, Münzbezeichnung »Doppelstäbler« (ST: max. 100 000 Ex., PP: max. 10 000 Ex.)	18,—	26,—
L14	20	Franken (S) 2001. Typ wie Nr. L13. 999er Silber, 25 g (max. 3000 Ex.)		65,—
L15	100	Franken (G) 2001. Typ wie Nr. L13. 900er Gold, 8 g (max. 1000 Ex.)		425,—

Ausgegeben ab 3. Februar 2001 (auch als Schauprägung in der Mustermesse Basel), einlösbar bis 31. August 2001 bei der Basler und Basellandschaftlichen Kantonalbank.

Anzeigenverzeichnis

Reinhold Ryschawy, Postfach 1627, 91406 Neustadt/Aisch (Umschlag Innenseite)

Reinhard Schimmer GmbH, Karl-Bröger-Straße 23, 90209 Nürnberg (Umschlag Innenseite)

Münzversand Franz J. Zylka, Postfach 210730A, 42357 Wuppertal (Seite 8)

H. Gietl Verlag & Publikationsservice GmbH, Postfach 166, 93122 Regenstauf (Seite 9)

Gerhard Beutler, Stiegelwiesenweg 8, 75365 Calw

Münzenhandel Reinhard Thöle, Bunte Brücke 2d, 27305 Süstedt

Sammlerkabinett Böblingen, Herrenberger Straße 6, 71032 Böblingen

Matthias E. Flores Münzhandel, Hochstraße 26, 47798 Krefeld

Hans-Werner Speck, Dinkelsbühler Steig 22, 13465 Berlin

Giessener Münzhandlung, Maximiliansplatz 20, 80333 München

Dutchman Numismatik, Postfach 1319, 74553 Crailsheim

Teutoburger Münzauktion, Kleekamp 54, 33829 Borgholzhausen

Dr. Busso Peuss Nachf., Bornwiesenweg 34, 60332 Frankfurt/Main

Münzstube Vechelde, Fürstenauerstraße 6, 38159 Vechelde

Michael Heinrich Münzenhandlung, Gördelingerstraße 4–5, 38100 Braunschweig

Das 19. Jahrhundert fest im Griff

- → Alle offiziellen Münzprägungen von 1800 bis 1899
- → Über 11.000 Münzen aus über 400 Ländern
- → Sämtliche Preisbewertungen auf dem neuesten Stand
- → Über 4.400 Abbildungen in Originalgröße

14. AUFLAGE: VOLLSTÄNDIG ÜBERARBEITET!

GÜNTER SCHÖN / JEAN-FRANÇOIS CARTIER

WELT MÜNZKATALOG 19. JAHRHUNDERT

Mit aktuellen Marktpreisen

14. vollständig überarbeitete Auflage. Über 11 000 Münzen mit ausführlichen Beschreibungen. 2800 Abbildungen auf über 1200 Seiten.

14. AUFLAGE

BATTENBERG

Günter Schön/Jean-François Cartier
Weltmünzkatalog 19. Jahrhundert
14. vollständig überarbeitete Auflage 2000,
1280 Seiten, 4400 s/w-Abbildungen,
12,5 x 18,5 cm, Broschur

DM 68,–
öS 496,– / sFr. 62,–
ISBN 3-89441-485-5

BATTENBERG

Ankauf & Verkauf

DDR-Münzen

BRD-Münzen

Deutschland ab 1800

Ausland ab 1800

Als erfahrener und kompetenter Partner garantieren wir Ihnen eine schnelle, diskrete Abwicklung zu konkurrenzlosen Preisen. Profitieren auch Sie von unserer jahrelangen Erfahrung im Münzhandel und rufen Sie uns an. Höchstpreise im Ankauf, sowie Top-Qualität zu günstigen Preisen im Verkauf sind Ihnen garantiert. Zögern Sie nicht und senden Sie uns Ihre Anfrage zu – wir werden uns schnellstens bei Ihnen melden und ein Angebot unterbreiten, zu dem Sie nicht "nein" sagen können.

Wir sind ständig am Ankauf großer Posten, Sammlungen, Nachlässen und Händlerlagern interessiert.

BEUTLER
GERHARD

Deutschland-Münzen Groß- und Einzelhandel

Stiegelwiesenweg 8 • 75365 Calw
Telefon 0 70 53 - 63 46 • Fax 31 43
www.beutler-muenzen.de

Deutsche Münzen ab 1871
Kurssätze/Münzen alle Welt
Euro-Münzen und Sätze

Wir führen **Gedenk- und Kursmünzen** der folgenden Gebiete:

- Kaiserreich
- Weimarer Republik
- Drittes Reich
- Bundesrepublik
- Kurssätze EU-Länder
- Euro-Kursmünzen von Andorra bis Vatikan
- BRD-Kursmünzen
- BRD-Rollenware
- DDR
- Nebengebiete
- Neuheiten alle Welt

Wir sind Spezialisten für die Münzen, die Sie in diesem Katalog finden. Egal, ob Deutschland, Österreich oder Schweiz. Wir haben 90 % der in diesem Katalog verzeichneten Münzen am Lager und können schnell und problemlos liefern. Ab 2002 führen wir alle Kursmünzen aller Euro-Länder und Euro-Gebiete. Sie erhalten bei uns vom 1-Cent- bis zum 2-Euro-Stück alle Münzen in genau den Zusammenstellungen, wie Sie es wünschen.
Wir informieren Sie gerne.

Fordern Sie bitte kostenlos unsere aktuelle Verkaufsliste mit zahlreichen **Raritäten** und **Seltenheiten** an. Es lohnt sich bestimmt.

Münzenhandel Reinhard Thöle
Bunte Brücke 2d, 27305 Süstedt
Telefon: 0 42 40/9 50 55; Fax -9 50 57

Sie können uns bis 21.00 Uhr telefonisch erreichen.

Sammlerkabinett Böblingen

W. Kaiser · Herrenberger Straße 6 · D-71032 Böblingen
Telefon (0 70 31) 25 20 8 · Telefax (0 70 31) 22 13 64

Weltneuheitendienst

Wir führen:
Kaiserreich + Weimar
Deutschland gesamt
Europa gesamt
USA + China + UDSSR
Canada + Australien
ECU/EURO-Ausgaben

Briefmarken + Münzen
Ihr Partner
der Philatelie und
Numismatik

Preislisten kostenlos
Fehllistenbearbeitung
Zubehör + Literatur

Ankauf + Beratung + Schätzung + Laden + Versand

Matthias E. Florès
Münzhandel
Hochstraße 26   47798 Krefeld
Tel. 0 21 51 / 61 34 30 o. 2 67 14   Fax 0 21 51 / 80 17 63
Mobilfunk 01 73 - 2 48 43 00

Kaiserreich – Weimar
III. Reich
Bund – DDR
Neuheiten – Ausland

Ich stehe Ihnen jederzeit gern mit Rat und Tat zur Seite.
Ich bearbeite Fehllisten, berate, taxiere und übernehme
eventuell auch größere Posten und Sammlungen.
Rufen Sie uns an!

Vertrauen und Qualität sind mein Motto!

Am 1.7.90 (Währungsunion) = 92.50 DM Umtausch

Heute = 54.– DM

Deutsche Banknoten 1871 – Gegenwart nach Katalog Holger Rosenberg

Kostenlose Versandliste mit weit über 1000 Positionen anfordern.

Deutsches Reich, Inflation, Weimar, III. Reich, Bundesrepublik, DDR, Kolonien, Nebengebiete, Notgeld

z. B.	Banknotenserie der Alliierten 1944 1.– M. bis 1000.– M, 7 Scheine	kassenfrisch	140.–
	Banknotenserie der DDR 1948 50 Pf. bis 1000.– M., 9 Scheine	kassenfrisch	160.–
	Banknotenserie der DDR 1955 5.– M bis 100.– M., 5 Scheine	kassenfrisch	98.–
	Banknotenserie der DDR 1964 5.– M. bis 100.– M., 5 Scheine	kassenfrisch	105.–
	Banknotenserie der DDR 1971/75 (siehe Abb.) 5.– M. bis 100.– M.	kassenfrisch	54.–

DDR-Komplettsammlung anfragen.

Ab 300.– DM portofrei. Ankauf von deutschen Banknoten aller Art und Menge, auch Notgeld und Massenware usw. Ankaufspreise telefonisch anfragen. Großhandel auch in Stückzahlen über 10 000 einer Sorte. Für Wiederverkäufer Angebote und Zusammenstellungen nach Ihren Wünschen.

Hans-Werner Speck
Banknoten-Versand
Dinkelsbühler Steig 22 · 13465 Berlin
Tel. 0 30 / 4 01 92 31 · Fax 0 30 / 4 01 45 51

Giessener Münzhandlung GmbH
Maximiliansplatz 20
D – 80333 München
Tel. 089-2422643-0
Fax 089-2285513
www.gmcoinart.de
info@gmcoinart.de

Geschäftszeiten: Montag – Freitag
10:00 – 13:00 Uhr, 14:30 – 18:00 Uhr
Samstag 10:00 – 13:00 Uhr

GORNY & MOSCH
Giessener Münzhandlung
seit 1970

IHR PARTNER,
DER SICH ABHEBT

- weil wir jederzeit zu fairen Preisen ankaufen
- weil qualifizierte Beratung unsere Stärke ist
- weil unser umfangreiches Lager Ihnen eine grosse Auswahl bietet
- weil wir jährlich mind. vier Auktionen veranstalten: Antike, Mittelalter und Neuzeit, Kunstobjekte der Antike
- weil wir jederzeit Ihre Münzen und Medaillen als Einlieferung annehmen
- weil die Gewährleistung der Echtheit für uns selbstverständlich ist

ANKAUF · VERKAUF · BERATUNG
SCHÄTZUNG · AUKTIONEN

Deutsche Kursmünzen ab 1871

FRANQUINET 1540

BRD, DDR, Nebengebiete, Litzmannstadt, Abarten, Verprägungen, Proben, Rohlinge, PP und Kleinmünzen

♦

Bitte fordern Sie unsere kostenlose Preisliste an.

DUTCHMAN NUMISMATIK
Guy Franquinet

Postfach 1319 · 74553 Crailsheim
Tel. 0 79 51- 9 46 00 · Fax 94 60 60
Internet: www.franquinet.de
E-Mail: info@franquinet.de

Testen Sie unsere erfolgreichen Auktionen als Käufer sowie auch als Verkäufer.

Katalog-Anforderungen und Informationen zu Einlieferungs- und Versteigerungskonditionen an:

Teutoburger Münzauktion und Handel GmbH

VOLKER WOLFRAMM
Kleekamp 54 · D-33829 Borgholzhausen
Telefon 0 54 25/93 00 50
Telefax 0 54 25/93 00 51
Auf Wunsch auch Direktankauf

DURCH
KOMPETENZ GEPRÄGT

Bei der traditionsreichsten Münzhandlung Deutschlands
erwartet Sie Kompetenz und Kundenfreundlichkeit.

Dazu gehören die persönliche, engagierte Betreuung
und Beratung in allen Fragen der Numismatik – von der
Antike bis zur Neuzeit, von der Schätzung bis zur
Expertise, von Kauf bis Verkauf und Auktion.

Am besten fordern Sie zuerst unseren
Katalog und dann uns!

 Dr. Busso Peus Nachf., Bornwiesenweg 34,
D-60322 Frankfurt am Main, Tel. 069-9 59 66 20,
Fax 069-55 59 95, www.peus-muenzen.de
gegründet 1870

Entdecken Sie Ihre Geschichte

→ **Einführung in die Methoden der Ahnenforschung**

→ **Mit umfangreichem Anschriften-verzeichnis von Vereinen, Archiven und Institutionen**

→ **Extra-Kapitel: Computer-Genealogie**

Christina Zacker
Anleitung zur Ahnenforschung
Familienchronik und Familienwappen
2. völlig neu bearbeitete und
erweiterte Auflage.
168 Seiten,
60 farbige Abbildungen,
14,8 x 21,0 cm, Hardcover

DM 19,90
öS 145,– / sFr. 19,–
ISBN 3-89441-445-6

 BATTENBERG

DDR-MÜNZPREISLISTE

Jahr	Name	Preis	Jahr	Name	Preis	Jahr	Name	Preis
1966	Schinkel	650,00	1976	Schill	55,00	1985	Wallpavillon	50,00
1966	Leibniz	315,00	1976	20 Jahre NVA	10,00	1985	40 Jahre Befreiung	15,00
1967	Kollwitz	115,00	1976	Weber	135,00	1985	Neuber	150,00
1967	Humboldt	285,00	1976	Liebknecht	135,00	1985	Semper-Oper	125,00
1968	Koch	40,00	1977	Jahn	75,00	1985	Humboldt-Uni	175,00
1968	Gutenberg	105,00	1977	Guericke	175,00	1985	Arndt	235,00
1968	Marx	165,00	1977	Gauß	175,00	1986	Thälmann	12,00
1969	Hertz	50,00	1978	Klopstock	65,00	1986	Sanssouci	15,00
1969	20 Jahre DDR	5,00	1978	Liebig	145,00	1986	Neues Palais	15,00
1969	Böttger	115,00	1978	Antiapartheid	25,00	1986	Kleist	295,00
1969	Goethe	295,00	1978	Weltraumflug	25,00	1986	Charité	125,00
1970	Röntgen	40,00	1978	Herder	185,00	1986	Grimm	485,00
1970	Beethoven	115,00	1979	Einstein	125,00	1987	Alexanderplatz	10,00
1970	Engels	165,00	1979	Feuerbach	275,00	1987	Nikolaiviertel	10,00
1971	Dürer	115,00	1979	Lessing	195,00	1987	Rotes Rathaus	10,00
1971	Mann	10,00	1979	30 Jahre DDR	15,00	1987	Brandenburger Tor	25,00
1971	Luxemburg	155,00	1980	Menzel	70,00	1987	Stadtsiegel	875,00
1971	Thälmann	5,00	1980	Scharnhorst	70,00	1987	Schauspielhaus	115,00
1971	Abbe	40,00	1980	Abbe	135,00	1988	Zeiss	450,00
1971	Brandenburger Tor	5,00	1981	25 Jahre NVA	10,00	1988	Saxonia	10,00
1972	Schiller	5,00	1981	700 Jahre Berlin	65,00	1988	Barlach	135,00
1972	Cranach	135,00	1981	Riemenschneider	85,00	1988	Hutten	175,00
1972	Buchenwald	5,00	1981	Hegel	70,00	1988	DDR Sport	20,00
1972	Brahms	45,00	1981	Stein	120,00	1988	Hafen Rostock	10,00
1972	Pieck	5,00	1982	Goethes Gartenhaus	50,00	1989	Müntzer	165,00
1972	Heine	115,00	1982	Wartburg	50,00	1989	Schadow	225,00
1972	Meißen	5,00	1982	Fröbel	85,00	1989	Ossietzky	165,00
1973	Lilienthal	70,00	1982	Gewandhaus	75,00	1989	RGW	70,00
1973	Brecht	115,00	1982	Zetkin	110,00	1989	40 Jahre DDR	25,00
1973	Weltfestspiele	10,00	1983	Wittenberg	50,00	1989	Mühlhausen	10,00
1973	Bebel	125,00	1983	Geburtshaus Luther	50,00	1989	Zwickau	10,00
1973	Grothewohl	5,00	1983	Marx	15,00	1990	Postwesen	10,00
1974	Reis	50,00	1983	Kampfgruppen	25,00	1990	Zeughaus	10,00
1974	Friedrich	115,00	1983	Planck	75,00	1990	Tucholsky	110,00
1974	Kant	135,00	1983	Wagner	75,00	1990	1. Mai 100 Jahre	5,00
1974	25 Jahre DDR	5,00	1983	Luther	1080,00	1990	Fichte	155,00
1974	Städtemotiv	115,00	1984	Rathaus Leipzig	45,00	1990	Schlüter	225,00
1975	Mann	25,00	1984	Thomaskirche	45,00	1990	Brandenburger Tor (Ag)	30,00
1975	Schweitzer	115,00	1984	Lützow	125,00	1990	Brandenburger Tor (Cu/Ni)	15,00
1975	Warschauer Vertrag	5,00	1984	Brehm	125,00			
1975	Bach	185,00	1984	Händel	325,00			
1975	Jahr der Frau	35,00	1985	Frauenkirche	50,00			

>>>>> Kauf ohne Risiko! 7 Tage Rückgaberecht zum Listenpreis <<<<<

> Neu! Das Aktienseminar nur 39.– DM + 6 DM Porto

BRD-MÜNZPREISLISTE

5 DM Kursmünzen von 1951 – 1974 ohne 58 J, nur 899.–

2 DM Max Planck komplett nur 449.–; 5 DM Fichte bis Friedrich 699.–

10 DM Berlin – Heinrich Heine in PP 799.–; 2 DM Ähren D, F, G, J kompl. 399.–

5 DM Germ. Museum ab 2090.–; 5 DM Schiller ab 1190.–

5 DM Markgraf v. Baden ab 1090.–; 5 DM Eichendorff ab 1090.–

Kursmünzensätze in Polierter Platte

1975 bis 83 pro Jahr je 99.– / 84 – 90 je 169.– / 91 – 94 je 229.– / 95 – 01 TP

Kursmünzensätze in Stempelglanz

75 – 93 je 99.– / 85, 88 bis 90 je 169.– / 91, 92 je 199.– / 84, 86, 87, 93 – 01 TP

Lieferbed. Minimum 300.– per NN 19.– DM Porto

Wir kaufen deutsche Münzen von 1800 bis 2000

Münzstube Vechelde

Tel. 0 53 03/92 24 66 · Fax 92 24 77

Inh. Viktor Shahd, Hoher Hof 16, 38176 Wendeburg

15 JAHRE
»GESAMMELTE«
ERFAHRUNG

- Welfenmünzen
- Schwalbachtaler
- Kaiserreich
- Weimarer Republik
- III. Reich
- Bundesrepublik Deutschland
- DDR
- Nebengebiete

MICHAEL HEINRICH
MÜNZENHANDLUNG

Gördelingerstr. 4 – 5
38100 Braunschweig
Tel. (05 31) 2 43 18-0
Fax (05 31) 2 43 18-22

Telefonservice:
Mo. - Fr.
9.00 - 18.00 Uhr
Sa. 9.00 - 13.00 Uhr

Wir sind am Ankauf von Sammlungen sowie guten Einzelstücken und Massenware der oben genannten Gebiete interessiert.

Fordern Sie kostenlos unsere aktuelle Angebotsliste an!

Der Jahrhundert-Katalog!

→ **Jetzt auch auf CD:**
Alle offiziellen Münzprägungen von 1900 bis 1999

→ Alle aktuellen Emissionen aus 370 Ländern

→ Über 27.000 Münzen mit allen Varianten, auch mit Yeoman-Nummern

→ Über 15.000 Abbildungen in Originalgröße

NEU: JETZT AUCH AUF CD-ROM

31. AUFLAGE: REVIDIERT UND ERWEITERT!

Günter Schön
Weltmünzkatalog 20. Jahrhundert
31. revidierte und erweiterte Auflage 2000, 1664 Seiten, über 15000 s/w-Abbildungen, 17,0 x 24,0 cm, Broschur

DM 78,–
öS 569,– / sFr. 71,–
ISBN 3-89441-476-6

CD-Rom Version
Für Windows 95 aufwärts

DM 78,-
öS 569,– / sFr. 71,–
ISBN 3-89441-477-4

BATTENBERG